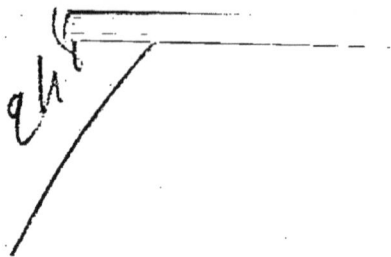

RÉPERTOIRE

DE LÉGISLATION, DE DOCTRINE ET DE JURISPRUDENCE

EN MATIÈRE DE

PROPRIÉTÉ LITTÉRAIRE

ET ARTISTIQUE

RÉPERTOIRE

DE LÉGISLATION, DE DOCTRINE ET DE JURISPRUDENCE

EN MATIÈRE DE

PROPRIÉTÉ LITTÉRAIRE

ET ARTISTIQUE

PAR

Adrien HUARD et Edouard MACK

AVOCATS A LA COUR D'APPEL

PARIS

IMPRIMERIE ET LIBRAIRIE GÉNÉRALE DE JURISPRUDENCE

MARCHAL et BILLARD

IMPRIMEURS-ÉDITEURS, LIBRAIRES DE LA COUR DE CASSATION

27, Place Dauphine, 27

1891

PRÉFACE

En 1863, lorsque j'ai publié la première édition de mon *Répertoire de législation et de jurisprudence en matière de brevets d'invention*, j'annonçais dans la préface la publication prochaine de répertoires semblables concernant les *Marques de fabrique* et la *Propriété littéraire et artistique*.

J'ai réalisé mon programme pour les *Marques de fabrique*, mais j'ai attendu jusqu'à ce jour pour le mettre à exécution en ce qui touche la *Propriété littéraire et artistique*.

Ce qui me faisait hésiter, c'est que, depuis mon premier ouvrage, des propositions de loi ont été successivement présentées aux chambres dans le but de changer la législation en vigueur et de régler à nouveau les droits des écrivains et des artistes.

En ce moment même un projet de loi est soumis à nos députés. Ce projet a été discuté par une commission et un rapport a été distribué.

Je me suis décidé néanmoins à livrer au public en 1891 le travail annoncé en 1863. Sans médire de nos législateurs, on doit reconnaître qu'ils procèdent avec une sage lenteur et il est impossible actuellement de prévoir dans combien de temps une loi nouvelle pourra être votée. D'ailleurs, en supposant que la réforme proposée aboutisse à bref délai, la connaissance de la jurisprudence antérieure présenterait encore un grand intérêt, car elle serait le meilleur guide pour tous ceux qui auraient à interpréter et à appliquer la nouvelle législation.

Mon confrère M. Mack a bien voulu m'apporter le précieux concours de sa collaboration. Grâce à ses recherches infatigables, j'ai lieu de croire qu'aucun document utile n'a été omis.

Nous n'avons pu suivre le même plan que pour les *Brevets d'invention* et les *Marques de fabrique*. En présence des dispositions méthodiques des lois du 5 juillet 1844 et du 23 juin 1857, il avait été facile de classer sous chaque article les décisions rendues par les Tribunaux. La loi du 19 juillet 1793 sur la *Propriété littéraire et artistique* n'est ni assez complète ni assez bien ordonnée pour permettre cette classification.

Nous avons suivi, sans y rien changer, l'ordre adopté par mon vénéré maître Etienne Blanc dans son traité de la contrefaçon.

Nous offrons à nos lecteurs la collection la plus complète et la plus exacte des jugements et des arrêts relatifs à cette branche si intéressante du droit. Nous y avons joint les différentes lois qui ont été promulguées en France depuis 1793 jusqu'à nos jours et nous avons donné un résumé succinct des législations étrangères, ainsi que des conventions passées entre notre pays et les autres nations.

Dans ces conditions, nous espérons que cet ouvrage pourra rendre les mêmes services que ceux qui l'ont précédé.

A. HUARD.

Avril 1891.

PRINCIPAUX OUVRAGES CITÉS DANS CE VOLUME

ABRÉVIATIONS

Etienne Blanc. — Traité de la contrefaçon en tous genres, 4ᵉ édit., Paris, 1855.

Calmels. — De la propriété et de la contrefaçon des œuvres de l'intelligence, 1856.

Dalloz, Prop. litt.; Dall. Rép. — **Dalloz,** Répertoire méthodique et alphabétiqne de législation de doctrine et de jurisprudence, vᵒ Propriété littéraire et artistique.

D., Dall., D. P. — **Dalloz,** Recueil périodique de jurisprudence, de législation et de doctrine.

Le Droit, Journal des Tribunaux.

Chauveau et Hélie. — Théorie du Code pénal.

Gastambide. — Traité théorique et pratique des contrefaçons en tous genres. Paris, 1837.

Gaz. des Trib. — **Gazette des Tribunaux.**

Gaz. du Pal. — **Gazette du Palais.**

Journal de l'imprimerie et de la librairie.

Journal du droit criminel.

Journal du droit international privé, de Clunet.

J. du P., Journ. du Pal. — **Journal du Palais.**

La Loi.

Ch. Lyon-Caen et Delalain. — Lois françaises et étrangères sur la propriété littéraire et artistique. — 2 vol. Paris, 1889.

Pat., Pataille. — **J. Pataille,** Annales de la Propriété industrielle, artistique et littéraire. Paris, 1855 1890.

Eug. Pouillet. — Traité théorique et pratique de la Propriété littéraire et artistique et du droit de représentation. Paris, 1879.

A. Rendu. — Traité pratique du droit industriel, etc. Paris, 1855.

Renouard. — Traité des droits d'auteur, 1838.

Rolland de Villargues. — Les Codes criminels.

S., Sir. — Recueil général des lois et des arrêts, fondé par **J.-B. Sirey.**

PROPRIÉTÉ LITTÉRAIRE

ET

ARTISTIQUE

LIVRE PREMIER

DE LA PROPRIÉTÉ LITTÉRAIRE

CHAPITRE Ier

CARACTÈRES DE LA PROPRIÉTÉ

SECTION I. — Des œuvres que la loi protège.

INDEX

1. La création d'une *œuvre littéraire ou artistique* constitue au profit de son auteur une *propriété* dont le fondement se trouve dans le droit naturel et des gens, mais dont l'exploitation est réglementée par le droit civil.

— C. de Paris, 8 déc. 1853 ; aff. Lecou c. Barba. (Etienne Blanc, *Traité de la contrefaçon*, p. 38).

1

2. La loi de 1793 consacre la propriété de tous les ouvrages qui peuvent être considérés comme une production de l'intelligence.

— C. de Paris, 18 juin 1848 ; aff. Hér. Cuvier c. Crochard. (Et. Blanc, p. 48).

3. Le droit n'est pas moins respectable, si l'ouvrage est d'une faible importance littéraire.

— Trib. de la Seine, 6 avril 1842 ; aff. Teyssèdre c. Garnier. (Et. Blanc, p. 68).

4. La loi ne mesure point la protection à la longueur des productions ; ses dispositions sont générales ; elles ont eu pour objet de consacrer le droit de l'homme sur sa pensée.

— C. de Paris, 11 avril 1853 ; aff. Henrichs c. Dormeuil. (Et. Blanc, p. 66). — *Sic* : C. de Lyon, 12 janv. 1853. (Blanc, p. 67). — C. de Paris, 19 avril 1845. (*Id.*, p. 67). — C. de Paris, 3 déc. 1867. (Pataille, *Annales de la propriété industrielle, artistique et littéraire*, année 1867, p. 404).

5. Une simple *notice* constitue un *ouvrage* dans le sens de la loi.

— Trib. corr. de la Seine, 29 janv. 1836. (*Gaz. des Trib.*, 30 janv. 1836).

6. Un *manuel de cuisine* jouit de la même protection.

— C. de Paris, 23 mai 1836 ; aff. Barba c. Camuseaux. (Blanc, p. 66). — V. également Trib. Seine, 15 avril 1863 ; aff. Carnet c. Lefèvre. (Pataille, 1865, p. 47).

7. Une Cour a décidé souverainement « que la notice intitulée : *Réflexions sur la médaille* dite *de St-Benoît* avec planches gravées dans le texte, constituait, par les modifications introduites dans la rédaction, dans le costume comme dans les attributs

de St-Benoît, une œuvre originale, distincte des précédentes notices, et susceptible, dès lors, d'une propriété exclusive et privée. »

— Ch. crim. 22 nov. 1867; aff. Marquis c. Sandinos. (Dalloz, *Rec. périodique*, 1870. 5. 296). — V. l'arrêt de la C. de Lyon; même aff., dans Pataille, 1867, p. 356.

8. Un simple *prospectus*, dont la rédaction ne suppose aucun effort d'intelligence, ne saurait être d'ailleurs protégé par la loi.

— Trib. corr. de la Seine, 31 mai 1878, cité par Pouillet, *De la Propriété littéraire et artistique*, p. 39. — Mais V. Trib. corr. de la Seine, 10 mars 1881; aff. Moneyrac c. Chenie et Lecolle. (Pataille, 1883, p. 214).

9. Si l'on ne saurait poser en principe absolu qu'un *programme de courses* ne puisse jamais constituer une œuvre personnelle, il est dans tous les cas souverainement jugé que celui qui ne contient que des indications ou des renseignements qui sont par leur nature dans le domaine public ne constitue pas une propriété littéraire. — Il n'y a d'ailleurs pas concurrence déloyale, du moment que, les deux programmes différant tant par le format que par la couleur du papier, aucune confusion n'est possible entre celui incriminé et le programme vendu en vertu d'un traité entre la société des courses et l'imprimeur.

— Ch. req. 14 janv. 1885; aff. Champon c. Perreau. (D. 1885. 1. 285.) — V. C. de Bruxelles, 27 nov. 1866. (Dalloz, 1867. 5. 344.)

9 *bis*. Voir relativement aux *programmes de théâtre*:

— C. de Nancy, 31 déc. 1887; aff. Gougenheim c. Sordoillet. (Dalloz, 1889. 2. 133).

10. Un *Guide de l'amateur de billard* peut constituer une propriété. Mais les coups de billard pouvant être exécutés par tous, de simples ressemblances dans les dessins qui les reproduisent ne
sauraient constituer le délit de contrefaçon, quand
on remarque dans l'ouvrage incriminé des dissemblances assez nombreuses qui ne permettent pas
d'y voir une imitation servile.

— 2 juillet 1829 ; aff. Renou c. Théry. (Blanc, p. 174).

11. Au contraire, il y a contrefaçon dans le fait
par un graveur de reproduire servilement, en empruntant à l'ouvrage copié jusqu'aux conjectures de
l'auteur, un *plan figuratif de la Chambre des députés*
qui constitue d'ailleurs la partie essentielle de cet
ouvrage.

— C. de Paris. 21 déc. 1831 ; aff. St-Eloy c. Marquis.
(Blanc, p. 173).

12. Idem. — Contrefaçon de « l'Histoire détaillée
des révolutions françaises depuis 1787 jusqu'à ce
jour », par un « TABLEAU *des révolutions de France*
depuis 1787 jusqu'à nos jours ».

— C. de Paris, 16 mai 1834; aff. Langlumé c. Lallement.
(Blanc, p. 173 ; Dalloz, *Prop. litt.*, 84).

13. Idem. — Contrefaçon d'un *Tableau synoptique*
du budget de l'Etat.

— C. de Paris, 22 mars 1830. (Dalloz, *eod. loco*).

14. Si les documents officiels tombent dans le domaine public, et peuvent, à ce titre, être publiés
par tous, il n'en est pas moins vrai que celui qui en
fait une compilation se crée un privilège, si cette
compilation a exigé dans son exécution le discerne-

ment du goût, le choix de la science et le travail de l'esprit. — Un *tarif des douanes françaises*, enrichi de notes explicatives, et dûment déposé, peut ainsi devenir l'objet d'un privilège protégé par la loi de 1793.

— C. de Rouen, 25 oct. 1842. (Dalloz, *Rép.*, V° *Prop. litt.*, n° 88).

15. Une *table de concordance* entre des poids et mesures de différents systèmes est une œuvre de l'esprit, du moment qu'elle est le produit de calculs et de rapprochements, qui, bien que s'imposant, demandent une connaissance approfondie des nombres et une grande attention pour éviter les erreurs. L'existence antérieure de travaux analogues tombés dans le domaine public n'empêche pas l'auteur d'avoir droit à la protection de la loi, du moment qu'il y a ajouté quelque chose qui lui est propre soit dans le fond, soit dans la forme.

— Cour de cass. de Rome, 3 juin 1876, aff. Angelelli c. Paravia (*Journal de Droit international privé*, 1878, p. 406).

16. Peuvent être de même protégés des *tarifs pour la réduction des monnaies*, quand ils ont par exemple le mérite de rectifier des erreurs commises dans les tarifs antérieurs.

— C. de Liège, 9 janv. 1847 (Jurisprudence de Bruxelles, 1847, 308).

17. *Idem* des *albums* avec légendes, dessins, et tarifs, même composés dans un but purement industriel.

— C. de Paris, 11 mai 1878, aff. Faguer c. Camuset (*Le Droit*, 29 mai 1878). — V. égal., C. de Paris, 12 juin 1885, aff. Guitton c. Decauville (*Journ. du Palais*, 1888. 1. 106).

18. Une *méthode de comptabilité*, dont la publication confère au public le droit de se servir de la méthode divulguée, sans que l'auteur puisse à cet égard s'assurer aucun privilège, peut cependant, comme brochure, être l'objet au profit de l'auteur d'une propriété littéraire.

— C. de Paris, 2 août 1870, aff. Balnus c. Chemins de fer de Lyon (D. 71. 2. 16).

19. Une *méthode musicale* qui est en grande partie le produit de conceptions propres à son auteur et a exigé de sa part la connaissance des règles de l'art, est une œuvre dont il a droit de réclamer la propriété exclusive vis-à-vis du contrefacteur qui l'a copiée presque servilement.

— Cass. 27 fév. 1845, aff. Colombier c. Richault (Blanc, p. 69).
Contrà : 9 décembre 1831, aff. Warée c. Defoulan ; — 7 nov. 1835, aff. Beuchot c. Furne (Blanc, *eod. loc.*)

20. Un *ballet-pantomime* constitue une œuvre dont l'auteur est en droit de réclamer la propriété.

— Trib. de comm. de Rouen, 12 nov. 1873 aff. Paul c. Loisset, (D. 75. 5. 364) ; Trib. civ. de la Seine, 11 juillet 1862, aff. Perrot c. Petipa (Pat. 63. p. 234).

21. Bien que les *faits historiques* appartiennent au *domaine public*, et que chacun puisse s'en emparer, néanmoins les auteurs qui, par un travail de l'esprit, les arrangent, pour le théâtre, revendiquent à bon droit la propriété de leur œuvre.

— C. de Paris, 27 juin 1844, aff. Beaudoin c. Vatel (Blanc, p. 36).

22. L'arrangement pour le théâtre, spécialement pour un opéra, d'une œuvre dramatique ancienne

constitue une propriété. — Mais un autre arrangement de la même pièce tombée dans le domaine
public peut être fait par un autre auteur, s'il en
diffère d'ailleurs d'une façon suffisante pour qu'on
n'y puisse pas voir une contrefaçon du premier.

— Trib. civ. de la Seine, 29 nov. 1865, aff. Gérard et Cie c.
Choudens (Pat. 1866. p. 12). — Voir l'arrêt dans la même
affaire : C. de Paris, 27 juin 1866, (S. 1867. 2. 37).

23. Les *vieilles chansons* populaires appartiennent
au domaine public, et l'éditeur qui les recueille et
les publie n'a sur elles aucun droit privatif de propriété.

— C. de Paris, 25 nov. 1865, aff. Bouju et Wekerlin c.
Goubert (Pat. 1866, p. 183).

24. ..... à moins pourtant qu'il n'en ait fait un
arrangement nouveau, qui lui permettra, si un autre
copie son travail personnel, de le poursuivre comme
contrefacteur.

— Trib. civ. de la Seine, 9 déc. 1864, aff. Tralin c. Avenel
et Goubert (Pat. 1866, p. 186 .

25. Les éléments qui appartiennent au domaine
public peuvent, par leur combinaison et leur agencement, constituer une propriété littéraire, lorsque
cette combinaison et cet agencement ont exigé une
conception de l'esprit ou du génie, et l'existence de
cette conception de l'esprit, emportant l'idée d'une
création, est déclarée souverainement par les juges
du fait. — Spécialement des « *Éphémérides mariti-*
mes », quoique composées d'éléments appartenant
au domaine public et partiellement puisés dans des
ouvrages comme «La connaissance du temps», etc.,
ont pu être déclarées constituer une propriété pri-

vée, si la décision constate que les nombres qui
entrent dans la composition de ces éphémérides
sont disposés et agencés d'une nouvelle manière
tendant à faciliter les recherches.

— Cass. ch. crim., 27 nov. 1869, aff. Prudhomme c. Dubus (D. 70. 1. 186 ; S. 70. 1. 228).

26. La loi du 19 juillet 1793 s'applique aux productions de l'esprit telles que *recueils, compilations*,
et autres ouvrages de cette nature, lorsque ces ouvrages ont exigé dans leur exécution le discernement du goût, le choix de la science, le travail de
l'esprit; lorsqu'en un mot, loin d'être la simple
copie d'un ou de plusieurs autres ouvrages, ils ont
été tout à la fois le produit de conceptions étrangères à l'auteur et de conceptions qui lui ont été
propres, et d'après lesquelles l'ouvrage a pris une
forme nouvelle et un caractère nouveau.

— Cass. crim. 2 déc. 1814, aff. Leclère c. Villeprent et
autres (Dalloz, *Rép.*, vᵒ *Prop.litt.*, nᵒ 88).—C.de Lyon, 5 août
1819, aff. Rusand c. Rivoire (*Journ. de la librairie*, 1820,
p. 68). — Trib. Seine, 5 août 1874. Commission ecclésiastique de Digne c. Repos (*Gaz. des Trib.*, 6 août 1874).

27. Les renseignements divers, commerciaux et
autres, placés à la fin d'un *Agenda de commerce*, ne
constituent pas une propriété exclusive, et leur reproduction dans un ordre identique n'est pas une
contrefaçon.

— C. de Paris, 2 mai 1857, aff. Rousset-Boucher c. Gros et
Wittersheim (Pataille, 1857, p. 201).

28. L'*Annuaire d'une industrie* peut cependant
faire l'objet d'un droit privatif, si le plan et les dispositions présentent un caractère d'originalité.

— C. de Paris, 19 nov. 1862, aff. Sageret c. Agnus (Pataille, 1862, p. 399).

29. Un *Annuaire général du commerce* n'est entaché ni de contrefaçon ni de concurrence déloyale au regard de l'éditeur du *Guide-Indicateur* de la même ville, du moment qu'en dépit des ressemblances qui résultent de la nature même des publications et de l'identité des sources où les documents doivent être puisés, leur comparaison montre que le travail de recherches et de composition a été différent dans l'un et dans l'autre.

— C. de Lyon, 24 mars 1870, aff. Labaume c. Fournier (D. 1870, 2. 209 ; S. 71. 2. 34).—Voir également : C. de Rouen, 5 août 1873, aff. Hérissey c. Quettier (Pat., 1874, p. 341).

30. Un *livret d'ouvrier* ne peut constituer une œuvre susceptible de propriété privée lorsqu'il ne contient que des documents appartenant au domaine public, sans que cette compilation dénote aucune conception de l'esprit, un labeur véritable, une création. Sa reproduction, même identique, ne peut donc constituer une contrefaçon.

— C. de Colmar, 17 août 1858, aff. Garnier c. Vadet et Dambach (D. 1859. 2. 13).

31. Un *Cahier de correspondance* destiné à recevoir des notes données aux élèves par les professeurs et contenant certains renseignements et documents conformes aux instructions ministérielles, peut-il, surtout au cas où une décision de l'autorité scolaire l'a déclaré obligatoire, constituer une propriété, ne fût-ce qu'à raison de ses dispositions, au profit de celui qui l'a imaginé?

— Résolu dans le sens de la négative par jugement du Trib. corr. de Joigny du 9 mars 1861, et non résolu sur l'appel par arrêt de la Cour de Paris du 27 avril 1861 ; aff. Gallet c. Zanote (Pataille, 1861, p. 165).

32. Un *Catalogue d'exposition* (dans l'espèce celui de l'exposition internationale d'électricité) doit être considéré comme un écrit et une œuvre de l'intelligence, susceptible d'être protégé par les lois sur la propriété littéraire.

— Trib. de la Seine, 9 mai 1884; aff. Lahure c. Delattre et Lahure c. Collombon et Brûlé (*Gaz. des Trib.*, 10 mai 1884) ; — Seine, 15 mai 1885 ; aff. Lahure c. Alavoine (*le Droit*, 16 mai 1885).

32 *bis*. *Sic* pour le *Catalogue officiel du Salon* de peinture, sculpture, etc.

— C. de Paris, 5 mai 1882; aff. de Mourgues et Dumas c. Rocher, Delattre et Guérin (*Annales de Pataille*, 1883, p. 111).

33. Un *Catalogue de musée* peut, à raison de son importance, des recherches qu'il a nécessitées, des appréciations qu'il contient sur les œuvres artistiques ainsi que sur le talent de leur auteur, à raison aussi des détails historiques ou biographiques qui y abondent, constituer une œuvre littéraire susceptible de propriété privée.

— C. de Bordeaux, 24 août 1863 ; aff. Delpit et Lacour c. Gué, Gounouilhou et ville de Bordeaux (D. 1864, 2. 77).

Voir encore C. de Paris, 5 avril 1867 ; aff. Commission impériale de l'Exposition et Dentu c. Lebigre-Duquesne (Pat., 1867, p. 109).

34. Un *Manuel du sapeur-pompier* peut constituer une propriété protégée par les lois sur la propriété littéraire.

— C. de Besançon, 10 mars 1886 ; aff. Roret c. Nivois (Pataille, 1887, p. 98).

35. Un *livre d'éducation* constitue une propriété.

— C. de Paris, 3 déc. 1867 ; aff. Jeannel et Delagrave c. Taulier et Belin (Pat., 1867, p. 404).

36. Le travail qui consiste à revoir, corriger et augmenter un ouvrage du domaine public, comme la *Grammaire française de Lhomond*, engendre un droit de propriété.

— Trib. corr. de la Seine, 5 mai 1818 ; aff. Letellier (*Journ. de la librairie*, 1818, p. 423). — Conf. M. Renouard, t. II, p. 108.

37. Des *Jeux pédagogiques* destinés à faciliter aux enfants l'étude de la géographie et de l'histoire constituent une œuvre de l'intelligence susceptible de propriété littéraire.

— Trib. de la Seine, 23 août 1883 ; aff. Liétout c. Duhamel (*Gaz. des Trib.*, 2 oct. 1883).

38. Des *notes* rédigées par un particulier pour servir de commentaire à un document officiel, constituent une propriété.

— C. de Paris, 9 nov. 1831 ; aff. Foulan c. Warée (D. *Propr., litt.*, no 94).

39. Les notes publiées sur un ouvrage tombé dans le domaine public, qu'elles soient ou non séparées, doivent être considérées comme la propriété de leur auteur.

— C. de Paris, 7 nov. 1835 ; aff. Beuchot c. Furne (D. *Prop. litt.*, no 95). — C. de Paris, 23 juillet 1828 (*Gaz. des Trib.*, 25 juillet 1828). — C. de Paris, 28 juin 1833 (*Gaz. des Trib.*, 29 juin 1833). — Trib. corr. de la Seine, 13 janv. 1837 (*le Droit*, 19 janv. 1837). — *Sic :* Blanc, p. 69. — Dalloz, Rép. *loc. cit.* — Renouard, t. II, p. 106 et suiv. — Gastambide, p. 53, note. — Hélie et Chauveau, t. VI, p. 47. — Pouillet, no 47.

40. Il en est de même de notes ajoutées à un guide de voyages tombé dans le domaine public.

— Trib. civ. de Rouen. 19 janv. 1868; aff. Haulard c. Le Brument (Pataille, 69. 347).

41. Un arrêt a pu légalement induire des circonstances que de légères *augmentations* faites à un ouvrage depuis longtemps tombé dans le domaine public n'avaient pas pu créer au profit de leur auteur un droit de propriété exclusive, alors surtout que ces légères augmentations se trouvaient confondues dans le corps de l'ouvrage ; en effet, d'après le règlement du 30 août 1777, les augmentations faites à un ouvrage n'attribuaient un droit de propriété particulière qu'autant que ces augmentations étaient du quart de l'ouvrage.

— Cour de cass., sect. crim., 23 oct. 1806. Aff. Bruysset c. Joly (D. *Prop. litt.*, n° 36). Mais voir en sens contraire : Dalloz, *Rép.*, v° *Propr. litt.*, n° 97.—Blanc,*Traité de la contref.*, p. 69. — Pouillet. *Propr. litt.*, 49. — Cass. ch. crim., 27 fév. 1845 (Voir ci-après).

42. La loi du 19 juillet 1793 et les art. 425 et suiv. du Code pénal, protègent toutes les productions de l'esprit et du génie, sans distinguer entre les ouvrages qui sont entièrement nouveaux et ceux qui consistent dans l'augmentation ou le remaniement d'un ancien ouvrage tombé dans le domaine public ; à l'égard de ces derniers, aucune loi n'oblige l'auteur à séparer du texte ancien ses additions ou changements, sous peine de les voir, par une sorte d'accession, devenir propriété publique ; le décret du 1ᵉʳ germinal an XIII, exclusivement relatif aux droits des héritiers ou autres représentants de l'auteur sur ses œuvres posthumes, est ici sans application.

— Cass. ch. crim., 27 fév. 1845, aff. Richault c. Colombier (D. 1845. 1, 130). — Voir encore, outre les auteurs cités ci-dessus, Gastambide, p. 53 et suiv.

43. L'*abrégé* d'un ouvrage peut, par la composition et l'ordonnance des matières, le choix et la nature des extraits, faire un acte de création, d'intelgence et d'industrie, et constituer, par le fait, un droit de propriété.

— Trib. corr. Paris, 22 mars 1834, aff. Delalain c. N... (Blanc, p. 73).

44. La seule *épuration* d'un texte tombé dans le domaine public n'est pas, au sens légal, une production de l'esprit, protégée par la loi.

— Trib. corr. de la Seine, 7 février 1878, aff. Vivès c. Berche et Tralin (*Gaz. des trib.*, 10 mars 1878).

45. Les *dictionnaires* peuvent constituer une propriété exclusive. Mais cette propriété est limitée aux textes explicatifs introduits par l'auteur, au choix des exemples, en un mot aux parties du dictionnaire qui portent le cachet d'un travail personnel ; car, dans un dictionnaire de langues, par exemple, les mots, leur ordre alphabétique, leur genre, tous ces détails sont du domaine public.

— Trib. corr. Seine, 2 juillet 1840, aff. Peltier c. Saintin et Thomine (Blanc, p. 74). — C. de Paris, 9 mars 1842, aff. Peigné c. Auvray (Blanc, p. 74).— Trib. corr. Seine, 16 août 1864, aff. Consolin c. Merlin et Bertrand (Pataille, 1865, p. 14).

46. On ne peut considérer comme appartenant au domaine public des articles (dans l'espèce, d'un dictionnaire d'architecture) pour la rédaction desquels l'auteur a dû sans doute recourir aux ouvrages qui avaient paru avant le sien, mais qu'il n'a pas co-

piés, se bornant à en extraire les matériaux dont il
avait besoin, faisant parmi eux un choix, les disposant avec discernement et goût, et y joignant d'ailleurs ses propres réflexions.

— Trib. corr. de la Seine. 16 janvier 1834, aff. Vve Lagasse c. Adr. Leclère et Cie (*Gaz. des trib.*, 20 janvier 1834).

47. Une *table alphabétique* peut, par suite du travail personnel de l'auteur, s'élever au rang des œuvres protégées par la loi. Mais il n'y a point contrefaçon dans le fait de reproduire dans un répertoire,
contenant d'ailleurs d'autres documents, la table
d'un recueil d'actes officiels qui par sa nature appartient au domaine public.

— Blanc, p. 74; — Paris, 4 juillet 1863, aff. Dumaine c.
Blochet et Pigelet (Pataille, 1864, p. 295).

48. Les termes généraux de la loi de 1793 permettent aux tribunaux, suivant les circonstances,
d'en faire l'application aux *journaux* et *feuilles périodiques*.

— Cass. Rej., 29 oct. 1830, aff. du *Pirate* c. la *Gazette littéraire* (Blanc, p. 75). — Trib. de la Seine, 31 mars 1853, aff.
Denain c. Vassal (Blanc, p. 76). — V. Dalloz. *Prop. litt. et art.*,
n° 99.

49. Un journal est une propriété littéraire composée soit d'*articles-nouvelles*, soit d'*articles de politique et de littérature* ; les premiers par leur nature, et
lorsqu'ils ne contiennent que l'annonce des faits,
plus ou moins publics en France et en pays étranger, appartiennent au domaine public; les seconds,
qui sont l'œuvre de l'esprit et dont la rédaction est
pour les journaux l'objet d'une dépense souvent
considérable, forment une propriété privée.

— Trib.corr. de la Seine, 11 avril 1835, aff. N..., c.l'*Echo* et l'*Estafette* (Blanc, p. 75).

50. La propriété d'un journal se compose d'ailleurs non seulement des articles de *rédaction*, mais encore de la *correspondance étrangère*, qui, étant le fruit de travaux rémunérés, ne peut être reproduite sans porter atteinte et préjudice aux droits du journal.

— Trib. de comm. de la Seine, 5 juin 1833, aff. du *Constitutionnel* c. l'*Echo* (Blanc, p. 75).— *Sic* Trib. de commerce de la Seine, 2 février 1877, aff. Rigondaud c. Vührer et Guyon (*Le Droit*, 18 fév. 1877).

51. Les comptes-rendus parlementaires publiés par un journal sont des œuvres de l'esprit où le talent de l'écrivain peut jouer un rôle, et par suite sont protégés par les lois relatives à la propriété littéraire.

— Trib. de comm. de la Seine, 19 juin 1875, aff. Cartillier c. l'*Evènement* (*Le Droit*, 7 juillet 1875).

52. D'ailleurs la protection, comme la propriété, appartient d'une part au journal, d'autre part aux écrivains rédacteurs des articles.

L'insertion de ces derniers dans le journal ne prive pas leurs auteurs du droit de les publier plus tard en collection ou en corps d'ouvrage séparé, à la condition d'adopter une forme de publication qui ne puisse causer aucun préjudice au journal ; la publication faite en temps inopportun exposerait l'écrivain à une action civile en dommages-intérêts.

— Jug. précité du Trib. de la Seine, 31 mars 1833; — 2 janv. 1834, le *Journal des Enfants* c. Louis Desnoyers (Blanc, p. 77).

53. Un article de journal constitue une propriété littéraire.

Si l'article n'est pas signé, tant que l'auteur ne se déclare pas, l'éditeur, qui est connu, doit être réputé propriétaire de l'article et par suite a qualité pour poursuivre les contrefacteurs, sans avoir à produire d'autre justification que la publication qu'il a faite.

— C. de Paris, 25 juillet 1888, aff., Chevalier-Marescq c. Noblet (le Droit, 27 juillet 1888).

54. Les *nouvelles télégraphiques* vendues à différents journaux par un agent de publicité ne peuvent être considérées comme des œuvres de l'esprit protégées par la loi du 19 juillet 1793 ; elles tombent dans le domaine public dès qu'elles ont été publiées, et chacun peut, dès lors, en faire son profit, les journalistes comme tous autres, quelle que soit la source à laquelle ils les empruntent, sans être tenus d'aucune rétribution envers personne.

— Trib. de la Seine, 12 juin 1851, aff. Schlesinger, c. Baraton (Blanc, p. 76). — Cass. Ch. des req., 8 août 1861, aff. Havas, Bullier et Cⁱᵉ c. Gounouilhou (D. 1862, 1, 136).

55. Tout journal peut reproduire les *annonces légales* publiées par un autre journal ; ou du moins cette reproduction n'est pas un fait de contrefaçon, ces annonces ne pouvant être considérées comme des œuvres littéraires, dans le sens de la loi de 1793.

— Trib. civ. de la Seine, 4 janv. 1865, aff. Bourdichon c. Guillebout (Pataille, 1865, p. 23).

56. L'idée d'étendre à toute la France la rédaction d'une chronique déjà appliquée à Paris et à

d'autres provinces ne saurait constituer, à la supposer neuve, une propriété au profit de son auteur, et donner une action à ce dernier contre un journal qui ajoute un *Courrier de France* à la chronique parisienne qu'il publiait précédemment.

— Trib. de comm. de la Seine, 13 oct. 1857, aff. Ducros c. Prost et Cⁱᵉ, propriétaires du journal le *Courrier de Paris* (Pataille, 1858, p. 187).

57. Les *lettres missives* constituent une propriété littéraire.

— (Voir ci-après, chap. II, sect. III).

58. La loi protège également les *œuvres posthumes* et réglemente leur publication.

— (Voir ci-après, chap. II, sect. IV).

59. Une composition littéraire est toujours et dans tous les cas la propriété de son auteur ; les *productions orales* sont protégées comme les écrits par la loi de 1793.

— C. de Paris, 27 août 1828, aff. Pouillet c. N... (*Gaz. des Trib.*, 28 août 1828). — C. de Paris, 30 juin 1836, aff. Blondeau et Pouillet c. Eberhard, éditeur de la Sténographie des cours (Blanc, p. 49).

60. Les *leçons de professeurs* faites en public, fruit de longs travaux et de pénibles et studieuses recherches, constituent bien évidemment une production de l'intelligence, dont la propriété appartient par suite exclusivement à leurs auteurs, qui ont seuls le droit de les faire vendre, distribuer, et d'en céder la propriété en tout ou en partie.

— C. de Paris. 18 juin 1840, aff. Héritiers Cuvier c. Crochard (Blanc, p. 48).

61. Un cours écrit ou oral de littérature, d'his-

toire, de droit, de médecine, de science quelconque
ou d'art rentre nécessairement et manifestement
sous l'empire et la protection de la loi de 1793,
et nul n'a le droit, dans un intérêt de spéculation,
de s'emparer ni de disposer de la composition du
maître soit pour la reproduire en tout ou en partie,
soit pour la publier sous le nom et l'autorité de
l'auteur, souvent au préjudice de sa réputation.

— Trib. corr. de la Seine, 2 mars 1841, aff. Andral c. Latour (Dalloz, *Pr. litt.*, 129, note 2).

62. La reproduction de *sermons* ou de *conférences
religieuses* sans autorisation de l'auteur constitue
une contrefaçon.

— C. de Lyon, 17 juillet 1845, aff. Lacordaire c. Marle.
(D. 45, 2, 128 ; Blanc, p. 49). — C. de Paris, 28 mai 1852,
aff. Lacordaire, de Ravignan et autres c. Lapeyrière et autres (Blanc. p. 50).

63. Un *discours officiel,* composé par un écrivain
et prononcé publiquement par ordre de l'autorité,
ne reste pas moins, malgré son caractère spécial et
la publicité que lui a donnée la presse, la propriété
de son auteur, qui conserve le droit de le faire imprimer et vendre, et à qui l'imprimeur chargé de le
reproduire pour le gouvernement, doit demander
son consentement.

— C. de Paris, 12 ventôse an IX, aff. Chénier c. Gratiot.
(Dalloz, *Pr. litt.*, nᵒ 135).

64. Une *traduction* constitue une propriété au
profit de son auteur, et ce dernier conserve son droit
sur sa traduction, considérée comme œuvre de l'intelligence, sans que ce droit se trouve subordonné
au sort du texte traduit. — Une traduction, quoique présentant avec une autre, faite antérieurement,

des rapports et des ressemblances inévitables, peut
être déclarée contrefaite par une troisième, qui, sauf
quelques mots changés et quelques membres de
phrases omis ou transportés, n'en est que la copie
à peu près littérale, reproduisant jusqu'aux fautes
d'impression.

— C. de Paris, 30 avril 1824, aff. Bobée c. Ladvocat;
Crim. rej., 23 juillet 1824, même aff. (Blanc, p. 51 ; Dalloz,
Pr. litt., n° 91).

— *Idem*, C. de Paris, 14 janv. 1830, aff. Gosselin c. Albert
Montémont. (Blanc, p. 52 ; D., 1833, 2, 135). — Voir également : Trib. de la Seine, 4 mai 1860.

65. L'art. 1ᵉʳ de la loi de 1793 protège les *manuscrits* non encore publiés, sans que le droit de
poursuivre le contrefacteur soit subordonné au
dépôt.

— C. de Paris, 18 fév. 1836, aff. Frédérick-Lemaître c.
Barba (Blanc, p. 83). — (Voir ci-après, chap. II, sect. V).

66. Les *actes officiels*, tels que lois, décisions ad-
ministratives, rapports, arrêtés, décrets, ordonnances, exposés de motifs, appartiennent au domaine public, une fois publiés légalement.

— Blanc, p. 83; — Paris, 1ᵉʳ avril 1867, aff., Commission
impériale et Dentu c. Lebigre-Duquesne. (Pataille, 1867, p.
109); — Voir égal. Paris, 4 juillet 1863, aff. Dumaine c.
Blochet et Pigelet (Pataille, 1864, p. 295).

67. La loi du 19 juillet 1793, ni les art. 425 et
427 du Code pénal ne protègent les *prix-courants officiels* constatés par les courtiers de commerce. Ces
derniers n'en ont pas la propriété exclusive, et chacun peut les reproduire, en concurrence avec eux.

— C. de Douai, 21 avril 1842, aff. Courtiers de Lille c. Le-
leux (Rolland de Villargues, sur l'art. 425 P., n° 63): — Ch.

crim. rej., 12 août 1843, même aff. (Blanc, p. 84 ; D. *Pr. litt.* 123).

68. La *Série officielle des prix* applicables aux travaux de toute nature exécutés pour le compte de la *Ville de Paris*, bien qu'elle soit le produit d'un travail de l'intelligence, n'en est pas moins un simple acte administratif qui, par son but même exclut l'idée d'un droit d'auteur qui appartiendrait privativement à la ville. Elle peut donc être reproduite, surtout d'après une méthode et un groupement nouveaux, sans que cette reproduction constitue une contrefaçon.

— Trib. de la Seine, 10 février 1875 ; C. de Paris, 13 fév. 1877; Ch. req. Rej., 15 mai 1878, aff. Ville de Paris, Chaix et Cie c. Cosse, Marchal et Cie. (S. 75. 2. 115 ; 77. 2. 56 ; 80. 1. 263 ; — D. 79. 1. 20).

69. L'idée de donner dans un journal, aux entrepreneurs désireux de se présenter aux adjudications de travaux publics, sous une forme spéciale, les renseignements qui peuvent les intéresser, ou la forme même suivant laquelle ces renseignements sont donnés, ne constitue pas à elle seule, une propriété dans le sens de la loi du 19 juillet 1793. Mais il en est différemment en ce qui concerne le travail relatif à chaque adjudication, une fois qu'il a été fait et publié ; chacun des travaux ainsi faits constitue alors une œuvre personnelle qui devient la propriété de celui qui l'a édité et mis au jour.

— C. de Paris, 30 juil. 1886, aff. Neveu c, Rousset (Pat. 1889, p. 117).

SECTION II. — Du sens légal du mot *auteur*. — **Droits** spéciaux des évêques.

INDEX

70. Est auteur au sens de la loi celui qui a conçu l'ouvrage, mais qui l'a fait composer et exécuter en son nom, par un seul ou plusieurs écrivains, comme l'auteur du recueil publié sous le titre : *Biographie universelle ancienne et moderne* et connu sous le nom de *Biographie Michaud.*

— C. de cass. 16 juillet 1853, aff. Thoisnier-Desplaces et Michaud c. Didot (Dall. 1853, 1. 309); — C. d'Orléans, 10 juillet 1854, même aff. (Blanc, p. 28).

71. Dans les ouvrages collectifs, composés de morceaux écrits et signés par un certain nombre de collaborateurs, la qualité de véritable et principal auteur appartient à celui qui a conçu et dirigé l'ensemble du travail. C'est en sa personne que réside le privilège comme auteur de l'ensemble et comme coauteur des parties dans leur rapport avec l'ensemble.

— C. de Paris, 6 juin 1883, aff. Vᵛᵉ Henry c. Guérin et autres (Dall. 1885, 2. 219).

72. Un évêque est auteur dans le sens de la loi lorsqu'il a fait faire par des ecclésiastiques qu'il a

investis de sa confiance une compilation, comprenant une traduction, exigeant du discernement et de l'intelligence. Cette compilation est sa propriété.

— C. de Toulouse. 2 juillet 1857, aff. min. publ. c. Rodière (Dall. 1857. 2. 205).

73. L'éditeur qui a reproduit intégralement une traduction dont il avait chargé un écrivain n'a aucun compte à rendre à ce dernier des mentions qu'il ajoute en tête de l'œuvre et sur la couverture du livre, alors du moins que l'auteur de la traduction n'a aucun intérêt sérieux à invoquer.

En cas semblable la préface que le traducteur juge à propos de dédier à un personnage ne s'impose pas à l'éditeur, en dehors de toute convention.

— C. de Paris, 18 juin 1883, aff. Germond de Lavigne c. Bonhoure (*Gaz. des trib.* 9 sept. 1883).

74. Ne peut revendiquer pour lui-même la qualité d'auteur l'écrivain qui, faisant de nombreuses additions à l'ouvrage d'un auteur mort, les publie sous le nom de celui-ci.

— C. de Paris, 13 août 1819, aff. Garnery c. Fanet et Cotelle (Dall. *Prop. litt.*, n° 93).

75. Quand l'idée première d'un ouvrage est due à l'éditeur, qui en a recueilli lui-même les matériaux, et que l'écrivain, avec qui il a traité à tant par page, n'est intervenu que pour les soins que nécessitait la partie littéraire de l'œuvre et pour la rédaction, ce dernier ne saurait, quelque profitable à l'ouvrage qu'ait pu être son concours, revendiquer un droit de copropriété que l'éditeur ne lui reconnaît pas.

— C. de Paris, 16 janvier 1864, aff. Fichot c. Aufauvre (*Pat.*, 1869, p. 346).

Voir dans le même sens : C. de Paris, 27 février 1866, aff. Vre Nysten c. Baillière (*Pat.*, 1866, p. 361).

76. Un recueil de lectures, publié sans nom d'auteur, par une personne qui ne s'attribue que le choix des textes, n'en confère pas moins à cette personne un droit de propriété, lui permettant de poursuivre comme contrefacteurs ceux qui reproduisent le même recueil.

— C. de cass., 2 décembre 1814, aff. Leclerc c. Brunet et Savy (Blanc, p. 33).

77. Les Académies ou sociétés littéraires, et en général tous les corps savants sont *auteurs*, dans le sens légal, des ouvrages qu'ils composent : ainsi l'*Académie* pour son *Dictionnaire*.

— C. de cass., 7 prairial an 11, aff. Bossange c. Moutardier et Leclerc (Blanc, p. 34).

78. En cas de cession, le cessionnaire se trouve subrogé dans tous les droits de l'auteur.

— (Même arrêt).

79. Les auteurs peuvent céder leurs droits à des tiers, qui sont alors substitués à leur lieu et place.

L'auteur et après lui ses ayants-cause usent de leur droit où et quand il leur plait, sans distinction entre nationaux et étrangers, pendant toute la durée légale de ce droit ; et s'ils ont négligé pendant un certain temps de revendiquer leur privilège, à la suite d'une publication faite sans droit par des tiers en France ou à l'étranger, cette tolérance ne peut entraîner aucune déchéance du droit que la loi leur reconnaît de poursuivre les contrefacteurs.

— Trib. de la Seine, 10 juillet 1844, aff. Escudier c. Schonenberg (Blanc, p. 35) ; — C. de Paris, 27 juin 1844, aff. Beau-

doin c. Vatel (Blanc, p. 36) ; — C. de cass.. 30 janvier 1818,
aff. Chaumerot c. Michaud (Blanc, p. 38).

80. Si une publication semblable à celle poursuivie a déjà été faite par des tiers, soit sans opposition, soit même du consentement des auteurs, il n'en
peut résulter la preuve de l'abandon du droit de propriété de ces derniers et la faculté pour tous de reproduire et vendre leurs œuvres.

— C. de Paris, 28 mai 1852, aff. Lacordaire, de Ravignan
et autres c. Lapeyrière et autres (Blanc, p. 50).

81. Les auteurs d'articles de journaux, ou les gé-
rants de journaux qui sont leurs cessionnaires ont
sur lesdits articles un droit de propriété qui leur
permet de poursuivre tous contrefacteurs.

— C. de cass., 29 oct. 1830, aff. Gunja c. Petetin ; — C. de
Rouen, 10 déc. 1839, aff. de Bernard c. Rivoire ; — C. de
Rouen, 13 décembre 1839, aff. Rivoire c. Pommier ; — C. de
Paris, 25 novembre 1836, aff. divers c. Boulé ; — Trib. de
commerce de la Seine, 6 janvier 1838 (Dall., *Prop. litt.*, n°
99).

82. Les évêques, comme tous autres auteurs, ont
la propriété exclusive des sermons ou mandements
qu'ils ont composés.

— C. de cass., 29 thermidor an XII, aff. Vᵛᵉ Malassis c.
Busseuil (Blanc, p. 53).

83. Ils ne sont pas propriétaires des livres d'église
auxquels s'applique le décret du 7 germinal an XIII,
quand ils n'en sont pas les auteurs.

— C. d'Amiens, 14 décembre 1835, et C. de cass., 28 mai
1836, aff. Caron-Vitet c. Ledien (Blanc, p. 60 et 62).— V. Dall..
Prop. litt., n° 136, les arrêts cités *in fine*.

84. Mais le catéchisme rédigé par un évêque est une

propriété qu'il peut céder, et il y a délit à son préjudice ou à celui de son cessionnaire, à réimprimer
ce catéchisme sans leur autorisation.

— C. de Colmar, 26 février 1840, aff. Leroux c. Lemarchand
et Simon (*Journ. de droit crim.*, n° 2607).

85. Le décret de germinal an XIII ne s'est pas
trouvé abrogé par l'art. 8 ni par aucune autre dispo-
cition de la charte de 1814, non plus que par l'art.
1ᵉʳ de la loi du 21 octobre de la même année, sur
la liberté de la presse.

— Cour de Paris, 11 mai 1830, et C. de cass., 23 juillet
1830, aff. Gauthier c. Leclère (Dall., *Prop. litt.*, n° 137).

86. Le décret du 7 germinal an XIII, en statuant
que les livres d'église, d'heures et de prières ne
pourraient être imprimés ou réimprimés que d'après
la permission de l'évêque diocésain, n'a point entendu donner aux évêques le droit d'accorder à des
éditeurs choisis un privilège exclusif. La question
de propriété reste en cette matière régie par la loi
du 19 juillet 1793, et toutes contestations élevées à
son sujet sont du ressort de l'autorité judiciaire.

— Conseil d'État, 17 juin 1809, aff. Guesdon c. Enguin et le
maire de Meaux (Blanc, p. 57).

87. Tous les livres religieux ne sont pas des livres
d'église, soumis au décret du 7 germinal an XIII.

Ils font au profit de leur auteur l'objet d'une propriété, lorsque, indépendamment des prières généralement adoptées, et d'autres éléments du domaine
public, ils sont en grande partie le fruit du travail
et d'une conception d'esprit, et contiennent des instructions et des idées qui sont bien propres à leur
auteur.

— C. de Lyon, 5 août 1819, aff. Rusand c. Rivoire (*Journ. de l'impr. et de la libr.*, 1820, p. 68).

88. Un évêque est légalement, non seulement le surveillant, mais encore l'auteur exclusif et nécessaire du catéchisme de son diocèse, qui ne peut être rédigé et publié que par lui, comme il ne peut être enseigné que par ses ordres et sous sa surveillance.

Il peut donc concéder le droit exclusif de l'imprimer, et le concessionnaire est recevable à poursuivre quiconque le reproduit sans autorisation.

— C. de cass., 30 avril 1825, aff. Tanquerey c. Voisin (Dall., *Prop. litt.*, no 137).

89. Le décret de germinal an XIII, conférant aux évêques un droit qui n'existe qu'en faveur de celui qui possède la propriété d'un ouvrage, modifie à l'égard des livres d'église, dont ils sont ainsi reconnus propriétaires, la disposition de la loi du 19 juillet 1793, relative à la durée de la propriété des auteurs. De temporaire qu'elle est aux termes de cette loi, le décret la rend perpétuelle en faveur des archevêques et évêques qui n'ont, d'ailleurs, qu'un droit attaché à leur siège, qui se transmet à leurs successeurs.

— C. de Paris, 11 mai 1830, et C. de Cass., Rej., 23 juillet 1830, aff. Gauthier c. Leclère (Dall., *eod. loc.*).

90. Par suite, les cessionnaire des droits de l'évêché peuvent poursuivre comme contrefacteur celui qui réimprime sans leur permission ni celle de l'évêque l'ouvrage pour lequel ils ont obtenu le privilège.

— (Même aff.). — *Contrà:* l'arrêt ci-dessus cité du Conseil d'Etat du 17 juin 1809, et les diverses décisions que nous rapportons ci-après. — Mais voir plus loin plusieurs décisions plus récentes dans le sens de ces deux arrêts.

91. L'imprimeur qui n'est ni cessionnaire ni héritier de l'auteur, mais qui prétend seulement tenir de l'évêque du diocèse le droit exclusif d'en imprimer le catéchisme, ne peut poursuivre comme contrefacteur son concurrent qui a imprimé le même catéchisme au mépris de son privilège, alors surtout que ce concurrent excipe d'un traité par lequel l'auteur de l'ouvrage, l'ancien évêque du diocèse, lui aurait cédé ses droits de propriété.

— C. de Colmar, 6 août 1833, aff. Decker et Reiffinger c. Leroux (Dall., *Prop. litt.*, n° 138).

92. Le refus par un évêque d'autoriser un imprimeur à faire une réimpression de livres d'église pour lesquels il avait conféré privilège à un autre pour un certain nombre d'années ne constitue pas un des cas d'abus prévus par l'art. 6 de la loi du 18 germinal an X.

— Conseil d'Etat, 7 mars 1834, aff. Ledien (Renouard, t. II, p. 165). — *Contrà*, Calmels, p. 210.

93. Le décret du 7 germinal an XIII, en disposant que les livres d'église, les heures et prières, ne pouvaient être imprimés ou réimprimés sans la permission de l'évêque diocésain, n'a pas conféré aux évêques la propriété de ces livres ; il n'a fait qu'établir, dans l'intérêt des doctrines religieuses et de leur unité, un droit de haute censure épiscopale, duquel résulte pour les évêques celui de porter plainte, et pour le ministère public le droit et le devoir de poursuivre, même d'office, les imprimeurs qui contreviendraient à sa disposition.

Il suit de là que les évêques, ou les imprimeurs auxquels ils ont accordé la permission d'imprimer ou de réimprimer les livres de cette nature, sont sans qualité pour intenter l'action résultant de la loi du 19 juillet 1793 et des art. 425, 427 et 429 du Code pénal.

— C. de cass., 28 mai 1836, aff. Caron-Vitet c. Ledien (Renouard, t. II, p. 165).

94. Tout imprimeur peut imprimer les livres de piété permis par l'évêque. L'ouvrage seul doit être approuvé par lui. Du moment que l'évêque ne peut invoquer le droit d'auteur, l'imprimeur qui a reçu l'autorisation de publier n'a pas de privilège exclusif et n'a pas qualité pour poursuivre comme contrefacteur les autres imprimeurs qui publient les mêmes ouvrages. C'est dans ce sens que les circulaires et instructions ministérielles (1) ont entendu le décret du 7 germinal an XIII, et il n'y aurait délit, aux termes de ce décret, que si les ouvrages incriminés n'avaient pas reçu l'approbation de l'autorité ecclésiastique (2).

— C. de Caen, 11 février 1839, aff. Pagny et Loisel c. min. publ. (Dall., *Prop. litt.*, n° 138).

95. Sans qu'il soit nécessaire de déterminer la nature des droits que le décret du 7 germinal an XIII confère aux évêques diocésains, ces derniers ont en tous cas, en vertu de ce décret, le droit absolu de choisir l'imprimeur qui sera chargé de pu-

(1) V. Blanc, p. 58.
(2) La question était résolue en ce sens par les Circulaires du 20 juin 1810 et du 26 octobre 1814. Mais, jusqu'à ces derniers temps, la jurisprudence s'est montrée très incertaine en ces matières. Voir les décisions suivantes.

blier, sous leur direction, les livres soumis à ce décret.

— C. de cass., 9 juin 1843, aff. Dufaure c. Augé (Dall..
1843, 1, 416). — Voir dans le même sens : C. de cass., 5 juin
1847 et C. d'Amiens, 11 nov. 1847, aff. Belin-Leprieur et
cons. c. Min. publ. et Leclère et cons. (Dall., 1847, 1, 170;
Gaz. des trib., 17 nov. 1847). — *Contrà :* Blanc, p. 63 ; Renouard, t. II, p. 151 ; Chaùveau et Hélie, t. VI, p. 55 ; Pouillet, n° 864.

96. Si l'évêque, auteur de livres liturgiques, peut
les céder en vertu du droit qui dérive de la composition d'une œuvre littéraire, il ne saurait, quand il
ne les a pas composés, en transmettre la propriété
par l'effet de son autorité épiscopale.

Ainsi la cession d'un privilège exclusif, faite à ce
titre, ne constituerait pas un droit dont le cessionnaire pût se prévaloir contre les tiers ; mais elle ne
pourrait davantage anéantir le pouvoir qui appartient à l'évêque.

Toute impression ou réimpression de livres d'é-
glise est soumise à la prescription du décret du 7
germinal an XIII. L'imprimeur qui n'a pas obtenu
la permission d'imprimer contrevient à l'obligation
que lui impose le texte précis de ce décret, qui est
une loi politique.

Si l'on pouvait admettre que, la permission une
fois accordée à un imprimeur pour un livre, dont la
composition a été approuvée par l'évêque, tous les
autres imprimeurs peuvent l'éditer à leur tour, ce
droit ne saurait exister, en tous cas, pour eux qu'à
la condition de se conformer textuellement à l'édition qui a été faite avec la sanction de l'autorité
diocésaine (1).

(1) V. Dalloz, *Prop. litt.*, n⁰ˢ 136 et suiv. ; — Calmels, p. 210 ;—
Renouard, t. II, p. 165.

— C. de Toulouse, 2 juillet 1857, aff. Min. public c. Rodière (Pat., 1860, p. 278).

97. A supposer qu'un éditeur puisse être seul autorisé à publier un livre d'église, il est, dans tous les cas, propriétaire de l'édition qu'il publie et maître de choisir ses intermédiaires pour la vente. Un libraire ne peut donc, en lui en offrant le prix, l'obliger à lui en livrer des exemplaires pour les mettre en vente à sa place ou à la place des dépositaires qu'il a choisis.

— C. de Dijon, 23 mai 1859, aff. Royer c. Dejussieu (Dall., 1860, 5. 307).

SECTION III. — De la collaboration.

INDEX

98. — L'auteur d'une nouvelle ne peut se faire reconnaître collaborateur de l'écrivain dramatique qui l'a adaptée au théâtre, s'il ne justifie pas de son concours direct au travail d'adaptation.

Il peut seulement poursuivre l'auteur de la pièce, s'il a copié son œuvre sans son consentement, pour atteinte portée à ses droits.

— C. de Paris, 27 janvier 1840, aff. P. de Musset c. Lefranc (Blanc, p. 233).

99. Dans le cas de dissentiment entre collaborateurs sur la publicité à donner à une œuvre, c'est à la justice qu'il appartient de déterminer entre leurs volontés opposées laquelle il y a lieu de suivre.

Chacun des auteurs a, en effet, à cet égard, un droit égal à celui des autres, et s'il y a lieu d'admettre qu'à moins de preuve contraire, un ouvrage est toujours censé avoir été composé pour être publié, nul d'entre eux, cependant, ne peut imposer à cet égard sa volonté aux autres, et c'est au magistrat qu'il appartient de décider si le droit de reproduction sera exercé et dans quelles conditions il pourra l'être.

— Trib. civ. de la Seine, 30 avril 1853, aff. Hér. Bayard c. Gaspari (Blanc, p. 89). — Voir : Trib. civ. de la Seine, 26 décembre 1878, aff. Siraudin c. Cantin (*Le Droit*, 27 décembre 1878). — C. de Paris, 21 juin 1858, aff. Maillet et Dinaux c. Société des Aut. dram. (Sir., 1859, 2, 113).

100. A l'expiration de la durée de la propriété littéraire des héritiers de l'un des auteurs d'un ouvrage, le droit qui leur appartenait tombe dans le domaine public. — Mais l'étendue des droits de l'auteur survivant ou de ses ayants-cause ne s'en trouve pas diminuée, et le droit du public doit se concilier avec celui de la famille de cet auteur survivant, avec toutes les conséquences de l'indivision qui subsiste.

— C. de Paris, 21 juin 1858, aff. Maillet et Dinaux c. Société des Aut. dram. (*Pat.*, 1859, p. 122). — V. Blanc, p. 126 ; — Pouillet, n° 145.

101. Les auteurs d'un livret ne sauraient, à la majorité, imposer à l'un d'eux l'obligation de participer aux charges qui résultent de la décision prise

par les autres de confier à un tiers le soin d'apporter à ce livret certaines modifications, alors que l'engagement pris par eux à cet effet l'a été en dehors de ce collaborateur, qu'ils n'auraient même pas consulté.

— Trib. civ. de la Seine, 16 avril 1886, aff. Adenis et Bonne-mère c. Moreau-Sainti (*la Loi*, 17 avril 1886).

102. S'il peut être juridiquement admis que le poëme et la musique d'un opéra forment une propriété indivisible, ce principe n'est applicable que lorsque le travail du poëte et celui du musicien se composent d'un mutuel échange d'idées et d'inspirations, sans lequel l'ensemble de l'œuvre ne pourrait avoir d'existence.

Il n'en est pas ainsi, et l'auteur du poëme n'a aucun droit sur la musique, lorsque le drame, qui constitue d'ailleurs lui-même une œuvre sans la musique, n'a même pas été remis au compositeur, et que ce dernier est mort ne laissant qu'un travail purement préparatoire fait sur des données vagues fournies par correspondance.

— Trib. civ. de la Seine, 28 août 1868, aff. Blaze de Bury c. Hér. Meyerbeer (*le Droit*, 29 août 1868).

103. Un livret d'opéra ne doit pas être réputé accepté par le musicien par le seul fait qu'une copie du manuscrit a été remise à ce dernier et qu'il y a noté des esquisses de compositions musicales.

Les héritiers de l'auteur n'ont donc pas droit à la restitution du manuscrit avec dommages-intérêts pour cause d'inexécution d'engagement, lorsque le musicien, ainsi saisi de l'œuvre, n'en compose pas la musique.

Les esquisses restant d'ailleurs la propriété de leur auteur, le musicien, dans ce cas, n'est même pas tenu de rendre la copie sur laquelle il les a notées ; il a satisfait à toutes ses obligations lorsqu'une copie nouvelle a été remise aux auteurs du livret ou à leurs ayants-droits, de manière à leur permettre de l'offrir à d'autres compositeurs ; il avait lui-même conservé le droit de confier à d'autres écrivains le soin de faire un poëme sur le même sujet, tant qu'il ne s'était lié par aucun engagement (1).

— Trib. civ. de la Seine, 14 avril 1880, aff. Hér. de Planard et de St-Georges c. Gounod (*le Droit*, 15 avril 1880).

104. Est mal fondé à réclamer des droits de collaboration sur une pièce de théâtre l'écrivain qui, ayant travaillé autrefois à un drame portant un titre analogue, lequel n'a d'ailleurs pas été représenté, ne justifie d'aucune similitude entre cette œuvre et celle représentée depuis, en dehors de lui.

L'enquête qu'il sollicite pour justifier sa demande ne saurait lui être accordée, s'il est certain que son manuscrit n'a pas été communiqué à l'auteur de la nouvelle pièce, qui, ni directement ni indirectement, n'a pu en avoir connaissance.

— Trib. civ. de la Seine, 2 avril 1879, aff. Avenel c. Dumas et Garand (*Gaz. des trib.*, 3 avril 1879).

105. En matière de collaboration, il n'y a contrat formé entre les parties, obligeant l'une vis-à-vis de l'autre, que quand l'un des auteurs accepte le travail de l'autre.

L'adaptateur, dont le travail n'a pas été accepté

(1) Il s'agit dans l'espèce de l'Opéra de *Cinq-Mars*, représenté en 1877, dont le livret a été fourni à M. Gounod par MM. Poirson et Gallet, pour remplacer celui de MM. de Planard et de St-Georges, remontant à 1837, dont la mort avait empêché Meyerbeer d'écrire la musique.

par le maître du sujet, ne peut réclamer de droits
de collaboration que s'il prouve que quelques-unes
des idées dramatiques contenues dans son scenario,
et qui, ne se rencontrant pas dans le roman, peuvent
être considérées comme une création personnelle, se
retrouvent dans la pièce que l'auteur du roman a
écrite plus tard en collaboration avec un autre écrivain.

— C. de Paris, 14 juillet 1879, aff. Klein c. Daudet « *Fro-
mont jeune et Risler aîné* » (*Gaz. des. trib.*, 17 juillet 1879).

Voir encore : Trib. civ. de la Seine, 25 juin 1879, aff. de
Leuven c. de Flotow « *la fleur de Harlem* » (*le Droit*, 26 juin
1879).

106. La production par un écrivain d'un manuscrit d'ouvrage entièrement écrit de sa main ne saurait faire écarter toute idée de collaboration.

La collaboration peut naître du concours apporté
soit à l'idée première, soit au plan général, à la
disposition et à la succession des scènes, en un mot
à tout ce qui peut faire le succès d'une pièce.

Mais dans le cas d'une pièce tirée d'un roman par
l'auteur de ce dernier, le prétendu collaborateur est
tenu d'établir qu'une partie de sa rédaction, ou que
des idées à lui personnelles et non contenues dans
le roman, ou que tout autre élément pouvant être
considéré comme une création personnelle ont été
introduits dans le drame ; à défaut de cette preuve,
il doit être débouté de sa demande en partage des
droits d'auteur.

— Trib. civil de la Seine, 22 juin 1887, aff. Noellet c. Ma-
halin (*Pat.*, 1889, p. 127).

107. L'écrivain qui, d'accord avec l'auteur d'une
pièce, y a fait des changements notables, a le droit
de faire figurer son nom sur les affiches à côté de

celui de cet auteur, et de partager avec lui les droits d'auteur dans une proportion à déterminer, à défaut de convention expresse.

— Trib. civ. de la Seine, 18 novembre 1868, aff. Boudin c. Lesire (*Pat.*, 1869, p. 43).

Voir : Paris, 4 mars 1856, aff. Michel Lévy c. Lockroy (*Pat.*, 1856, p. 74).

108. Dès lors qu'il est constant en fait, connu de tous et même reconnu par des conventions intervenues entre les parties, qu'un auteur a collaboré à une œuvre dramatique, les héritiers de l'autre auteur qui, en vertu desdites conventions, est nommé seul sur les affiches, ne sont pas en droit de s'opposer à ce que le nom de l'œuvre soit gravé sur le piédestal de la statue du premier, du moment que lesdites conventions n'y font point obstacle et que cette mention n'implique nullement que l'œuvre n'a pas été faite en collaboration.

— Trib. civ. de la Seine, 2 juillet 1886, aff. cons. Gaillardet c. A. Dumas, « *la Tour de Nesle* » (*le Droit.* 3 juillet 1886).

109. Le fait d'avoir coopéré, pour le compte de l'auteur, à la traduction d'un livret d'opéra, peut sans doute donner lieu à rémunération, mais n'implique pas nécessairement le droit pour le traducteur de demander que son nom figure sur l'affiche ou sur le livret, alors surtout que le travail n'a pas été entièrement agréé, et a dû être presque refait.

— Trib. civ. de la Seine, 6 mars 1861, aff. Lindau c. Richard Wagner (*Pat.*, 1861, p. 94).

110. Est mal fondé à réclamer des droits de collaboration sur les représentations d'un opéra-comique traduit de l'allemand l'auteur dont le livret a dû être remplacé par une traduction nouvelle, à la

suite de certaines difficultés avec des tiers, et qui, ne possédant pas par lui-même le droit de traduction, n'a pas collaboré au livret adopté, qui ne ressemble pas au sien.

— Trib. de commerce de la Seine, 29 octobre 1879, aff. Coveliers c. Humbert (*le Droit*, 30 octobre 1879).

111. A droit à une réparation, comme ayant été privé des avantages d'une collaboration sur laquelle il devait compter, l'écrivain qui, invité, par un directeur de théâtre, à travailler pour lui, lui a fourni un sujet de pièce, et, s'étant ensuite présenté pour le mettre en œuvre avec lui, s'est vu évincer, le directeur prétendant que le sujet était dans le domaine public et qu'il pouvait le travailler seul.

— C. de Paris, 29 juillet 1857, aff. d'Hainault c. Arnault (*Pat.*, 1857, p. 286).

112. Le fait reconnu par un éditeur, qui reconnaît en même temps qu'il y a lieu à un partage de bénéfices, d'avoir donné à cet éditeur l'idée de publier un recueil de toutes les poésies inspirées par certains faits, ne saurait, à défaut d'autres preuves, donner à l'auteur de l'idée le droit d'intervenir dans la direction de la publication, du moment que l'éditeur en a pris les risques à sa charge.

— Trib. civ. de la Seine, 22 août 1873, aff. Lachelin-Daguillon c. Frey et Lachaud (*Pat.*, 1874, p. 351).

113. La collaboration ne suppose pas nécessairement un travail littéraire, et la remise à l'auteur des documents à l'aide desquels il a rédigé son travail suffit pour la constituer.

L'auteur n'a d'ailleurs aucun droit de propriété sur son œuvre, ni par suite sur son manuscrit, lorsque, ayant écrit ce dernier à l'aide de tels éléments, surtout si, comme dans l'espèce, il s'agit de papiers de famille, il s'est formellement interdit de publier cette œuvre sans le consentement exprès de la personne pour qui il l'avait entreprise.

— C. de Daris, 31 janvier 1881, aff. Pichot c. Vve Scribe (Dall., 1882. 2. 62).

114. Des rectifications et additions, même considérables, faites à l'œuvre d'un auteur, ne sauraient, à défaut de conventions formelles, être considérées comme constituant une œuvre nouvelle, conférant à celui qui les a faites un droit de propriété au préjudice du propriétaire primitif. L'auteur des additions a seulement droit dans ce cas à une rémunération.

— Trib. civ. de la Seine, 6 mai 1882, aff. Mehl c. Rouquette (La Loi, 7 mai 1882).

115. Le fait de s'être livré à certaines recherches et d'avoir réuni et coordonné des documents et des extraits pour le compte d'un auteur ne constitue pas une collaboration au sens juridique du mot et ne permet pas, par conséquent, à celui qui a fait ce travail de réclamer des droits d'auteur.

La coopération qui consiste à corriger les épreuves, à reviser le texte et à suivre les détails matériels de la publication, ne présente pas non plus le caractère d'une collaboration.

— Trib. civ. de la Seine, 7 février 1890, aff. Prat c. Alphand (Le Droit, 11 février 1890).

116. Le fait par un directeur d'avoir donné quelques conseils relativement au plan d'une pièce ne saurait lui permettre de revendiquer la qualité ni

les droits de collaborateur, alors d'ailleurs que la pièce même a été faite sans son concours.

— Trib. civ. de la Seine, 7 juillet 1869, aff. Labiche et Delacour c. Hostein (*Le Droit*, 9 juillet 1869). — Voir : C. de Paris, 12 janvier 1883, aff. Haymé c. Ferrier (*Pat.*, 1884, p. 334).

117. Le régisseur qui a donné à un auteur certaines indications pour des corrections à faire à son œuvre, n'a pas droit à en être reconnu collaborateur et à jouir de tous les profits et avantages résultant de cette qualité, si aucune rémunération de ce genre ne lui a été promise pour ses conseils.

— C. de Paris, 12 janvier 1883, aff. Haymé c. Ferrier (*La Loi*, 12 janvier 1883).

118. Le maître de ballet qui approprie à la scène un ballet dont l'idée ne lui appartient pas, peut, sans doute, avoir droit à une rémunération de ce chef, mais ne saurait prétendre que son travail constitue une collaboration.

— Trib. civ. de la Seine, 29 mars 1861, aff. Lordereau c. Royer et Petipa (*Pat.*, 1861, p. 288). — Voir également : Trib. civ. de la Seine, 12 février 1879, aff. Justament c. Castellano et Vizentini (*Le Droit*, 14 février 1879).

119. Le peintre des décors d'une pièce de théâtre n'est pas un collaborateur, à moins de conventions contraires.

Même au cas où l'auteur, pour le rémunérer, lui a fait abandon d'une quote-part de ses droits, lors d'une reprise de sa pièce, il ne peut être présumé que l'auteur ait entendu lui reconnaître une part de propriété sur son œuvre, et son droit ne saurait subsister lorsque la pièce est jouée de nouveau avec d'autres décors qui n'ont pas été peints par lui.

— Trib. civ. de la Seine, 16 juillet 1881, aff. Chéret c. Laurencin (*La Loi*, 17 juillet 1881).

120. Si, dans les ouvrages purement littéraires, la décoration ne peut être considérée que comme un accessoire très secondaire, il n'en est pas de même pour les pièces féeriques qui, comme dans l'espèce, consistent presque uniquement dans une machine ou un truc, au point que ce truc fasse tout le mérite de la pièce, que les paroles et les scènes soient motivées par lui et que sans lui elles n'auraient aucune signification.

L'inventeur fabricant de ce truc réclame avec raison un droit de collaboration sur la pièce, et les avantages y attachés.

— Trib. civ. de la Seine, 21 août 1859 et C. de Paris, 28 janvier 1860, aff. Raignard c. Borsat et autres (*Pat.*, 1859, p. 353 et 1860, p. 66).

121. En cas de faillite d'un auteur, son collaborateur qui, n'ayant conservé aucun droit réel sur la chose, mais ayant cédé sa part de propriété à cet auteur moyennant un prix, est encore créancier de ce prix, ne peut exercer d'autres droits que tous les créanciers du failli, si aucune condition résolutoire expresse ne lui était acquise antérieurement à la faillite.

S'il a de même aliéné son droit d'être nommé comme auteur de la pièce écrite en collaboration, il ne peut, d'ailleurs, pas faire rétablir son nom, dont aucun principe légal ne lui défendait de disposer dans ces conditions, et doit subir la loi de la faillite à cet égard comme à tous autres.

— C. de Paris, 14 novembre 1859, aff. Maquet c. Dumas (*Pat.*, 1859, p. 390).

122. La copropriété d'un ouvrage écrit en collaboration est par elle-même indivisible, et, par suite, en matière par exemple de représentation d'œuvres théâtrales, l'exercice des droits résultant de la propriété appartient, après comme avant la mort de l'un des auteurs, indivisément à son collaborateur.

Mais il n'en est pas de même des produits de l'exploitation de l'œuvre. Ces produits sont divisibles et, par suite, il est juridique de décider que la part de droits d'auteur revenant aux héritiers de l'auteur décédé n'accroît pas celle de son collaborateur, lorsque expire la durée légale de la jouissance de ces héritiers, non plus qu'ils ne peuvent continuer à percevoir les droits d'auteur; cette part, en pareil cas, échoit au domaine public.

— C. de Paris. 21 juin 1858, aff. Dinaux c. Société des Auteurs dram. (Dall., 1871. 5. 319).

123. Un auteur peut, sans le consentement de son collaborataur, publier l'œuvre commune dans le recueil de ses propres œuvres, et il a droit, dans ce cas, de toucher seul les droits d'auteur produits par la vente.

— C. de Paris. 1ᵉʳ décembre 1876, aff. Le Camus c. G. de Wailly (Dall., 1878. 2. 73).

124. Les auteurs d'un ouvrage militaire, auxquels des intéressés demandent des rectifications, ne sauraient s'y refuser sous prétexte qu'ils ne sont pas les vrais auteurs, mais ont écrit sous le contrôle de leur chef.

La demande dirigée contre eux en vue d'obtenir ces rectifications est recevable par le seul fait qu'ils s'intitulent auteurs du livre, et, à supposer que leur chef doive être considéré comme leur collaborateur, leurs obligations sont les mêmes, la collaboration entraînant des obligations en elles-mêmes indivisibles.

— Trib. civ. de la Seine, 22 novembre 1889 (*Le Droit*, 23 nov. 1889).

125. Le directeur d'un recueil périodique ne peut apporter aucune modification aux articles de ses rédacteurs sans le consentement de ceux-ci.

L'auteur de l'article modifié peut toujours le désavouer, sans que le directeur soit en droit d'alléguer le peu d'importance des changements.

— C. de cass., 21 août 1867, aff. Delprat c. Charpentier (Dall., 1867, 1, 369).

126. Le concours qu'apporte à un journal un rédacteur en chef, consistant principalement dans une collaboration personnelle à sa rédaction, constitue un louage d'industrie et non un acte de commerce, et ses fonctions, ne lui permettant aucune ingérance dans la partie commerciale de l'entreprise, ne sauraient être assimilées à celles de commis ou de facteur dans le sens de l'art. 634 du Code de commerce.

— Trib. de la Seine, 18 décembre 1885, aff. Mercier c. Liébert (*Gaz. des trib.*, 19 décembre 1885).

127. A droit à la réparation du préjudice à lui causé le journaliste privé subitement et sans motif plausible de son emploi dans la rédaction d'un journal.

— Trib. de la Seine, 16 octobre 1867, aff. Noriac c. *Le Soleil* (*Le Droit*, 3 novembre 1867).

128. A droit à une indemnité le journaliste, attaché à la rédaction d'un journal, qui est fondé à voir un congé déguisé et donné sans qu'aucune faute

puisse lui être reprochée, dans la mesure prise contre lui d'une réduction considérable de son traitement.

— C. de Toulouse, 24 juin 1882, aff. Roger c. *Le Républicain de Tarn-et-Garonne (L'Opinion*, 30 juin 1882).

129. Ne peut prétendre droit à une indemnité de renvoi le journaliste à qui ses fonctions n'ont pas été retirées, mais qui lui-même a cru devoir les abandonner, par suite du refus de la direction de recevoir certains articles incompatibles avec une direction nouvelle donnée au journal.

— Trib. de commerce de la Seine, 10 sept. 1884, aff. Vachon c. *La France (Le Droit*, 4 octobre 1884).

130. Quand le directeur d'un journal en a confié par traité à un écrivain la direction politique, avec stipulation que les rédacteurs suivront la ligne politique et économique que ce dernier leur indiquera, il ne peut refuser de laisser paraître un article ayant un caractère purement politique et qui est l'œuvre d'un des rédacteurs choisis, d'après le traité, d'accord entre les deux parties.

Le directeur politique obligé de demander la résiliation du traité pour inexécution d'une de ses clauses fondamentales, est fondé à demander la réparation du préjudice que lui cause la rupture.

— C. de Paris, 20 novembre 1888, aff. Jules Roche c. Gérin (*Le Droit*, 23 novembre 1888).

131. Si le propriétaire d'un journal a, en principe, le droit de congédier et de révoquer ses rédacteurs sans indemnité, il n'en est plus ainsi lorsque, à défaut du contrat écrit, l'existence d'un engagement pour un travail déterminé doit être induit des

circonstances, notamment du long temps pendant lequel le rédacteur congédié brusquement et sans motifs plausibles a été attaché à la rédaction, avec un traitement annuel progressif.

— C. de cass., 19 août 1867, aff. Delamarre c. Joncières *(Le Droit,* 20 août 1867).

CHAPITRE II

DU DROIT DE REPRODUCTION

SECTION I. — Nature du droit de reproduction.

INDEX

132. La création d'une œuvre littéraire ou artistique constitue au profit de son auteur une propriété dont le fondement se trouve dans le droit naturel et des gens, mais dont l'exploitation est réglementée par le droit civil.

— C. de Paris, 8 déc. 1853, aff. Lecou c. Barba (Blanc, p. 38).

Voir dans le même sens : Pouillet, *Prop. litt. et art.*, n° 9, et les autorités citées en note, page 21 ; — voir également : C. d'appel d'Alexandrie, 8 mai 1889, aff. Société des gens de lettres c. Philip. (*le Droit*, 27 août 1889).

133. Les droits d'auteur et le monopole qu'ils confèrent sont désignés à tort, soit dans le langage usuel, soit dans le langage juridique, sous le nom de *propriété*. Loin de constituer une propriété comme

celle que le Code civil a définie et organisée pour les biens meubles et immeubles, ils donnent seulement à ceux qui en sont investis le privilège exclusif d'une exploitation temporaire.

— C. de cass., 25 juillet 1887, aff. Grus c. Durdilly et Ricordi (Dall. 1888. 1. 5). — V. Pataille, 1888, p. 325 ; Sirey, 1888. 1. 17.

— Voir en sens contraire, ci-après : C. de cass., 16 août 1880, aff. Gaudichot dit Michel Masson c. Gaudichot fils (Dall., 1881. 1. 25).

134. Le droit exclusif reconnu à l'auteur pour la publication, la reproduction ou la représentation de son œuvre est moins un véritable droit de propriété qu'un monopole, lui permettant de tirer de la publication de sa production tout l'avantage pécuniaire possible.

— Justice de paix d'Abbeville, 25 mai 1888. aff. Désiré Louis c. de Tully et Caudron (le Droit, 17 août 1888).

135. Une production de l'esprit, lorsque l'auteur lui a imprimé une forme matérielle et appréciable en la consignant par écrit, est une valeur réalisable en argent et constitue à ce titre une véritable propriété mobilière.

Aux termes de l'art. 1401 du Code civil, cette valeur dépend de la communauté, et par suite les créanciers de cette dernière ont le droit de poursuivre aussi bien sur elle que sur les autres valeurs qui la composent le paiement de ce qui leur est dû.

Le mari d'une femme auteur est donc tenu des dettes de la communauté sur la valeur de l'ouvrage qu'il a vendu depuis le décès pour le compte de sa fille mineure, même si l'ouvrage vendu n'était encore que manuscrit.

— Trib. de la Seine, 26 juillet 1837, aff. D^{lle} Lyonne c. Parquin (Blanc, p. 120) (1). — V. Sirey, Table 1791-1850, v° *Prop. litt.*, n° 38.

136. Aux termes des principes généraux du droit, qui s'appliquent toutes les fois qu'il n'y a pas été dérogé par contrat de mariage, l'œuvre du mari, essentiellement mobilière, tombe dans la communauté et profite à la société conjugale, non seulement dans ses produits, mais encore dans sa valeur capitale. C'est l'ouvrage même qui lui appartient ; et, une pareille propriété n'étant pas susceptible de se partager avec le domaine public, la veuve est naturellement, aux termes de l'art. 39 du décret de 1810, appelée à en jouir pendant sa vie.

— C. de Paris, 8 avril 1854, aff. Brandus et Meissonnier c. Schonenberger (Blanc, p. 85).

137. Au surplus, à défaut de conventions contraires dans le contrat de mariage, le droit viager et spécial reconnu à la veuve par le décret du 5 février 1810, est un droit personnel qui lui appartient de plein droit, si le mari n'en a pas disposé conformément à l'art. 40 dudit décret.

— (Même décis.).

138. La propriété littéraire ou artistique, essentiellement mobilière, a les mêmes caractères et doit avoir le même sort que tout autre genre de propriété, moins la limitation que l'intérêt public a fait apporter à sa durée.

Une composition littéraire, dès qu'elle est publiée, est un bien susceptible de propriété, meuble dans sa

(1) Voir la note.

valeur principale comme dans ses produits, et comme
tel, doit accroître l'actif de la communauté.

La loi du 19 juillet 1793 n'a envisagé l'auteur et
ses représentants que dans leurs rapports avec les
tiers, sans exclure l'application au droit d'auteur
du régime matrimonial des époux.

L'art. 39 du décret du 5 février 1810, qui accorde
un droit viager à la veuve sur les œuvres de son
mari, n'a pas eu non plus en vue de régler les droits
respectifs des époux ni ceux des veuves, des enfants
et des autres héritiers les uns vis-à-vis des autres ;
son but a été uniquement de fixer les droits des auteurs, de leurs veuves, enfants et cessionnaires par
rapport au public ; les expressions qui y sont employées sont des expressions générales qui ont pour
effet de subordonner l'exercice du droit de la veuve
au régime sous lequel elle se trouve mariée.

L'art. 1er de la loi du 14 juillet 1866, après avoir
déterminé la durée de la jouissance du conjoint survivant, porte que cette jouissance lui appartiendra
quel que soit le régime matrimonial et indépendamment des droits qui peuvent résulter en faveur de
ce conjoint du régime de communauté. Cette disposition est nette et précise ; il en résulte avec évidence
que la nature mobilière, reconnue au droit d'auteur,
fait entrer dans la communauté, non seulement les
produits du droit, mais encore le droit lui-même, et
que l'art. 1401 du Code civil doit être appliqué en
ce sens, dans le cas où la communauté est dissoute
par le décès de la femme comme dans celui où elle
prend fin par le décès du mari.

A la dissolution de la communauté, l'héritier de
l'époux prédécédé a donc droit désormais, comme

propriétaire pour moitié des œuvres de l'époux survivant, à la moitié des droits d'auteur à percevoir.

— Cour de cass., 16 août 1880, aff. Gaudichot, dit Michel
Masson c. Gaudichot fils (Dall., 1881. 1. 25).

139. La propriété des ouvrages littéraires d'une
personne mariée ne tombe point dans la communauté, si ce n'est pour les produits réalisés pendant
la durée de la vie commune.

A la suite d'une séparation de biens l'écrivain reprend ses droits d'auteur comme lui étant propres,
et continue de les exploiter à son profit exclusif.

— C. de Paris, 3 avril 1884, aff. dame Bernard-Derosne c.
son mari (*la Loi*, 22 juin 1884).

140. La propriété littéraire ne doit pas être con-
fondue avec les avantages et les émoluments qu'elle
procure.

Aux termes de la loi de 1793, elle consiste pour
les auteurs dans le « droit exclusif de vendre, faire
vendre et distribuer leurs ouvrages », indépendamment de tout exercice utile de ce droit.

A ce droit seul doit être reconnue la nature d'un
capital et tous les bénéfices qui peuvent résulter de
son exploitation doivent être rangés dans la classe
des fruits et revenus.

Ainsi, lorsqu'un auteur, marié sous le régime
d'exclusion de la communauté, a cédé le dit droit,
moyennant une certaine somme, pour un certain
nombre d'années, sa femme, lorsqu'elle a été son
collaborateur, a, indépendamment des autres conséquences légales de cette qualité, des droits sur le
produit de cette cession partielle, calculés d'après la
durée de la jouissance du cessionnaire postérieure-

ment au décès de son mari ; mais, aux termes de l'art. 1530 du Code civil, elle n'a aucun droit sur la portion du prix correspondant à la durée de l'association conjugale, de la même manière que s'il s'agissait d'un bail, et elle est mal fondée à invoquer l'art. 1531 pour réclamer, en tant que collaborateur, la moitié de cette portion du prix, considérée comme un capital.

— C. de Paris, 18 mai 1877, aff. Vve Michelet c. Hér. Michelet (Dall., 1880. 2. 63).

141. La qualité légale de collaborateur ne saurait être reconnue à la femme de l'auteur que si elle justifie de sa collaboration effective à l'ouvrage, qu'elle aurait composé en commun avec son mari.

— C. de Paris, 3 avril 1884, aff. D^{me} Bernard-Derosne c. son mari (Pat., 1884, p. 347).

142. La jouissance des droits d'auteur accordée au conjoint survivant par la loi du 14 juillet 1866 est un droit successoral dont l'importance se trouve fixée au moment du décès et ne peut être modifiée par des événements ultérieurs.

En conséquence, la part de propriété qui se trouve attribuée aux termes de cette loi et d'après le droit commun aux héritiers réservataires entre dans leur patrimoine, pour un laps de cinquante années, d'une façon définitive, et à leur décès l'usufruit ne fait pas retour au conjoint, mais passe à leurs héritiers avec la nue propriété.

— Trib. civ. de la Seine, 24 janvier 1885, aff. Ponson du Terrail c. Ponson du Terrail (Gaz. des trib., 25 janvier 1885); — C. de Paris, 18 juin 1883, mêmes parties (Dall., 1885. 2. 47).

SECTION II. — A qui appartient le droit de reproduire ?

INDEX

143. Les leçons publiques d'un professeur constituent une œuvre intellectuelle dont la publication n'appartient qu'à lui, sans qu'il soit obligé, pour conserver son droit, de satisfaire à la formalité légale du dépôt.

Le salaire que le professeur reçoit de l'Etat doit être considéré comme une rémunération du sacrifice de son temps, et non comme le prix de la propriété de ses leçons, qui tomberaient ainsi dans le domaine public (1).

Mais, si le professeur a connu la publication qui était faite de ses leçons, si même il a exigé des éditeurs qu'ils effaçassent la mention de son consentement, établissant une différence entre *ne pas s'opposer* et *consentir*, les héritiers du professeur ne peuvent faire cesser la publication commencée ; ils conservent seulement le droit de publier eux-mêmes ces leçons.

— C. de Paris, 18 juin 1840, aff. Hér. Cuvier c. Madeleine de Sᵗ-Agy et Crochard (Dall., 1840. 2. 187).

144. L'auteur qui a reçu des documents pour écrire une biographie destinée à être publiée en tête d'une

1. V. Tribunal corr. de Joigny, 9 mars 1861, aff. Gallot c. Zanote (Pat., 1861, p. 166).

édition des œuvres d'un autre écrivain que veut publier la veuve de ce dernier, ne saurait avoir le droit de reproduire lui-même le travail qu'il a livré.

— C. de Paris, 31 janvier 1881, aff. Pichot c. V^{re} Scribe (Dall., 1883. 2. 62).

145. L'auteur principal sous la direction de qui a été composé un ouvrage collectif et sous le nom de qui cet ouvrage a été publié, exerce seul le droit de reproduction et de poursuite des contrefacteurs.

— C. de Paris, 6 juin 1883, aff. V^{re} Henry c. Delbruck et autres (*La Loi*, 23 septembre 1883).

146. Les articles de journaux constituent une propriété à laquelle les autres journaux n'ont pas le droit de porter atteinte ; et, suivant les cas, les auteurs, ou les éditeurs, le gérant, le propriétaire du journal ont droit et qualité pour poursuivre les contrefacteurs.

— C. de cass., 29 oct. 1830, aff. le *Pirate* c. la *Gazette littéraire* ; — Trib. corr. de la Seine, 11 avril 1835, aff. N.... c. l'*Echo* et l'*Estafette* : — Trib. de commerce de la Seine. 5 juin 1833, aff. le *Constitutionnel* c. l'*Echo* ; — Trib. civ. de la Seine, 31 mars 1853, aff. Denain c. Vassal ; — Trib. civ. de la Seine, 12 juin 1851, aff. Schlesinger c. Baraton (Blanc, p. 75 et 76).

147. Le droit de reproduire un article de journal n'appartient à aucun autre journal sans autorisation de l'auteur ou de ses cessionnaires, même si cet article n'est pas accompagné de la mention : « Tous droits réservés », ou « Reproduction interdite ».

— Justice de paix d'Abbeville, 25 mai 1888, aff. Désiré Louis c. le *Pilote de la Somme* (le *Droit*, 17 août 1888).

148. Le propriétaire d'un journal, qui en a affermé l'exploitation industrielle à une société, moyennant un traitement fixe et une part des bénéfices nets, conserve la propriété des articles composés par les rédac-

teurs choisis et payés par lui, lorsque les soins à
donner à la rédaction, le choix et le paiement des
rédacteurs lui ont été réservés, avec allocation d'une
somme fixe pour ce paiement ; il a donc qualité, à
l'exclusion du gérant, pour autoriser la reproduction des articles dans d'autres journaux, et pour
poursuivre ceux qui les ont reproduits sans son autorisation.

— Trib. civ. de la Seine, 20 juillet 1859, aff. Jubinal c.
Guérard (Pat., 1859, p. 275).

149. Le journaliste conserve en principe le droit
de publier lui-même ultérieurement ses articles en
volume ; il en reste propriétaire, et par suite cette
reproduction ne saurait l'exposer à être condamné
comme contrefacteur.

— Trib. de la Seine, 2 janvier 1834, aff. *Journal des enfants*
c. Louis Desnoyers (Blanc, p. 77).

Voir : C. de Rouen, 10 décembre 1839, aff. de Bernard c.
Rivoire (Dall., *Prop. litt.*, n° 99).

150. En pareille matière, il y a lieu de rechercher la
commune intention des parties. En général, à moins
de conventions contraires, le directeur d'un journal
qui publie les articles d'un correspondant a épuisé
son droit par cette publication, et ne saurait en céder la reproduction à d'autres journaux sans autorisation de l'auteur.

— Trib. de commerce de la Seine, 2 février 1877, aff. Rigondaud c. *la Patrie*. (*Gaz. des trib.*, 18 février 1877).

151. Un imprimeur ne peut, sans autorisation formelle, disposer de la composition qu'il a faite pour un
journal, au profit d'un autre journal. En le faisant
il se rend complice du plagiat imputable au gérant
de celui-ci.

— C. de Paris, 9 juillet 1839, aff. Brindeau c. Boulé et Dumont (Dall. *Prop. litt.*, n° 101).

152. Le gérant d'un journal ne devient pas, par le fait qu'il en a payé le prix, propriétaire des articles, même non signés, que le journal a publiés ; il ne paie en effet le plus souvent que le droit de les publier le premier.

L'auteur desdits articles a donc personnellement, à défaut de conventions contraires entre lui et la direction, qualité pour poursuivre le directeur d'un autre journal qui les a reproduits sans autorisation.

— Trib. de comm. de la Seine, 19 juin 1875, aff. Cartillier c. l'*Evénement* (*le Droit*, 7 juillet 1875).

Voir aussi : C. de Rouen, 10 décembre 1839, aff. de Bernard c. Rivoire (Dall. *Prop. litt.*, n° 99).

153. La propriété des œuvres d'auteurs anonymes, dont la volonté peut être de ne se révéler en aucun cas, ne saurait être *res nullius* ; l'éditeur d'œuvres de ce genre, ou des œuvres d'auteurs inconnus, doit être considéré comme ayant l'exercice du droit de propriété, aussi longtemps que l'auteur ne s'est pas déclaré, et l'on ne peut exiger de lui la représentation d'un acte formel l'investissant de la propriété de ces œuvres.

— C. de Paris, 25 juillet 1888, aff. Chevalier-Marescq c. Noblet (Pat., 1889, p. 70).

154. Un auteur qui croit devoir publier un ouvrage sous un pseudonyme, n'est pas censé, par ce fait, abandonner son œuvre au domaine public ; il n'en conserve pas moins la propriété entière et absolue, et il n'est pas plus permis de s'approprier une œuvre que l'auteur publie sous un nom qui n'est pas le sien que celle qu'il publie sous son véritable nom.

— Trib. corr. de la Seine, 18 décembre 1867, aff. Reybaud et Lévy frères c. Alph. Millaud. (Chron. de la Société des gens de lettres, n° 22).

155. L'auteur qui traite avec un journal a droit à la restitution de son manuscrit, si l'œuvre n'est pas publiée, et le journal est par suite responsable vis-à-vis de lui de la perte de ce manuscrit.

— Trib. civ. de Lyon, 19 janvier 1881, aff. de Vaux c. le *Petit Lyonnais* (Pat., 1883, p. 216).

156. L'auteur seul a le droit, en Belgique comme en France, sans distinction entre les nationaux des deux pays, de reproduire son œuvre en la traduisant ou en la faisant traduire, par exemple en langue flamande.

— C. de Bruxelles, 17 mai 1880, aff. Zola, Busnach et Gastineau c. Driessens (Dall., 1881. 2. 117).

157. Un *Journal officiel*, auquel ce titre exclusif peut avoir été concédé par un traité conclu avec l'État, appartient au domaine général de la publicité et peut être reproduit par toutes sortes de moyens propres à porter à la connaissance de tous les lois et décisions qui y sont contenues.

. Un Dictionnaire ou Table alphabétique de ce journal peut dès lors être fait par tous autres que l'éditeur.

— C. de Paris, 4 juillet 1863, aff. du Dumaine c. Blochet et Pigelet (Pat., 1864, p. 295).

158. Aucune disposition légale n'autorise l'expropriation des droits d'un auteur pour cause d'utilité publique.

— C. de cass., 3 mars 1826, aff. Muller c. Guibal (Blanc, p. 171) — V. Pouillet, n° 204 ; Gastambide, p. 148.

159. L'auteur dont l'œuvre est tombée dans le domaine public en vertu des conditions d'un concours à la suite duquel cette œuvre a été couronnée, est en droit de s'opposer à ce qu'on en publie une édition altérée, et de demander la suppression de cette dernière avec dommages-intérêts.

— Trib. civ. de la Seine, 14 mars 1860, aff. Peigné c. Garnier et autres (Dall., 1860. 3. 16).

160. En aliénant son droit de propriété littéraire, un auteur n'abdique pas le droit de veiller à ce que son œuvre soit fidèlement reproduite.

Il lui est donc loisible de désigner une personne qui, après son décès, exerce à sa place cette surveillance.

Cette désignation ne constitue d'ailleurs qu'un mandat, que l'auteur peut confier aussi bien à sa femme qu'à un étranger, sans qu'il en résulte pour elle aucun droit de propriété, transmissible à ses ayants-cause.

— Trib. civ. de la Seine, 12 janvier 1875, aff. Poullain-Dumesnil et cons. c. Vve Michelet (Pat., 1875, p. 187).

SECTION III. — Des lettres missives.

INDEX

161. Les lettres privées sont, au point de vue littéraire, la propriété de celui qui les a écrites ; et en tous

cas celui qui les reçoit, bien que propriétaire de ces lettres en tant que manuscrits, ne peut les publier que du consentement de leur auteur (1).

Une lettre d'un caractère confidentiel n'est en principe écrite, même par un homme public, que sous la condition qu'elle restera renfermée dans le domaine de l'intimité, et, après lui, ses héritiers, gardiens de la mémoire de leur auteur, peuvent s'opposer à une publication que leur auteur n'a pas lui-même autorisée.

— C. de Paris, 10 décembre 1850, aff. Hérit. Benjamin Constant c. Collet (Dall., 1851. 2. 1). — V. Blanc, p. 78. — Voir également : Trib. de la Seine, 31 mars 1883, aff. Destournelles de Constant c. Lenormand et C. Lévy (*la Loi*, 1er avril 1883).

162. Les lettres particulières sont confidentielles, et le secret qu'elles contiennent est en principe inviolable.

Elles sont la propriété de ceux qui les écrivent et un dépôt entre les mains de ceux qui les reçoivent.

Il en résulte, entre autres conséquences, qu'elles ne peuvent, au moins en principe, être produites en justice et invoquées par des tiers contre ceux à qui elles appartiennent.

— C. de Paris, 11 juin 1875, aff. Gentil c. sa femme (Pat. 1875, p. 332).

. Voir : C. de Bordeaux, 2 août 1882, aff. Froment et autres c. Lacosse (Dall. 1884. 2. 59).

163. Les lettres sont la propriété du destinataire ou de ses héritiers.

Le tiers qui les détient sans pouvoir justifier de la régularité de sa possession ne peut donc être auto-

---

(1) On verra par les décisions qui suivent que les tribunaux sont très divisés sur la question de savoir si la propriété des lettres missives appartient à celui qui les a écrites ou au destinataire.

risé à les produire en justice dans un procès qu'il a intenté au destinataire, et elles doivent être restituées à ce dernier.

D'autre part le destinataire d'une lettre missive ne saurait être autorisé à en faire usage en justice, en violant le secret qui lui est confié par leur auteur, alors que celui-ci manifeste la volonté de leur maintenir leur caractère confidentiel.

— Trib. civ. de la Seine, 15 novembre 1887, aff. Sibend c. Harmand (Gaz. des trib., 18 novembre 1887). — Voir : Gaz. des trib., 7 décembre 1887. — Voir également : C. de Dijon, 29 juin 1888, et C. de cass., 28 octobre 1889, aff. de Chalonge (le Droit, 8 novembre 1889) ; — C. de Bordeaux, 9 avril 1869, aff. Albert c. Goubeau et Malet (Dall. 1870. 2. 222).

164. Une lettre, confidentielle par sa nature même, adressée par un avocat à son client pour lui faire part d'une décision de justice, est au premier chef un document secret qui ne peut être communiqué à un tiers en dehors de la volonté de son auteur et du destinataire ou de ses héritiers. L'avocat qui a écrit cette lettre a même seul des droits sur elle, après le décès du client auquel elle était personnellement et exclusivement destinée. Il y a donc lieu de condamner le tiers qui en a eu indûment communication et qui en a fait abus, à la restituer à l'auteur avec dommages-intérêts, ainsi que tous les *fac-simile* ou copies qu'il en a fait prendre.

— C. de Rennes, 7 mars 1887 ; Ch. des Req., 11 mai 1887 ; Trib. civil de Quimper, 11 mai 1887, aff. de Chabre c. Alavoine (la Loi, 6 août 1887).

165. Les lettres missives sont, comme tout autre écrit, l'objet d'un droit de propriété littéraire.

Cette propriété appartient à l'auteur qui seul a le droit de les publier. Le destinataire qui les détient

n'a de droits que sur l'objet matériel. Il peut se refuser à livrer ce dernier, et même s'opposer à la publication de la copie qu'a pu en conserver l'auteur,
si la lettre est confidentielle.

Mais l'abandon tacite du droit de publication au
destinataire ou à ses héritiers peut résulter des circonstances, et notamment du fait que l'auteur n'a
conservé aucune copie de ses lettres.

Celles-ci deviennent alors de simples manuscrits,
dont la publication confère au destinataire les droits
déterminés par le décret du 1ᵉʳ germinal au XIII relatif aux œuvres posthumes.

— Trib. civ. de la Seine, 20 juin 1883, aff. Morand c. Calmann Lévy (*Gaz. des trib.*, 21 juin 1883).

166. Si les lettres missives sont en général considérées comme la propriété personnelle des destinataires, ce n'est point là une règle universelle et absolue qui puisse prévaloir contre la volonté suffisamment manifestée par l'auteur de ces lettres de rete-
nir cette propriété.

L'application de ce droit doit d'ailleurs se combi-
ner avec le principe protecteur du secret des lettres.

Ce sont là questions de fait qu'il appartient aux
tribunaux de résoudre.

— C. de cass., 9 février 1881, aff. Ménard c. Ménard (Dall.
1882,1.73).—Voir encore: Trib. de la Seine, 15 novembre 1887,
aff. Sibend c. Harmand (*Gaz. des trib.*, 18 novembre 1887).

167. Les lettres étant en principe la propriété des
destinataires, il en résulte que dans le cas où des
lettres missives sont revendiquées par le destinataire contre un tiers détenteur, l'auteur des lettres
est mal fondé à intervenir pour en demander la remise entre ses mains.

— C. de Paris, 7 nov. 1888, aff. Soc. de l'Hippodrome de Paris c. Berthier frères et autres (*le Droit*, 20 novembre 1888).

168. L'héritier de l'auteur ne peut pas s'opposer à la publication de lettres léguées à un tiers, du moment que ces lettres n'ont aucun caractère confidentiel, et qu'il a été au surplus dans l'intention manifeste de l'auteur que ces lettres fussent publiées par les soins et sous la direction du légataire, auquel à cet effet la pleine et entière propriété en avait été transmise par le testament.

— C. de cass., 5 février 1867, aff. Léon Lacordaire c. Perreyve (Pat., 1870, p. 104).

169. Quand il est certain que l'auteur avait abdiqué le droit qu'il avait de publier lui-même sa correspondance et avait chargé un ami de faire cette publication, les héritiers sont sans droit pour empêcher que celle-ci comprenne des lettres obtenues de tiers depuis le décès de l'auteur, alors d'ailleurs que rien dans ces lettres n'est susceptible de nuire à la mémoire de ce dernier.

— Trib. civil de la Seine, 20 juillet 1888, aff. Vve Baudry c. Ephrussi (*le Droit*, 27 juillet 1888).

170. L'envoi à un tiers de lettres privées, en donnant au destinataire le droit de les conserver, ne l'autorise pas à les livrer à la publicité sans le consentement de celui qui les a écrites, et ne permet ni à lui ni à ses créanciers ou héritiers d'en tirer un profit pécuniaire.

Ce droit personnel et intime sur des lettres privées peut faire l'objet d'un legs, et par exemple l'auteur peut charger son légataire de choisir les écrits qu'il jugera de nature à être publiés, de détruire ceux qui seraient jugés insignifiants, et de

remettre à sa succession ceux qui seraient nécessaires à la liquidation de sa fortune.

Dans ce legs de papiers personnels et de lettres
intimes dont le bénéficiaire est chargé de faire
l'usage qu'il croira le plus utile à la mémoire du testateur, il n'y a autre chose que la transmission régulière du droit qui appartenait au testateur sur des
choses de son domaine exclusif, qui sont sans valeur
pécuniaire tant qu'elles restent dans le secret où il
les avait maintenues.

— C. de Dijon, 18 février 1870, aff. Guillabert c. Chapuys-
Montlaville (Pat., 1870, p. 107).

171. Le légataire de lettres et papiers intimes ne
peut être contraint à les communiquer à des héritiers qui se prétendent en droit de chercher dans ces
lettres une preuve de captation, alors surtout que la
saisine a été enlevée à ces héritiers et conférée à un
exécuteur testamentaire, et que le testateur a, par
cette mesure, manifesté le désir que le secret de ces
lettres ne fût pas violé.

— C. de Bordeaux, 29 mars 1887, aff. Consorts Faucher
c. Communauté de Saint-Paul (*la Loi*, 9 nov. 1887).

172. Lorsque des lettres missives, ayant un caractère confidentiel, ont été trouvées dans les papiers
d'une succession, elles ne peuvent, bien qu'elles
aient une valeur vénale comme autographes, être
vendues à la requête des créanciers de cette succession, alors surtout qu'elles constituent pour la famille
un souvenir d'un intérêt considérable, mais tout personnel.

On peut seulement admettre, en cas d'insuffisance
des autres ressources de la succession, le droit
des créanciers de faire vendre les écrits, mémoi-

res ou leçons, qui ont un intérêt plus historique
que personnel, et dont la vente ne peut avoir d'inconvénient ni pour la famille ni pour la mémoire
de l'auteur.

C. d'Angers, 4 fév. 1869, aff. Ménard c. de Chanterenne
(Pat., 1870, p. 105).

SECTION IV. — Des œuvres posthumes.

INDEX

173. En matière d'œuvres posthumes, le droit de
reproduction appartient au détenteur ; les tiers qu'il
ne sauraient lui opposer un défaut de qualité ; les
héritiers du sang peuvent seuls contester le droit du
détenteur.

— C. de Paris, 3 février 1857, aff. de St-Simon et Hachette
c. Barba (Dall., 1858. 1. 145).

174. Le décret du 1er germinal an XIII n'a accordé aux
éditeurs d'œuvres posthumes la qualité de propriétaires exclusifs de ces œuvres qu'à la condition de
les imprimer séparément et sans les joindre à une
nouvelle édition des œuvres du même auteur tombées dans le domaine public.

Cette prohibition est absolue ; elle s'applique,
d'après le texte de la loi, non-seulement à la première publication que peut faire l'éditeur d'une œuvre posthume, mais à toutes les publications subsé-
quentes ; si cette condition cesse d'être observée, la
propriété exclusive cesse d'exister de plein droit.

— Trib. de la Seine, 6 juillet 1854, aff. Lévy c. Barba (Blanc, p. 80).

175. Les termes du décret du 1ᵉʳ germinal an XIII impliquent que la condition de séparation est imposée pour le cas où les écrits publiés et les écrits posthumes sont des ouvrages distincts, et non quand il s'agit d'une œuvre unique formant un seul tout qui ne pourrait être divisé sans grave dommage.

La publication déjà ancienne de fragments d'une œuvre inédite ne saurait donc nuire au droit de la publier en entier, qui appartient aux représentants de l'auteur, sans qu'ils soient tenus, pour ne pas perdre leur privilège, de n'en publier que les parties encore inédites.

Si les parties anciennes peuvent être réimprimées par tous, comme tombées dans le domaine public, cette circonstance ne saurait influer sur la propriété d'une œuvre qui, restituée telle que l'auteur l'avait conçue, constitue un livre nouveau.

— C. de Paris, 3 février 1857, et C. de cass., 31 mars 1858 aff. Barba c. de St-Simon et Hachette. (Sir., 1857. 2. 84, et 1858. 1. 513).

176. La saisie par l'Etat, comme mesure de police, d'un ouvrage inédit ne saurait déplacer et attribuer à l'Etat la propriété de l'ouvrage ni même celle du manuscrit, alors du moins qu'il ne s'agit pas d'écrits faits pour l'Etat par les agents de l'Etat, dans l'exercice de leurs fonctions. Le décret du 20 février 1809, qui régit la matière, ne saurait en effet avoir pour portée de permettre la confiscation d'une propriété privée, même si l'écrit est l'œuvre d'un fonctionnaire public, et par suite si l'Etat restitue le manuscrit à la famille, nul ne peut soutenir que l'œuvre est tombée dans le domaine public.

— C. de cass., 31 mars 1858, aff. de St-Simon et Hachette c. Barba (Pat., 1858, p. 231).

177. La loi de 1793 protége au même titre que les ouvrages qui sont entièrement nouveaux ceux qui consistent dans l'augmentation ou le remaniement d'un ouvrage tombé dans le domaine public.

A l'égard de ces derniers, aucune loi n'oblige l'auteur à séparer du texte ancien ses additions ou changements, sous peine de les voir, par une sorte d'accession, devenir propriété publique.

Le décret du 1er germinal an XIII, exclusivement relatif au droit des héritiers ou autres représentants de l'auteur sur ses œuvres posthumes, est ici sans application.

— C. de cass., 27 février 1845, aff. Richault c. Min. publ. et Colombier (Sir., 1845. 1. 177).

178. Il suffit, pour qu'il y ait déchéance du droit exclusif de publication d'une œuvre posthume, que cette œuvre ait été imprimée collectivement avec d'autres œuvres du même auteur, sous la même pagination, et que le dépôt du volume ainsi imprimé ait eu lieu. Peu importe que l'édition n'ait été tirée qu'à un petit nombre d'exemplaires et n'ait pas été mise en circulation.

— C. de Paris, 11 oct. 1827, aff. Syffrein-Maury c. Aucher-Eloi. (Blanc., p. 82)

179. Le décret du 1er germinal an XIII est applicable aux œuvres musicales comme aux autres ouvrages protégés par la loi de 1793.

— C. de Paris, 14 août 1841, aff. Gerdès c. Vve Launer. (Blanc., p. 115).

180. Doivent être considérées comme une œuvre

posthume d'un auteur les additions à son œuvre qu'un collaborateur lui avait remises en vue d'une nouvelle édition qui devait être publiée sous le seul nom de cet auteur, et qui ont été trouvées dans sa succession.

— C. de Paris, 13 août 1819, aff. Garnery c. Janet et Cotelle. (Dall. *Prop. litt.*, n° 93).

181. Le décret du 1er germinal an XIII n'est applicable qu'aux ouvrages posthumes encore inédits.

— C. de Paris, 14 août 1841, aff. Gerdès c. Vve Launer. (Blanc., p. 115).

182. Le don d'un manuscrit n'entraîne pas le droit de publication, s'il n'est pas établi que le donateur a entendu transmettre au donataire la propriété littéraire de l'œuvre.

En conséquence le propriétaire du manuscrit d'une œuvre d'un auteur mort n'a pas nécessairement le droit de publier l'œuvre comme ouvrage posthume.

— Trib. civ. de la Seine, 23 août 1883, aff. Vve de Bérard c. Hébert ès-qual. (*le Droit*, 24 août 1883).

183. En disposant que les propriétaires par succession ou à un autre titre d'un ouvrage posthume ont, à certaines conditions, les mêmes droits que les auteurs, le décret du 1er germinal an XIII n'a pas eu pour objet de créer des droits nouveaux au profit des simples détenteurs, mais seulement de déterminer et de régler ceux des héritiers et autres propriétaires.

Si ce décret a voulu favoriser la publication des œuvres posthumes, il résulte de son texte que ceux qui réclament son application doivent tout d'abord justifier de leur titre de propriétaire.

— Trib. civ. de la Seine, 7 juin 1889, aff. Cons. de Bernard c. Barral, Dentu et Cie (*le Droit*, 28 juin 1889).

184. Lorsque l'auteur de lettres missives en a abandonné la propriété littéraire, le destinataire devient, par le décès de l'auteur, détenteur d'œuvres posthumes sur lesquels il acquiert, en les publiant, les droits déterminés par le décret du 1er germinal an XIII. — Il lui incombe seulement de prendre l'assentiment des héritiers de l'écrivain qui pourraient s'opposer à la divulgation des lettres pour des raisons de convenance tirées de leur nature confidentielle.

— Trib. civ. de la Seine, 20 juin 1883, aff. Morand c. Calmann Lévy. (Pat., 1887, p. 108).

185. Les représentants de l'auteur, propriétaires de ses œuvres inédites, jouissent, pour faire respecter leur droit de propriété sur ces œuvres, de la protection que la loi de 1793 assure aussi bien aux manuscrits qu'aux œuvres imprimées, et, sans être tenus au dépôt de l'œuvre posthume, qu'ils ne sont pas obligés de publier eux-mêmes, ils peuvent, en vertu de cette loi, poursuivre ceux qui la publient sans leur autorisation.

— Trib. civ. de la Seine, 21 mars 1877, aff. Montalembert c. Sandoz et Fischbacher (*Gaz. des trib.*, 22 mars 1877).

186. Les lois de 1810, de 1854 et de 1866, qui ont successivement augmenté la durée de la propriété littéraire en faveur des veuves et ayants-cause des auteurs, n'ont pas voulu faire profiter le publicateur d'une œuvre posthume d'un accroissement de jouissance qu'elles n'ont accordé que dans un intérêt de famille et à raison des liens intimes qui unissent l'auteur à sa veuve et à ses enfants.

Il est donc jugé avec raison que le droit du cessionnaire d'une œuvre posthume s'est éteint, aux termes du décret du 1ᵉʳ germinal an XIII, dix années après la mort du dernier survivant des héritiers qui l'ont cédée, après l'avoir eux-mêmes une première fois publiée.

— C. de Paris, 29 mars 1878, aff. Charpentier c. Hér. Chénier et Lemerre (Dall., 1878. 2. 137) ; — C. de Cass., Rej., 28 décembre 1880, même aff. (Dall., 1881. 1. 202).

Voir dans le même sens : C. de Paris, 22 novembre 1888, aff. Gautron ès-qual. c. Hér. Gérard (*le Droit*, 1ᵉʳ décembre 1888).

Sic : Lacan et Paulmier, *Législ. des théâtres*, t. 2. nᵒ 695 ; Rendu et Delorme, nᵒ 859.

Contrà : Vivien et Blanc, *Législ. des théâtres*, nᵒ 448 ; Blanc, p. 128 ; Calmels, nᵒ 452 ; Le Senne, nᵒ 137 ; Pataille, *Commentaire de la loi du 14 juillet* 1886 (*Annales*, 1867, p. 184) ; Dalloz, vᵒ *Prop. litt. et art.*, nᵒ 155 ; Pouillet, nᵒ 413 ; Collet et le Senne, *Etude sur la propriété des œuvres posthumes, passim* : Consultations de Mᵉˢ Pataille, Carraby, et Huard.

SECTION V. — Manuscrits publics et privés.

INDEX

187. La loi de 1793, lorsqu'elle donne protection

aux écrits de tout genre, s'applique également aux manuscrits et aux productions qui ont vu le jour par la voie de l'impression et de la publication.

Elle s'applique de même aux épreuves d'imprimerie, qui doivent être considérées sous ce rapport comme des manuscrits.

La loi, en prescrivant le dépôt comme condition préliminaire des poursuites, n'a pas entendu y soumettre les manuscrits ni les épreuves, mais seulement les œuvres publiées. La publication abusive d'œuvres encore inédites donne donc lieu à une action contre les contrefacteurs, sans que le poursuivant doive justifier du dépôt.

— Trib. de la Seine, 21 mars 1877, aff. Hér. Montalembert c. Loyson, Sandoz et Fishbacher (*Gaz. des trib.*, 22 mars 1877). — Voir également : C. de Paris, 18 février 1836, aff. Frédérick Lemaître c. Barba (Blanc, p. 83).

188. Un manuscrit peut faire l'objet d'un don manuel.

— C. de Bordeaux, 4 mai 1843, aff. Montagnac c. Lafourcade (Dall., 1843. 2. 203).

189. La remise de manuscrits faite par un auteur à une personne présente au moment de sa mort, si elle peut constituer un dépôt aux mains de cette personne, ne saurait, en tous cas, être considérée comme un acte de disposition à son profit, les donations à cause de mort étant, dans notre droit, soumises aux formalités des testaments.

— C. de Paris, 4 mai 1816, aff. de Lesparda c. Hér. Chénier (Blanc, p. 113).

190. Si des manuscrits peuvent être l'objet de simples dons manuels, le possesseur ne peut, du moment qu'il s'agit de valeur indéterminée, prou-

ver par simples présomptions que l'auteur les lui
a remis pour qu'il les publiât quand et comme il
voudrait. Sa prétention à ce sujet ne peut, d'ailleurs,
se trouver justifiée par sa déclaration, comme constituant un aveu indivisible.

Elle implique, en effet, que sa possession n'a pour
cause qu'un dépôt ou un mandat, et que, par suite,
il n'est qu'un détenteur précaire, soumis aux règles
du dépôt ou du mandat vis-à-vis des continuateurs
de la personne du défunt ; autrement dit le dépôt
doit être restitué aux héritiers et ils peuvent s'opposer à ce qu'il soit fait usage du mandat posthume
dans des conditions contraires aux intentions du
mandant.

— C. de Paris, 1er décembre 1876, aff. Vve Le Camus c.
de Wailly (Dall., 1878. 2. 73).

191. Si les manuscrits sont des meubles, leur
possession ne vaut pas titre de propriété, au moins
au point de vue du droit de reproduction. Mais elle
forme, en faveur de celui qui l'invoque, une présomption, qui impose à ceux qui contestent le droit
du possesseur l'obligation de prouver qu'elle est irrégulière ou illégitime.

— C. de Paris, 13 novembre 1841, aff. Hér. Broussais
c. Montègre (Blanc, p. 114).

192. Le manuscrit d'une œuvre littéraire peut
être l'objet d'un don manuel, et sa possession,
comme celle de tout objet mobilier, constitue, jusqu'à preuve contraire, une présomption de propriété
en faveur du détenteur.

Mais les conditions auxquelles le don a été fait
peuvent être établies par tout mode de preuves que

la loi autorise, et cette présomption de propriété
n'implique pas nécessairement le droit pour le détenteur d'imprimer et de publier l'œuvre.

— C. de Bordeaux, 4 mai 1843, aff. de Montagnac c. Lafourcade (Dall., 1843. 2. 203).

193. En admettant que l'art. 2279 du Code civil
puisse s'appliquer à des manuscrits, c'est à la condition que le possesseur soit de bonne foi, c'est-à-
dire qu'il soit établi qu'en les acquérant il savait
que l'auteur, propriétaire originaire, dont le manuscrit même révélait l'identité, avait volontairement
renoncé à ses droits. Ce n'est qu'avec ces restrictions, en raison de leur nature spéciale et de la facilité avec laquelle on peut reconnaître leur origine,
que les manuscrits peuvent être assimilés aux autres
meubles.

— C. de Paris, 10 mai 1858, aff. Hér. d'Orléans c. Valette
(Dall., 1858. 2. 217).

194. La possession d'un manuscrit ne saurait être
considérée comme une preuve suffisante de la propriété de l'ouvrage au profit du détenteur.

Il faut distinguer, en effet, entre le manuscrit
considéré comme corps certain et comme objet corporel, et le droit incorporel qui s'attache à l'œuvre
littéraire et qui comprend le droit de publication.

Le manuscrit, en tant que corps certain, tombe
sous l'application de la règle édictée par l'art. 2279
du Code civil ; le droit incorporel, au contraire, est
régi par les lois concernant la propriété littéraire.

Sans doute, le fait même de la détention d'un
manuscrit est une présomption sérieuse de la propriété de l'ouvrage ; mais cette circonstance est insuffisante à elle seule pour constituer une preuve.

le manuscrit ayant pu être remis au détenteur à titre
de dépôt, comme un simple souvenir ou comme un
autographe.

Pour se prétendre propriétaire, le possesseur doit
donc faire la preuve que les circonstances et les
causes de sa possession ont le caractère d'une véritable cession de propriété ou qu'il a été chargé par
l'auteur lui-même d'assurer la publication du manuscrit.

Le décret du 1ᵉʳ germinal an XIII, relatif aux ouvrages posthumes, n'a point dérogé aux principes
qui viennent d'être rappelés et ne confère pas au
simple détenteur le droit de publier l'ouvrage, au
préjudice des héritiers.

— Trib. civil de la Seine, 7 juin 1889, aff. veuve Claude
Bernard c. Barral (*Le Droit*, 28 juin 1889); C. de Paris, 4
juillet 1890, même aff. (*Le Droit*, 22 juillet 1890).

195. Le droit de reproduction n'est pas attaché à
la possession du manuscrit.

En dédiant à un tiers le manuscrit d'un ouvrage,
l'auteur ne dispose que de l'objet matériel et n'a-
liène pas la propriété de son œuvre. Si donc ultérieurement le manuscrit est vendu, l'acquéreur peut
s'en voir interdire la publication, à la demande de
l'auteur ou du cessionnaire de son droit de reproduction.

— C. de Paris, 8 janvier 1844, aff. Troupenas c. Aulagnier
(Blanc, p. 115).

Voir également: C. de Paris, 14 août 1841, aff. Gerdès
c. Vᵛᵉ Launer (Blanc, *eod. loc.*).

196. Le don d'un manuscrit n'a pas pour conséquence d'autoriser le donataire à en faire la publication, s'il n'est pas établi que l'auteur ait entendu

lui transmettre la propriété littéraire de son œuvre.

Le propriétaire du manuscrit d'une œuvre d'un auteur mort n'a donc pas nécessairement le droit de publier l'œuvre comme ouvrage posthume.

— Trib. civ. de la Seine, 23 août 1883, aff. veuve de Bérard c. Hébert ès-qual. (*Gaz. des trib.*, 24 août 1883).

197. Le legs que fait un auteur de ses manuscrits emporte, en l'absence de toute condition restrictive de la part du testateur, le droit pour le légataire d'en disposer de toute manière et spécialement de les publier, alors du moins que les termes du testament démontrent que telle a bien été l'intention du testateur.

— C. de Paris, 2 juin 1865, aff. Léon Lacordaire c. l'abbé Perreyve (*Pat.*, 1865, p. 375).

198. Il en est notamment ainsi des lettres du testateur, et les juges du fond constatent souverainement à cet égard l'intention de l'auteur.

— C. de cass., 5 février 1867, même aff. (*Pat.*, 1870, p. 104).

199. L'éditeur qui acquiert la *propriété littéraire* d'un ouvrage, n'achète que le droit d'édition et d'impression, et non la propriété même du manuscrit original.

Dans le langage de la librairie, le mot « manuscrit » n'est pas synonyme d'autographe, mais doit être entendu dans le sens de « copie à la main. »

L'éditeur qui a reçu une copie exacte de l'œuvre acquise par lui et qui a pu la collationner n'a donc aucune réclamation à formuler contre les héritiers de l'auteur.

— C. de Paris, 29 mars 1878, aff. Charpentier c. Hér. Chénier et Lemerre (Dall., 1878. 2. 137 .

200. L'éditeur, à qui un auteur a remis des manuscrits pour les examiner, est responsable de leur
perte, quel que soit le temps écoulé sans réclamation de la part de l'auteur ; le silence gardé pendant
ce temps plus ou moins long ne peut qu'atténuer
la responsabilité, s'il y a lieu d'admettre qu'il a facilité la perte.

— Trib. civ. de la Seine, 19 avril 1877, aff. Reynaud
c. Palmé (Gaz. des trib., 20 avril 1877).

201. Le dépôt d'un manuscrit dans les bureaux
d'un journal constitue un dépôt volontaire, qui doit
être restitué en cas de réclamation et dont la perte
engage la responsabilité du dépositaire.

L'avis placé en tête de chaque numéro du journal : « Les manuscrits ne seront pas rendus », ne
peut être considéré comme déchargeant l'administration du journal de toute responsabilité, alors
qu'il y a eu, à la suite de la remise, un accusé de
réception.

— Trib. de commerce de la Seine, 13 avril 1877, aff. Vᵛᵉ de
Wailly c. Vuhrer (Gaz. des trib., 6 mai 1877).

202. L'avis : « Les manuscrits ne seront pas rendus », inséré en tête d'un journal, s'il peut être applicable à des manuscrits de peu d'importance, ne
l'est pas au manuscrit d'un roman ou d'une œuvre
scientifique ou littéraire.

Il n'a pas, en tous cas, pour effet de conférer à
l'éditeur le droit de conserver un manuscrit et de
priver l'auteur de l'honneur ou de l'avantage qu'il
pouvait espérer de sa publication dans un autre
journal.

— Trib. de la Seine, 18 janvier 1876, aff. Lieutier c. le Bien
public (Chron. de la Soc. des gens de lettres, mars 1876).

203. Lorsqu'un roman a été reçu et doit être publié dans un journal, et que la publication cesse pour des raisons personnelles à la direction, l'auteur est en droit de réclamer la restitution du manuscrit, d'une part, et d'autre part la réparation du préjudice dont il justifie.

— Trib. de la Seine. 6 octobre 1871, aff. Gustave Aimard c. Bénazet (*Chron. de la Soc. des gens de lettres*, novembre 1871); 9 décembre 1871, aff. Lapointe c. Bénazet (*Chron. de la Soc. des gens de lettres*, janvier 1872).

204. L'écrivain qui a fait une biographie sur commande et à l'aide de documents qui lui ont été fournis, ne peut revendiquer la propriété de son manuscrit.

— C. de Paris, 31 janvier 1881, aff. Pichot c. Vᵛᵉ Scribe (*Gaz. des trib.*, 6 février 1881).

205. Les manuscrits qui ne présentent pas de caractère confidentiel, et dont la mise en vente et la divulgation ne peuvent présenter aucun inconvénient pour la famille de leur auteur ni pour celle de la personne dans la succession de laquelle ils sont trouvés, peuvent être joints à l'actif mobilier de cette succession pour être vendus avec lui au profit des créanciers, si le surplus de l'actif est insuffisant pour éteindre le passif.

— C. d'Angers, 4 février 1869, aff. Dˡˡᵉ Ménard c. de Chanterenne (*Pat.*, 1870, p. 105).

206. Les lettres et autres manuscrits demeurent la propriété personnelle et exclusive de leur auteur, tant qu'ils restent en sa possession, et ne prennent la nature de biens régis par l'art. 2093 du Code civil que si l'auteur les a, par un acte de sa volonté, dépouillés de leur caractère intime et personnel en les publiant et en les mettant ainsi dans la circulation commerciale.

Ce droit peut faire l'objet d'un legs, et le légataire le recueille tel qu'il existait entre les mains du testateur, comme une chose sans valeur pécuniaire. Si, au contraire, le légataire décide qu'il y a lieu de publier le manuscrit, la succession a le droit de réclamer les bénéfices de cette publication.

— C. de Dijon, 18 février 1870, aff. Guillabert c. Chapuys-Montlaville (Dall., 1871. 2. 224).

207. Toutes les Académies ou Sociétés littéraires patentées ou dotées par l'État ayant été supprimées en 1793, et les manuscrits dont elles avaient la jouissance étant devenus la propriété de l'État en vertu du décret du 6 thermidor an II, l'État a pu, à titre de propriétaire, disposer de ces manuscrits ; et, par suite, l'éditeur à qui il a cédé, dans ces conditions, le manuscrit destiné à l'impression de la cinquième édition du *Dictionnaire de l'Académie*, s'est trouvé subrogé dans tous les droits de l'auteur, notamment au point de vue de la poursuite des contrefacteurs.

— C. de cass., 7 prairial an XI, aff. Bossange c. Moutardier et Leclerc (Blanc, p. 34).

208. Les minutes d'actes notariés sont une propriété publique, et, à ce titre, ne peuvent être mises dans le commerce, mais sont inaliénables et imprescriptibles ; si anciens que soient ces actes, ils peuvent donc être revendiqués par les successeurs du notaire qui les a rédigés, quand leur existence entre les mains de particuliers se trouve révélée, par exemple, par le catalogue d'une vente d'autographes.

— Trib. civ. de la Seine, 5 février 1869, aff. Vassal c. Charavay (*Pat.*, 1869, p. 62).

209. S'il peut résulter soit d'anciens règlements, soit du décret du 20 février 1809, que les manuscrits faits pour l'État par ses agents, dans l'exercice de leurs fonctions, sont la propriété de l'État, il ne s'ensuit pas que l'État soit, en vertu de ces règlements ou de ce décret, propriétaire de manuscrits tels que les Mémoires de Saint-Simon, composés par l'auteur non dans l'accomplissement d'une fonction, mais spontanément, librement, en vertu de ses propres inspirations, sur un sujet de son choix.

— C. de cass., 31 mars 1858, aff. Barba c. de Saint-Simon et Hachette (Dall., 1858. 1. 145).

210. Lorsque dans la saisie pratiquée par l'État des papiers d'un homme public décédé se trouvent comprises des pièces considérées par ses héritiers comme la propriété particulière de sa succession, la mesure prise au nom de l'État à l'égard de ces pièces ne peut en empêcher la revendication ; mais, comme elles doivent être présumées n'avoir existé entre les mains du défunt qu'à raison des fonctions dont il avait été revêtu, la question de propriété ne saurait être tranchée et la remise des pièces ordonnée par le juge des référés.

— Trib. de la Seine, Ord. de réf. du 1er avril 1824, aff. de Cambacérès (Renouard, t. II, n° 170).

211. C'est à bon droit que le juge des référés ordonne le dépôt chez un notaire des manuscrits litigieux, lorsqu'il prescrit cette mesure au sujet de copies faites par un auteur sur des manuscrits que l'État lui a confiés et lorsque ces copies sont reven-

diquées par les commissaires de l'État contre la succession de l'auteur.

— C. de Paris, 4 août 1826, aff. Lemontey (*Gaz. des trib.*,
5 août 1826).

212. Quand une saisie a été pratiquée à la requête
de l'État sur des épreuves d'imprimerie reproduisant des documents considérés comme faisant partie
des archives d'un ministère et comme pièces confidentielles dont la publication ne saurait être autorisée, la saisie dont la main levée est demandée en
référé doit être maintenue, mais à charge par les
parties de se pourvoir sans délai pour faire juger la
question de validité de cette saisie.

— Trib. de la Seine, Ord. de référé du 21 oct. 1882, aff.
Ministre de la guerre c. d'Hérisson et Plon (*Le Droit*, 24 octobre 1882).

CHAPITRE III

DE LA TRANSMISSION DU DROIT DE REPRODUCTION

SECTION I. — De la cession.

INDEX

213. L'auteur peut, sans que le droit de propriété cesse de reposer sur sa tête, céder à des tiers le droit de reproduire son œuvre, et, en assurant les droit acquis au cessionnaire, c'est encore et toujours la propriété de l'auteur que la loi protège.

—Cass., 7 prairial an II, aff. Bossange c. Moutardier et Leclerc (Blanc, p. 90).

214. Lorsqu'un ouvrage est dû à plusieurs collaborateurs, est nulle la cession qui n'a été faite que par l'un ou par une partie d'entre eux.

— C. de Paris, 18 février 1836, aff. Frédérick Lemaître c. Barba (Blanc, p. 91 et 83).

215. Les auteurs qui adhèrent aux statuts de la Sociétés des gens de lettres ne lui abandonnent pas la propriété du droit de reproduction qui leur appar-

tient, mais lui donnent seulement mandat d'autoriser pour eux ladite reproduction, et de toucher, dans
leur intérêt, les bénéfices en résultant.

Ne constitue donc pas la vente de la chose d'autrui et ne doit pas être annulée la cession du droit
de reproduction consentie à un tiers de bonne foi
par un auteur faisant partie de la Société.

— C. de Paris, 2 août 1872, aff. Société des gens de lettres
c. Rousset (S. 1872. 2. 167); — C. de cass.,Req.,6 août 1873,
même aff. (S. 1873. 1. 459). (1)

216. La Société des gens de lettres, étant, aux termes de ses statuts, cessionnaire pour partie des
droits de ses membres, a par suite qualité, conjointement avec eux, pour exercer les droits qui com-
pètent au propriétaire d'une œuvre littéraire.

— Tribunal de Lunéville, 15 mai 1878, aff. Louis Collas et
Société des gens de lettres c. Georges et Buloz (*Chron. de la
Soc. des gens de lettres*, juillet 1878).

217. Il appartient à la Société des gens de lettres,
comme mandataire des écrivains qui ont adhéré à
ses statuts, de faire respecter la propriété littéraire
de ses membres et de rechercher en vertu de quel
droit les journaux reproduisent leurs œuvres.

— Trib. civ. de la Seine, 12 nov. 1886, aff. Favre c. Société
des gens de lettres (Pat., 1888, p. 16).

218. La cession moyennant un prix ne doit pas être
présumée, et il n'y a pas lieu de fixer le prix d'après
les usages, alors qu'il s'agit du premier ouvrage
d'un auteur, qui, par cette raison même, est d'un
succès aléatoire, l'usage étant en pareil cas que l'é-
diteur qui a fait les frais se réserve le gain que peut

---

(1) A la suite de cet arrêt, la Société des gens de lettres a modifié ses
statuts.

procurer la première édition, en échange des risques qu'il a conservés à sa charge.

— Trib. de la Seine, 18 février 1886, aff. d'Osmont c. Ollendorff (*Le Droit*, 20 février 1886). — *Contrà*, l'arrêt suivant rendu sur appel, même aff. :

219. Lorsqu'un auteur apporte un ouvrage à un éditeur, et que ce dernier se charge de le publier sans qu'aucune stipulation de prix intervienne entre les parties, il n'y a pas vente et achat dans les termes de l'art. 1583 du Code civil, et par suite l'auteur conserve la propriété de l'ouvrage, sauf règlement de comptes ultérieur.

Nul n'étant présumé faire l'abandon gratuit d'un droit, il appartient dans ce cas aux tribunaux de fixer le montant des droits d'auteur, en tenant compte des usages.

— C. de Paris, 11 janvier 1889, aff. d'Osmond c. Ollendorff (*Le Droit*, 18 janvier 1889).

220. L'auteur ou l'ayant cause de l'auteur qui concède à un éditeur, pour un temps non déterminé, le dépôt exclusif d'une édition d'un ouvrage, ne confère au dépositaire qu'un mandat révocable conformément aux règles ordinaires du droit.

Il peut par conséquent choisir un autre dépositaire.

— Trib. civ. de la Seine, 29 nov. 1889, aff. Lemerre c. Commanville et Charpentier (*Le Droit*, 30 nov. 1889).

221. N'est pas contraire à la loi la convention par laquelle un auteur transporte à son créancier les droits qui proviendront de la publication ou de la représentation d'œuvres projetées, mais non encore composées au moment de la signification du transport.

— C. de Paris, 27 nov. 1854, aff. Dumas et Lefrançois c. Sausse (Dall., 1856. 2. 253). — *Sic* Blanc, p. 113.

— *Contrà* : C. de Paris, 31 janvier 1854, aff. Doyen c. Dumas (S. 1854. 2. 734).

222. Le transport fait par l'auteur à un créancier des droits à percevoir sur les représentations de ses œuvres n'a aucune valeur en ce qui touche les droits d'auteur sur les ouvrages qui n'étaient pas encore composés et livrés au théâtre, et qu'il dépendait par conséquent de la volonté de l'auteur de faire ou de ne pas faire, au moment de la convention (art. 1174 C. c.).

La cession des droits d'auteur est au contraire valable, lorsque les représentations qui devaient donner lieu à la perception étaient indépendantes de la volonté de l'auteur.

En effet, aux termes des art. 1130 et 1168 du Code civil, les conventions peuvent avoir pour objet des choses futures et engendrer des obligations conditionnelles, toutes les fois que la condition ne dépend pas de la volonté de l'obligé.

— Trib. civil de la Seine, 6 décembre 1861, aff. Doyen c. Guidi (Pat. 1861, p. 430).

223. L'agent de la Société des gens de lettres étant, non le débiteur, mais le mandataire des membres de cette société, la signification de transport qui lui est faite par le créancier d'un auteur ne saisit pas le cessionnaire, au détriment des tiers, des sommes que cet agent a à recouvrer sur les débiteurs du cédant.

— C. de Paris, 27 nov. 1854, aff. Dumas et Lefrançois c. Sausse (Dalloz, 1856. 2. 253) ; — C. de Paris, 31 janvier 1854, aff. Doyen c. Dumas (Dalloz, 1855. 2. 179).

224. L'homme de lettres pourvu d'un conseil judiciaire peut valablement prendre, sans l'assistance de son conseil, des engagements en vue de la publication et de la vente de ses œuvres, du moment que ces engagements doivent être considérés comme une nécessité de sa profession et constituent des actes de bonne administration.

— C. de Paris, 22 mars 1864, aff. Cadot c. de Montépin (*Journal la Propriété industrielle,* 10 novembre 1864).

225. Le condamné en état d'interdiction légale ne peut, aux termes de la loi, disposer d'une partie quelconque de ses biens, ni faire à leur sujet aucun acte de gestion, ni même de simple administration.

Est donc nulle la cession qu'il a faite pendant la durée de sa peine du droit d'imprimer un ouvrage dont il est l'auteur, et cette cession n'a pu conférer au cessionnaire le droit de poursuivre les contrefacteurs.

L'éditeur ne saurait d'ailleurs faire résulter son droit d'une prétendue collaboration, et se prétendre coauteur, parce qu'il aurait fait quelques corrections et changements à l'ouvrage originaire, alors surtout qu'il l'a publié sous le nom du condamné.

— C. de Paris, 7 août 1837, aff. Raissac c. Bourdin (S. 1838. 2. 268).

226. En principe, ne fait pas acte de commerce l'auteur qui traite avec un éditeur pour la vente de son ouvrage, ou avec un imprimeur pour en obtenir l'impression.

— C. de Limoges, 29 février 1844, aff. Levasseur c. Tripon (Dall., 1845. 4. 8).

6

227. Mais se rend justiciable du Tribunal de commerce l'auteur qui traite avec un éditeur ou imprimeur de l'achat de marchandises qui, mises en œuvre, doivent servir à l'impression d'un ouvrage destiné à être aussitôt revendu et mis par lui dans le commerce.

— Même arrêt de Limoges, 29 fév. 1844.

228. L'auteur qui charge un libraire de la vente de ses ouvrages, ou qui vend ses ouvrages à un libraire, ne fait pas acte de commerce.

— C. de Rennes, 13 janvier 1851, aff. Martel c. Biarnès et Gailmard (Dall., 1852. 2. 29). — *Sic* : C. de Paris, 4 nov. 1809 (D. P. 10. 2. 59). — C. de Paris, 1ᵉʳ février 1809 (D. P. 10. 2. 15). — Trib. de comm. de la Seine, 30 sept. 1831 (*Gaz. des trib.*, 2 oct. 1831). — C. de Paris, 23 oct. 1834 (D. P. 35. 2. 22). — C. de Paris, 3 fév. 1836 (D. P. 36. 2. 145). — C. de Paris, 24 déc. 1840 (D. P. 41. 2. 175). — C. de Paris, 14 juin 1842 (D. P. 42. 2. 236). — C. de Paris, 10 mars 1843 (D. P. 43. 4. 8). — Trib. de comm. de la Seine, 25 août 1846 (*Gaz. des trib.*, 28 août 1846). — Trib. de la Seine, 20 avril 1853 (*Gaz. des trib.*, 21 avril 1853). — Trib. de la Seine, 23 avril 1853 (*Gaz. des trib.*, 24 avril 1853).

229. La vente que fait un auteur de son ouvrage ne constitue pas un acte de commerce. Son association avec un imprimeur pour la publication et la vente de l'ouvrage ne change pas la nature de son obligation.

— C. de Paris, 23 décembre 1840, aff. Despréaux c. Ber (S., 1841. 2. 223).

230. Il en est autrement quand l'ouvrage n'est autre chose qu'une indication de rues, monuments et curiosités, simple compilation à laquelle l'esprit et l'invention sont absolument étrangers.

— C. de Paris, 9 février 1841, aff. Georges c. Daumas (S., 1841. 2. 224).

231. Doit être considéré comme commerçant, dans ses rapports avec l'imprimeur de l'ouvrage, le simple compilateur qui édite une *Bibliothèque* ou revue périodique paraissant par abonnement et par série de numéros.

— Trib. de commerce de la Seine, 30 août 1826, aff. Ganilh (*Gaz. des trib.*, 31 août 1826).

232. Celui qui ne fait qu'éditer des articles rédigés par d'autres, fait une opération commerciale rentrant dans les prévisions de l'art. 632 du Code de commerce.

— C. de Paris, 25 avril 1844, aff. Duperrel c. Richault (Dall., 1844. 2. 164).

233. L'auteur qui édite lui-même l'œuvre de son intelligence ne fait pas acte de commerce.

Mais il n'en est plus de même quand l'ouvrage, d'après ses propres déclarations, consignées dans des prospectus, comprend le travail de plusieurs collaborateurs, et est répandu dans le public à l'aide des procédés en usage dans le commerce et notamment par l'intermédiaire de colporteurs.

— C. de Paris, 7 août 1847, aff. Chodsko c. Niegodski (Dall., 1850. 2. 204).

234. Ne fait pas acte de commerce et n'est pas justiciable de la juridiction consulaire à raison des faits relatifs à la publication de son œuvre, l'auteur d'un ouvrage scientifique ou littéraire qui l'édite lui-même, avec l'aide d'un représentant chargé de la partie matérielle de la publication. Celui-ci, simple mandataire, n'est pas davantage commerçant.

— C. de Colmar, 9 décembre 1857, aff. Faivre c. Burtz (Dall., 1858. 2. 23).

235. L'auteur et l'éditeur d'une Revue, bien qu'il s'adjoigne des collaborateurs, entreprend une œuvre intellectuelle qui ne peut être assimilée à une opération commerciale.

— C. de Lyon, 22 août 1860, aff. Saint-Joanny c. Perrin (Dall., 1861. 2. 72).

236. Bien qu'ayant des collaborateurs, le rédacteur en chef d'un journal de jurisprudence ne peut être, à ce titre, considéré comme commerçant, dès lors qu'il s'approprie le travail de ses collaborateurs par la révision qu'il en fait et les notes qu'il y ajoute.

Par suite, il ne peut être poursuivi devant le Tribunal de commerce en paiement des fournitures faites pour l'impression et la publication de ce journal.

— C. de Paris, 25 mai 1855, aff. Hervieu c. Gratiot (Dall., 1856. 2. 274).

237. En principe, ne saurait être considéré comme commerçant le journaliste qui publie dans une feuille périodique des articles littéraires, politiques et autres, composés soit par lui, soit par des collaborateurs.

Mais il n'en est plus de même lorsqu'une grande partie du journal dont il est propriétaire-gérant est spécialement destinée à recevoir, moyennant rétribution, les réclames, annonces et insertions que les tiers veulent porter à la connaissance du public.

— Trib. de comm. de Marseille, 24 janvier 1870, aff. Poucel c. Arnaud (Dall., 1870. 3. 76).

238. L'auteur qui cède une édition de son ouvrage à un imprimeur moyennant une part dans les béné-

fices et en s'engageant à supporter une part des pertes, fait une véritable association en participation à laquelle on doit appliquer les art. 51 et 52 du Code de commerce.

— C. de Paris, 16 février 1844, aff. Kleffer c. Deguernel (Dall., 1844, p. 165).

239. Doit être considéré comme commerçant le gérant d'une société fondée pour l'exploitation d'un journal.

— C. de Paris, 13 mai 1848, aff. Vannard c. Maquet (Dall., 1850. 2. 204).

240. Lorsqu'un journaliste se rend acquéreur d'un journal, il est justiciable, pour la cession qui lui est faite, du Tribunal de commerce. Il en est autrement si le journaliste s'engage seulement à livrer des articles à un journal.

— Trib. de commerce de la Seine, 21 octobre 1859, aff. Villemessant c. Villemot (Dall., 1860. 3. 48).

SECTION II. — Formes et preuves de la cession.

INDEX

241. L'existence de la cession d'une œuvre littéraire peut être prouvée par tous les modes de preuves établis par la loi. Notamment l'imprimeur-libraire qui a acquis l'œuvre d'un professeur n'a pas, pour exercer l'action en contrefaçon, à justifier d'une

cession par écrit et peut invoquer tous les modes de preuve admis par la loi en faveur des commerçants.

L'existence de la cession est ainsi suffisamment établie par des présomptions graves, précises et concordantes, résultant du dépôt de deux exemplaires à la préfecture, de la mention du dépôt, de la réserve du droit de propriété au profit de l'éditeur imprimée en tête de l'ouvrage, de la signature de l'auteur au bas d'une notice placée à côté de cette mention, etc.

— Trib. corr. de Joigny, 9 mars 1861 ; C. de Paris, 27 avril 1861, aff. Gallot c. Zanote (Pat., 1861, p. 165).

242. Une simple lettre missive, dont la signature n'est pas contestée, est un titre prouvant suffisamment la cession d'une œuvre littéraire ou artistique au profit du destinataire.

— C. de Douai, 8 août 1865, aff. Colombier et autres c. Sannier (Pat., 1869, p. 248).

243. L'acquisition faite dans une vente publique des exemplaires et des cuivres d'un ouvrage ne transmet pas à l'acquéreur la propriété de l'ouvrage, si aucun titre ne lui permet de justifier que cette acquisition le rend cessionnaire médiat ou immédiat du droit de reproduction qui appartenait à l'auteur.

— C. de cass., 18 juin 1808, aff. Laporte c. Bufart (Dall., Prop. litt., n° 272).

244. Le prévenu de contrefaçon n'est recevable à se prévaloir du défaut d'enregistrement de la cession invoquée par le poursuivant qu'autant qu'il se prétend lui-même cessionnaire, faute de quoi il est sans intérêt et sans qualité pour critiquer la date

de la cession en vertu de laquelle on agit contre lui.

— C. de cass., 25 mars 1835, aff. Hacquart c. Pistole (Blanc, p. 93); — Voir Pouillet. *Propr. litt. et art.*, nº 285.

245. La priorité de la cession ne saurait autoriser contre le cessionnaire postérieur une action en contrefaçon. Il y a, en pareil cas, à juger une question purement civile, et le prétendu contrefacteur excipe à bon droit de l'incompétence du tribunal correctionnel.

— Trib. corr. de la Seine, 21 juillet 1852, aff. Tresse c. Sougère (Blanc, p. 94).

246. Dans le cas de double cession, il n'y a aucun lien de droit entre le premier cessionnaire et le second qui est de bonne foi. Le premier ne peut, par suite, s'en prendre qu'au cédant s'il est troublé dans la jouissance de ses droits.

— Trib. civil de la Seine, 5 août 1846, aff. Troupenas et Massé c. Fellens et Dufour (Blanc, p. 95).

247. Si, aux termes de la loi, celui qui est poursuivi comme contrefacteur ne peut échapper à la poursuite qu'en justifiant du consentement formel et par écrit de l'auteur, néanmoins l'excuse de bonne foi peut être admise et la publication peut même être jugée légitime, quand l'auteur, qui n'a pas par ce fait renoncé à ses droits, s'est volontairement, pendant un certain temps, abstenu de se plaindre des reproductions qu'il n'avait pas autorisées.

— C. de Paris, 18 juin 1840, aff. Hér. Cuvier c. Crochard (Blanc, p. 96 et 48). — Voir: Paris, 28 mai 1852, aff. Lacordaire et autres c. divers. (Blanc, p. 50 et 96).

248. S'il est incontestable que l'auteur d'un ouvrage ou d'un article littéraire en a seul la pro-

priété, il faut aussi reconnaître qu'il peut la vendre, la céder ou l'aliéner d'une manière quelconque.

Or, dans l'usage, les articles insérés dans les journaux ou autres feuilles périodiques, quoique portant le nom de l'auteur, sont présumés être la propriété des rédacteurs de ces feuilles.

Ces derniers ne se plaignant pas, la bonne foi protège les directeurs de journaux, revues ou autres publications périodiques, poursuivis pour avoir sans droit emprunté des articles à d'autres publications de même ordre ; et en tous cas, l'agent de la Société des ge s de lettres, agissant au nom des auteurs en mên : temps qu'au nom de la Société, n'a pas qualité : iffisante pour exercer les poursuites, s'il ne justi e pas que les dits auteurs aient conservé la pr priété de leurs articles ; d'ailleurs, les statuts de cette Société ne précisent suffisamment ni l'apport à elle fait par chacun des sociétaires ni le mandat donné à son représentant d'agir au nom des sociétaires sans autorisation spéciale.

— Trib. de comm. de la Seine, 29 août 1838, aff. Pommier c. l'*Écho français* et le *Cabinet de lecture* (*Gaz. des trib.*, 13 sept. 1838).

249. La loi du 19 juillet 1793 s'applique, d'après ses termes mêmes, non seulement aux œuvres du génie, mais aussi à celles de l'esprit, et, par conséquent, à tout article de journal.

Le droit exclusif de publication et de reproduction reconnu à l'auteur lui permet de tirer de la publication de sa production tout l'avantage pécuniaire possible, et il y a, par suite, contrefaçon ou au moins atteinte à son droit toutes les fois que, sans son consentement, et même s'il n'est tiré aucun profit de l'usurpation, son œuvre est produite en public, de façon à le priver d'un bénéfice qu'elle aurait pu lui procurer.

Son droit subsiste et doit être respecté, même en l'absence de la mention : « Reproduction interdite » ou : « Tous droits réservés », et le contrefacteur ne saurait exciper de l'absence de cette mention pour plaider sa bonne foi et pour soutenir qu'ayant un traité avec la Société des gens de lettres, et ayant cru que l'auteur faisait partie de cette Société, il avait dû se croire en droit de reproduire l'article.

L'admission de l'exception de bonne foi n'en laisserait pas moins au surplus subsister le droit de l'auteur à une indemnité.

L'action en contrefaçon ou en dommages-intérêts appartient, d'ailleurs, à l'auteur ou au propriétaire même d'articles non signés.

— Justice de paix d'Abbeville, 25 mai 1888, aff. Désiré Louis c. de Tully et Caudron (*Le Droit*, 17 août 1888).

250. Aux termes de l'article 1325 du Code civil, la souscription à un ouvrage de librairie doit, pour être valable, être constatée par un acte fait double ; malgré l'usage contraire, un simple bulletin signé du souscripteur ne saurait suffire, ce dernier manquant ainsi du moyen de contraindre le vendeur à l'exécution du contrat.

— C. de Paris, 1er mai 1848, aff. Dubois c. Hainguerlot (Dalloz, 1849. 2. 79).

Sic : C. de Paris, 2 mai 1849, aff. Dubois c. Blanquart (Dall., 49. 2. 220).

SECTION III. — Des effets de la cession.

INDEX

251. L'éditeur n'a le droit de rien ajouter ou retrancher à l'ouvrage qui lui a été confié par un auteur, sans autorisation de ce dernier.

C'est à tort que l'éditeur croit que la cession de l'ouvrage en toute propriété lui permet de le modifier.

L'auteur conserve en pareil cas le droit de s'opposer à toute publication qui ne serait pas celle de son œuvre telle qu'il l'a livrée pour être publiée.

— Trib. de comm. de la Seine, 22 août 1845, aff. Marquam c. Lehuby (Blanc, p. 97; Dalloz, 45. 4. 435).

252. La cession, même sans réserve, d'un manuscrit sur lequel l'auteur a apposé son nom ne peut avoir les mêmes effets que celle d'une propriété ordinaire ; elle ne donne pas au cessionnaire le droit d'en disposer de la manière la plus absolue, par exemple d'y faire des changements, additions ou suppressions, susceptibles d'en altérer la forme et la valeur.

En effet le cédant n'a reçu que l'équivalent du
profit matériel que son ouvrage lui aurait procuré
s'il l'avait imprimé ou vendu pour son propre compte,
mais il ne peut être présumé avoir aliéné l'espérance
légitime d'un succès littéraire qui résulterait de la
publicité.

— C. de Bordeaux, 24 août 1863, aff. Delpit et autres c.
Gué, Gounouilhou et Ville de Bordeaux (Dalloz, 1864. 2. 77).
   Voir dans le même sens:
— Trib. civil de la Seine, 14 déc. 1859, aff. Picot c. Pick
(Dalloz, 1860. 3. 16).
— C. de Paris, 5 juillet 1859, aff. Liskenne c. Poilleux et
Dubois (Pat. 1860, p. 205).

253. En principe, le directeur d'une publication
quelconque, à moins de stipulation expresse, n'a pas
le droit d'apporter des changements au manuscrit
que lui livre l'auteur d'un article.

— Trib. de la Seine, 17 juin 1852, aff. de St-Priest c. Malgaigne (Blanc, p. 98). — Mais voir la décision suivante rendue
sur appel entre les mêmes parties :

254. L'auteur signataire d'articles composés pour
un recueil encyclopédique est soumis, à défaut de
conventions contraires, au contrôle du directeur de
ce recueil, chargé de maintenir à la publication son
unité de vues et de doctrines. Toutefois, le travail
de révision doit être fait de manière à n'apporter
aucune altération aux doctrines de l'auteur et à
ne diminuer en rien la valeur scientifique de son
œuvre.

— C. de Paris, 20 déc. 1853, aff. Malgaigne c. de Saint-
Priest (Blanc, p. 100).

255. Le directeur d'une revue ou d'un journal, lorsqu'il réimprime l'œuvre d'autrui, n'a point

la faculté d'y apporter des modifications quelles
qu'elles soient. A l'auteur seul appartient le droit
de les autoriser.

— Trib. corr. de la Seine, 18 déc. 1867, aff. Lévy c. Millaud. — C. de Paris, 22 janv. 1868, même aff. (Pataille, 1868,
p. 22).

256. Il est de principe que le directeur d'une revue politique n'a le droit de modifier les articles qui
doivent paraître dans cette revue qu'avec le consentement de l'auteur, alors qu'il s'agit de modifications d'une certaine importance ; les tribunaux peuvent donc apprécier que les suppressions, dictées
par le besoin de réduire l'étendue trop considérable de l'article pour la place qui lui était réservée,
n'ont porté que sur des passages sans importance,
et que les corrections en petit nombre qui ont été
faites ont un caractère insignifiant, que l'auteur
n'a, par suite, éprouvé aucun préjudice et est par
conséquent sans droit pour demander, à titre de réparation, l'insertion d'une lettre dans la revue.

— C. de Paris, 16 mars 1865, aff. Delprat c. Charpentier
(Dalloz, 1865. 2. 213).

257. Il a été jugé toutefois que, si la situation du
directeur d'une revue et celle de l'éditeur d'un livre
ne sont pas identiques, il n'en faut pas conclure cependant que le directeur de la revue puisse, plus
que l'éditeur du livre, se substituer à l'auteur dans
les actes dérivant du droit de propriété, et speciale-
ment modifier, sans l'assentiment de ce dernier, le
manuscrit qu'il publie ; sans doute le directeur,
obligé de maintenir les limites et le caractère de
la publication qu'il entreprend, peut être contraint
par les circonstances de modifier les manuscrits

de ses collaborateurs ; mais cette nécessité doit se concilier avec le droit des écrivains, et celui dont le manuscrit a subi, sans son agrément, des changements et des coupures, même s'il n'a pas droit, faute d'avoir éprouvé un dommage matériel, à une réparation pécuniaire, n'en est pas moins fondé à exciper de son droit de propriété et à affirmer ce droit dans une lettre dont il peut réclamer l'insertion.

— Cass. Ch. civ. 21 août 1867, même affaire (Dalloz, 1867. 1. 369).

Sic : C. d'Orléans, 15 mai 1868, même aff. (D. 1868. 2. 128).

258. Le droit de l'éditeur se borne à imprimer, publier et vendre l'œuvre de l'auteur, et ne peut s'étendre jusqu'à ajouter ou retrancher quelques parties à un ouvrage.

Bien que l'auteur ait aliéné la propriété de son œuvre, il conserve sur elle à cet égard un droit souverain, parce qu'il en reste moralement responsable devant le public et la critique.

Par suite l'éditeur n'a pas le droit d'ajouter à l'ouvrage un chapitre supplémentaire écrit par lui.

— Trib. de la Seine, 16 juillet 1845, aff. Suberwick c. Boizard (Blanc. p, 99).

259. Un éditeur ne peut faire arbitrairement aucune addition ni aucune suppression dans un ouvrage qu'il publie, sans l'autorisation formelle de l'auteur, et les usages constants de la librairie s'opposent à ce qu'une portion quelconque d'une publication soit mise sous presse sans que l'éditeur ait obtenu préalablement le *bon à tirer* de l'auteur.

Un avis par lequel l'éditeur déclare récuser toute

solidarité avec des assertions contenues dans la préface de l'auteur ne peut être publié en tête d'un ouvrage sans le consentement de celui-ci.

— Trib. de comm. de la Seine, 29 déc. 1842, aff. Comte c. Bachelier (Blanc, p. 100).

260. L'éditeur qui a accepté la préface de l'auteur et son *bon à tirer* est lié et ne peut faire à l'ouvrage aucune addition. On doit donc supprimer toute note prétendue rectificative ajoutée par cet éditeur sans communication préalable à l'auteur.

— Trib. de comm. de la Seine, 29 nov. 1862, aff. Ulbach c. Charpentier (Pat. 1864, p. 76).

261. Le cessionnaire ne peut, du vivant de l'auteur, faire, sans le consentement de celui-ci, des changements au texte de l'ouvrage, à peine de dommages-intérêts.

— Trib. de la Seine, 17 août 1814 (Dall., *Propr. litt.*, nᵒ 309).

262. En aliénant son droit de propriété littéraire, un auteur n'abdique pas le droit de veiller à ce que l'œuvre conçue par lui soit fidèlement reproduite. Il lui est donc loisible de désigner une personne qui, après son décès, exercera à sa place cette surveillance. Cette désignation ne confère, d'ailleurs, à cette personne, qu'un mandat purement personnel et non un droit successoral.

— Trib. de la Seine, 12 janvier 1875, aff. Poullain-Dumesnil et consorts c. Vᵛᵉ Michelet (Pataille, 1875, p. 187).

263. La veuve et les enfants d'un auteur ont, comme l'auteur lui-même, le droit d'empêcher que son nom figure sur les éditions auxquelles il est resté étranger ; c'est là ce qu'on doit décider, si par exemple un dictionnaire a subi des modifications

qui dénaturent l'esprit dans lequel il était primitivement conçu et qui sont de nature à porter atteinte à l'honneur et à la considération qui s'attachent à sa mémoire.

— C. de Paris, 27 fév. 1866, aff. V^re Nysten c. Baillière (Pat., 1866, p. 361).

264. En principe, lorsqu'un auteur cède la propriété de son manuscrit, même de la manière la plus absolue, il n'abandonne pas implicitement le droit de le corriger ; autrement il mettrait sa réputation à la merci de son acheteur ; et si, d'autre part, des modifications sont apportées à son œuvre sans son consentement et qu'il les juge de nature à lui nuire, il peut, à bon droit, réclamer des dommages-intérêts, qu'il appartient aux tribunaux de fixer.

Peu importe, d'ailleurs, le plus ou moins d'importance littéraire de l'ouvrage.

— Trib. de la Seine, 6 avril 1842, aff. Teyssèdre c. Garnier (Blanc, p. 68).

265. Il en est ainsi plus spécialement au cas où l'éditeur a pris l'engagement formel de n'apporter à l'ouvrage aucun changement, quelque inacceptable que lui paraisse le style et bien que certains passages puissent être incompréhensibles.

— C. de Paris, 23 avril 1883, aff. Zouave Jacob c. Repos (*Le Droit*, 24 avril 1883).

266. Quelle que soit la nature d'un ouvrage (dans l'espèce *le Cuisinier modèle*), l'auteur ne peut être contraint à couvrir de son nom des corrections et des modifications auxquelles il n'a pas participé. Si le cessionnaire du droit à l'exploitation industrielle de l'œuvre peut avoir acquis le droit de la modifier, la

pensée de l'auteur primitif ne peut plus, en tous
cas, être publiée sous son nom, si les modifications
qui y ont été apportées n'ont pas obtenu son agrément.

— Trib. civ. de la Seine, 15 avril 1863, aff. Carnet c. Lefèvre (Pat. 1865, p. 47).

267. Les pouvoirs de l'éditeur sont moins limités
à l'égard d'une traduction que lorsqu'il s'agit d'une
œuvre originale. Dans une traduction, l'éditeur peut
faire les changements, suppressions ou interver-
sions qui n'affectent en rien le mérite du traducteur
et ne sont pas de nature à lui porter préjudice.

— C. de Paris, 3 déc. 1842 (Blanc, p. 102). — Voir Paris,
24 avril 1879, aff. Brunet c. Reinwald (Pat., 1879, p. 380).

268. Bien que l'auteur qui vend son ouvrage,
même en toute propriété, conserve le droit d'exiger
que nulle modification ne soit apportée dans sa rédaction et qu'aucun nom ne soit substitué au sien,
il n'en est plus ainsi lorsqu'il résulte de la nature
de l'entreprise à laquelle les travaux de cet auteur
sont destinés que les parties ont entendu attribuer
à l'entrepreneur le droit de disposer desdits ouvrages pour le plus grand intérêt de la spéculation.

— C. de Paris, 12 janv. 1848, aff. Roret c. Vergnaud
(Blanc, p. 104).

269. Si l'éditeur ne peut faire subir au texte des
corrections de nature à altérer la pensée de l'auteur, celui-ci n'est cependant pas en droit d'exiger
une réparation, lorsque c'est par sa faute que l'éditeur s'est vu dans la nécessité de faire lui-même les
corrections.

— Trib. civ. de la Seine, 15 avril 1863, aff. Carnet c. Lefèvre (Pat., 1865, p. 47).

270. Dans l'usage de l'imprimerie, il doit être fait deux lectures avant le tirage d'une œuvre. Le *bon à tirer après corrections* que donne l'auteur après la lecture *en seconde* établit *ne varietur* le texte qui s'impose à l'éditeur et à l'imprimeur.

— Trib. comm. de la Seine, 16 août 1860.

271. L'auteur qui a remporté le prix à un concours dont une des conditions était que l'ouvrage couronné tomberait dans le domaine public, conserve bien le droit de publier lui-même un autre livre du même genre que personne ne pourra copier, mais ne saurait arguer de contrefaçon les reproductions, complètes ou abrégées, de l'ouvrage couronné, qui ont été publiées conformément aux conditions du dit concours.

— C. de Nancy, 8 mai 1863, aff. Peigné c. Humbert (Pat., 1863, p. 380).

272. Toutefois, le même auteur, obligé de subir les modifications apportées à son œuvre par les tiers qui se sont conformés à ces conditions, conserve, d'une part, le droit de s'opposer à toute reproduction défectueuse et, d'autre part, celui d'exiger que ces modifications soient signalées de façon à ne pouvoir lui être attribuées.

— C. de Paris, 14 août 1860, aff. Peigné c. Garnier (Pat., 1860, p. 429).

273. L'éditeur d'une œuvre dramatique doit en publier le manuscrit tel que l'auteur le lui a vendu, et non avec les modifications opérées au théâtre pour les besoins de la représentation (1).

(1) M. Blanc ajoute que l'éditeur peut, s'il lui convient, indiquer les modifications dans des notes, c'est-à-dire en dehors du texte.

— Trib. de la Seine, 29 avril 1853, aff. Lauzanne c. Bezou (Blanc, p. 101).

274. Même lorsqu'il s'agit d'une œuvre appartenant au domaine public, l'éditeur qui publie une partition d'opéra ne peut pas attribuer à l'auteur des passages, par exemple des récitatifs, qui ne sont pas son œuvre. Cependant, à moins qu'on ne prouve qu'il en est résulté quelque dommage, il n'y a pas lieu à réparation pécuniaire, alors surtout que l'éditeur fait apposer sur les exemplaires qu'il n'a pas encore vendus une mention indiquant que les récitatifs ne sont pas de l'auteur.

— C. de Paris, 16 mars 1863, aff. Marschner c. Aulagnier (Pataille, 1863, p. 331).

275. La cession d'une composition musicale ne confére pas un droit de propriété absolue à celui au profit de qui elle est faite ; en cédant la jouissance de son œuvre, l'auteur n'en abandonne pas la libre disposition et ne permet pas de la défigurer ; il est seul maître de sa pensée. A lui seul appartient donc le droit d'apporter à sa partition les retranchements et modifications qui peuvent être nécessités par les exigences scèniques ; en tous cas, ils ne peuvent être faits sans son autorisation.

Lorsqu'il s'agit d'une œuvre collective, comme un opéra, l'autorisation donnée par les ayants droit de l'auteur du livret ne peut être opposée à l'auteur de la musique, et il est en droit d'exiger que la pièce ne soit pas représentée autrement que dans l'état complet du texte et de la partition.

— Trib. de comm. de la Seine, 9 mai 1870, aff. Bazin c. de Leuven (Pat., 1871, p. 99).

276. L'éditeur qui publie une seconde édition d'un ouvrage n'a pas le droit de supprimer la dédicace de l'auteur, ni de changer le titre.

— Trib. de comm. de la Seine, 16 septembre 1858, aff. de Gondrecourt c. Cadot (Pat., 1858, p. 464).

Voir dans le même sens, pour *le titre*: Trib. de comm. de la Seine, 19 oct. 1828 (*Gaz. des trib.*, 20 oct. 1828).

277. Un éditeur n'a pas le droit de changer le titre d'un ouvrage sans le consentement exprès de l'auteur.

Mais ce dernier ne peut être fondé à se faire allouer des dommages-intérêts s'il ne justifie pas que cette modification lui a causé un préjudice sérieux et appréciable.

— Trib. civ. de la Seine, 27 juillet 1860, aff. Genoux c. Barba (Pat., 1861, p. 23).

278. L'éditeur ne peut se dispenser de faire figurer sur un ouvrage qu'il réimprime le nom de tous les auteurs.

— Trib. de comm. de la Seine, 21 mai 1847, aff. Dauzats c. Recoules (Blanc, p. 103).

Voir dans le même sens : Trib. de comm. de la Seine, 27 janv. 1847, aff. Guinot c. de Naujeon, et C. de Paris, 6 janvier 1853, aff. Rossini c. Schlesinger (Blanc, *eod. loc.*).

279. Le fait de publier un livre sous un autre nom que celui de l'auteur donne ouverture à une action en dommages-intérêts au profit de l'auteur lésé contre les personnes responsables de cette substitution. Mais les cessionnaires de bonne foi ne sauraient être tenus que de lui tenir compte du bénéfice qu'ils ont fait et qui lui serait revenu depuis leur acquisition.

— C. de Lyon, 6 août 1858, aff. Peyronnet c. Mothon et Périsse. (Pat. 1858, p. 389.)

280. L'éditeur d'un ouvrage n'a pas le droit, sans le consentement de l'auteur, de remplacer son nom par un équivalent, en indiquant l'ouvrage, par exemple, comme fait « par l'auteur de l'Histoire de Paris ».

— Trib. de comm. de la Seine, 19 oct. 1838, aff. Touchard-Lafosse c. Philippe. (Dalloz, *Prop. litt.* n° 115.)

281. Un éditeur n'a pas le droit, en publiant l'ouvrage d'un auteur, de l'annoncer comme auteur de romans auxquels il passe pour avoir collaboré, mais que par le fait il n'a pas signés et dont par conséquent le signataire a seul le droit de se dire l'auteur.

— Trib. civ. de la Seine, 14 mai 1845, aff. Baudry c. Recoules. (Blanc, p. 112.)

282. L'éditeur n'a pas plus le droit de placer sous le nom d'un auteur un ouvrage qu'il n'a pas fait, qu'il n'a le droit d'attribuer son œuvre à un étranger. Dans l'un et l'autre cas, il y a violation du principe de la propriété littéraire, qui consiste pour un auteur à jouir seul de son œuvre comme à ne jamais encourir la responsabilité des œuvres d'autrui.

— Trib. civ. de la Seine, 14 déc. 1859, aff. Picot c. Pick. (Dalloz, 1860. 3. 16.)

283. L'éditeur qui a acquis la propriété d'un ouvrage, avec la faculté d'y faire faire des changements, additions et corrections, peut sans doute ajouter au nom de l'auteur primitif celui de la personne désignée lors de la vente pour reviser l'ouvrage ; mais il dépasse ses droits en publiant l'ouvrage sous le nom seul de cette dernière.

— Trib. de comm. de la Seine, 30 mars 1835, aff. Lavenas c. Renault. (*Gaz. des Trib.*, 1er avril 1835.)

284. Les héritiers de l'auteur d'un *Album Timbres-poste* sont fondés à demander la réparation du préjudice que leur cause la publication sous le nom de cet auteur, par l'éditeur cessionnaire, d'un ouvrage du même genre. Ils ont une action solidaire en dommages-intérêts contre l'éditeur et l'auteur de ce second ouvrage qui l'ont publié sans leur autorisation, tirant de la notoriété acquise à ce nom un bénéfice illégitime.

— Trib. civ. de la Seine, 26 déc. 1876, aff. Hér. Lallier c. Lenègre et Mahé. (Pat. 1877, p. 106.)

285. La vente faite par un auteur, sans aucune réserve, de la propriété d'un ouvrage littéraire, est une aliénation complète qui ne permet pas à l'auteur de disposer de nouveau de la même propriété, soit isolément, soit en la réunissant à d'autres ouvrages, sous quelque titre que ce soit.

— C. de Paris, 6 mai 1834, aff. Barba c. Alex. Dumas et Charpentier. (Blanc, p. 107.)

286. Le contrat par lequel un auteur a traité de ses œuvres à venir avec un éditeur, en s'engageant à lui livrer pendant un temps déterminé un certain nombre de volumes de tel ou tel format, constitue une vente sans réserve du droit même de propriété, n'imposant nullement à l'éditeur l'obligation de s'astreindre à ce format exclusivement.

— C. de Paris, 23 juillet 1836, aff. Barba c. Paul de Kock. (Blanc, p. 104 ; *Gaz. des Trib.*, 13 août 1836.)

287. La cession du droit d'éditer un ouvrage en brochure permet de le publier sous cette forme, sans limitation du nombre d'éditions et en autant

de volumes qu'il convient à l'éditeur, l'auteur ne
conservant que le droit d'éditer ou de reproduire
son œuvre par tout moyen non prévu.

— Trib. de comm. de la Seine, 27 juin 1871, aff. Deberle
c. Boyer. (*Ann. de Pataille*, 1871, p. 98.)

288. L'autorisation donnée à un éditeur de publier et mettre en vente à son profit une ou plusieurs éditions d'un ouvrage n'implique à aucun
titre l'abandon par les intéressés de leur droit de
propriété.

Toutefois l'éditeur doit être considéré comme
ayant été de bonne foi en continuant la publication,
tant que le silence gardé par les ayants-droit de
l'auteur a pu lui faire croire que ces derniers rati-
fiaient les autorisations précédemment accordées. Il
n'y a donc lieu en pareil cas à aucune condamnation
en raison des publications antérieures aux défenses
finalement notifiées.

— Trib. de la Seine, 12 mai 1880, aff. Hér. Bugeaud c. Le-
neveu. (*Le Droit*, 16 mai 1880.)

289. Si le droit concédé à un éditeur de clicher
un ouvrage lui confère en principe celui de faire des
tirages successifs suivant les besoins de la vente, ce
droit ne saurait durer jusqu'à usure des clichés
qu'autant que la convention n'aurait pas fixé d'autre
limite.

Quel que soit au surplus l'abus qu'en ait pu faire
l'éditeur, le propriétaire de l'œuvre ne peut demander la destruction des planches, qui sont la propriété privative du premier.

— C. de Paris, 3 mars 1887, aff. Rouff c. Roy. (*Gaz. des
Trib.*, 11 mai 1887.)

290. L'éditeur qui a acquis sans réserve la pro-

priété d'une œuvre ne fait qu'user de son droit en l'éditant soit comme édition de luxe soit comme édition populaire, du moment qu'il ne fait subir à l'ouvrage aucune modification de nature à nuire à la réputation et aux intérêts de l'auteur.

— Trib. de la Seine, 9 fév. 1870, aff. Subervie c. Boisard. (Dalloz, 1870. 3. 31.)

291. L'auteur qui a cédé la propriété d'un de ses ouvrages, en se réservant seulement le droit de le publier avec ses œuvres complètes, est tenu d'éviter pour ces dernières tout mode de publication susceptible de permettre une violation de ses engagements.

Il ne peut notamment publier ses œuvres complètes par livraison.

— C. de Paris, 23 juillet 1836, aff. Barba c. Paul de Kock. (*Le Droit*, 24 juillet 1836.)

292. Cet auteur en cédant son droit de publier ses œuvres complètes, est par conséquent tenu d'imposer à son cessionnaire un mode de publication qui ne permette pas au public d'acheter séparément l'ouvrage dont la propriété avait déjà été cédée.

— Même décision.

293. L'auteur qui a cédé le droit exclusif de publier pendant un temps déterminé une de ses œuvres, en ne se réservant que le droit de la publier dans ses œuvres complètes, contrevient à ses engagements, d'une part en l'insérant dans un recueil où elle figure au milieu d'une partie de ses œuvres, d'autre part en autorisant des écrivains à en extraire un livret d'opéra-comique.

— Trib. de la Seine, 17 janv. 1868, aff. Dentu c. Lamartine.

294. La cession que fait un auteur dramatique du droit exclusif de représenter un ouvrage n'emporte pas aliénation de la propriété littéraire de l'œuvre.

Il en résulte notamment le droit, consacré par l'usage au profit de l'auteur, de retirer sa pièce du répertoire d'un théâtre dont le directeur a laissé écouler une année sans représenter cette pièce, lorsqu'il n'existe pas de stipulation contraire dans le traité.

— Trib. civ. de la Seine, 10 août 1831, aff. Harel c. Fulgence et Wafflard. (*Gaz. des Trib.*, 12 août 1831.)

295. L'éditeur qui a acquis le droit de publier des pièces de théâtre sous la condition de ne les vendre qu'en corps d'ouvrages et non par pièces détachées use de son droit en les publiant en *livraisons*, pourvu qu'il soit certain, d'après l'ordre dans lequel paraissent les livraisons, la disposition des feuilles d'impression et surtout la pagination, que l'éditeur ne peut les vendre séparément.

— C. de Paris, 12 mars 1836, aff. Barba c. Charpentier. (Dall. 1836. 2. 109.)

296. Dans les usages de la librairie, les auteurs dramatiques, en cédant le droit de publier séparément chacune de leurs pièces, n'aliènent pas celui de faire paraître une édition de leurs œuvres complètes. L'éditeur des œuvres complètes n'est d'ailleurs pas en droit de se plaindre du préjudice que lui cause la publication séparée, connue de lui avant de traiter, d'une partie des œuvres comprises dans la collection qu'il publie.

— Trib. de comm. de la Seine, 24 février 1847, aff. Vᵛᵉ C. Delavigne c. Didier. (Dall. 1847. 3. 69.)

297. L'auteur qui ne cède expressément qu'une édition d'un ouvrage, en stipulant que les éditions ultérieures seront l'objet de nouvelles conventions, conserve en réalité, par l'effet de cette réserve, tous ses droits de propriété sur les éditions à venir. Cette clause ne doit pas s'entendre en ce sens que le droit de reproduction restera à l'éditeur, sauf à débattre un nouveau prix, mais bien en ce sens que le droit reviendra à l'auteur.

— C. de Paris, 12 juin 1844, aff. Langlois et Leclerc c. Bertrand. (Blanc, p. 111.)

298. L'auteur qui a vendu la propriété exclusive d'une édition de son ouvrage, sans fixer un délai après lequel une nouvelle édition pourra être publiée, ne peut faire concurrence, par une nouvelle publication, à l'édition par lui antérieurement aliénée.

— Cass. ch. civ. 22 fév. 1847, aff. Laurent c. Ministère de la marine et Samson. (Dall. 1847. 1. 83.)

299. Mais il n'en saurait être de même s'il était établi que l'éditeur avait, par négligence ou par des manœuvres employées à dessein, par exemple en faisant aux acheteurs des difficultés et en leur refusant les remises usitées dans le commerce, paralysé l'écoulement de la première édition.

— C. de Paris, 24 avril 1837, aff. Ducaurroy c. Fanjat. (Blanc, p. 110.)

300. L'auteur qui a cédé à un éditeur le droit exclusif de publier ses romans dans le format in-4°, ne peut céder à un autre le droit de les publier dans un journal paraissant dans le même format, même dans des conditions tout à fait différentes.

— C. de Paris, 23 juillet 1864, aff. Barba c. de Bragelonne et Castille. (Pat. 1864, p. 326.)

301. Lorsqu'un auteur, après avoir autorisé une première édition de ses œuvres, autorise un autre éditeur à les publier sous un format spécial dans les deux ans du jour où elles *deviendraient disponibles entre ses mains*, le second éditeur est déchu de ses droits, sans pouvoir alléguer que l'œuvre ne devait pas, d'après les prévisions, redevenir sitôt disponible, s'il laisse écouler, avant de publier la seconde édition, deux ans depuis le jour où il a reçu avis de l'ouverture de son droit.

En cas semblable, s'il n'est pas justifié d'abus frauduleux, le propriétaire d'une œuvre ne saurait demander la destruction ni même la mise sous séquestre de clichés qui pourront être utilisés par le cessionnaire quand l'œuvre sera tombée dans le domaine public.

— C. de Paris, 26 fév. 1880. aff. Degorce-Cadot c. Benoist et Cie. (*Gaz. des Trib.*, 29 mars 1880). — Voir ci-dessus, Paris, 3 mars 1887, n° 289.

302. L'éditeur qui a acquis le droit de publier un ouvrage dans tel format ou dans tel autre ne peut, au cours de la publication, changer le format qu'il a primitivement choisi. Si le contrat n'a pas limité le nombre des tirages, l'éditeur peut en faire autant qu'il veut, mais toujours dans le format primitif.

— C. de Paris, 5 août 1845, aff. Raspail c. Levavasseur. (Blanc, p. 112.)

303. Bien que des gravures placées entre les feuilles dans le corps d'un ouvrage, ou des collections de gravures détachées, simplement annoncées comme se vendant avec l'ouvrage, ne constituent

pas ce qu'on entend par *illustrations*, dans les usages de la librairie, c'est-à-dire des gravures placées dans le texte même de l'ouvrage, néanmoins le cessionnaire qui s'est interdit la publication d'aucune édition illustrée et qui n'a d'autre droit que de réimprimer sur clichés, ne peut joindre aux éditions qu'il fait paraître aucune gravure, même en album séparé.

— C. de Paris, 28 août 1855, aff. A. Dumas c. le *Siècle* et Michel Lévy. (Pataille, 1856, p. 112.)

304. L'éditeur qui a acquis le droit de publier une œuvre d'un auteur avec les illustrations d'un artiste, sous la seule réserve des droits de l'auteur pour les éditions d'œuvres complètes, est en droit de publier l'ouvrage en question aussi longtemps que les bois servant à l'illustration peuvent être employés, sans limitation du nombre d'éditions ni du nombre d'exemplaires. Mais il n'en peut pas publier une édition ne contenant que quelques dessins, qui ne peut pas être considérée comme une édition illustrée, et qui par suite est de nature à faire concurrence à d'autres éditions cédées à des tiers.

— C. de Paris, 9 août 1871, aff. Michel Lévy c. Garnier. (Dalloz, 1872. 2. 165.)

305. L'éditeur qui a acheté tous les exemplaires d'une édition publiée par livraisons, ne peut, sans porter atteinte aux droits que l'auteur s'est réservés pour les éditions postérieures, changer le mode de publication et annoncer une édition avec gravures.

— C. de Lyon, 23 juin 1847, aff. Favier c. Girard et Guyet. (Blanc, p. 104.)

306. Réciproquement l'éditeur ne peut, pour fa-

ciliter l'écoulement de ce qui lui reste d'exemplaires
d'un ouvrage publié en volumes, les publier en livraisons.

— Trib. de comm. de la Seine, 30 déc. 1834, aff. Letellier
c. Ledoux. (Blanc, *eod. loco.*)

307. Se rend passible de dommages-intérêts l'éditeur qui, violant l'engagement pris par lui de ne
publier les œuvres complètes d'un auteur qu'en
livraisons imprimées toutes en nombre égal, composées de plusieurs pièces chacune, et imprimées de
manière à ce que les pièces réunies ne pussent pas
être détachées et vendues séparément, a fait imprimer en plus grand nombre celles contenant les
pièces les plus recherchées, composé d'une seule
pièce plusieurs de ces livraisons, et disposé certaines autres de manière à pouvoir vendre certaines
pièces séparément.

— C. de Paris, 9 mai 1856, aff. Tresse c. Vialat. (Pataille,
1856, p. 154.)

308. L'éditeur qui acquiert, pour un temps limité,
le droit de publier un ouvrage en *livraisons à dix cen-
times,* se rend passible de dommages-intérêts, s'il
annonce la vente de l'ensemble de l'œuvre à un prix
inférieur, surtout en ajoutant qu'il a fait un *rabais
énorme* sur le prix.

— Trib. de comm. de la Seine, 18 octobre 1878, aff. Belot
et Dentu c. Bunel. (*Le Droit,* 1er nov. 1878.)

309. L'éditeur qui a acquis le droit de publier des
romans en *feuilletons périodiques illustrés* ne peut réunir les livraisons en volumes et les vendre à prix
réduits à l'aide d'une publicité de nature à faire concurrence aux autres éditions que l'auteur a conservé
le droit de publier simultanément.

— Trib. de la Seine, 25 mai 1882, aff. Gonzalès c. Noblet. (*Gaz. des Trib.*, 26 mai 1882.)

310. Il y a lieu de distinguer et dans l'usage on distingue entre la publication d'un ouvrage *en volume* et sa publication en *brochure*. Dès lors le fait par un éditeur d'avoir renoncé à publier en brochures les romans dont il avait acquis le droit de publication *en volumes, en brochures et par livraisons*, n'a pu modifier ni éteindre son droit de publier l'un de ces romans en volume.

— Trib. de la Seine, 18 avril 1884, aff. Rouquette c. Rouff. (*La Loi*, 22 avril 1884.)

311. L'éditeur qui a acquis le droit de publier une édition populaire et abrégée d'un ouvrage, avec réserve pour l'auteur de la propriété de l'édition complète et du droit de la rééditer, n'est pas en droit de se plaindre de la réédition, même concomitante avec la publication de l'édition populaire, quelque similitude qu'il y ait nécessairement entre elle et la seconde édition de l'ouvrage complet, du moment que cette dernière n'est bien que la reproduction de la première édition.

— C. de Lyon, 3 mars 1876, aff. Rothschild c. Brochard et Josserand. (*Gaz. des Trib.*, 22 juin 1876.)

312. L'éditeur qui a cédé le droit de publier un roman dans un journal, en s'interdisant d'annoncer, pendant le temps de la publication, aucune édition à un prix inférieur à celui de l'édition en cours au moment de la convention, manque à ses engagements si, au lieu de continuer le débit de cette édition dans des conditions normales, il la vend à prix réduit au directeur d'un autre journal pour la donner en prime gratuite aux abonnés.

— Paris, 9 mars 1867, aff. Millaud et Cie c. Lacroix Ver-
bœckhoven et Cie (S. 1868. 2. 14.)

313. Le tirage d'un nombre d'exemplaires plus
considérable que celui dont sont convenus l'auteur
et l'éditeur peut être une cause de résiliation, sans
préjudice d'ailleurs de l'action en contrefaçon.

— C. de Paris, 24 avril 1843, aff. Bouchardat c. Gardembas.
(Blanc, p. 112.) — *Sic* : C. de Paris, 15 janvier 1839, aff. Eug.
Sue c. Renduel. (*Gaz. des Trib.*, 16 janv. 1839.)

314. Il peut en tous cas donner lieu à des dommages-intérêts.

— Trib. de la Seine, 30 déc. 1834, aff. Letellier c. Ledoux.
(*Gaz. des Trib.*, 31 déc. 1834.)

315. Lorsqu'il y a lieu à résolution de la convention par suite d'inexécution des engagements de
l'éditeur, cette résolution n'a pour effet de remettre
les choses au même et semblable état où elles étaient
avant la convention, que sauf les droits légitimement acquis aux tiers.

L'auteur, propriétaire exclusif et incommutable
du droit tout moral et abstrait qu'il possède sur sa
pensée manifestée par la voie de la presse, ne peut
rentrer dans les droits, différents de leur nature,
qu'il possédait sur l'œuvre matérialisée par l'impression, qu'à charge de respecter par exemple les droits
de gage que des tiers ont pu acquérir sur les parties imprimées de l'œuvre, autrement dit à charge
de les désintéresser.

— C. de Bourges, 14 juin 1844, aff. Simonin c. Syonnet et
syndics Dieudonné. (Dall., 1846. 2. 41 ; S., 45. 2. 632.)

316. D'après l'usage constant du commerce de la
librairie, des exemplaires dits *mains de passe* sont,
à moins de conventions contraires entre l'auteur et

l'éditeur, réservés à ce dernier à raison de 10 pour 100 des volumes de l'édition, sans qu'il soit tenu d'en rendre compte, à l'effet de satisfaire soit à des hommages ou dons gratuits, utiles et proportionnés à la vente de l'ouvrage, soit au remplacement des volumes avariés ou dépareillés.

— C. de Paris, 20 déc. 1880, aff. Darras c. Vivès. (Dalloz, 1882. 2. 72.)

317. Dans les usages de la librairie, la passe est accordée à l'éditeur par l'auteur pour lui tenir compte des nombreux déchets de fabrication, de brochage et autres. Elle constitue une sorte de forfait destiné à maintenir intact le chiffre du tirage convenu, quels que soient les accidents de la manipulation de l'ouvrage.

L'éditeur n'est donc pas tenu, à défaut de clause expresse dans les conventions, de justifier de l'emploi détaillé de chaque exemplaire de passe.

— Trib. civ. de la Seine, 28 janv. 1886, aff. Leman c. Lemonnyer. (*La Loi*, 10 mars 1886.)

318. L'éditeur qui s'est obligé à payer à l'auteur une certaine somme par chaque exemplaire imprimé doit cette somme sur le nombre d'exemplaires qu'il s'est engagé à tirer. Il ne peut, s'il a négligé d'exiger de l'imprimeur le tirage de la *main de passe* ou *chaperon* en sus du nombre convenu, déduire du prix à payer la redevance afférente aux exemplaires de *main de passe*. Il peut au surplus résulter des conventions des parties que le prix doit être payé sur tous les exemplaires tirés.

— C. de Paris, 18 mars 1842, aff. Bourdin c. de Las-Cases. (Dalloz, *Propr. litt. et art.*, n° 265.)

319. La mise à la disposition d'un auteur, faite gratuitement par l'éditeur, d'un certain nombre d'exemplaires en rapport avec l'importance de la publication est chose facultative, quoique ayant lieu le plus ordinairement et parfois dans un but d'intérêt commun.

Cet usage ne saurait constituer la base légale d'une condamnation judiciaire, en l'absence de stipulations intervenues entre les parties.

— C. de Paris, 18 juin 1883, aff. Germond de Lavigne c. Bonhoure. (*Gaz. des Trib.*, 9 sept. 1883.)

320. Le cessionnaire du droit de traduction et de publication d'une œuvre en langue étrangère n'a pas le droit exclusif d'exploiter l'ouvrage en cette langue, si ce droit ne lui a pas été concédé d'une façon expresse.

— Trib. de comm. de la Seine, 12 juillet 1877, aff. de Lassalle c. Hetzel. (*Le Droit*, 8 août 1877.)

321. L'auteur d'un article destiné à une encyclopédie ne saurait se voir interdire d'écrire de nouveau sur le même sujet, mais ne peut cependant reproduire le même travail, même en y faisant certains changements.

— Trib. corr. de la Seine, 16 janv. 1834, aff. Vve Agasse c. Leclère. (*Gaz. des Trib.*, 20 janv. 1834.)

322. Ne viole pas son contrat l'auteur qui, s'étant interdit de publier une nouvelle édition d'un ouvrage avant l'épuisement de la première, publie sur le même sujet un ouvrage nouveau, beaucoup plus étendu, qui ne peut être considéré comme une réédition augmentée du premier, mais est réellement un ouvrage principal, dont la publica-

tion ne saurait même pas causer un préjudice au cessionnaire du premier.

— Trib. de la Seine, 17 juillet 1829, aff. Renart c. Girault de S¹-Fargeau. (Blanc, p. 109.)

323. L'auteur d'un « *Plan de Paris réduit d'après Verniquet* », qui, en cédant son œuvre, s'est interdit de la publier en tout ou en partie directement ou indirectement, est néanmoins en droit de publier un autre plan de la même ville constituant un travail nouveau, de dimensions beaucoup plus étendues, établi d'après une nouvelle triangulation, et enrichi de nouveaux détails qui n'étaient pas et ne pouvaient pas être dans les plans de Verniquet.

— C. de Paris, 5 mars 1830, aff. dame de Chavagnac c. Jacoubet. (Dall., *Propr. litt.*, 264.)

324. A défaut de préjudice, et spécialement au cas où l'insuccès d'un ouvrage ne peut être attribué à la publication d'un autre ouvrage du même auteur, dans lequel sont reproduits quelques passages peu importants du premier, l'action dirigée par l'éditeur contre l'auteur manque de base, et doit être déclarée mal fondée.

— Trib. civ. de la Seine, 6 mai 1862, aff. Klefer c. Anot de Mézières. (Pat., 1862, p. 230.)

325. L'acquéreur d'un ouvrage intitulé *l'Histoire de l'Internationale* se plaint à tort d'une concurrence qu'il prétend lui être faite par la publication d'un ouvrage du même auteur intitulé *les Mystères de l'Internationale*, du moment que l'un affecte l'allure d'un livre d'histoire au lieu que l'autre apparaît sous la forme d'une œuvre d'imagination, et que le second se différencie en outre du premier par le prix de vente et le mode de publication.

— Trib. civ. de la Seine, 16 juillet 1873, aff. Bunel c. Zaccone. (Pataille, 1873, p. 319.)

326. Les *membres de la Société des gens de lettres* conservent la libre disposition de leurs œuvres, qu'ils sont libres de vendre en toute propriété à un éditeur de leur choix. — Mais, par leur adhésion aux statuts de la Société, ils ont aliéné au profit de celle-ci le droit d'en autoriser la reproduction dans les journaux ou recueils périodiques. Les traités que la Société passe avec les journaux stipulent qu'une œuvre inédite ne peut être publiée qu'une fois, quelle que soit la forme de la première publication, à titre de *production*, et qu'en conséquence, il y a *reproduction* dans le fait de toute autre publication de cette œuvre, simultanée ou ultérieure. Le sociétaire qui vend son œuvre ou qui en autorise la publication ne saurait donc céder en même temps le droit d'en autoriser la reproduction dans les journaux, puisque ce droit ne peut appartenir désormais qu'à la Société.

Le directeur de journal qui, ayant un traité avec la Société, a obtenu de l'auteur l'autorisation de commencer la publication huit jours après un autre journal, a nécessairement su que sa publication n'était qu'une *reproduction*, qu'il n'avait pas le droit de continuer, sans autorisation nouvelle de la Société, du jour où son traité avec elle expirait. La Société est donc en droit de lui faire dès ce moment défense de continuer cette reproduction, l'auteur, par le fait même de l'autorisation donnée à deux journaux, ayant renoncé au droit d'interdire la reproduction et placé désormais son œuvre dans le domaine de la Société des gens de lettres.

—Trib. de comm. de la Seine, 15 avril 1882, aff. *Soc. des gens de lettres* c. Bérardi (*Gaz. des Trib.*, 12 mai 1882).

327. Doit être considéré comme contrefacteur le directeur de journal qui, sans justifier de sa bonne foi, publie sans autorisation un roman dont il n'a pas la propriété.

Les journaux qui ont un traité avec la Société des gens de lettres ne peuvent reproduire sans l'autorisation personnelle des auteurs les œuvres des membres de ladite société qui ont été publiées revêtues de la mention : « Tous droits réservés ».

— Trib. corr. de la Seine, 18 décembre 1867, aff. Reybaud et Lévy frères c. Alph. Millaud (*Chron. de la Soc. des gens de lettres*, février 1868).

328. Il appartient à la *Société des gens de lettres*, comme mandataire des écrivains qui ont adhéré à ses statuts, de faire respecter la propriété littéraire de ses membres et de rechercher en vertu de quel droit les journaux reproduisent leurs œuvres.

Les statuts exposant à des pénalités les auteurs qui cèdent leurs droits en dehors d'elle, on ne saurait lui reprocher de ne pas se renseigner près de ces auteurs avant d'agir.

— Trib. de la Seine. 12 nov. 1886, aff. Adolphe Favre c. Gonzalès (*Gaz. des Trib.*, 13 nov. 1886).

329. En vertu de l'art. 815 du Code civil, l'auteur qui a vendu une part dans son œuvre et s'est ainsi mis en communauté avec l'acquéreur doit souffrir la licitation demandée par ce dernier.

— C. de Paris, 11 janvier 1845, aff. Laroche c. Charpentier, (Blanc, p. 113).

330. En cas de cession pure et simple, sans aucune réserve de la part de l'auteur, comme le cessionnaire a de droit la faculté de rétrocéder, ses syndics le

représentent valablement en cas de faillite, et peuvent par suite contraindre l'auteur à livrer le manuscrit vendu, soit pour le publier eux-mêmes s'ils continuent à exploiter le fonds du failli, soit pour le rétrocéder dans le cas contraire. Toutefois, comme les garanties ont diminué, l'auteur pourra contraindre les syndics à lui donner des sûretés que les tribunaux apprécieront, tant pour les paiements que pour l'exécution fidèle des autres clauses du contrat.

— Trib. de la Seine, 26 janv. 1831, aff. Hatin c. syndics Compère (Blanc, p. 111).

331. La question de savoir si le cessionnaire peut lui-même céder à un tiers la propriété et le droit de reproduction d'un ouvrage doit se résoudre d'après la commune intention des parties contractantes.

— C. de Nîmes, 30 déc. 1858, aff. Eysseric et Pascal c. Devillario (Pataille, 1870, p. 151).

332. A défaut de conventions spéciales entre lui et le journal dont il est collaborateur, l'auteur d'un article reste propriétaire de son œuvre, le journal n'ayant acquis que le droit de le publier le premier. L'auteur est donc fondé à poursuivre celui qui reproduit dans un autre journal, sans autorisation, un article même non signé, emprunté au journal auquel il collabore.

— Trib. de comm. de la Seine, juillet 1875, aff. Cartillier c. l'*Evénement* (*Chron. de la Société des gens de lettres*, août 1875).

333. En matière de propriété littéraire, la vente sans réserve n'emporte pas pour l'acheteur le droit absolu de disposer de la chose vendue selon son intérêt et son caprice. Le droit de reproduction ne saurait être un accessoire de la chose vendue qu'autant que telle serait l'intention commune des par-

ties. Spécialement le droit de publication dans un journal d'une correspondance politique est épuisé pour les propriétaires de ce journal par le fait de la publication, et ils n'ont pas le droit, sans autorisation de l'auteur, d'autoriser eux-mêmes la reproduction dans d'autres journaux.

— Tribunal de commerce de la Seine, 2 fév. 1877, aff. Rigondaud c. Vührer et Guyon (*le Droit*, 18 fév. 1877).

334. Il a été jugé que la convention qui intervient entre un auteur et un éditeur, pour la publication d'un manuscrit, est essentiellement personnelle de part et d'autre, et que par suite si l'éditeur vient à décéder ou à céder ses droits à un tiers, avant que la publication de l'ouvrage soit achevée, ses héritiers ou ayants-cause ne peuvent contraindre l'auteur à laisser subsister le traité.

— Trib. de la Seine, 12 mars 1834, aff. Alibert c. Corby, (*Gaz des Trib.*, 14 mars 1834).

335. Jugé également que la convention par laquelle un auteur avait vendu à un libraire les pièces qu'il ferait jouer sur tel théâtre, se trouvait éteinte par le décès du libraire, et qu'ainsi l'héritier de ce dernier n'était pas fondé à en demander l'exécution.

— Trib. de la Seine, 26 août 1884 (Dall. ,*Rép.* V° *Prop. litt.*, n° 304).

336. Si, en cédant à un éditeur et à ses héritiers le droit de publier ses œuvres dans certaines conditions, l'auteur peut à bon droit soutenir qu'il a voulu exclure les tiers avec lesquels ces héritiers pourraient être tentés de traiter, il ne saurait y avoir violation du contrat dans le fait par la veuve de l'éditeur de rétrocéder son droit de publication, du moment que, du vivant du cessionnaire, lesdites

œuvres étaient déjà exploitées de la même manière sans protestation de la part de l'auteur, les couvertures portant le nom de ce cessionnaire comme nom d'éditeur et celui du sous-acquéreur comme simple libraire, alors d'ailleurs qu'il n'est nullement justifié ni même allégué qu'il n'en sera pas de même pour l'exploitation future.

— Trib. de comm. de la Seine, 22 fév. 1879, aff. G. Aimard c. Amyot (*le Droit*, 7 mars 1879).

337. Les auteurs qui ont cédé leurs œuvres à des éditeurs, sous la condition que ces derniers ne pourraient céder leurs droits à d'autres que leurs successeurs sans leur consentement, reprennent la propriété et la libre disposition desdites œuvres du jour où les cessionnaires, en se retirant des affaires, se sont substitué des éditeurs d'une autre ville ; et la résolution du contrat est acquise même s'ils offrent de revenir sur le fait accompli et de reprendre leur industrie.

— C. de Nîmes, 30 déc. 1868 ; Req. Rej., 3 janvier 1870, aff. Eysséric et Pascal c. Devillario (Pataille, 1870, p. 151).

338. L'éditeur qui a payé à un auteur le prix d'une œuvre littéraire ne peut retarder infiniment la publication et refuser d'ailleurs de rendre le manuscrit, en alléguant un droit de propriété entière qui le rendrait libre même de ne jamais publier l'œuvre.

— Trib. de comm. de la Seine, 15 mai 1879, aff. Diguet c. Lacroix et Cie (*le Droit*, 25 mai 1879).

339. Le directeur d'une revue qui s'est engagé à publier un roman est tenu de le publier à peine de dommages-intérêts.

— Trib. de comm. de Bruxelles, 7 mai 1877, aff. Depinchault c. de Haulleville. — *Sic* : Trib. de la Seine, 25 fév. 1863, aff. Boiteau c. Raçon (Pataille, 1863, p. 110).

340. Le rédacteur en chef qui accepte un roman prend un engagement qui lie le journal envers l'auteur et permet à ce dernier d'en réclamer l'insertion, à peine de dommages-intérêts.

— Trib. de comm. de la Seine, 30 juillet 1863, aff. Vialon c. Baraton (Pat. 1864, p. 47).

341. L'imprimeur qui a fait avec un auteur un traité par lequel il s'est engagé à publier toutes les œuvres qu'il composera est tenu d'imprimer même celles que cet auteur compose sous un pseudonyme.

— C. de Paris, 9 fév. 1849, aff. Lévy c. Mélesville (Blanc, p. 112).

342. Le directeur de journal qui publie d'une façon incomplète un roman qu'il a reçu pour le publier en feuilleton, est passible de dommages-intérêts vis-à-vis de l'auteur.

— C. de Paris, 27 déc. 1881, aff. de Voisins c. Gibiat (*Gaz. des Trib.*, 3 janv. 1882).

343. La Société qui a acquis le droit de publier dans les journaux compris dans son exploitation un roman au prix de tant la ligne, s'engage à forfait à publier le roman entier ; elle ne peut prétendre, quand les journaux cessent de paraître, qu'elle ne doit ce prix qu'en proportion des lignes parues.

— Trib. de comm. de la Seine, 23 fév. 1886, aff. Buffier et Fribourg c. Cahuzac et Cⁱᵉ (*Chron. de la Société des Gens de lettres*, avril 1886).

344. La publication des œuvres d'un auteur dans les journaux est nécessairement subordonnée à l'examen des manuscrits par la direction du journal. Le seul fait d'une avance consentie à l'auteur

avant l'examen de son manuscrit n'établit donc
pas de lien de droit entre le gérant et l'auteur,
permettant à ce dernier d'exiger la publication.
Mais, si son manuscrit ne doit pas être inséré, il
doit lui être rendu, et il peut avoir droit à des dommages-intérêts s'il y a eu retard dans la restitution.

— Trib. de la Seine, 3 mai 1861, aff. Capo de Feuillide c.
Havin (Pataille, 1861, p. 252).

345. Le directeur d'un journal est en droit d'exiger le manuscrit complet d'un ouvrage avant d'en
commencer la publication.

— Trib. de comm. de la Seine, 11 oct. 1865, aff. Carpen-
tier c. Guéroult (Pataille, 1866, p. 237).

346. L'éditeur qui a eu communication de l'ensemble d'une œuvre qu'il doit publier et qui a reçu
copie des parties indiquées par lui, est sans droit
pour réclamer ensuite celles qu'il a rejetées.

— C. de Paris, 29 mars 1878, aff. Charpentier c. Hér. Chénier et Lemerre (Dalloz, 1878. 2. 137).

347. L'éditeur est sans droit pour arguer, avant
l'impression, de la rédaction insuffisante d'un texte,
lorsqu'il a renoncé à se faire juge du mérite littéraire de l'œuvre, dont il a été stipulé que le texte et
le plan seraient approuvés par un tiers.

— Trib. de la Seine, 5 fév. 1884, aff. Pallard c. Champenois
(*Gaz. des trib.*, 23 avril 1884).

348. L'éditeur d'un écrit doit en prendre connaissance avant de s'engager à le publier. Il est donc
passible de dommages-intérêts si, ayant pris cet engagement, il refuse de le tenir, sous prétexte que
l'ouvrage est de nature à l'exposer à des poursuites.

— Trib. de la Seine, 23 mars 1866, aff. Hamel c. Lacroix et Ci° (*Chron. de la Société des gens de lettres,* mai 1866).

349. Réciproquement, l'auteur ne peut interrompre la publication par le motif qu'elle donne lieu à des réclamations de la part des lecteurs et des acheteurs.

— Trib. de comm. de la Seine, 22 avril 1851, aff. Arago c. *La Mode* (Blanc, p. 106). — *Idem :* Trib. de comm. de la Seine, 1er juillet 1851, aff. Saint-Julien c. Donniol (Blanc, *eod. loc.*).

350. Le directeur d'une Revue est fondé à refuser à l'auteur dont il a accepté le manuscrit la continuation d'une publication qui est de nature à nuire aux intérêts de cette Revue, alors que l'auteur seul doit être considéré comme responsable des faits qui motivent l'interruption, et n'a, d'ailleurs, pas mis le directeur à même d'apprécier la portée de l'œuvre dans son ensemble.

— Trib. de comm. de la Seine, 15 oct. 1885, aff. Boyer c. Remacle, directeur de la *Revue contemporaine* (Pat., 1888, p. 102). — Voir dans le même sens: C. de Paris, 5 déc. 1856, aff. Cénac-Moncaut c. Migne (Pat., 1857, p. 247).

351. Mais l'éditeur d'une Revue ne peut se refuser à poursuivre la publication d'un roman déjà imprimé, dont l'auteur a revu la composition, du moment qu'il a seul à s'imputer de ne pas avoir, avant que le contrat ne fût formé, exercé le droit de contrôle ou même de refus absolu qui lui appartenait incontestablement.

— C. de Paris, 5 août 1861, aff. Arnould Frémy c. Charpentier (Pat., 1861, p. 286).

352. L'auteur d'un roman-feuilleton ne saurait être contraint de continuer à livrer de la copie à un directeur de journal qui ne remplit pas lui-même son obligation de payer le prix convenu, alors du moins que cette obligation est constatée par un jugement passé en force de chose jugée, auquel le directeur n'a pas encore obéi.

— Trib. civ. de la Seine, 8 février 1889, aff. Georges Duval c. Labruyère (*Le Droit*, 9 février 1889).

353. L'interruption de publication qui a eu pour cause une saisie pratiquée par l'autorité judiciaire ne saurait donner lieu au profit de l'auteur à la résiliation du contrat de publication, encore bien que l'éditeur se fût réservé le droit d'apporter à l'ouvrage les modifications qui lui sembleraient nécessaires et n'eût point usé de ce droit, l'auteur ne pouvant exciper de sa faute personnelle pour se soustraire aux engagements qu'il a souscrits.

— C. de Paris, 6 mars 1858, aff. Chabrillan c. Jacottet et Bourdillat (Pataille, 1858, p. 221).

354. L'écrivain qui a fait un roman à la demande du directeur d'un journal et qui en a déposé le manuscrit dans les bureaux de ce journal avant qu'il ait cessé de paraître, a droit à la réparation du préjudice que lui cause la non-publication de son œuvre dans ce journal.

— Trib. de comm. de la Seine, 7 août 1868, aff. Valois c. *La Situation* (*Le Droit*, 22 sept. 1868).

355. Le manuscrit d'un roman reçu par un journal, avec engagement de le publier dans un délai déterminé, doit être restitué en cas de non-publication. L'auteur a droit, en outre, à des dommages-intérêts.

— C. de Paris, 6 août 1877, aff. Gustave Aimard c. *La Presse*. (*Chron. de la Société des gens de lettres*, janvier 1878).

356. L'auteur dont le roman, reçu par le directeur d'un journal avec engagement de le publier
immédiatement, n'a pu être publié parce que le
journal a cessé de paraître, est fondé à demander la
restitution de son manuscrit avec dommages-intérêts, du moment que le journal n'a pas cessé de paraître par l'effet d'une force majeure, mais seulement
parce que le directeur, à la suite de certains événements, ne trouvait plus d'intérêt à sa publication.

— Trib. de comm. de la Seine, 6 oct. 1871, aff. Gustave
Aimard c. *Le Public* (*Chron. de la Société des gens de lettres*,
novembre 1871).

357. Si l'usage veut que les journaux ne soient
pas tenus à la conservation indéfinie et à la restitution éventuelle des manuscrits quelconques et souvent anonymes qui leur sont remis, il en est autrement lorsque le manuscrit avait été reçu en vertu
d'une véritable cession de la part d'un auteur collaborateur du journal.

A défaut de preuve contraire, l'acquisition du
droit de publier une nouvelle ne transfère pas au
journal la propriété de l'œuvre pour sa réimpression
et sa reproduction.

Le journal est donc responsable de la perte du
manuscrit.

— Trib. civil de Lyon, 19 janvier 1881, aff. de Vaux c. *Le
Petit Lyonnais* (*Le Droit*, 6 sept. 1881).

358. L'auteur qui a pris et rempli l'engagement
de livrer dans un certain délai et pour un certain
prix un roman à un journal est en droit d'exiger
l'exécution de son traité ou de demander des dommages-intérêts à l'administration nouvelle de ce
journal, après dissolution et reconstitution de la Société qui l'exploite.

— Trib. de la Seine, ...1875, aff. Am. Achard c. *Le Bien public (Chron. de la Société des gens de lettres*, juin 1875).

359. Un directeur, sauf dans des circonstances toutes particulières, est toujours libre de cesser une publication qui peut compromettre le caractère spécial et le succès de son œuvre, sauf à indemniser, d'ailleurs, l'auteur du préjudice résultant de la cessation de publication.

— Trib. de la Seine, 9 mars 1881, aff. Valserre c. Dalloz (*La Loi*, 10 mars 1881).

360. En matière de propriété littéraire, en l'absence de conventions spéciales, le droit de reproduction n'est pas, en principe, cédé avec la chose vendue. Il y a lieu de rechercher la commune intention des parties. A moins de conventions contraires, le directeur d'un journal qui a publié les articles d'un correspondant, a épuisé son droit par cette publication et ne saurait en céder la reproduction à d'autres journaux sans autorisation de l'auteur.

— Trib. de comm. de la Seine, 2 février 1877, aff. Rigondaud c. *La Patrie (Gaz. des trib.*, 18 fév. 1877).

361. Le journaliste qui, comme collaborateur appointé d'un journal, y a fait paraître des articles pour lesquels il a reçu, en outre, une rémunération fixée à tant la ligne, se prétend à tort en droit, comme n'en ayant aliéné que partiellement la propriété, de reproduire ces articles dans un autre journal qu'il a fondé après avoir quitté le premier, en concurrence avec celui-ci, alors d'ailleurs qu'il est justifié en fait que le premier journal est une publication spéciale destinée à former recueil, comme l'indiquent la pagination et la table des matières

publiée à la fin de l'année. A raison de ces circonstances, il y a lieu de décider qu'en acceptant de ré-
diger ces articles, l'auteur s'est interdit de les reproduire dans des journaux similaires.

— Trib. de comm. de la Seine, 20 mai 1887, aff. Deyrolle
c. Megnin (*Le Droit*, 8 juin 1887).

362. Le directeur politique d'un journal, contre
lequel la qualité de propriétaire du journal n'est
pas établie, ne saurait encourir aucune responsabilité commerciale vis-à-vis des rédacteurs, alors qu'il
n'est pas justifié qu'il ait pris envers eux aucun engagement personnel.

Faute de preuve qu'un rédacteur ait entendu
fournir une collaboration gratuite, tout travail donne
droit à une juste rémunération, dont il appartient
au juge de déterminer le montant.

— Trib. de comm. de la Seine, 6 oct. 1881, aff. D^{lle} de Las-
serre c. D^{lle} Hubertine Auclerc et Giraud (*Le Droit*, 16 oct.
1881).

363. Le prix d'articles rédigés pour un journal,
même avec l'autorisation du rédacteur en chef et du
gérant, n'est dû, à moins de stipulations contraires,
qu'autant que ces articles ont été insérés ou tout au
moins acceptés après lecture.

— Trib. de comm. de la Seine, 13 oct. 1857, aff. Ducros
c. Prost (Pat., 1858, p. 187).

364. La collaboration d'un rédacteur en chef à un
journal moyennant une rétribution déterminée,
constitue un louage d'industrie et non un acte de
commerce; et ses fonctions, ne lui permettant aucune ingérence dans la partie commerciale de l'entreprise, ne sauraient être assimilées à celles du
commis ou de facteur dans le sens de l'article 634 de

Code de commerce. Le tribunal de commerce est donc incompétent pour connaître des difficultés qui surgissent à leur sujet.

— Trib. de la Seine, 18 déc. 1885, aff. Liébert c. Mercier (*Gaz. des trib.*, 19 déc. 1885).

SECTION IV. — Transmission par succession, donation, testament, ou vente forcée.

365. La propriété littéraire est transmissible d'après les règles du droit commun (Code civil, art. 711), par succession, donation, testament, ou par l'effet des obligations.

Le mari, institué légataire universel par sa femme, à laquelle des droits étaient dévolus dans la succession d'un auteur, recueille une part de la propriété des œuvres de ce dernier, au même titre que les autres valeurs héréditaires.

On ne saurait prétendre que la loi du 8 avril 1854, sous l'empire de laquelle s'est ouverte la succession, n'ayant augmenté la durée du droit de jouissance qu'au profit des enfants de l'auteur, les personnes qui tiennent leurs droits de ces derniers ne peuvent réclamer que les dix années de jouissance accordées par la loi de 1793.

D'ailleurs la loi n'ayant limité la durée de la propriété que dans un intérêt public, les héritiers qui demandent la déchéance du légataire de leur cohéritier n'ont pas qualité pour le faire, vu que cette déchéance ne devrait profiter qu'au domaine public sans pouvoir produire un accroissement à leur profit.

— Trib. civ. de la Seine, 14 janvier 1876, aff. Consorts Etienne c. Pagès (*Gaz. des trib.*, 27 janvier 1876).

366. Le légataire investi dans ces conditions du droit que les anciennes lois conféraient aux enfants de l'auteur sur ses œuvres profite de l'extension nouvelle accordée par la loi du 14 juillet 1866 aux ayants-cause des auteurs, comme en eût profité le testateur.

— C. de Paris, 3 août 1877, même aff. (Sir., 1877. 2. 285).

367. Le droit de l'auteur sur son œuvre, s'appliquant à un objet purement mobilier, doit, aux termes de l'art. 517 du code civil, être considéré comme valeur mobilière. A ce titre, ce droit lui-même, envisagé dans son principe et comme source de produit, fait partie de l'actif de la communauté.

Il ne saurait dès lors, quand celle-ci est dissoute, même par le prédécès de la femme, être traité au regard des représentants de l'épouse comme une valeur propre au mari.

— C. de Paris, 13 mars 1880, aff. Gaudichot fils c. Gaudichot père, dit *Michel Masson* (Pat., 1880, p. 225).— Voir chap. II, sect. I, n° 138.

368 L'estimation donnée à une propriété littéraire dans un contrat de mariage lie la femme et les cohéritiers et ne permet pas, après la dissolution de la communauté, de contester la valeur de cet apport.

—C. de Paris, 14 mai 1853, aff. Degenoude c. Guyard (Blanc, p. 121).

369. Le droit de jouissance établi au profit du conjoint survivant par la loi du 14 juillet 1866 est un simple droit d'usufruit, qui ne peut porter atteinte au droit de libre disposition de l'auteur par acte en-

tre-vifs ou testamentaire, non plus qu'à la réserve de ses descendants ou ascendants.

Le droit de ces derniers n'est pas modifié par cette disposition spéciale, et passe à leurs représentants, sans que le conjoint puisse demander que l'usufruit de la réserve lui fasse retour au cas de prédécès de l'héritier réservataire.

— C. de Paris, 18 juin 1883, aff. Ponson du Terrail c. Ponson du Terrail (*le Droit*, 15 août 1883).

370. Aux termes de l'art. 1ᵉʳ de la loi du 14 juillet 1866, le droit de propriété littéraire s'éteint quand la succession de l'auteur est dévolue à l'Etat, mais non quand il existe des représentants ou des héritiers de l'auteur.

— Trib. civ. de la Seine, 23 août 1883, aff. Vᵛᵉ de Bérard c. Hébert (*Gaz. des Trib.*, 24 août 1883).

371. La propriété littéraire d'un ouvrage peut se trouver transmise, d'après les circonstances, par l'effet du don manuel du manuscrit de cet ouvrage.

— C. de Paris, 13 novembre 1841, aff. Hér. Broussais c. Montègre (Blanc, p. 144).

Voir chap. II, sect. V, nᵒˢ 188 et suiv.

372. Ne constitue pas une donation, valable seulement si elle est constatée par acte notarié, la cession d'une œuvre littéraire qui, bien que comportant un bénéfice éventuel et rémunératoire, était subordonnée à des conditions onéreuses.

Une telle cession peut donc résulter d'une simple lettre.

— C. de Paris, 9 août 1871, aff. Michel Lévy c. Garnier (Dall., 1872. 2. 165).

373. Une production de l'esprit, à laquelle l'auteur a imprimé une forme matérielle et qui a été pu-

bliée, devient une valeur réalisable en argent ; elle constitue un bien mobilier qui tombe dans la communauté et est le gage des créanciers dans les termes du droit commun.

— Trib. civ. de la Seine, 26 juillet 1837, aff. D^elle Lyonne c. Parquin (Blanc, p. 120) ; — C. de Paris, 11 janvier 1828, aff. Créanciers Vergne c. Vve Vergne ; — C. de Paris, 13 juillet 1847, aff. Antiquaires d'Amiens c. Symonnet ; — C. de Paris, 24 mai 1853, aff. Vve Laroche c. Charpentier (Blanc, p. 122) ; — C. de Dijon, 18 février 1870, aff. Guillabert c. Chapuys Montlaville (Dall., 1871. 2. 221) ; — C. d'Angers, 4 février 1869, aff. Ménard c. de Chanterenne (Pat., 1870, p. 105).

374. L'auteur qui a vendu une part de la propriété littéraire de son œuvre et s'est ainsi mis en communauté avec l'acquéreur doit souffrir la licitation demandée par ce dernier.

— C. de Paris, 11 janvier 1845, aff. Laroche c. Charpentier (Blanc, p. 113).

375. Un avis du ministre de la guerre, déclarant tombés dans le domaine public les théories ou règlements adoptés par l'administration militaire, ne peut s'appliquer que pour l'avenir et à des personnes placées sous les ordres du ministre, et ne peut avoir pour but ni pour résultat de porter atteinte à des droits acquis par des tiers et garantis par la loi.

— C. de Besançon, 10 mars 1886, aff. Roret c. Nivois (Pat. 1887, p. 98).

CHAPITRE IV

DURÉE DU DROIT DE REPRODUCTION.

376. La durée limitée du droit n'est pas un principe fondamental en matière de propriété littéraire. La propriété littéraire est, en principe, une propriété de droit commun, que n'ont pas créée, mais seulement réglée, la loi de 1793 et toutes celles qui s'y réfèrent. Si donc ses dispositions deviennent inapplicables dans un cas donné, on retombe dans le droit commun et la propriété devra être considérée comme perpétuelle.

— C. de cass., 12 prairial an XI, aff. Buffon c. Behemer (Blanc, p. 129).

377. La propriété sera nécessairement perpétuelle toutes les fois qu'une œuvre publiée collectivement sera indivise sans qu'on puisse indiquer la part que chacun a prise à la création commune, ou attribuer à tel ou tel individu l'idée de l'ensemble de l'ouvrage, comme lorsqu'il s'agit d'un ouvrage publié par une administration publique, si les matériaux de cet ouvrage et l'ordre même dans le-

quel ils sont publiés ne sont pas nécessairement du domaine public.

— Trib. corr. de la Seine, 18 mai 1836, aff. de l'administration des postes c. Bohain (Blanc, p. 129).

378. L'État, en faisant dresser la carte de l'état-major, a acquis sur son œuvre un droit faisant partie de son patrimoine propre, ne fût-ce qu'à raison de la destination de cette carte, et n'a nullement créé une chose du domaine public, dont il soit loisible à chacun de faire usage, tant qu'il n'a pas renoncé à son droit exclusif, lequel est perpétuel par la force des choses.

— C. de Paris, 5 mai 1877, aff. Ministre de la guerre c. Peigné-Delacour (Sir., 1877. 2. 144). — Voir note sur cet arrêt, dans Pataille, 1877, p. 129.

379. S'il est vrai que, pris séparément, les différents articles d'un dictionnaire publié par une association de savants appartiennent à leurs auteurs, cependant, si leur réunion en un même recueil a rendu au public un service littéraire et communiqué à l'ensemble un mérite particulier, que les mêmes compositions, livrées séparément à la publicité, n'eussent pu réaliser, il y a lieu de reconnaître à l'auteur de cet ensemble un droit distinct et personnel de propriété littéraire ; et, comme chacun des auteurs n'eût pu, de son vivant, disposer de ses écrits au préjudice de l'ouvrage, la mort de chacun d'eux ne confère aucun droit au domaine public ; le droit de propriété, pour chacun des articles, a une durée, sinon perpétuelle (1), tout au moins égale à la durée de la propriété de l'ensemble, et l'auteur

(1) Voir Blanc, p. 129.

de l'ensemble ou ses ayants-cause conservent le droit de poursuivre les contrefacteurs de tout ou partie de l'ouvrage pendant toute la durée de leur droit particulier.

— C. d'Orléans, 10 juillet 1854, aff. Thoisnier-Desplaces c. Didot (Blanc, p. 28 et 130).

380. L'ouverture d'un opéra fait partie intégrante de l'ouvrage, produit de la collaboration de l'auteur de la musique et de celui des paroles, et devient, en conséquence, au même titre que les passages dialogués, une propriété commune aux auteurs. — Le décès du musicien ne peut donc avoir pour effet de faire disparaître, au profit du domaine public, le droit conservé par l'écrivain sur toutes les parties de l'œuvre.

— C. de Paris, 12 juillet 1855, aff. Henrisch c. Dejean (Dall., 1855. 2. 257). — *Sic* : Trib. de la Seine, 29 nov. 1865, aff. Gérard c. Choudens (Pat., 1866, p. 12) et C. de Paris, 27 juin 1866, même aff. (Pat. 1866, p 299) ; — Trib. de la Seine, 7 avril 1869, aff. Brandus et autres c. Aymard-Dignat (Pat., 1869, p. 252).

381. Lorsqu'une œuvre dramatique a été écrite en collaboration, il est incontestable que la copropriété des auteurs est indivisible, en ce sens qu'un directeur de théâtre ne pourrait, à son gré, représenter l'œuvre dont un des auteurs serait mort, malgré l'opposition de l'auteur survivant ; toutefois, il n'y a pas lieu d'admettre par voie de conséquence que les produits de l'exploitation de cette œuvre sont également indivisibles.

Quand la durée du droit des héritiers d'un des auteurs est arrivée légalement à son terme, on ne saurait admettre que la part de bénéfices afférente à cet auteur vienne accroître celle de l'auteur survivant ou de ses héritiers. Décider que l'auteur d'une œuvre commune à plusieurs doit jouir seulement de la part qui lui revient pour prix de sa collaboration, tandis que celle qui appartient aux autres tombe dans le domaine public à l'expiration du délai de jouissance qui leur est imparti, c'est, en respectant les droits de tous, satisfaire à l'équité sans violer aucun principe; c'est se renfermer dans les prescriptions de la loi qui, en n'accordant que des privilèges limités, a eu pour but de concilier les droits du public avec ceux des auteurs et de leur famille.

— C. de Paris, 21 juin 1858, aff. Maillet et Dinaux c. Société des aut. dram. (Dall., 1871. 5. 319). — *Contrà* : Blanc, p. 126. — V. Pouillet, n° 145.

382. La loi de 1793 n'a disposé que pour l'avenir et ne s'applique qu'aux auteurs qui étaient encore propriétaires de leurs œuvres au moment de sa promulgation. Les cessions par eux faites antérieurement ne sont pas régies par cette loi, mais par les lois anciennes et par les titres individuels des cessionnaires.

— C. de cass., 29 prairial an XI, aff. Ducaurroy (Dall., *Prop. litt.*, n° 323); — C. de cass., 16 brumaire an XIV, aff. Bruisset (S., 6. 2. 923).

383. La loi de 1793 n'a pas pu profiter aux ouvrages publiés antérieurement sans privilège, et tombés par là même dans le domaine public.

— C. de Paris, 17 juillet 1822; Trib. de comm. de la Seine, 21 octobre 1830 (Dall., *Prop. litt.*, n° 324).

384. Le bénéfice du décret du 5 février 1810 ne peut profiter au cessionnaire d'un auteur décédé avant la promulgation de ce décret.

— C. de Paris, 13 août 1819, aff. Garnery c. Janet et Cotelle (*Journ. de la librairie*, 1820, p. 379). — V. Renouard, *Traité des droits d'auteur*, t. II, nos 210 et suiv.).

385. La loi du 5 février 1810 n'a point abrogé la disposition de celle du 19 juillet 1793, qui limite à dix années après la mort de l'auteur la jouissance de ses héritiers ou cessionnaires. Elle a seulement voulu, dans son art. 39, accorder à la veuve un droit de survivance pendant sa vie, et aux enfants une jouissance de vingt années. Les cessionnaires ne peuvent aucunement réclamer le bénéfice de cet article, spécial à la veuve et aux enfants de l'auteur.

— Trib. corr. de la Seine, 2 mars 1822, aff. Agasse c. de Verdière (Renouard, t. II, p. 364).

386. La loi de 1810 ne peut régir les contrats antérieurs à sa promulgation. Même à défaut de veuve et d'héritiers, le cessionnaire antérieur ne pourrait invoquer la jouissance additionnelle qu'elle accorde à la veuve et aux enfants de l'auteur. Il doit donc, à compter du jour où son droit propre est expiré, cesser de composer, imprimer, vendre et distribuer aucune édition ou exemplaire de l'ouvrage qui lui a été cédé.

— Trib. civ. de la Seine, 5 janv. 1831, aff. Hér. de Wailly c. Rémond (Renouard, t. II, p. 365).

387. Quelque généraux que soient les termes d'une convention, elle ne comprend que les choses sur lesquelles il paraît que les parties se sont proposé de contracter (art. 1163 C. C.) ; les contrats doivent être interprétés et réglés eu égard aux lois en vigueur au moment où ils ont été formés. Les auteurs qui ont cédé leurs droits sous l'empire du décret du 19 juillet 1793, sans prévoir, non plus que

leur cessionnaire, qu'il pourrait être modifié, n'ont entendu céder que les droits conférés par ledit décret à eux et à leurs héritiers.

Le décret du 5 février 1810, accordant à la veuve et aux enfants survivants une jouissance de vingt années après le décès des auteurs, a créé des droits nouveaux subordonnés à l'existence de la veuve et des enfants et devant profiter à eux seuls, hors le cas de conventions contraires.

— C. de Paris, 12 juillet 1852, aff. Vᵛᵉ Lenormand c. Noël et Dujarrier (Blanc, p. 135).

388. Dans le cas où une loi nouvelle est venue prolonger la durée des droits de l'auteur, il faut, pour apprécier celle des droits du cessionnaire, se reporter à la date des actes de cession, afin de connaître et d'appliquer la loi qui réglait cette durée au moment des actes. En effet, les parties n'ont pu contracter que sous l'empire des lois qui existaient alors, et, à moins d'une stipulation formelle, elles n'ont pas entendu étendre l'exercice des droits cédés au-delà des limites prévues et fixées par la législation à cette époque.

— C. de Douai, 8 août 1865, aff. Colombier et autres c. Sannier (Pat., 1869, p. 248).

389. Le droit de reproduction cédé par un auteur, quel que soit le nom sous lequel les parties l'aient désigné dans le contrat, est un droit spécial, limité quant à sa durée, qu'on ne peut confondre avec un droit sur un objet matériel dont les accroissements profitent au propriétaire.

En décidant en fait que les parties, en contractant, n'ont eu en vue que les droits d'auteurs tels qu'ils étaient réglés par la législation existante et non les prolongations éventuelles qui seraient apportées à ces droits par des lois postérieures, un arrêt n'a fait qu'appliquer le principe que les contrats doivent être interprétés eu égard aux lois en vigueur au moment où ils ont été formés, et l'article 1163 du Code civil.

Cet arrêt a donc bien jugé en déclarant que les prolongations accordées par les lois de 1854 et de 1866 profitaient aux héritiers de l'auteur et non à l'éditeur.

Rien ne s'oppose, d'ailleurs, avec cette solution, à ce que ce dernier écoule les éditions loyalement faites par lui avant l'expiration de son droit.

— C. de Paris, 19 mai 1876, et Ch. des req., rej., 20 novembre 1877, aff. Barba c. Degorce-Cadot (Dall., 1876. 2. 127 et 1878. 1. 309). — *Idem*, C. de cass., 28 mai 1875, aff. Pradier c. Susse (Pat., 1875, p. 293).

390. Les lois du 8 avril 1854 et du 14 juillet 1866, qui ont successivement prolongé la durée de la propriété littéraire, ont attribué le bénéfice de cette prolongation aux héritiers et ayants-cause des auteurs, à l'exclusion de leurs cessionnaires antérieurs, et la durée de la jouissance de ces derniers est limitée au temps d'exploitation commerciale sur lequel ils avaient dû légitimement compter, d'après la législation en vigueur lors de leurs traités.

Mais ces principes ne sauraient recevoir d'application au cas où les conventions des parties et les circonstances dans lesquelles elles sont intervenues fournissent la preuve que l'auteur ou ses représentants ont renoncé sans réserve, tant à la propriété des œuvres par eux cédées, telle qu'elle était réglée par les lois existantes, qu'aux éventualités de

retour qui pourraient être réalisées, à leur profit.
par une législation nouvelle.

— Trib. civil de la Seine, 29 novembre 1878, aff. Ch. de
Bernard c. Calmann Lévy (*Le Droit*, 30 novembre 1878).

391. Les héritiers de l'auteur ne sauraient se prévaloir d'une prolongation de durée des droits d'auteur
accordée par une loi nouvelle pour reprendre au
domaine public un droit qui lui appartenait par
l'effet des lois antérieures (1).

— Trib. civ. de la Seine, 7 avril 1869, aff. Brandus Dufour
et autres c. Aymard-Dignat (Pat., 1869, p. 252). — Voir dans
le même sens : Cass., 28 mai 1875, aff. Pradier c. Susse (D.,
75. 1. 334).

392. Bien que le texte littéral de la loi du 8 avril
1854 n'accorde qu'aux enfants de l'auteur la prolongation à trente ans de la durée du droit de propriété littéraire, limitée à dix ans à partir du décès
de l'auteur par la loi du 19 juillet 1793, ce droit
n'en est pas moins, dans les limites fixées par ladite
loi, transmissible, d'après le droit commun, dans
les termes de l'art. 711 du Code civil. Par suite, le
légataire de l'un des enfants de l'auteur s'en trouve
investi pour toute sa durée, sans que les autres enfants puissent se prévaloir de l'expiration du délai
de dix ans de la loi de 1793 pour se faire attribuer,
au préjudice du légataire, la part de droits comprise
dans le patrimoine du testateur.

— Trib. civ. de la Seine, 14 janvier 1876, aff. Consorts
Etienne c. Pagès (*Gaz. des trib.*, 27 janvier 1876).

(1) Dans l'espèce, aux termes des lois de 1810 et de 1844, les droits
des héritiers du dernier décédé des auteurs de l'opéra *les Rendez-vous
bourgeois* étaient expirés depuis six ans lorsqu'intervint la loi de 1854,
qui accordait la jouissance des droits d'auteur aux veuves pendant
toute leur vie et aux enfants pendant trente ans à partir du décès soit
de l'auteur, soit de sa veuve.

393. Les lois du 8 avril 1854 et du 14 juillet 1866 ne sont que le développement de l'art. 2 du décret du 19 juillet 1793. On ne saurait donc soutenir qu'elles ont été édictées exclusivement en faveur des enfants de l'auteur.

Le légataire universel de l'un des enfants de l'auteur jouit de la propriété littéraire en concurrence avec les enfants et petits-enfants de l'auteur pendant tout le temps que ceux-ci en jouissent.

Au surplus, l'extinction du droit d'un ayant-cause ne pourrait qu'enrichir le domaine public, sans produire accroissement.

Mais le légataire universel profite comme les enfants eux-mêmes de l'extension de durée accordée aux enfants par les lois de 1854 et de 1866, même si le testateur est décédé antérieurement à la dernière de ces lois.

— C. de Paris, 3 août 1877, même aff. (Sir., 1877. 2. 285).

394. La propriété littéraire est une propriété temporaire soumise pendant son existence aux règles et aux prescriptions du droit commun, sauf le droit de jouissance reconnu au profit du conjoint survivant dans les limites qu'indique la loi.

L'usufruit de la réserve ne fait donc pas retour au conjoint de l'auteur, dans le cas de décès de l'héritier réservataire. Ce dernier recueille la jouissance et la nue propriété de sa part de réserve d'une façon définitive, sans que la solution contraire puisse résulter des termes de l'article 1er, 3e alin., de la loi du 14 juillet 1866 ; et, par suite, il peut en disposer comme bon lui semble, faute de quoi ses héritiers recueillent dans sa succession la pleine propriété de cette part, pour le temps restant à courir de la période cinquantenaire après laquelle elle s'éteint.

— C. de Paris, 18 juin 1883, aff. Vve Ponson du Terrail c. Hér. Ponson du Terrail (Dall., 1885. 2. 47).

395. La jouissance des droits constitutifs de la propriété littéraire, accordée au conjoint survivant par la loi du 14 juillet 1866, est indépendante du régime matrimonial et restreinte aux droits dont l'auteur n'a point disposé entre vifs ou par testament; de plus, elle est réduite au profit des héritiers à réserve, dont les droits restent réglés conformément au Code civil.

En conséquence, les héritiers à réserve recueillent pour eux-mêmes et pour leurs propres héritiers ou autres successeurs, et pour une durée de cinquante ans, la propriété pleine, entière et définitive de la part qui leur revient à ce titre; et le conjoint survivant n'est pas recevable à prétendre que, son droit étant un droit matrimonial *sui generis*, comportant la jouissance intégrale des droits d'auteur, sans autre restriction que celles formellement spécifiées par la loi, la jouissance de ce droit doit lui faire retour à la mort des réservataires.

— Trib. civ. de la Seine, 23 janvier 1885, même aff. (*Gaz. des trib.*, 25 janv. 1885).

396. L'individu, né en pays étranger et devenu Français par suite de l'incorporation de ce pays à la France, qui s'est marié sans contrat pendant la réunion de ce pays à la France, a laissé à sa veuve et aux cessionnaires de ses œuvres des droits sur les dites œuvres réglés par les articles 39 et 40 du décret du 5 février 1810, sans que la perte ultérieure de la qualité de Français ait pu modifier le régime matrimonial des époux ni, par suite, les droits résultant des conventions matrimoniales.

En conséquence, aux termes de l'art. 40 dudit décret, la cession de son œuvre effectuée par l'auteur en 1817 devait profiter encore à son cessionnaire pendant une période de vingt ans, à l'époque où sa veuve décédait laissant des enfants, en 1868.

— C. de cass., 12 juin 1874, aff. Ikelheimer c. Richault (Dall., 1875. 1. 333).

Voir également les décisions rapportées ci-après, livre III, chap. III et livre IV, chap. IV.

CHAPITRE V.

DU DÉPÔT.

INDEX

397. La formalité du dépôt a été imposée aux auteurs dans un but d'utilité générale, mais non pour donner une base au droit même de propriété. Le dépôt ne doit être considéré que comme une simple formalité, dont, à raison du but qu'elle a voulu atteindre, la loi a fait le préliminaire indispensable de toute poursuite.

Le dépôt laisse donc entière la question de propriété ; et s'il est exact de dire que tout individu qui fait imprimer un ouvrage sous son nom et qui en fait le dépôt légal en est, aux yeux de la loi, présumé le propriétaire, cette présomption cède à la preuve contraire, et le déposant peut être dépossédé judiciairement par le véritable auteur.

Mais les tiers poursuivis comme contrefacteurs sont sans qualité pour contester par eux-mêmes la propriété du déposant à qui profite la présomption.

— Trib. de la Seine, 31 août 1824, aff. Tanquerey c. Voisin (Blanc p. 138).

398. Sous l'empire du décret du 5 février 1810 et de la loi du 21 octobre 1814, il a été jugé que les dispositions de l'art. 48 du décret et de l'art 14 de la loi n'ont point abrogé celle de l'art. 6 de la loi du 19 juillet 1793, qui exige le dépôt, préalable à toute poursuite des contrefacteurs, de deux exemplaires de l'ouvrage que l'auteur veut faire protéger, et dit qu'il sera fait à la Bibliothèque nationale ou au cabinet des estampes.

Le dépôt fait par l'imprimeur en conformité de ces textes ne dispense donc pas l'auteur de justifier qu'il a fait le dépôt de son ouvrage à la Bibliothèque royale.

— C. de cass., 30 juin 1832, aff. Noël et Chapsal c. Simon (S. V., 1882. 1.633).

399. Mais il a été jugé depuis que ces lois avaient modifié celle de 1793, et que pour conserver aux auteurs et à leurs cessionnaires la propriété littéraire, il suffit que les formalités établies par les lois et réglements de 1810, de 1814 et de 1828 aient été accomplies par l'imprimeur, devenu l'intermédiaire naturel et légal de l'auteur et de l'éditeur.

— C. de cass., 1er mars 1834, aff. Terry c. Marchand (S. V., 1834. 1.65); — C. de cass., 20 août 1852, aff. Bourret et Morel c. Vve Escriche de Ortega (Dall., 1852. 1. 335) ; — C. de cass., 6 nov. 1872, aff. Garnier c. Lévy (Dall., 1874. 1. 493).—N. B.— Toutes ces dispositions sont aujourd'hui remplacées par l'article 3 de la loi du 29 juillet 1881.

400. Depuis la loi du 21 octobre 1814, l'auteur n'est même plus admis à remplir personnellement la formalité du dépôt, dont le soin incombe à l'imprimeur, sous peine d'une amende dont le déclare passible l'art. 16 de cette loi [actuellement remplacé par l'art. 3 de la loi du 29 juillet 1881].

Ilen résulte que l'auteur a un recours contre l'imprimeur pour le préjudice que lui cause l'omission
de la formalité ; seulement, comme le fait prend
ainsi le caractère d'un délit puni de peines correctionnelles, l'action civile se trouve éteinte par la même prescription que l'action publique.

— Trib. de la Seine, 1er avril 1852, aff. Dame Escriche c.
Bouret, Rosa et autres (Dall., 1854. 2. 161). — Voir : Trib. de
commerce de la Seine, 7 avril 1866, aff. Lebigre-Duquesne c.
Renou et Maulde (Pat. 1866, p. 271).

401. Sous l'empire du décret du 5 février 1810 et des
ordonnances du 24 octobre 1814 et du 9 janvier 1828,
la Cour de cassation avait décidé que, pour conserver aux auteurs et à leurs cessionnaires la propriété
littéraire, il suffisait que les formalités du dépôt,
établies par lesdits décrets et ordonnances, eussent
été accomplies. Cette solution laissait subsister le
principe inscrit dans la loi du 19 juillet 1793, en ce
qui touche la déchéance qu'elle prononce contre l'auteur qui n'a pas opéré de dépôt. La quantité d'exemplaires à déposer s'est seule trouvée modifiée.

Cette jurisprudence a la même raison d'être, depuis la mise en vigueur de la loi du 29 juillet 1881.
Il en résulte seulement que l'auteur, pour protéger
sa propriété littéraire, doit effectuer le dépôt, non
plus à la Bibliothèque nationale, mais au ministère
de l'intérieur pour Paris, et ailleurs aux préfectures
ou sous-préfectures et mairies.

— Trib. correct. de Périgueux, 19 juin 1889, aff. Richard
c. Sabadie (le Droit, 30 juin 1889).

402. Le gérant seul du journal, et non pas l'imprimeur, est passible de la peine prononcée par l'art.
10 de la loi du 29 juillet 1881, en cas de dépôt tar-

dif et irrégulier d'un journal au parquet et à la préfecture.

— Trib. corr. de Saint-Etienne, 19 juin 1889, aff. Seux et
Ménard (*le Droit*, 6 juillet 1889).

403. Les ouvrages non imprimés, comme les sermons, les conférences, ou les leçons de professeurs,
peuvent donner lieu à des poursuites en contrefaçon,
sans aucun dépôt préalable.

— C. de Paris, 18 juin 1840, aff. Hér. Cuvier c. Crochard ;
30 juin 1836, aff. Blondeau et Pouillet c. Ebrard ; 27 août
1828, aff. Pouillet c. N... (Blanc, p. 48) ; — C. de Lyon, 17
juillet 1845, aff. Lacordaire c. Marle (Blanc, p. 49) ; — C. de
Paris, 28 mai 1852, aff. Lacordaire, de Ravignan et autres c.
Lapeyrière et autres (Blanc, p. 50).

404. La loi, en prescrivant le dépôt comme condition préliminaire des poursuites, n'a pas entendu y
soumettre les manuscrits ni les épreuves d'ouvrages
non encore publiés. Leur publication abusive donne
donc lieu à une action, en vertu de la loi de 1793,
sans que le dépôt qu'elle prescrit ait eu lieu.

— Trib. de la Seine, 21 mars 1877, aff. Hér. Montalembert
c. Loyson, Sandoz et Fishbacher (*Gaz. des Trib.*, 22 mars
1877) ; — C. de Paris, 9 mars 1842, aff. Troupenas c. Schlesinger et Aulagnier (Blanc, p. 148) ; — C. de Paris, 18 février
1836, aff. Frédérick-Lemaître c. Barba (Blanc, p. 83). — Voir
Pataille, 1859, p. 222.

405. La formalité du dépôt préalable ne se rattache qu'à la publication des ouvrages, dramatiques
ou autres, par la voie de l'impression.

Ainsi un auteur peut se plaindre de la représentation illicite de son œuvre, sans avoir déposé celle-ci. —

— C. de cass., 24 juin 1852, aff. Connevat c. Henrichs
(Dall., 1852. 1. 221) ; — Trib. de commerce de Rouen, 12 no-
vembre 1873, aff. Paul c. Loisset (Dall., 1875. 5. 364) ; — V.
Blanc, p. 226.

406. La loi de 1793 n'a pas dispensé de la formalité du dépôt qu'elle prescrivait les publications faites par la voie de la presse quotidienne. En conséquence ce dépôt peut seul consacrer dans la personne de l'auteur ou de ses représentants l'exercice
du droit de propriété tel qu'il est consacré par cette
loi.

— C. de Paris, 25 novembre 1836, aff. du *Constitutionnel* c.
Boulé (Dall., 1837. 2. 13). — *Sic* : C. de Rouen, 13 décembre
1839, aff. Rivoire c. Pommier (Dall., 1840. 2. 55) ; — C. de
Paris, 21 juillet 1830 (Gastambide, p. 155). — *Contrà* : Trib.
corr. de la Seine, 11 avril et 7 mai 1833 (Gastambide, p. 156).

407. Si, pour les articles de journaux, l'exercice
des droits de propriété ne peut être consacré au profit des auteurs ou de leurs représentants que par
l'accomplissement des formalités prescrites par la loi
de 1793, néanmoins, comme la publication d'un journal est une opération commerciale à laquelle doivent
être appliqués les principes de l'équité, il ne saurait être permis aux rédacteurs d'un autre journal
de profiter des avances et du travail qui ont permis
de faire cette publication, en publiant les mêmes articles en même temps que ceux qui les ont produits.

Le gérant d'un journal ne peut donc éviter le reproche de concurrence déloyale si la reproduction
qu'il donne des articles d'un autre journal doit causer à celui-ci un réel préjudice, en ne lui laissant
pas, par exemple, pour les articles qui tiennent leur
valeur de l'actualité, le temps nécessaire pour les
faire parvenir au point de la France le plus éloigné.

— Trib. de commerce de la Seine, 13 juillet 1836, aff. du
Constitutionnel et autres c. Boulé, gérant de l'*Estafette* (le *Droit*,
20 juillet 1836).

408. Les journalistes peuvent intenter une pour-

suite en contrefaçon de leurs articles, s'ils en ont
opéré le dépôt. A cet égard le dépôt exigé de l'imprimeur par les art. 16 de la loi du 21 octobre 1814
et 5 de la loi du 18 juillet 1828, relativement à la
publication des journaux, a pour objet de faciliter la
surveillance de l'autorité sur les publications périodiques, mais ne peut remplacer l'obligation imposée
à tout auteur de déposer, soit par lui-même, soit
par son imprimeur et dans son intérêt personnel,
l'ouvrage qu'il a publié.

— C. de Paris, 27 août 1842, aff. Renault-Rochefort c. Hé-
ricy-Brière-Roger (Blanc, p. 146). — *Sic* : Trib. correct. de
Nice, 29 avril 1869, aff. Dupeuty c. Gauthier (Pat., 1870, p.
86). — *Contrà* : C. de Paris, 24 juin 1851, aff. Soc. des gens
de lettres c. Daguineau (Blanc, p. 146) ; — Trib. de la Seine,
31 mars 1853, aff. Denain c. Vassal (Blanc, p. 76).

Nota. — Les articles de loi qui régissent aujourd'hui le dépôt des journaux sont les art. 3 et 10 de la loi du 29 juillet
1881.

409. Il est suffisamment justifié du dépôt légal
d'un ouvrage par la mention y relative insérée au
Journal de la librairie.

— C. de Paris, 23 décembre 1871, aff. Lévy c. Garnier frères (Pat., 1871, p. 142) ; — C. de cass., 6 novembre 1872,
même aff. (Dall., 1874. 1. 493).

410. L'art. 3 de la loi du 29 juillet 1881 exigeant
le dépôt de deux exemplaires de tout imprimé au
moment de la publication, un imprimeur chargé, la
veille d'une élection, d'imprimer un placard qui
doit être affiché dans la nuit, fournit preuve suffisante qu'il a satisfait à la loi, lorsqu'il justifie par
témoins qu'il s'est présenté dans la nuit et avant
l'affichage à la sous-préfecture pour opérer le dépôt
légal et que le concierge a refusé de recevoir les
deux exemplaires qu'il lui offrait.

— C. de Poitiers, 19 février 1886, aff. Min. public c. Florentin (*Gaz. des Trib.*, 10 mai 1886).

411. Le dépôt fait par l'auteur a notamment pour but de faire connaître aux tiers si l'auteur a voulu se réserver la propriété de son œuvre ou, au contraire, la livrer au domaine public.

En conséquence, nonobstant le dépôt fait par l'imprimeur, si l'auteur ne justifie pas, par récépissé en bonne forme, avoir fait lui-même le dépôt à la Bibliothèque royale, il se trouve sans action pour poursuivre les contrefacteurs.

— C. de Besançon, 9 février 1832, et C. de cass., 30 juin 1832, aff. Chapsal et Noël c. Simon (Dall., 1832. 1. 289). — Mais voir Renouard, t. II, p. 376 ; Blanc, p. 139 ; Dall., *Prop. litt.*, n° 437 ; Pouillet, n° 432, et, plus loin, les arrêts rendus en sens contraire.

412. Si le dépôt ne donne pas la propriété, au moins il est nécessaire pour en réserver la jouissance exclusive à l'auteur, au point que celui qui publierait son ouvrage avant d'avoir rempli cette formalité, serait censé avoir renoncé à son droit exclusif au profit du domaine public.

— C. de cass., 1er mars 1834, aff. Terry c. Marchand (Dall., 1834. 1. 113).— *Idem* : C. de Paris, 11 juin 1850, aff. Escriche c. Bouret et Morel ; — C. de Besançon, 30 octobre 1850, aff. Escriche c. Rosa et Bouret (Blanc, p. 139). — *Contrà :* Blanc, *eod. loc.* ; Pouillet, n° 432, et les autorités citées.

413. En refusant à l'auteur, à défaut de dépôt de son œuvre, le droit de poursuivre les contrefacteurs, l'art. 6 de la loi du 19 juillet 1793 n'a fait aucune distinction entre l'action civile et l'action correctionnelle, mais lui interdit toute espèce d'action.

En effet, la disposition de la loi n'a pas seulement prescrit le dépôt dans un intérêt public, soit par

mesure d'ordre et de police, soit pour entretenir le
pays de toutes les productions littéraires publiées
sur son territoire; mais elle a voulu également que,
par le dépôt, l'auteur fît connaître aux tiers son intention de conserver la propriété de l'ouvrage, et les
avertît qu'en cas de contrefaçon il se réservait le
droit de les poursuivre.

À défaut de dépôt, il n'y a donc pas lieu d'admettre la réserve au profit de l'auteur de son droit de
propriété ; et, en tous cas, comme l'équité doit toujours faire supposer la bonne foi, à moins de preuve
contraire, l'auteur ne saurait se prévaloir d'un dépôt effectué en France de longues années après
l'impression de l'ouvrage et sa publication à l'étranger, pour poursuivre des libraires Français qui en
ont fait une réimpression, sans que l'auteur eût
lui-même publié son ouvrage en France.

— Trib. civil de la Seine, 1er avril 1852 et C. de Paris, 22
novembre 1853, aff. dame Escriche c. Bouret, Rosa et autres
(Dall., 1854. 2. 161).

414. La loi n'a prononcé aucune déchéance contre
les auteurs, soit nationaux, soit étrangers, qui auraient publié leurs œuvres à l'étranger avant de les
publier en France, ou qui n'auraient pas fait le dépôt avant cette publication.

Le dépôt n'est qu'une formalité nécessaire à l'auteur quand il veut exercer son droit, mais ne constitue pas le droit lui-même, qui naît de la création
de l'ouvrage. Aucune époque n'ayant été fixée pour
remplir cette formalité, l'auteur peut s'y soumettre
quand il juge convenable de faire valoir ses droits.

— Trib. civil de la Seine, 10 juillet 1844, aff. Escudier c.
Schonenberg (Blanc, p. 35). — Voir : Trib. civ. de la Seine,
21 nov. 1866, aff. Mayer c. Franck (Pat., 1866, p. 394).

415. Il suffit d'effectuer le dépôt avant d'intenter l'action pour être admis à la poursuite.

— Trib. correct. de la Seine, 18 mai 1836, aff. administ. des postes c. Bohain (Blanc, p. 142). — Trib. crim. de Paris, 8 fruct. an XI, aff. Bertrandet c. Lassaulx (Dall. anc., 11.480). — C. de Paris, 3 juillet 1834, aff. Jazet c. Villain (Blanc. p. 142). — Trib. civ. de la Seine, 10 juillet 1844, aff. Escudier c. Schonenberger (Blanc. p. 35). — Voir: Trib. civ. de la Seine, 21 novembre 1866, aff. Mayer c. Franck (Pat., 1866, p. 394).

416. Le dépôt opéré avant les faits de contrefaçon permet en tous cas de poursuivre le contrefacteur en vertu des art. 425 et 427 du Code pénal, à raison de ces faits.

— C. de Paris, 8 décembre 1853, aff. Lecou c. Barba (Blanc, p. 142 et 38).

417. Ce n'est pas au cours des poursuites, mais avant la reproduction d'un écrit, que doit en être fait le dépôt, pour que l'auteur soit admis en justice à poursuivre les contrefacteurs.

— Trib. corr. de Nice, 29 avril 1869, aff. Dupeuty c. Gauthier (Pat., 1870, p. 86).

418. Un auteur ne perd pas son droit privatif de propriété, par cela seul qu'il n'aurait pas fait le dépôt prescrit par l'art. 6 de la loi du 19 juillet 1793. Aux termes de cet article, à défaut de dépôt, c'est seulement l'exercice de ce droit qui se trouve paralysé et suspendu. L'action est recevable, même pour les faits antérieurs, par cela seul que le dépôt a été effectué préalablement aux poursuites.

— C. de Paris, 28 mars 1883, aff. Roussin et Duvoir c. Arpé (Pat., 1884, p. 84). — Trib. civ. de la Seine, 14 déc. 1887, aff. Enoch et autres c. Bruant et autres (Pat., 1890, p. 59).

419. Tout demandeur est tenu de justifier de l'accomplissement des conditions auxquelles sont subordonnés l'existence et l'exercice de son droit.

En conséquence, s'il résulte de la loi ou de conventions diplomatiques que l'enregistrement des œuvres d'esprit et d'art au bureau de la librairie est une condition nécessaire de la poursuite des contrefacteurs et que l'action n'est admise que si cet enregistrement a été préalablement effectué, son inaccomplissement forme une exception péremptoire qui peut être proposée en tout état de cause et même pour la première fois en appel.

— C. de cass., 7 avril 1869, aff. Gérard c. Richaud (Dall., 1869. 1. 405).

420. Bien que l'auteur ne produise pas le récépissé du dépôt, il n'est pas nécessairement irrecevable à poursuivre les contrefacteurs ; il peut justifier par d'autres preuves que le dépôt a été effectué.

Si l'imprimeur a égaré le récépissé, l'auteur ne peut souffrir de cette circonstance, et les tribunaux apprécient souverainement qu'il y a preuve suffisante du dépôt de l'ouvrage, quand son existence résulte d'une mention insérée au *Journal de la librairie*.

— C. de cass., 6 novembre 1872, aff. Lévy c. Garnier frères (Pat., 1873, p. 43).

CHAPITRE VI.

DE LA CONTREFAÇON

SECTION I. — Du délit de contrefaçon

§ 1er. — *Caractères généraux de la contrefaçon.*

421. Toute édition d'un ouvrage au mépris des lois ou règlements relatifs à la propriété des auteurs est une contrefaçon.

Par leur généralité ces dispositions de la loi s'appliquent à toute espèce de reproduction, lorsque cette reproduction est de nature à porter atteinte à la propriété d'autrui.

— C. de Paris, 17 juillet 1847, aff. Leclerc c. Lecointe (Blanc, p. 177).

422. En matière de propriété littéraire ou artistique, le délit de contrefaçon consiste dans la reproduction des œuvres de l'esprit qui appartiennent à autrui, faite avec intention de nuire, au mépris des lois et règlements relatifs à la propriété des auteurs.

— C. de Cass., 13 janvier 1866, aff. *Journal illustré* c. Bourdin (Dall., 1866. 1. 235) ; — C. de Paris. 14 juillet 1838, aff. Mac-Carthy c. Marin et Prina (*Gaz. des Trib.*, 16 juillet 1838);

— C. de Paris, 6 juin 1883, aff. Henry c. Delbruck et autres (Pat., 1885, p. 87).

423. Pour qu'il y ait délit, il faut qu'il y ait mauvaise foi.

— C. de Colmar, 17 août 1858, aff. Garnier c. Vadet et Dambach (D. 1859. 2. 13). — C. de Paris, 26 février 1825, aff. Léna c. Perrault (Blanc, p. 196 ; D., *Prop. litt.*, n° 334). — C. de Paris, 21 fév. 1825 (S., 8. 2. 38). — Cass. 27 fév. 1845, aff. Colombier c. Richaud (Blanc, p. 69). — C. de Paris, 8 mai 1840, aff. Roret c. Béchet et Lebigre (Blanc, p. 72). — C. de Cass., 24 mai 1855, aff. Thoisnier-Desplaces c. Duckett, Didot et Lévy (Pat. 1855, p. 151). — C. de cass. 13 janv. 1866, aff. *Journal illustré* c. Bourdin (D. 1866. 1. 235). — C. de Paris, 6 juin 1883, aff. Vve Henry c. Guérin et autres (D. 1885. 2. 219).

Voir encore : Pataille, 1860, 429 ; 1861, 359 ; 1862, 309 ; 1863, 225 ; 1865, 148 ; 1867, 359 ; 1868, 71 ; 1869, 248 ; 1874, 172 ; 1883, 174.

Contrà : C. de Toulouse, 4 mars 1842, aff. Gros c. Vve Corne (Blanc, p. 196) ; — C. de Paris, 24 avril et 15 nov. 1856, aff. Vieillot c. Régnier et François (Pat. 1857, p. 163 et 166); — voir également : Pat. 1857, p. 303, ainsi que l'article qui précède.

424. Mais la mauvaise foi se présume et c'est au prévenu à justifier de sa bonne foi.

— C. de Cass., 24 mai 1855, aff. Thoisnier-Desplaces c. Duckett, Didot et Lévy (Pat. 1855, p. 151). — Voir également : Pataille, 1865, 14 ; 1866, 79 ; 1867, 356 ; 1882, 295.

425. Les juges ne sont pas tenus de constater l'intention de nuire, d'une façon explicite, à moins que le prévenu n'excipe formellement de sa bonne foi, auquel cas l'omission de statuer sur ses conclusions constitue un défaut de motifs qui entraîne la cassation de la décision.

— C. de Cass. Rej. 26 nov. 1853, aff. Talbot c. de Villedeuil (Blanc, p. 161) ; — C. de Cass. Rej. 15 juin 1844, aff. Guérin Didier c. Charpentier (Blanc, p. 73) ; — C. de Cass.,

13 janvier 1866, aff. *Journal illustré* c. Bourdin (D. 1866. 1. 235).

426. Pour qu'il y ait contrefaçon, il importe peu que l'ouvrage contrefait ait plus ou moins de valeur littéraire ou scientifique, et qu'il contienne des faits vrais ou controuvés, ou des déductions sensées ou déraisonnables.

— Trib. civ. de la Seine, 29 nov. 1865, aff. D^lle Breteau c. Arnould (Pat., 1866, p. 77). — Voir Ch. 1er, sect. 1, n°s 3 et suivants.

427. Il y a contrefaçon aussi bien à reproduire des extraits que la totalité d'une œuvre littéraire.

— Trib. corr. de la Seine, 3 février 1853, aff. Roret c. Arnaud (Blanc, p. 176) ; — 4 fév. 1826, aff. Roret c. Bailly et Babinet (Blanc, eod. loc.) — Trib. civ. de la Seine, 29 nov. 1865, aff. D^lle Breteau c. Arnould (Pat. 1866, p. 77).

428. Toutefois il n'y a contrefaçon qu'autant qu'il y a atteinte réellement portée à la propriété littéraire de l'auteur, accompagnée d'un préjudice.

Le fait de copier même textuellement dans une brochure médicale des passages développant des idées qui ne sont point propres à son auteur, mais qu'on rencontre dans nombre d'ouvrages de médecine, ne peut constituer, en l'absence de tout préjudice, le délit de contrefaçon.

— Trib. civ. de la Seine, 21 mai 1884, aff. Lefèvre c. Zabé (*Gaz des trib.*, 5 juin 1884).— Voir: C. de Paris, 22 déc. 1881, aff. Brochard c. Robert et autres (Pat. 1882, p. 295).

429. Mais le préjudice, même à venir, dès lors qu'il est certain et appréciable, suffit pour qu'il y ait délit et droit pour le plaignant à des dommages-intérêts.

— C. de Paris, 1er décembre 1855, aff. Huc c. Furne (Pat., 1857, p. 243).—Voir également: Pataille, 1869, p. 279 et 282.

430. L'intérêt simplement moral suffit d'ailleurs

pour que le préjudice existe, et donne à l'auteur droit à des réparations.

— C. de Paris, 30 janvier 1865, aff. Vᵛᵉ Scribe c. Bagier (Pat. 1865, p. 5).

431. L'indication du nom de l'auteur et de l'ouvrage auquel les emprunts ont été faits ne saurait légitimer la spoliation et faire disparaître le délit.

— C. de Paris, 1ᵉʳ décembre 1855, aff. Huc c. Furne (Pat. 1857, p. 243) ; — C. de Paris, 20 février 1872, aff. Delagrave c. Dravigny et Sarlit (D. 1872. 2. 173).

432. La simple tentative du délit de contrefaçon n'est pas punie par la loi pénale.

— C. de Cass., 2 juillet 1807, aff. Clémendot c. Giguet et Michaud (Dall., *Prop. litt. et art.*, nᵒ 366) ; — Voir égal. : C. de Paris, 2 juin 1876, aff. Casciani et Nau c. Panichelli (Pat., 1876, p. 175).

433. Il résulte des termes de l'art. 425 du Code pénal que le seul fait de l'impression de la gravure ou des écrits contrefaits dans l'intention d'éditer constitue le délit de contrefaçon, sans qu'il soit nécessaire que la publication ait eu lieu.

— C. de Paris, 11 mars 1837, aff. Renduel c. Gellée (*Gaz. des trib.*, 12 mars 1837). — V. *Gaz. des trib.*, 26 janv. 1837.

434. L'impression commencée constitue le délit de contrefaçon. Il n'y a pas simple tentative, mais contrefaçon réelle dans le fait de l'impression d'ouvrages contrefaits, prouvé par la saisie de feuilles imprimées.

— C. de cass., 2 juillet 1807, aff. Clémendot c. Giguet et Michaud (Dall., *Prop. litt.*, nᵒ 366). — V. Blanc, p. 169.

435. Le fait de donner à un ouvrage le nom de l'auteur d'un ouvrage semblable ne constitue pas le

délit de contrefaçon, mais un simple fait dommageable qui donne lieu à la réparation du préjudice
éprouvé.

— Trib. civ. de la Seine, 26 déc. 1876, aff. Lallier c. Lenègre et Mahé (Pat., 1877, p. 106). — Voir ci-après, L. V,
Ch. II, Son V.

436. D'autre part il a été jugé que l'usurpation
d'un titre d'ouvrage est une reproduction partielle
que le Code pénal punit comme contrefaçon.

— C. d'Orléans, 10 juillet 1854, aff. Thoisnier-Desplaces
c. Didot (Blanc, p. 28). — *Sic* : Merlin, Quest. V° *Prop. litt.*,
§ 1er. — *Contrà* : Blanc, p. 381 et 393 ; Gastambide, p. 215 ;
Renouard, *Droit industriel*, p. 369 ; Pouillet, *Des Marques de
fabrique et de la concurrence déloyale*, n° 631.

437. La reproduction d'œuvres anonymes sans
l'autorisation de l'éditeur constitue le délit de contrefaçon.

— C. de Paris, 25 juillet 1888, aff. Chevalier-Marescq
c. Noblet (Pat. 1889, p. 70).

438. Il y a contrefaçon dans le fait d'imiter,
même en langue étrangère, en les appropriant à des
partitions d'opéra, des ouvrages dramatiques dont
les sujets, la disposition des scènes et la marche générale se retrouvent dans les œuvres nouvelles avec
de légers changements inévitables en pareil cas.

— C. de Paris, 30 janvier 1865, aff. Vve Scribe c. Bagier
(Pat., 1865, p. 5).

439. Une compilation de poésies empruntées à
divers auteurs, dans un but de spéculation, sans
leur autorisation, constitue une contrefaçon.

— C. de Paris, 19 août 1843, aff. Charpentier (Rolland de
Villargues, sur l'art. 425 P., n° 68).

440. Il y a contrefaçon dans la publication,

même sous un titre différent, d'un ouvrage d'éducation qui reproduit l'idée, la forme, les dispositions matérielles, avec les développements et jusqu'aux réflexions et aux phrases mêmes d'une publication semblable antérieurement parue, alors même que le nouvel ouvrage contiendrait des développements plus étendus qu'aurait donnés l'auteur à certains sujets et un grand nombre de sujets nouveaux.

— C. de Paris, 3 décembre 1867, aff. Jeannel et Delagrave c. Taulier et Belin (Pat. 1867, p. 404). — Voir égal. : C. de Paris. 20 fév. 1872, aff. Delagrave c. Sarlit et Dᵉˡˡᵉ de Bray (D. 72. 2. 173).

441. La reproduction d'une chanson, comme accessoire d'un dessin, sans autorisation de l'auteur ou de ses ayants-cause, constitue une contrefaçon.

— C. de Paris, 19 janvier 1867, aff. Vieillot c. Gangel et Didion (Pat. 1867, p. 16).

442. Les dispositions de la loi de 1793 s'appliquent aux journaux et feuilles périodiques, comme toute autre œuvre littéraire.

— C. de cass., 29 octobre 1830, aff. du *Pirate* c. la *Gazette littéraire* (Blanc, p. 75); — Trib. de la Seine, 31 mars 1853, aff. Denain c. Vassal (Blanc, p. 76); — C. de Rouen, 13 déc. 1839, aff. Rivoire c. Pommier (Dall., *Prop. litt.*, nᵒ 99); — Trib. corr. de la Seine, 22 juillet 1830, aff. *Revue de Paris* c. le *Pirate* (Gastambide, p. 114); — Trib. corr. de la Seine, 2 juillet 1833, aff. *Revue des Deux-Mondes* c. *Petit Courrier des dames* (Gast., p. 114); — Just. de paix d'Abbeville. 25 mai 1888, aff. Désiré Louis c. de Tully et Caudron (*le Droit*, 17 août 1888).

443. Un journal est une propriété littéraire composée soit d'*articles-nouvelles*, soit d'*articles de politique ou de littérature*. Les premiers, par leur nature,

et lorsqu'ils ne contiennent que l'annonce des faits, appartiennent au domaine public ; les seconds, qui sont l'œuvre de l'esprit et dont la rédaction est pour les journaux l'objet d'une dépense souvent considérable, forment une propriété privée.

— Trib. corr. de la Seine, 11 avril 1835, aff. N... c. l'*Echo* et l'*Estafette* (Blanc, p. 75). — Comp. : C. de Paris, 14 avril 1835, aff. la *Dominicale* c. l'*Univers religieux* (Gastambide, p. 111).

444. La propriété d'un journal se compose non-seulement des *articles de rédaction*, mais encore de la *correspondance étrangère* qui, étant le fruit de travaux rémunérés, ne peut être reproduite sans porter atteinte aux droits du journal.

— Trib. de commerce de la Seine, 5 juin 1833, aff. le *Constitutionnel* c. l'*Echo* (Blanc, p. 75).

445. La reproduction, dans un but de polémique, et pour en faire le texte d'une discussion, en dehors de tout but mercantile, d'articles publiés dans d'autres feuilles périodiques, ne saurait, surtout en l'absence de toute réserve insérée par elles, motiver une poursuite en contrefaçon. — La reproduction des *articles de polémique* étant à bon droit dans les habitudes de la presse, surtout en matière politique, la bonne foi du journal poursuivi se trouve établie par le fait, et la reproduction ne saurait par suite tomber sous l'application des art. 425-427 du Code pénal.

— Trib. corr. de Nice, 29 avril 1869, aff. Dupeuty c. Gauthier (Pat. 1870, p. 86). — Voir : Convention internationale du 9 septembre 1886, art. 7.

446. Si les tribunaux ne peuvent statuer par voie de disposition générale et réglementaire, et si

par conséquent le Tribunal de commerce a excédé son droit en défendant à un journal de reproduire dans ses colonnes les articles de polémique littéraire ou de correspondance particulière publiés par d'autres journaux avant l'expiration d'un délai de cinq jours écoulé entre le jour de la publication et celui de la reproduction, les juges peuvent néanmoins tenir compte du temps écoulé pour la fixation des dommages-intérêts.

— C. de Paris, 25 nov. 1836, aff. *Constitutionnel* c. Boulé (Dall. *Prop. litt.*, nos 99-100). — Comp. : Trib. corr. de la Seine, 7 mai 1833 (Gastambide, p. 112).

447. Le droit exclusif de vendre, faire vendre et distribuer les ouvrages de compositions musicales, attribué aux auteurs et cessionnaires par la loi du 17 juillet 1793, s'applique aux *copies manuscrites* aussi bien qu'à celles imprimées.

— C. de Paris, 7 mars 1872, aff. Brandus-Dufour, Choudens et autres c. Bathlot (Pat. 1874, p. 172).

448. Nul n'a donc le droit de copier et de louer une partition musicale dont il n'est pas propriétaire.

— Trib. de comm. de la Seine, 20 décembre 1871, aff. Brandus-Dufour c. Bathlot (Pat. 1874, p. 174).

449. Celui qui reproduit au moyen de l'*autographie* soit l'ensemble des rôles d'une pièce de théâtre, soit de simples couplets ou des airs de musique extraits d'œuvres dramatiques ou musicales dont les auteurs ou les propriétaires n'ont donné à cet effet aucune autorisation, commet le délit de contrefaçon prévu par l'art. 425 du Code pénal.

— C. de Paris, 29 juin 1827, aff. Pollet et autres c. Fay (*Gaz. des Trib.*, 1er juillet 1827).

450. Dans les compilations, dictionnaires, traités spéciaux, pour lesquels les auteurs ont forcément puisé à des sources communes, le délit de contrefaçon ne saurait résulter de ressemblances inévitables, mais seulement de l'appropriation du travail personnel d'autrui.

— Trib. de la Seine, 19 août 1839, aff. Paris c. Castilho (Blanc, p. 172). — Id., 2 juillet 1840, aff. Peltier c. Saintin et Thomine (Blanc, p. 74). — C. de Paris, 9 mars 1842, aff. Peigné c. Auvray (Blanc, p. 74). — Trib. corr. de la Seine, 16 août 1864, aff. Consolin c. Merlin et Arthus-Bertrand (Pat., 1865, p. 14). — C. de Paris, 30 décembre 1868, aff. Peytroux c. Delassus et Aubert (Pat. 1870, p. 21). — C. de Lyon, 24 mars 1870, aff. Labaume c. Fournier (D. 1870. 2. 209).

451. Les éléments d'un annuaire sont dans le domaine public ; chacun a le droit de s'en emparer. La contrefaçon ne peut exister lorsqu'il s'agit de distribution par ordre alphabétique ou par ordre de matières, en un mot de méthodes qui sont fournies par la pratique ou qui relèvent de l'intelligence en général et non de l'initiative de l'auteur. Il n'y a contrefaçon que si l'on trouve, à côté des indications générales, qui sont également dans le domaine public, des articles ou des notices dus aux recherches ou au travail personnel de l'auteur.

— C. d'Aix, 10 février 1866, aff. Jacquetty c. Blanc (S. 1866. 2. 228). — Voir également : C. de Rouen, 5 août 1873, aff. Hérissey c. Quettier (S. 1875. 2. 330).

452. En matière de contrefaçon d'œuvres littéraires ou d'objets d'art, les tribunaux sont souverains pour décider, d'après les circonstances, si ces œuvres constituent une propriété exclusive en faveur de leur auteur et si elles ont été l'objet d'une contrefaçon ; leur appréciation à cet égard échappe à la censure de la Cour de cassation.

— C. de cass., 22 nov. 1867, aff. Marquis c. Sandinos (D. 1870. 5. 296). — C. de cass., 24 mai 1855, aff. Thoisnier-Desplaces c. Duckett et autres (Pat. 1855, p. 151). — C. de cass., 8 décembre 1869, aff. Peytroux c. Delassus et Aubert (D. 1871. 1. 47).

453. Toutefois la Cour de cassation a incontestablement le droit et le devoir de rechercher si les faits constatés rentrent ou non dans la définition du délit de contrefaçon.

— C. de cass., 8 décembre 1869, aff. Peytroux c. Delassus et Aubert (D. 1871. 1. 47).

§ 2. — *Des contrefacteurs.*

INDEX

454. L'invention constituant le principal mérite d'une œuvre littéraire, il y a contrefaçon quand un livre reproduit un ouvrage précédent au point que le lieu de l'action soit le même, que les principaux personnages et les situations soient identiques, et que, malgré des différences dont le but n'est évidemment que de dissimuler le plagiat et ne font d'ailleurs que le faire mieux ressortir, les épisodes même se retrouvent dans le second ouvrage dans le même ordre et amenés de la même façon que dans le premier.

— C. de Paris, 20 février 1872, aff. Delagrave c. Sarlit et D^{lle} de Bray (D. 1872. 2. 173). — Voir également : C. de Paris, 3 déc. 1867, aff. Jeannel et Delagrave c. Taulier et Belin (Pat. 1867, p. 404).

455. Il n'y a pas plagiat illicite, malgré les ressemblances qui existent entre deux ouvrages, lorsque la donnée adoptée est dans le fonds commun de la littérature, que d'ailleurs les deux œuvres se différencient non-seulement par le titre, mais par le but poursuivi et qu'enfin elles s'adressent à des classes distinctes de lecteurs.

— Trib. de la Seine, 17 janvier 1877, aff. René de Pont-Jest c. Jules Verne (*Gaz. des trib.*, 18 janvier 1877).

456. L'auteur d'une œuvre dramatique ne peut s'approprier le sujet de sa pièce de manière à ôter à tout autre le droit de l'aborder après lui.

Celui-là seul peut être réputé contrefacteur qui emprunte les divers éléments dont la réunion constitue l'œuvre dramatique, c'est-à-dire, outre le sujet, la conduite de l'action, le développement des caractères, l'agencement des scènes, le dialogue et même les épisodes.

Il appartient au juge d'apprécier si le second auteur a simplement emprunté l'œuvre de son devancier, ou si, malgré des ressemblances inévitables, il a conçu et exécuté une œuvre véritablement personnelle.

— Trib. de la Seine, 10 août 1883, aff. Mario Uchard c. Sardou (*Gaz. des trib.*, 11 août 1883).

457. Une pièce de théâtre écrite en vers et adaptée à la scène lyrique peut être la contrefaçon d'un drame écrit en prose. — Il en est notamment ainsi lors-

qu'un écrivain fait un poëme en vers français sur un libretto italien qui n'est lui-même que la reproduction d'un drame français.

— C. de Paris, 6 novembre 1841, aff. Victor Hugo c. Monnier et Bernard Latte (Blanc, p. 178).

458. Il en est de même de la publication en France, avec ou sans traduction à l'usage des lecteurs français, d'un libretto italien qui n'est que la reproducduction d'un mélodrame français.

— C. de Paris, 27 juin 1844, aff. Beaudouin c. Vatel (Blanc, p. 36 et 178).

459. L'auteur d'une nouvelle a seul le droit de l'arranger ou d'en autoriser l'arrangement pour le théâtre.

— C. de Paris, 27 janvier 1840, aff. Paul de Musset c. Lefranc (Blanc, p. 233).

460. Il a été jugé toutefois que l'on peut emprunter à un roman le sujet d'un drame.

— C. de Paris, 26 mars 1854, aff. de Boigne c. Scribe (Dall., *Prop. litt.*, n° 85). — *Sic* : Blanc, p. 232 ; — *Contrà* : Pouillet, *Prop. litt. et artist.*, n° 540. — Rapprocher les deux décisions qui précèdent de la suivante :

461. Lorsque le sujet d'une poésie est le récit d'une aventure vraie, le fait appartient au domaine public, et par suite il n'y a pas contrefaçon de la part de l'écrivain qui a fait, même sous un titre presque semblable, une romance sur le même sujet.

— Trib. civil de la Seine, 25 juillet 1857, aff. Escudier c. Brandus et autres (Pat. 1857, p. 344).

462. La traduction en langue étrangère d'un ouvrage français constitue une contrefaçon.

— C. de Rouen, 7 novembre 1845. aff. Girardin c. Rosa (Blanc, p. 177). — C. de Paris, 17 juillet 1847, aff. Leclerc c. Lecointe (Blanc, *eod. loc.*) — C. de cass., 23 janvier 1853, aff. Bayard c. Lumley (*id.*)

463. La traduction d'un livre écrit dans une langue étrangère constitue une propriété qui appartient au traducteur ou à son cessionnaire de la même manière qu'une œuvre originale appartient à son auteur; cependant il est permis à tout le monde de traduire un livre tombé dans le domaine public, bien qu'il ait déjà été traduit, pourvu que la deuxième traduction ne soit pas une contrefaçon de la première.

— C.de Paris, 17 juillet 1862, aff. Belin c. Vivès (Pat., 1862, p. 330).

464. Constitue une contrefaçon la traduction d'une œuvre dramatique étrangère qui reproduit une autre traduction de la même œuvre à peu près littéralement.

Le fait que la première traduction fait partie d'une collection en plusieurs volumes peut être pris en considération pour l'appréciation du dommage causé, mais ne peut faire disparaître le délit de contrefaçon.

— C. de cass., 23 juillet 1824, aff. Bobée c. Ladvocat (D. *Prop. litt.*, n° 91).

465. Se rend passible des peines de la contrefaçon celui qui publie une traduction d'ouvrages d'un auteur étranger sous un titre, dans un format et avec une classification empruntés à une autre traduction des mêmes ouvrages; le titre et les divisions de cette autre traduction, du moment qu'ils avaient été imaginés par son auteur, étaient effectivement la propriété de ce dernier.

— C. de Paris, 6 février 1832 (Dall., *Prop. litt.*, n° 105).

466. Pour qu'une deuxième traduction soit une contrefaçon de la première, il faut qu'elle présente autre chose que les ressemblances forcées qui sont

de l'essence même du sujet auquel ont travaillé les deux traducteurs.

— C. de Paris, 17 juillet 1862, aff. Belin c. Vivès (Pat., 1862, p. 330).

467. Dans une traduction d'un livret d'opéra, quelques mots, quelques rimes et quelques coupes de vers, empruntés à une traduction qu'un autre auteur avait précédemment faite de la même œuvre, ne sauraient constituer un plagiat, ni une atteinte portée à la propriété du premier traducteur.

— Trib. civ. de la Seine, 11 décembre 1857, aff. Bourges et Brandus c. Nuitter et autres (Pat., 1858, p. 92).

468. N'est pas contrefacteur l'auteur d'un traité spécial qui fait dans cet ouvrage un exposé sommaire du système d'un devancier, dans le but de faire apprécier les modifications qu'il propose à ce système, et non de remplacer l'autre ouvrage, auquel il renvoie et dont le sien suppose l'étude préalable.

— C. de Rouen, 6 juin 1849, aff. Guenon c. Collot (Blanc, p. 180). — Voir : C. de Paris, 26 avril 1851, mêmes parties (S., 1851. 2. 231).

469. Un critique peut faire toutes les citations nécessaires à sa censure ; mais il ne peut, sous ce prétexte, reproduire la totalité de l'œuvre critiquée.

— C. de Paris, 24 mai 1845, aff. Sagnier et Bray c. Mallet (Blanc, p. 180).

470. La simple analyse et la reproduction partielle, faite de bonne foi dans un journal, des conférences et des sermons d'un prédicateur, ne constituent pas le délit de contrefaçon.

— C. de Paris, 11 décembre 1846, aff. Sagnier et Bray c. Boiste de Richemont (Blanc, p. 179).

471. Se rend coupable de contrefaçon l'éditeur d'un journal qui y insère plusieurs chapitres d'un roman, textuellement copiés, de manière à en reproduire la partie la plus intéressante, dans un ensemble assez complet pour satisfaire la curiosité des lecteurs et les dispenser d'acheter l'ouvrage, alors surtout que si quelques lignes, qui précèdent l'insertion des chapitres copiés, peuvent être considérées comme une critique de l'ouvrage, cette critique n'est que générale et ne se rapporte en aucune manière aux chapitres ainsi insérés.

— C. de Paris, 13 juillet 1830, aff. Darthenay c. Mesnier (Dall., *Prop. litt.*, n° 338).

472. Il y a contrefaçon dans le fait de reproduire les principales scènes d'une pièce qui est la propriété d'un tiers, en reliant entre eux les passages cités par des récits intercalaires, de manière à offrir au public un ensemble qui le dispense d'acheter la pièce *in extenso.*

— C. de Paris, 6 janvier 1849, aff. Michel Lévy c. Leclerc (Blanc, p. 181).

473. Il peut y avoir contrefaçon dans le fait de publier un programme indiquant, scène par scène, la marche d'une pièce.

— C. de Paris, 12 mars 1845, aff. Vᵛᵉ Jonas c. Durand (Blanc, p. 181).

474. La reproduction dans un journal d'articles publiés par une Revue périodique constitue une contrefaçon.

— Trib. corr. de la Seine, 22 juillet 1830, aff. *Revue de Paris* c. le *Pirate* (Gastambide, p. 114); — *Idem*, Trib. corr. de la Seine, 2 juillet 1833, aff. *Revue des Deux-Mondes* c. *Petit courrier des dames* (Gast., *eod. loc.*).

475. S'il est permis aux journaux de se faire mutuellement des emprunts, cette faculté doit être resserrée dans de justes limites ; il y a contrefaçon, si les emprunts faits à un journal sont tellement répétés qu'ils puissent lui porter préjudice.

— Trib. corr. de la Seine, 14 avril 1835, aff. la *Dominicale* c. l'*Univers religieux* (Gastambide, p. 111).

476. Il y a particulièrement aggravation du délit et du préjudice quand les emprunts sont faits immédiatement, de telle sorte que les lecteurs du second journal puissent lire les articles copiés presque en même temps que ceux du premier.

— Trib. corr. de la Seine, 7 mai 1833, aff. *Journal des Débats* c. l'*Echo français* ; 11 avril 1835, aff. divers c. l'*Echo* et l'*Estafette* (Gastambide, p. 112).

477. Est licite la reproduction, faite par un journal, dans un but de polémique, d'articles politiques parus dans un autre journal.

— Trib. corr. de Nice, 29 avril 1869, aff. Dupeuty c. Gauthier (Pat., 1870, p. 86).

478. Le fait de publier la parodie d'une chanson ne saurait donner lieu à aucune revendication de la part des auteurs ou propriétaires des chansons parodiées.

— Trib. de comm. de la Seine, 26 août 1886, aff. Le Bailly et autres c. Gabillaud (*La Loi*, 10 septembre 1886).

479. Est à bon droit condamné comme contrefacteur le libraire qui, dans la réimpression d'un ouvrage tombé dans le domaine public, usurpe le titre et les notes d'une édition précédente, qui n'est pas tombée elle-même dans ce domaine.

Est sans application dans ce cas, le droit de propriété reconnu aux auteurs ayant remplacé les anciens privilèges concédés en vertu de l'arrêt du Conseil du 30 août 1777, l'ancienne règle d'après laquelle les notes et commentaires tombaient dans le domaine public avec l'ouvrage, quand ils ne constituaient pas une augmentation du quart au moins de ce dernier.

— C. de Paris, 23 juillet 1828 (*Gaz. des Trib.*, 25 juillet 1828).

480. L'éditeur qui publie une nouvelle édition d'un ouvrage tombé dans le domaine public (dans l'espèce la grammaire française de Lhomond, revue, corrigée et augmentée par Letellier) avec des notes et additions qui sont la propriété privative d'un précédent éditeur, commet de ce chef le délit de contrefaçon.

— Tribunal corr. de la Seine, 5 juin 1818 (Renouard, t. 2, p. 108).

481. Un dictionnaire (dans l'espèce un dictionnaire d'architecture) est la contrefaçon d'un ouvrage de même nature lorsqu'il en reproduit le texte même, en y faisant certaines modifications, retranchements et additions, de trop peu d'importance pour qu'on puisse le considérer comme un ouvrage différent.

— Trib. corr. de la Seine, 16 janvier 1834, aff. Vve Lagasse c. Adr. Leclère et Cie (*Caz. des Trib.*, 20 janv. 1834).

482. Si, en principe, la réimpression d'un dictionnaire tombé dans le domaine public ne peut constituer une contrefaçon, il en est autrement quand une nouvelle édition reproduit des changements, transpositions et additions notables dues aux recherches

d'un précédent éditeur ; ces changements et additions constituent nécessairement une propriété résultant du travail propre de leur auteur.

— C. de Paris. 28 juin 1833, aff. Baudry c. Tiriot (*Gaz. des Trib.*, 29 juin 1833).

483. Les notices ou sommaires qui accompagnent dans les recueils les décisions judiciaires, ou les reproduisent en abrégé, exigent un travail d'esprit, qui donne naissance à une œuvre originale et personnelle et crée au profit de leur auteur un droit de propriété.

— C. de Paris, 5 août 1884, aff. Fuzier-Herman c. J. Sirey (*le Droit*, 7 août 1884).

484. Il y a contrefaçon à reproduire dans une publication périodique, sans le consentement de l'auteur, les leçons faites à son cours par un professeur.

— Trib. corr. de la Seine, 2 mars 1841, aff. Andral c. Latour et autres (Dall., *Prop. litt.*, n° 129). — Voir : C. de Paris, 27 août 1828 (D., *Prop. litt.*, n° 131) ; — C. de Paris, 30 juin 1836, 18 juin 1840 (*Id.*, n° 129).

485. Les similitudes qui existent entre des cartes composant un atlas historique et d'autres dessinées par la même main pour être insérées dans un livre d'histoire, ne sauraient constituer une contrefaçon ni donner lieu à des dommages-intérêts, alors que les secondes ont évidemment nécessité un travail nouveau, tout autre que celui d'une simple réduction, et que, dispersées dans les volumes, elles sont d'ailleurs moins nombreuses, ne s'appliquent pas toutes aux mêmes époques, contiennent moins de détails en raison de leur dimension moindre, et en réalité ne peuvent par conséquent être une cause de préjudice pour l'autre ouvrage.

— Trib. de la Seine, 11 avril 1866, aff. Chamerot et Lawe-reyns c. Vuillemin et Hachette et Cie (Pat. 1866, p. 264).

486. La série des prix applicables aux travaux de toute nature exécutés pour le compte de la Ville de Paris, bien qu'elle soit le produit d'un travail de l'intelligence, n'en est pas moins un simple acte administratif qui, par son but même, exclut l'idée d'un droit d'auteur qui appartiendrait privativement à la Ville. Elle peut donc être reproduite, surtout d'après une méthode et un groupement nouveaux, sans que cette reproduction constitue une contrefaçon.

— Trib. de la Seine, 10 février 1875 ; C. de Paris, 13 févr. 1877 ; Ch. Req. Rej., 15 mai 1878, aff. Ville de Paris, Chaix et Cie c. Cosse Marchal et Cie (S., 75. 2. 115 ; 77. 2. 56 ; 80. 1. 263 ; — D., 79. 1. 20).

487. L'impression commencée constitue le délit de contrefaçon.

— C. de cass., 2 juillet 1807, aff. Clémendot c. Giguet et Michaud (Dall., *Prop. litt.*, n° 366) ; — C. de Paris, 11 mars 1837, aff. Renduel c. Gellée (*Gaz. des Trib.*, 12 mars 1837). — Voir Blanc, p. 169.

488. La simple tentative du délit de contrefaçon n'est d'ailleurs pas punie par la loi.

— C. de cass., 2 juillet 1807 (voir ci-dessus).

489. Le libraire pour le compte de qui elle est commise est justement considéré comme auteur principal ou coopérateur de la contrefaçon.

— C. de cass., même arrêt.

490. L'imprimeur qui copie un ouvrage, non sur un manuscrit, mais bien sur des feuilles imprimées détachées d'une livraison, ne saurait se retrancher derrière sa bonne foi pour éviter d'être condamné

conjointement et solidairement avec les propriétaires du journal où est commis le plagiat.

— C. de Paris, 27 août 1864; aff. Lebrun et Cie c. Millaud
et autres (Pat., 1864, p. 362).

491. L'imprimeur qui, sans s'assurer que des
chansons sont dans le domaine public, les imprime
pour des chanteurs ambulants, ne peut exciper de
sa bonne foi, alors surtout que la nouveauté de ces
chansons est évidente ; il doit donc être déclaré
contrefacteur.

— Trib. corr. de Marseille, 27 juin 1864, aff. Vieillot c. Perrot-Prat et autres (Pat., 1864, p. 394).

492. Constitue une contrefaçon l'impression au
moyen de l'autographie, sans l'autorisation des
éditeurs propriétaires, des différents rôles d'une
pièce.

— C. de Paris, 29 juin 1827, aff. Janet-Cotelle c. Fay
(Blanc, p. 159).

492 bis. Même décision relativement à des cahiers
de musique (même aff.).

493. Si chacun peut copier une composition musicale pour son usage personnel, il n'en saurait être
de même de la copie reproduite en un assez grand
nombre d'exemplaires pour en faire un commerce.
— Commettent le délit de contrefaçon ceux qui font
copier à la main et exposent en vente et vendent
des romances, quadrilles et autres œuvres de même
nature, au préjudice de l'éditeur.

— Trib. de la Seine, 24 juin 1846, aff. Colombier c. Duchêne (Blanc, p. 160). — Voir également : Trib. civ. de la
Seine, 20 avril 1870, aff. Brandus-Dufour et Gérard et Cie
c. Bathlot (Pat. 1870, p. 172) ; — Trib. de comm. de la Seine,
20 déc. 1871, aff. Brandus-Dufour c. Bathlot (Pat. 1874,

p. 174) ; — C. de Paris, 7 mars 1872. aff. Brandus-Dufour, Choudens et autres c. Bathlot (Pat. 1874, p. 172).

494. Mais le directeur de théâtre qui a régulièrement acquis de la Société des Auteurs et Compositeurs de musique le droit d'exécuter des morceaux (dans l'espèce des chansons), ne fait qu'user de son droit en faisant faire pour l'orchestre de son théâtre des copies manuscrites du texte dont il a acheté un exemplaire, paroles et musique, chez l'éditeur membre de ladite société. Touchant comme éditeur le tiers des droits de représentation, ce dernier ne peut en outre réclamer sur les mêmes morceaux une nouvelle perception, en agissant en son nom propre, après avoir tiré un premier bénéfice de sa qualité de sociétaire et du traité passé avec la Société.

— C. de Paris, 25 janvier 1878, aff. Choudens c. Castellano (*Gaz. des Trib.*, 1ᵉʳ février 1878).

495. Ne commet pas le délit de contrefaçon le chef d'école qui distribue à ses élèves des extraits lithographiés des divers ouvrages publiés sur les matières enseignées dans son établissement.

— C. de cass., 29 janvier 1829, aff. Muller c. Durfort (Dall. 1829. 1. 123). — *Contrà* : Blanc, p. 168 ; — Renouard, t. 2, p. 46 ; — Gastambide, p. 122 ; — Rendu et Delorme, n° 812 ; — Pouillet, n° 530.

496. Le fait de mettre en vente une pièce de théâtre sous forme de brochure simplement extraite du théâtre complet d'un auteur, alors que le droit de vendre cette pièce sous cette forme a été cédé par l'auteur à une autre personne, peut sans doute constituer une atteinte aux droits de cette dernière et justifier la réclamation de dommages-intérêts, mais ne saurait constituer le délit de

contrefaçon ni celui de débit d'ouvrages contrefaits, puisqu'aux termes de l'art. 425 du Code pénal,
il n'y a contrefaçon que s'il y a eu impression et
édition d'écrits au mépris des lois relatives à la propriété des auteurs.

— Trib. corr. de la Seine, 30 nov. 1877, aff. Tresse c. Barbré (*Gaz. des Trib.*, 2 déc. 1877).

497. Il y a contrefaçon dans le fait de la part d'un auteur qui a vendu son œuvre (dans l'espèce une compilation) de la revendre, même par extraits, à un
autre libraire.

— Trib. corr. de la Seine, 4 février 1835, aff. Thierriot c.
Briaud et Maumus (*Gaz. des trib.*, 8 fév. 1835).

498. Jugé toutefois que l'auteur ne peut pas être
considéré lui-même comme contrefacteur, mais peut
seulement être condamné à des dommages-intérêts.

— C. de Paris, 29 janvier 1835 (Gastambide, p. 141).

499. L'auteur qui cède ou qui publie de nouveau
ses œuvres, au mépris d'une cession qu'il en a déjà
faite, même si celle-ci ne portait que sur une fin
d'édition et si elle est déjà ancienne, devient contrefacteur à l'égard du cessionnaire dont le droit
n'est pas épuisé.

— C. de cass., 22 février 1847, aff. Laurent (Rendu, Traité
de droit industriel, etc. n° 793).
Contrà : C. de Paris, 27 janvier 1845. (Rendu, *eod. loc.*) —
Voir Gastambide, n°s 109 et suiv.

500. L'auteur dramatique qui transforme une de
ses pièces en la transportant d'un genre dans un autre, et qui fait par exemple d'un drame un opéra,
commet le délit de contrefaçon vis-à-vis du cessionnaire à qui la pièce originaire a été vendue sans ré-

serve et pour lequel il est, par l'effet de la cession, devenu un véritable tiers.

— Trib. corr. de la Seine, 14 août 1835, aff. Pesron c. Jaswinski (*Gaz. des trib.*, 29 août 1835). — *Sic*: Vivien et Blanc, § 424 ; — Lacan, t. 2, n°s 703, 705 ; — Gastambide, n° 228; — Rendu, n° 870; — Trib. de la Seine, 4 février 1835, 8 janv. 1836 (Rendu, *loc. cit.*).

501. Lorsqu'un auteur, après avoir cédé à un éditeur un ouvrage et s'être engagé à n'en point publier un autre du même genre, viole son engagement, l'éditeur a le droit de faire saisir le second ouvrage, du moment que celui-ci, considéré dans sa nature, son format, son titre, la collection dont il fait partie, le genre de lecteurs auxquels il est destiné, et surtout le grand nombre de passages presque entièrement copiés dans l'ouvrage primitif, est évidemment du même genre que ce dernier et de nature à entrer en sérieuse concurrence avec lui.

— Trib. civ. de la Seine, 14 février 1826, aff. Roret c. Bailly (*Gaz. des trib.*, 17 fév. 1826).

502. L'auteur qui a cédé son œuvre sans réserve n'abdique pas sans doute le droit d'écrire sur le même sujet, mais s'interdit nécessairement la faculté de la reproduire, même en la perfectionnant.

Se rend par suite coupable de contrefaçon l'auteur d'un dictionnaire d'architecture qui, au mépris de la cession qu'il en a faite, le reproduit avec de simples changements, retranchements et additions, qui ne permettent pas de considérer la nouvelle édition comme un ouvrage différent.

— Trib. corr. de la Seine, 16 janvier 1834, aff. Vve Lagasse c. Adr. Leclère et Cie (*Gaz. des trib.*, 20 janv. 1834).

503. L'auteur qui a vendu à un éditeur la première
édition de son ouvrage et qui cède à un autre le
droit de faire une réimpression avant que cette première édition ne soit écoulée, ne commet pas le délit de contrefaçon. Ce fait ne donne lieu qu'à des
réparations civiles et l'expose seulement à payer des
dommages-intérêts au premier cessionnaire.

— C. de Paris, 13 mars 1848, aff. Dumont c. Frédéric Sou-
lié (Blanc, p. 157).

504. *Contrà.* — Se rend coupable de contrefaçon
l'auteur qui, ayant vendu à un éditeur la propriété
d'un ouvrage, moyennant un prix pour la première
édition, avec réserve de la même somme pour le cas
où cet éditeur en ferait un nouveau tirage, cède à
d'autres éditeurs le droit de rééditer le même ouvrage, sans attendre l'épuisement de la première
édition.

La lenteur dans le débit de l'ouvrage et la négligence de l'éditeur pourraient autoriser l'auteur à
intenter contre ce dernier une action en dommages-
intérêts, mais non à faire de son livre une seconde
vente ; et l'auteur, dans ces circonstances, ne saurait
éviter le reproche de contrefaçon.

— C. de Paris, 12 juillet 1862, aff. Vermot c. Saillet (Pat.,
1862, p. 314).

505. La vente sans réserves que l'auteur a faite
de son œuvre ne lui permet pas de disposer de nouveau de sa propriété, soit isolément, soit en la réunissant à d'autres ouvrages sous quelque titre que ce
soit.

— C. de Paris, 2 juillet 1834, aff. Barba c. Dumas et Charpentier (*Gaz. des trib.*, 3 juillet 1834).

506. Constitue une atteinte aux droits de propriété concédés par l'auteur, et par suite une contrefaçon de sa part, la cession nouvelle qu'il fait, au mépris de la première, du droit de réimprimer le même manuscrit, avec un titre différent. — Sa qualité d'auteur ne saurait l'empêcher d'être considéré comme un contrefacteur, et comme un véritable tiers au regard de l'éditeur à qui appartient désormais, par suite d'une cession qu'il a faite sans réserve, son droit de propriété et de reproduction.

— C. de Paris, 12 avril 1862, aff. de Gonet c. Lévy frères et Méry (Pat., 1862, p. 228).

507. Mais le second cessionnaire, qui a traité avec l'auteur, propriétaire apparent du manuscrit, et qui peut justifier avoir agi de bonne foi et dans l'ignorance des droits antérieurement cédés, ne doit pas être déclaré coupable du même délit.

— Même arrêt.

508. Ne doit pas être condamné comme contrefacteur le second éditeur qui excipe d'un traité par lequel l'auteur lui a cédé le droit d'imprimer ses œuvres. Il y a en pareil cas à juger une question de validité de contrat, question purement civile.

— Trib. corr. de la Seine, 21 juillet 1852, aff. Tresse c. Sougère (Blanc, p. 94).

509. Dans le cas de double cession, les éditeurs premiers cessionnaires, qui se prétendent troublés dans la jouissance de leurs droits, mais ne peuvent justifier que les seconds aient eu connaissance de l'obligation prise envers eux par l'auteur, ont un recours contre ce dernier, mais doivent être déclarés non recevables à poursuivre les seconds éditeurs, qui n'ont pas contracté d'obligation envers eux.

—Trib.de la Seine, 5 août1846, aff. Troupenas et Massé c. Fellens et Dufour (Blanc, p. 95).

510. Commet le délit de contrefaçon le second cessionnaire qui publie une seconde édition d'un ouvrage, alors que l'édition, composée d'un nombre d'exemplaires déterminé, antérieurement cédée à un autre éditeur, n'est pas encore épuisée.

— C. de Paris, 28 novembre 1826, aff. Dentu c. Guillaume (Sirey, C. N., 8. 2. 291).

511. Mais le délit disparaît lorsque, par le fait de l'auteur, le second acquéreur a pu être trompé sur l'étendue des droits du premier cessionnaire.

— C. de cass., 18 juin 1847, aff. Philippon de la Madelaine c. Min. public et Didier (Dalloz, 1847. 1. 254).

512. S'il n'est pas établi qu'en publiant un ouvrage qu'il avait acquis directement de son auteur, l'éditeur poursuivi par une autre personne connût la cession qui en avait été précédemment faite à cette dernière, il n'y a pas délit de contrefaçon, le fait incriminé manquant de l'un des éléments essentiels pour qu'il y ait délit, à savoir la mauvaise foi.

— C. de Paris, 23 février 1865, aff. Barba c. Cadot (Pat., 1865, p. 148).

513. L'éditeur qui, ayant traité avec deux des auteurs d'une pièce, se voit ultérieurement refuser par le troisième la ratification du traité obtenu par lui et la livraison du manuscrit, commet le délit de contrefaçon si, au mépris de ce refus, il fait sténographier la pièce dans un théâtre où elle est jouée.

—C. de Paris, 18 fév. 1836, aff. Fréd. Lemaître c. Barba (Dall., *Prop. litt.*, n° 315).

514. Le cessionnaire peut être poursuivi comme

contrefacteur lorsque, n'ayant acquis qu'un droit partiel, il dépasse les limites assignées soit à la durée de sa jouissance, soit au nombre des exemplaires qu'il est autorisé à publier. Il n'y a pas seulement dans ce fait violation du contrat, mais délit de contrefaçon, puisqu'il agit sans le consentement de l'auteur et porte préjudice à son droit exclusif.

— C. de Paris, 9 mars 1848, aff. Raspail c. Levavasseur (Blanc, p. 158). — *Contrà :* C. de Paris, 18 octobre 1843, aff. Las Cases c. Bourdin (S., 1844. 2.13).

515. Cependant toute infraction à un contrat de cession ne constitue pas nécessairement une contrefaçon, et, surtout s'il y a lieu à interprétation, la juridiction répressive peut se reconnaître incompétente.

— C. de Paris, 6 juillet 1853, aff. Alex. Dumas c. Tillot et Lévy (Blanc, p. 158). — Voir aussi C. de Paris, 23 juillet 1836, aff. Paul de Kock c. Barba (Blanc, *eod. loc.*).

516. En l'absence de conventions écrites, le premier mode de publication fait la loi des parties et doit être considéré comme la preuve et l'exécution de leurs conventions verbales.

Sans qu'il y ait contrefaçon, il y a violation du contrat, pouvant donner lieu à des dommages-intérêts, lorsqu'un éditeur, pour faciliter l'écoulement des exemplaires d'un ouvrage, les publie par livraisons, en changeant le prix, et en les annonçant comme provenant d'une deuxième édition, alors qu'il n'a traité que pour la première.

— Trib. de commerce de la Seine, 30 décembre 1834, aff. Letellier c. Abel Ledoux (Blanc, p. 158 ; *Gaz. destrib.*, 31 déc. 1834).

517. L'éditeur qui achète le reste d'une édition et qui croit pouvoir rajeunir le livre en changeant la couverture ne se rend pas coupable de contrefaçon ; il s'expose seulement à une action civile en dommages-intérêts, si ce fait a causé un préjudice.

— Trib. corr. de la Seine, 28 janvier 1848, aff. Charrel c. Dusacq (Blanc, p. 183).

518. Lorsque le cessionnaire annonce faussement et contre la volonté ou sans le consentement de l'auteur, que l'édition nouvelle qu'il publie a été *revue, corrigée et considérablement augmentée,* il commet non pas le délit de contrefaçon, mais une violation de contrat ou un quasi-délit qui donne lieu à des dommages-intérêts, par suite du préjudice que l'auteur a pu éprouver.

— Trib. de comm. de la Seine, 2 novembre 1832, aff. Pariset c. Méquignon-Marvis (Blanc, p. 159).

519. L'imprimeur, qui a conservé un certain nombre d'exemplaires en feuilles d'un ouvrage pour l'impression duquel il n'a pas été complètement payé, n'a pas sans doute le droit de se payer lui-même en vendant les dits exemplaires ; mais la vente qu'il en fait ainsi indûment ne constitue pas le délit de contrefaçon.

— Trib. civil de la Seine, 7 mars 1845, aff. Delavigne c. René (Blanc, p. 183).

520. Lorsqu'il a été convenu entre un auteur et un éditeur que tous les exemplaires porteraient sur le verso du titre la signature de l'auteur, l'omission de cette signature sur un certain nombre d'exemplaires ne peut, quelle que soit la cause de cette omission, constituer à elle seule un fait de contrefaçon littéraire.

— C. de Paris, 23 mai 1874, aff. Goupy et Guerrier de Haupt c. Paul Dupont (Pat., 1876, p. 366).

521. N'est pas contrefacteur, et doit être autorisé à continuer et achever la publication qu'il a commencée, l'éditeur qui a entrepris cette publication sans le consentement de l'auteur, mais qui peut justifier d'une tolérance presque équivalente, l'auteur l'ayant prié, une fois informé de ce qui se passait, de ne pas faire mention de son consentement, sans lui faire défense de poursuivre la publication. Si le droit de propriété des héritiers de l'auteur reste en ce cas intact, c'est sous la réserve du droit qu'a l'éditeur de profiter de cette tolérance.

— C. de Paris, 18 juin 1840, aff. Héritiers Cuvier c. Crochard (Blanc, p. 48).

522. L'imprimeur qui a reçu en dépôt des planches ou clichés, à condition de n'en pas tirer d'exemplaires ou épreuves sans ordre du déposant, et qui en tire pour les vendre à des négociants exerçant le même commerce que ce dernier, commet non le délit de contrefaçon, mais celui d'abus de confiance.

— C. de cass., 30 décembre 1836, aff. Wittersheim c. Saissy (Dall., 1837. 1. 100).

Voir : Trib. civ. de la Seine, 15 mai 1868, aff. V^{re} Bayard et Dumanoir c. Barbré (Pat., 1868, p. 184).

§ 3. — *De la reproduction totale.*

INDEX

523. La reproduction d'un ouvrage, même faite

par parties, constitue une contrefaçon, quels que
soient au surplus les procédés et le mode d'impression employés.

— C. de Paris, 29 juin 1827, aff. Janet-Cotelle c. Fay (Blanc,
p. 159).

524. L'adjonction à un autre ouvrage, dont on a
la propriété, d'un ouvrage, même très court, dont
un tiers est propriétaire, constitue une contrefaçon.

— C. de Paris, 27 juin 1812 (Gastambide, p. 104).

525. Se rend coupable de contrefaçon le gérant de
journal qui publie, sans autorisation, une comédie
extraite d'un recueil des œuvres d'un auteur vivant.

Le fait d'indiquer le nom de l'auteur et le titre du
recueil d'où est tirée la comédie ne le constitue
pas de bonne foi, et il ne lui suffit pas de prétendre
que cette publication n'a pu que favoriser la vente
du recueil, pour faire écarter le reproche qui lui est
adressé.

— Tribunal de la Seine, aff. Calmann Lévy c. *Revue artistique et littéraire* (*Gaz. des Trib.*, 13 novembre 1881).

526. Commet le délit de contrefaçon le gérant
d'un journal qui reproduit des articles empruntés
à une Revue, sans le consentement de l'éditeur de
cette dernière.

— C. de Cassation, 29 octobre 1830, aff. le *Pirate* c. la
Gazette littéraire (Blanc, p. 75).

527. Commet également le délit de contrefaçon le
gérant qui reproduit sans autorisation les correspondances étrangères publiées par d'autres journaux.

— Trib. de commerce de la Seine, 2 février 1877, aff. Rigondaud c. Vuhrer et Guyon (le *Droit*, 18 février 1877). — Voir

ci-dessus, chap. I, sect. I, nᵒˢ 48 et suiv., et chap. VI, sect. I, § 2, nᵒˢ 475 et suivants.

528. Si toute citation ou publication d'extraits d'une œuvre littéraire ne saurait constituer une atteinte aux droits de l'auteur, cependant il y a contrefaçon lorsqu'une pièce de vers formant par elle-même un tout est extraite d'un ouvrage et insérée dans un recueil composé de morceaux empruntés de la même manière à différents auteurs.

— Trib. de la Seine, 15 décembre 1882, aff. Ratisbonne c. Gédalge (le *Droit*, 16 décembre 1882).

529. Commet le délit de contrefaçon le directeur de journal qui, ne pouvant justifier de sa bonne foi, publie sans autorisation un roman dont il n'a pas la propriété.

Les journaux qui ont un traité avec la Société des gens de lettres ne peuvent reproduire les œuvres des membres de ladite société qui ont été publiées revêtues de la mention : « Tous droits réservés ».

— Trib. correct. de la Seine, 18 décembre 1867, aff. Reybaud et Lévy frères c. Alphonse Millaud. (*Chron. de la Soc. des gens de lettres*, février 1868).

530. La Société des gens de lettres seule peut autoriser la reproduction des ouvrages mis en société, en traitant avec les journaux, revues et recueils périodiques, et elle a qualité pour obtenir condamnation à raison des reproductions faites sans son autorisation.

— Trib. de Nantes, 4 mars 1875, aff. *Société des gens de lettres* c. l'*Indépendance de l'Ouest* (*Chron. de la Soc. des gens de lettres*, juin 1875).

531. Un critique ne peut, sans se rendre contrefacteur, reproduire la totalité de l'œuvre critiquée.

— C. de Paris, 24 mai 1845, aff. Sagnier et Bray c. Mallet (Blanc, p. 180). — Voir également : C. de Paris, 26 décembre 1834, aff. Fayet c. *Journal des connaissances usuelles* (Gastambide, p. 110).

532. Il y a contrefaçon dans le fait de reproduire dans un journal théâtral, sans l'autorisation de l'éditeur propriétaire, les paroles d'une chanson tirée d'une pièce en vogue.

— C. de Paris, 15 février 1882, aff. Calmann Lévy c. Heymann (*Gaz. des Trib.*, 19 février 1882). — Voir également : Trib. corr. de la Seine, 22 août 1860, aff. Vieillot c. Dumont et autres (Pat., 1861, p. 427).

533. Celui qui achète le droit de publier et de vendre la partition d'un opéra ne peut publier que la musique, s'il n'est pas autorisé par l'auteur des paroles ; la reproduction qu'il fait de ces dernières, avec la musique ou séparément, constitue le délit de contrefaçon. Les ouvrages de ce genre se composent de la réunion de deux parties distinctes par leur nature, qui ne peuvent être confondues ; la cession des droits du compositeur ne peut donc porter atteinte à la propriété de l'auteur du poème.

—Trib. correct. de la Seine, 2 août 1827, aff. Jouy c. Troupenaz (Blanc, p. 161).

534. Ce n'est pas contrefaire une composition musicale que de l'arranger pour différents instruments.

—C. de Cass. 17 nivôse an XIII, aff. Pleyel c. Sieber (Merlin, Rép., v° Contref. § 8).— Conf. : Trib. de la Seine, 30 mai 1827 (Dall., *Pr. litt.*, n° 377). —*Contrà* : Blanc, p. 160 ; Pouillet, n° 556. — Voir encore : Renouard, t. II, n° 28. — Voir ci-après, Liv. III, chap. V.

535. Il y a contrefaçon à copier presque servilement un ouvrage qui, étant le remaniement intel-

ligent d'un ou de plusieurs autres tombés dans le domaine public, constitue une propriété privative pour son auteur.

— C. de Cass., 27 février 1845, aff. Colombier c. Richault (S. 1845. 1.177).

536. Il y a contrefaçon quand il y a reproduction à peu près intégrale d'un ouvrage dont l'idée première, le plan, la distribution, les détails, ainsi que des phrases entières, ont été copiés par l'auteur d'un second ouvrage qui emprunte à l'auteur du premier, sous un titre à peu près semblable, le résultat de ses recherches ainsi que l'ensemble des matériaux qu'il a recueillis.

— C. de Cass., 26 novembre 1853, aff. Talbot c. de Villedeuil (Blanc, p. 161).

§ 4. — *De la reproduction partielle.*

INDEX

537. Pour qu'il y ait contrefaçon, il n'est pas nécessaire qu'il y ait reproduction intégrale.

— C. de Cassation, 26 novembre 1853, aff. Talbot c. de Villedeuil (Blanc, p. 161). — C. de Paris, 21 décembre 1831, aff. Saint-Eloy c. Marquis (Blanc, p. 173). — Trib. correct. de la Seine, 16 mai 1834, aff. Langlumé c. Lallement (*Gaz. des tribunaux,* 17 mai 1834). — C. de Paris, 14 août 1828, aff. Marchand (*Gaz. des tribunaux,* 15 août 1828).

Voir également : C. de Cass., 2 juillet 1807, aff. Clémendot c. Giguet et Michaud (Dall., *Prop. litt.*, nᵒ 366).

538. La contrefaçon partielle est punie par la loi aussi bien que la contrefaçon intégrale, pourvu qu'elle soit notable et dommageable.

— C. de Paris, 6 novembre 1841, aff. Victor Hugo c. Monnier et Bernard Latte (Blanc, p. 178). — C. de Paris, 27 juin 1844, aff. Beaudouin c. Vatel (Blanc, p. 36). — C. de Cass., 3 juillet 1812, aff. Dentu c. Maltebrun (Blanc, p. 162). — C. de Paris, 4 janvier 1826, aff. Bossange c. Legallois (Blanc, p. 164). — C. de Cass., 3 juillet 1812, aff. Prud'homme c. Michaud (Blanc, p. 165). — C. de Paris, 12 mai 1836 (Gastambide, p. 105).

539. Les changements, additions et commentaires n'ôtent pas à la copie le caractère de contrefaçon.

— C. de Cass., 28 floréal an XII, aff. Bossange c. Moutardier et Leclère (Merlin, *Quest. de droit*, vᵒ *Prop. litt.*, § 1ᵉʳ).

540. En Belgique, aux termes de l'art. 1ᵉʳ de la loi du 25 janvier 1817, la contrefaçon partielle est, comme en France, réprimée aussi bien que la contrefaçon totale.

Le *droit de copie*, tel qu'il est défini par ledit article, consiste dans le droit absolu qu'a l'auteur d'une œuvre littéraire, artistique ou scientifique, d'en interdire la reproduction à toute autre personne et par tout autre moyen que ceux qu'il lui plaît de déterminer.

Le fait d'une contrefaçon, c'est-à-dire d'un larcin, porte nécessairement préjudice au propriétaire de l'œuvre, tout comme une soustraction frauduleuse quelconque, et, pour que la loi soit applicable, il n'est pas nécessaire de rechercher si la contrefaçon a causé quelque dommage.

— Cour d'appel de Bruxelles, 17 mai 1880, aff. Hachette et Guillemin c. Laporte *(Chron. de la Soc. des gens de lettres,* septembre 1880).

541. A moins de conventions particulières comme celles qui interviennent souvent entre éditeurs et journalistes pour un abonnement de reproduction au prix de tant la ligne,il y a atteinte portée aux droits de l'éditeur propriétaire d'un ouvrage dans le fait de reproduire des extraits de cet ouvrage sans autorisation, et surtout de continuer les reproductions au mépris de défenses régulièrement signifiées.

—Trib.de commerce de la Seine,11 mars 1880,aff.Calmann Lévy c. *le Réveil (le Droit.* 31 mars 1880).

542. Il y a contrefaçon quand un livre reproduit un ouvrage précédent au point que le lieu de l'action, les personnages principaux et les situations soient les mêmes, et que, malgré des différences dont le but n'est évidemment que de dissimuler le plagiat et ne le font d'ailleurs que mieux ressortir, les épisodes mêmes se retrouvent dans le second ouvrage dans le même ordre et amenés de la même façon que dans le premier.

— C. de Paris, 20 février 1872, aff. Delagrave c. Sarlit et D^{lle} de Bray (D., 1872. 2. 173).

543. C'est contrefaire que de reproduire plus ou moins servilement des passages d'un récit d'un évènement historique, à tel point qu'on se borne par instants à transposer des mots et modifier des épithètes, sans éviter d'ailleurs une grande similitude dans les descriptions et les détails, ni d'autres analogies frappantes dans les comparaisons et les appréciations d'un bout à l'autre de l'ouvrage.

— C. de Paris, 2 décembre 1859, aff. Merlieux c. Dumas et autres (Pat., 1860, p. 64, et 1859, p. 273).

544. L'emprunt de quelques passages, même copiés textuellement, et l'imitation plus ou moins servile de quelques autres, ne présentent pas nécessairement les caractères légaux d'une contrefaçon punissable.

— C. de Paris, 30 mai 1857, aff. Lecoffre c. Vivès (Pat., 1857, p. 246).

545. Une imitation de rédaction n'est pas une contrefaçon, et une Cour a pu légalement juger qu'un dictionnaire, dans lequel il n'y avait pas un seul article entièrement semblable à ceux d'un autre dictionnaire publié antérieurement, mais seulement des fragments copiés, ne présentait pas dans l'ensemble les véritables caractères d'un ouvrage contrefait.

— C. de Cass., 3 juillet 1812, aff. Prud'homme c. Michaud, (Dall., *Prop. litt.*, nᵒ 339).

Voir : C. de Cass., 3 juillet 1812, aff. Dentu c. Maltebrun (Dall., *eod. loc.*). — C. de Cass., 25 février 1820, aff. Hacquart c. Virey (Blanc, p. 167).

546. En matière de contrefaçon littéraire partielle, le délit n'existe qu'à la condition que les emprunts faits au génie, à l'esprit ou à l'érudition de l'auteur qui se plaint soient nombreux, importants et de nature à nuire à l'œuvre du plaignant.

Il en est spécialement ainsi quand il s'agit de dictionnaires bibliographiques, ouvrages qui ne contiennent que des noms propres et d'arides nomenclatures d'œuvres littéraires, nomenclatures qui n'exigent aucun travail de l'esprit, et que la ressemblance entre la rédaction de l'un et celle de l'autre ouvrage est inhérente par conséquent à la nature même des œuvres.

— Trib. Correct. de la Seine, 17 avril 1858, aff. Quérard c. Bourquelot et Daguin (Pat., 1858. p. 243).

Voir : C. d'Orléans, 10 juillet 1854, aff. Thoisnier-Desplaces c. Didot (Dall., 1855. 2. 157);— C. de Cass., 24 mai 1855, même aff. (S., 1855. 1. 392).

547. Les simples plagiats, c'est-à-dire les emprunts qui ne sont ni notables ni dommageables, s'ils ne sont pas irréprochables sous le rapport de la loyauté littéraire et commerciale, ne peuvent tomber sous l'application de la loi pénale, et ne sont justiciables que de l'opinion publique.

— Trib. corr. de la Seine, 16 août 1864, aff. Consolin c. Merlin et Arthus-Bertrand (Pat., 1865, p. 14).

548. Une Cour apprécie souverainement en fait le caractère légal des emprunts faits par un auteur à l'ouvrage d'un devancier, en décidant, non pas que la contrefaçon partielle n'est pas punissable, ce qui serait contraire au texte même de l'art. 425 du code pénal, mais que les emprunts faits à l'ouvrage d'autrui dans l'espèce qui lui est soumise sont trop peu considérables pour porter atteinte à la propriété de l'auteur et pour constituer le délit de contrefaçon.

— C. de Cass., 24 mai 1845, aff. Muller c. Min. public (Dall., 1845. 1. 272). — Voir encore dans le même sens: C. de Cass., 3 juillet 1812, aff. Dentu c. Maltebrun (Blanc, p. 162) ; — C. de Cass. 3 juillet 1812, aff. Prud'homme c. Michaud (Blanc, p. 165) ; — C. de Cass., 25 février 1820, aff. Hacquart c. Virey (Blanc. p.267).—Voir également : Merlin, Rép., v° Plagiat ; — Renouard, t. 2, p. 22 ; — Gastambide, n° 46 ; — Chauveau et Hélie, *Th. du Code pén..* t. 6, p. 8.

549. Il n'y a pas contrefaçon, mais il peut y avoir plagiat ou quasi-délit justifiant une action civile en dommages-intérêts dans le fait par un auteur d'ex-

poser sommairement le système d'un devancier, dans le but de proposer des modifications à ce système, sans chercher d'ailleurs à remplacer l'ouvrage résumé, auquel renvoie le second ouvrage et dont il suppose même l'étude préalable.

— C. de Rouen, 6 juin 1849, aff. Guenon c. Collot (Blanc, p. 180).— Voir C. de Paris, 26 avril 1851, mêmes parties (D., 1852. 2. 178).

550. Lorsque, sur une poursuite en contrefaçon, il est jugé qu'il n'y a qu'un simple plagiat, la réparation du dommage causé ne peut consister dans la confiscation des exemplaires saisis.

— Trib. civil de Rouen, 19 janvier 1868, aff. le Brument c. Haulard (Pat., 1869, p. 347).

551. Il y a délit de contrefaçon quand il existe une grande similitude entre un ouvrage biographique et un autre publié antérieurement, tant dans la pensée générale qui domine les deux ouvrages que dans l'appréciation des biographies antérieures, dans l'enchaînement des faits racontés, dans le choix des sources et des citations, dans l'analyse ou la reproduction plus ou moins étendue de documents, sans que cette similitude puisse être autrement expliquée que par des emprunts faits sciemment au premier ouvrage.

— C. de Paris, 13 août 1859, aff. Maurice c. Lebrun (Pat., 1859, p. 397).

552. Lorsqu'un auteur dramatique emprunte à une pièce antérieure une situation qu'il tire d'un point de départ différent et dont il déduit des conséquences nouvelles, il ne fait rien d'illicite, si cette situation n'est qu'un de ces lieux communs dont le théâtre est coutumier.

— Trib. de la Seine, 27 janvier 1880, aff. Cantin et Hrs
Clairville c. Planquette, Duval et Gondinet (*le Régiment qui
passe* et *les Voltigeurs de la 32e*) — (*le Droit*, 28 janvier 1880).
— Voir : Trib. de la Seine, 16 mars 1881, aff. Oswald et Lévy
c. Comte (*Gaz. des Trib.*, 17 mars 1881).

553. L'idée qui forme la donnée d'une pièce demeure à la disposition de tous, et il est loisible à
chacun de la traiter de nouveau, sous la condition
de produire une œuvre personnelle, qui se distingue
par la conduite de l'action, le développement des
caractères, l'agencement des scènes, le dialogue et
les épisodes.

Il appartient au juge d'apprécier s'il y a ou non
contrefaçon.

— Trib. de la Seine, 10 août 1883, aff. Mario Uchard c. Sardou (*Gaz. des Trib.*, 11 août 1883).

554. Une œuvre dramatique n'appartient à la publicité qu'après qu'elle a été représentée en public,
de même qu'une œuvre littéraire ne lui appartient
que par le fait de la publication; jusque-là il n'est
loisible à qui que ce soit de se livrer, sans le consentement de l'auteur, à une divulgation plus ou
moins complète du drame, de même que nul ne
saurait, de sa seule initiative, avoir le droit de révéler le sujet, le plan et le développement d'un ouvrage littéraire ou scientifique qui serait encore à
l'état de manuscrit ou d'épreuves. L'usage établi de
convier les représentants de la presse aux répétitions générales n'est qu'une tolérance et ne saurait
constituer un droit au préjudice de l'auteur. Vainement d'ailleurs le défendeur alléguerait que le demandeur ne justifie pas d'un préjudice appréciable;
le préjudice résulte suffisamment de la violation du

droit qui a été méconnu, et il appartient seulement
au juge de mesurer la réparation à l'étendue du
dommage éprouvé.

— Trib. civ. de la Seine, 20 nov. 1889, aff. Sardou c. le *Gil
Blas* (*Gaz. du Pal.*, 89. 2. 593);— Trib. civ. de la Seine. 9 mai
1890, aff. Bisson et Carré c. l'*Éclair* (*le Droit*, 14 mai 1890).

555. Il y a contrefaçon dans le fait de composer
et de publier un ouvrage d'éducation qui, sous un
autre titre, copie partiellement et imite pour le surplus un ouvrage de même nature, dont il reproduit
l'idée, la forme, la disposition et le sujet avec les
mêmes développements et quelquefois les mêmes
phrases.

— C. de Paris, 3 décembre 1867, aff. Jeannel et Delagrave
c. Taulier et Belin (*Journal de l'instruction publique*, 12 décembre 1867).

556. Si, pris isolément, des emprunts partiels plus
ou moins déguisés peuvent ne pas présenter suffisamment les caractères de la contrefaçon, ces mêmes emprunts peuvent, considérés dans l'ensemble
et s'il s'y joint une usurpation de titre, constituer
une véritable contrefaçon.

— C. d'Orléans, 10 juillet 1854, aff. Thoisnier-Desplaces c.
Didot (Dall., 1855. 2. 157).

557. Il y a contrefaçon à publier un abrégé sans
le consentement de l'auteur de l'ouvrage complet.

— Trib. corr. de la Seine, 3 février 1853, aff. Roret c. Arnaud (Blanc, p. 176).

Voir également : Trib. de commerce de la Seine, 19 décembre 1876, aff. Bertrand c. Palmé (*le Droit*, 19 janvier 1877).

558. Les lois du 13 janvier 1791 et du 19 juillet
1793 ne sont pas applicables aux morceaux déta-

chés dont l'usage permet l'emprunt entre auteurs, spécialement entre auteurs de vaudevilles.

— C. de Cass. 10 janvier 1826, aff. Doche c. Th. des Variétés (S., C. N., 8. 1. 255).

559. Toutefois le droit de propriété est indépendant de l'usage, et si, après une tolérance plus ou moins longue, les auteurs d'airs ou de morceaux détachés entendent réclamer le respect de leur droit, ils peuvent s'en prévaloir contre ceux que leur bonne foi ne met pas à l'abri du reproche de contrefaçon.

— Trib civ. de la Seine, 14 janvier 1853, aff. Bayard et autres c. Plantade et autres (*Gaz. des Trib.*, 15 janvier 1853).

560. L'emprunt des paroles d'une romance peut être particulièrement préjudiciable à son auteur, et constitue par suite une reproduction partielle punie des peines de la contrefaçon.

— Trib. correct. de la Seine, 24 juin 1846, aff. Colombier c. Duchène (Blanc, p. 160). — Voir également : Trib. correct. de Douai, 17 novembre 1883, aff. Bathlot et autres c. Duval Léon (Pat.. 1885, p. 179).

561. Il est licite de parodier une chanson.

— Trib. de commerce de la Seine, 26 août 1886, aff. Le Bailly et autres c. Gabillaud (*la Loi*, 10 septembre 1886).

562. Il n'y a pas simple parodie, mais imitation constituant une contrefaçon, dans le fait de reproduire, tout en en changeant le sujet, la facture des couplets et celle des vers d'une chanson, ainsi que la forme graphique de la mélodie et le dessin gravé sur le titre, de manière à ne pas permettre de douter que l'on a cherché à établir une confusion.

— Trib. correct. de la Seine, 21 mars 1877, aff. Paul Dalloz c. Matt (*Gaz. des Trib.*, 22 mars 1877).

563. La propriété littéraire s'applique non-seulement au texte, mais encore au titre d'une chanson.

— Trib. de comm. de la Seine, 26 août 1886, aff. le Bailly
et autres c. Gabillaud (Pat., 1889, p. 352).

564. Une chansonnette, intitulée parodie par son
auteur, peut n'en être pas moins considérée comme
un plagiat illicite, c'est-à-dire une contrefaçon, lorsqu'elle reproduit littéralement un grand nombre de
passages de celle qu'elle imite, et que les tribunaux
apprécient qu'elle constitue une véritable atteinte
à la propriété et cause un préjudice à l'auteur de
l'œuvre parodiée.

— Trib. de commerce de la Seine, 6 février 1834, aff.
Schonenberger c. Beaucé-Porro (*Gaz. des Trib.*, 8 février
1834).

565. L'imitation d'une chanson, avec adoption du
même rhythme et du même air, ne saurait constituer une contrefaçon, malgré la reproduction presque servile du refrain, lorsqu'elle n'est, avec un titre différent, qu'une réponse à ladite chanson, et
que sa publication, loin de nuire à la vente de cette
dernière, n'a pu que donner au public le désir de la
connaître et n'a pu par suite causer aucun préjudice
à l'auteur ni à son cessionnaire.

— Trib. civ. de la Seine, 23 février 1872, aff. Bathlot c.
Tralin (Pat., 1873, p. 162).

566. La publication, dans un recueil périodique,
de quelques pièces de vers empruntées à un volume
de poésies, peut, à défaut de préjudice, ne pas être
une contrefaçon.

— Trib. corr. de la Seine, 12 mars 1835 (Gastambide, p.
105).—Voir encore : Trib. corr. de la Seine, 4 février 1835, aff.
Thierriot c. Briand et Maumus (*Gaz. des Trib.*, 8 février 1835).

567. C'est contrefaire que de publier un recueil de poésies empruntées à différents auteurs, surtout si ceux-ci font au même moment publier leurs œuvres complètes.

— C. de Paris, 19 août 1843, aff. Charpentier c. Didier et Guérin (*Journal du Palais*, 1844, p. 210).

568. La reproduction partielle, faite dans un journal, de conférences et de sermons prononcés par un prédicateur, n'est pas une contrefaçon, lorsqu'il s'agit seulement de fragments que l'on cite en faisant l'analyse du discours, pour mettre le lecteur à même d'apprécier des compositions oratoires prononcées en public.

— C. de Paris, 11 décembre 1846, aff. Sagnier et Bray c. Boiste de Richemond (Blanc, p. 179).

569. Si l'éditeur d'une revue ou d'un journal périodique peut, sans se rendre coupable de contrefaçon, donner des extraits d'un recueil ou d'un récit publié par un autre, soit pour en faire l'éloge ou la critique, soit pour appeler sur lui l'attention du public, il n'en saurait plus être ainsi lorsque l'éditeur de cette revue ou de ce journal reproduit textuellement, dans l'intérêt exclusif de son œuvre, soit la totalité, soit les parties notables ou essentielles de cet écrit, de manière à porter préjudice à l'auteur ou à l'éditeur. L'indication de la source ne suffit pas pour faire disparaître la contrefaçon.

— C. de Paris, 24 décembre 1859, aff. Charpentier c. Lecomte (Pat., 1860, p. 31, et 1859, p. 271).

570. Il n'est pas interdit à un écrivain de citer textuellement des passages d'un auteur qu'il veut

critiquer ou réfuter, à la charge d'ailleurs par lui d'énoncer la source d'où il a tiré ses citations. Mais il n'est pas permis de reproduire textuellement dans une brochure de vingt pages cent lignes empruntées à autrui, sans le faire connaître au public.

— C. de Paris, 22 décembre 1881, aff. Brochard c. Robert, Berthier et Liébaut (Pat., 1882, p. 295). — Voir : C. de Paris, 26 décembre 1834 (Gastambide, p. 110).

571. Si l'usage et l'intérêt même de la littérature autorisent les écrivains à se faire des emprunts mutuels, c'est à la condition que ces emprunts ne dépassent pas la mesure de simples citations. Si les emprunts forment à eux seuls le fond même d'un ouvrage, et si surtout l'indication de la source des emprunts n'est donnée sous certains passages que pour mieux dissimuler l'origine frauduleuse des autres, il y a lieu d'appliquer les peines de la contrefaçon.

— C. de Paris, 1ᵉʳ décembre 1855, aff. Huc c. Furne (Pat., 1857, p. 243).

572. Si de courtes citations ou des emprunts peu importants peuvent ne pas constituer le délit de contrefaçon, il n'en est pas de même lorsque le fragment emprunté (dans l'espèce une romance tirée d'un opéra) forme l'objet unique ou principal de l'œuvre nouvelle.

— Trib. corr. de la Seine, 21 mars 1865, aff. Vieillot c. Moronval et Pellerin (Pat., 1865, p. 198).

573. Même lorsqu'il n'y a entre deux ouvrages aucune ressemblance sérieuse dans le plan général ni dans les divisions, l'emprunt littéral qu'un au-

teur fait à un autre de nombreux passages de son livre n'en constitue pas moins une véritable atteinte à la propriété littéraire.

Si le droit de citation est une des conditions nécessaires de toute discussion littéraire sérieuse, il n'en peut être fait usage qu'à la condition : 1° que le nom de l'auteur soit rapproché de la citation ; 2° que la citation elle-même soit encadrée dans un récit, dans une discussion personnelle à l'écrivain qui en fait usage, qu'en un mot elle n'intervienne dans son œuvre qu'à titre de simple document.

— Trib. civil de la Seine, 21 mars 1889, aff. Duquet c. Dick de Lonlay (le *Droit*, 22 mars 1889).

574. Commet le délit de contrefaçon l'éditeur d'un journal qui reproduit textuellement une partie notable d'une œuvre dramatique sans le consentement de celui qui en a la propriété, en ayant soin de relier entre eux tous les passages cités par des récits, de manière à offrir un résumé de l'ouvrage qui dispense au besoin le public de l'acheter.

— C. de Paris, 6 janvier 1849, aff. Michel Lévy c. Leclerc (Blanc, p. 181).—Voir également : C. de Paris, 13 juillet 1830, aff. Meynier c. Darthenay (Dall., 1830. 2. 235).

575. Commet le délit de contrefaçon celui qui publie en brochure l'analyse, même semée de réflexions personnelles, d'une pièce de théâtre, du moment que le débit de cette brochure doit certainement nuire à la vente de l'œuvre intégrale.

— C. de Nîmes, 25 février 1864, aff. Michel Lévy c. Offray père et fils (Pat. 1864, p. 387).

SECTION II. — Faits assimilés à la contrefaçon.

§ 1ᵉʳ *Vente, Exposition en vente.*

576. Commet le délit de débit d'un ouvrage contrefait celui qui vend cet ouvrage connaissant son origine frauduleuse. Peu importe d'ailleurs qu'il le tienne de l'auteur de la contrefaçon ou d'un intermédiaire. Le délit n'en existe pas moins, et peut être établi par des preuves telles que l'aveu du prévenu ou une facture signée de lui.

— C. de Paris, 8 mai 1840, aff. Roret c. Béchet et Lebigre (Blanc, p. 72).

577. Le débitant, dans le sens de la loi, n'est pas seulement celui qui a débité, mais aussi celui qui a mis en vente ou qui a décidé de débiter des objets contrefaits qu'il possède ou qui lui sont expédiés, alors même que ces derniers ne lui seraient pas encore parvenus.

— C. d'Amiens, 28 novembre 1835 (Blanc, p. 183).

578. La saisie d'exemplaires d'un ouvrage contrefait opérée chez un libraire constitue une présomption légale de débit, sans qu'il soit nécessaire de prouver la vente effective.

— C. de Toulouse, 3 juillet 1835, aff. Hacquart c. Devers et autres.(Dall. *Prop. litt.*, n° 486, note 2).— Voir dans le même sens relativement aux œuvres d'art : C. de Paris, 6 avril 1850, aff. Clésinger c. Gauvin et autres (Dall., 1862. 2. 159); — Trib.corr.de la Seine. 15 janvier 1868, aff.Ledot c. Schucht frères (Pat., 1868, p. 61) ;— C. de Paris, 12 février 1868, aff. Garnier c. Caussinus (Pat., 1868, p. 74).

579. L'achat fait sciemment au contrefacteur par un libraire, avec l'intention de revendre les livres achetés, et l'exposition en vente de ces livres suffisent pour constituer à la charge de ce libraire tous les éléments du délit prévu par l'art. 426 du code pénal.

— C. de Toulouse, 17 juillet 1835, aff. V^{re} Maire-Nyon c. Douladoure et autres (Sir., 1836. 2. 41).

580. Ne saurait être considéré comme ayant commis le délit de débit d'un ouvrage contrefait le libraire qui, sans avoir exposé cet ouvrage en vente, n'en a procuré un exemplaire qu'à titre purement officieux, et sans faire acte de commerce, à la personne qui le lui avait demandé.

— C. de Cass., 2 décembre 1808, aff. Guillaume c. Stapleaux (Blanc, p. 199). — *Contrà*: Blanc, *eod. loc.*

581. La seule circonstance d'une annonce dans un catalogue ne suffit pas, si d'autres circonstances ne révèlent pas l'intention délictueuse, pour faire considérer un libraire comme débitant, la plupart des libraires grossissant leur catalogue de livres qu'ils n'ont pas.

— C. de Cass., 2 décembre 1808, aff. Guillaume c. Stapleaux (Blanc, p. 199).

582. L'annonce dans un simple prospectus ne peut pas constituer le délit de contrefaçon.

— Trib. correct. de la Seine, 2 mars 1822, aff. Agasse c. de Verdière (Renouard, t. 2, p. 364).

583. Les tribunaux ne peuvent apprécier d'avance sur un prospectus si un livre annoncé constituera ou non une violation des droits d'autrui.

— C. de Paris, 5 avril 1867, aff. Commission impériale et Dentu c. Lebigre-Duquesne (Pat., 1867, p. 109).

584. La saisie chez un libraire d'un seul exemplaire contrefait suffit pour le faire condamner.

— C. de cass., 29 frimaire an 14, aff. Wahlen c. Guillaume (Sir., 6. 1. 157).

585. L'exposition en vente d'un seul exemplaire dans les magasins d'un libraire suffit pour le rendre passible des peines de l'art. 426 du Code Pénal.

— C. de Toulouse, 17 juillet 1835, aff. Nyon (Dall., Prop. litt., nᵒ 372).

586. Quand le propriétaire d'un ouvrage a laissé passer de longues années sans se plaindre de la contrefaçon, le débitant peut être reconnu de bonne foi et renvoyé des fins de la plainte, alors que l'éditeur, son vendeur, est jugé coupable.

— Trib. corr. de la Seine, 21 mars 1865, aff. Vieillot c. Moronval et Pellerin (Pat., 1865, p. 198).

587. La bonne foi du débitant peut résulter, entre autres circonstances, de ce que la douane, pouvant empêcher l'introduction en France d'un ouvrage contrefait, l'a au contraire autorisée.

— C. de Douai, 8 août 1865, aff. Colombier et autres c. Sannier (Pat., 1869, p. 248).

588. La bonne foi du débitant, dépositaire de pro-

duits de fabrique dont certains sont reconnus contrefaits, peut résulter de ce que, n'ayant reçu ces objets que depuis quelques jours, au milieu de beaucoup d'autres, il n'avait pas eu le temps, au moment
de la saisie, de reconnaître ceux qui pouvaient donner lieu, au point de vue artistique, au reproche de
contrefaçon.

— C. de Paris, 7 février 1868, aff. Ledot c. Vieillard (Pat.,
1888, p. 63). — Voir : C. de Paris, 27 mars 1868, aff. Ledot c.
Déruaz et autres (Pat., 1868, p. 325).

589. Le contrefacteur que les lois françaises ne
peuvent atteindre tant que le délit n'est commis par
lui qu'à l'étranger, commet le délit de débit d'ouvrages contrefaits, réprimé par la loi française, dès que,
rentré en France, il y débite l'ouvrage qu'il a fait
imprimer sans droit à l'étranger.

— C. de cass., 29 thermidor au XI, aff. Vre Buffon c. Behemer (Dall., *Prop. litt.*, no 367).

590. Le délit de débit d'ouvrages contrefaits existe
également, aux yeux de la loi française, lorsqu'un
ouvrage contrefait, qui, à l'origine, a été publié dans
un pays étranger, continue à être mis en vente
dans le même pays, depuis qu'il a été annexé à la
France.

— C. de cass., 29 frimaire an 14, aff. Wahlen c. Guillaume
(Dall., *Prop. litt.*, no 368) ; — V. Blanc. p. 184.

591. L'imprimeur qui a conservé un certain nombre d'exemplaires en feuilles d'un ouvrage pour
l'impression duquel il n'a pas été payé n'a pas, sans
doute, le droit de se payer lui-même en vendant lesdits exemplaires; mais, s'il les vend, il ne commet

aucun des délits prévus et punis par les art. 425
et suiv. du Code Pénal.

— Trib. civ. de la Seine, 7 mars 1845, aff. Delavigne c. René
(Blanc, p. 183).

592. Le fait de mettre en vente sous forme de brochure une pièce de théâtre simplement extraite d'un
volume du théâtre complet d'un auteur, alors que
le droit de vendre cette pièce sous cette forme a été
cédé par l'auteur à une autre personne, peut sans
doute constituer une atteinte aux droits de cette dernière, et rendre son auteur passible de dommages-
intérêts, mais ne saurait constituer le délit de contrefaçon ni celui de débit d'ouvrage contrefait.

— Trib. corr. de la Seine, 30 novembre 1877, aff. Tresse c.
Barbré (Gaz. des trib., 2 déc. 1877).

§ 2. — *Introduction en France.*

INDEX

593. Commet le délit d'introduction en France d'ouvrages contrefaits le libraire qui achète de semblables ouvrages à l'étranger et se les fait expédier en
France.

— C. de Paris, 15 février 1835, aff. Granger c. Renouard
(Blanc, p. 185).

594. Les propriétaires d'œuvres contrefaites à
l'étranger peuvent faire saisir en France la contre-

façon partout où ils la trouvent, même au cas où
elle a été introduite en transit, la déclaration de
transit n'ayant, en droit, d'autre but que de lever
certaines prohibitions fiscales dans l'intérêt du commerce de commission et de l'industrie des trans-
ports, mais ne pouvant porter atteinte aux droits
reconnus aux auteurs par l'art. 427 du Code Pénal.

— C. de Paris, 28 novembre 1862 et 7 février 1863, aff. Debain et autres c. Raffin et autres (Pat., 1863, p. 61). — *Sic*: C.
d'Amiens, 28 novembre 1835 (Blanc, p. 185).

595. Le droit de saisie est encore moins douteux
en pareil cas lorsqu'il existe entre la France et le
pays d'exportation un traité stipulant la garantie ré-
cipropre des droits de propriété littéraire et artistique.

— C. de Paris, 28 nov. 1862, aff. Debain c. Raffin (Pat., 1863,
p. 61).

596. Il en est ainsi non seulement en vertu des
termes absolus de l'art. 426 du Code Pénal, mais les
lois qui protégent la propriété artistique et littéraire
se trouvent à cet égard fortifiées par la loi sur les
douanes du 7 mai 1841, qui exclut du transit les
contrefaçons de tous ouvrages reproduits par les
procédés de la typographie, de la lithographie ou de
la gravure.

—C. de Paris, 8 mai 1863, aff. Debain et autres c. Bremont
(Pat., 1863, p. 165).

597. Le délit d'introduction en France, prévu et
puni par l'art. 426 du Code Pénal, ne peut résulter
que du fait matériel du prévenu lui-même ou de ses
préposés ou représentants. L'existence en douane

des objets argués de contrefaçon ne peut y être assimilée. La franchise du transit est fondée sur le même principe; pour y faire exception dans l'art. 19 de la loi du 23 juin 1857, relativement aux marques de fabrique, le législateur a dû édicter une disposition spéciale et nouvelle.

— Trib. correct. de la Seine, 18 mars 1876, aff. Testu et Massin c. Hammerfeld (Pat., 1877, p. 265).

598. Mais en tous cas si les lois de douane, interprétées *lato sensu*, permettent, au cas de transit, de considérer le lieu de dépôt comme un terrain neutre fictivement séparé du sol de la France, il n'en est pas de même au cas de simple entrepôt, alors que les objets déposés à la douane ne doivent pas être nécessairement expédiés à l'étranger, mais peuvent être retirés en acquittant les droits pour alimenter le commerce de l'introducteur dans l'intérieur de la France.

Il n'est, en pareil cas, pas possible de couvrir par une fiction des faits de contrefaçon qui tombent sous le coup de la loi pénale.

— C. de Paris, 28 novembre 1861, aff. Debain et autres c. Lépée (Pat., 1861, p. 422).

599. Le délit d'introduction en France se trouve consommé à l'instant même où les exemplaires sont arrivés sur le territoire français. Peu importe qu'ils aient été réexportés, surtout s'il est prouvé que la réexpédition a eu lieu dans la crainte que la fraude ne fût découverte.

— C. de Paris, 20 février 1835, aff. Renouard c. Granger et Roret (*Gaz. des trib.*, 21 février 1835).

600. L'introduction en France et le débit d'ouvrages contrefaits ne sont punissables en vertu de l'art. 426 du Code Pénal qu'autant qu'il y a eu mauvaise foi et intention frauduleuse de la part des prévenus. Il appartient aux juges d'apprécier d'après les circonstances s'il y a bonne ou mauvaise foi.

— C. de Douai, 26 juin 1883, aff. le Bailly et autres c. Duflot et Delamotte (*Gaz. des trib.*, 28 juin 1883).

601. Un commissionnaire poursuivi pour introduction en France d'ouvrages contrefaits à l'étranger ne peut exciper de sa bonne foi lorsque, habitué à ce commerce, il ne pouvait ignorer l'origine frauduleuse des objets introduits par lui.

—C. de Paris, 28 novembre 1862, aff. Debain et autres c. Raffin (Pat., 1863, p. 61).

602. La bonne foi de l'introducteur peut résulter du fait que la douane a autorisé l'introduction en France de l'ouvrage contrefait, si aucune autre circonstance n'empêche d'admettre que le prévenu a dû croire qu'elle était permise.

— C. de Douai, 8 août 1865, aff. Colombier et autres c. Sannier (Pat., 1869, p. 248).

603. La bonne foi n'exclut pas d'ailleurs la confiscation, ni la condamnation totale ou partielle aux dépens.

— Même décision.

604. Ne constitue aucun des délits prévus et punis par les art. 425 et suiv. du Code Pénal la mise en vente qu'a faite un libraire à Paris des exemplaires d'un ouvrage imprimé en France, qui ont été vendus par l'éditeur à des libraires étrangers

sous la condition de ne pas les réimporter; il en est ainsi tout au moins lorsqu'il n'est pas établi que la violation de cette clause soit imputable au prévenu, qui avait pu l'ignorer et même avait dû croire que ces exemplaires étaient identiques à ceux qui étaient vendus directement en France par l'éditeur.

— Trib. correct. de la Seine, 4 mars 1834, aff. Béchet c. Crochard (*Gaz. des Trib.*, 5 mars 1834).

SECTION III. — Préjudice, Complicité, etc.

605. Le délit de contrefaçon n'existe qu'autant qu'il y a préjudice possible pour le plaignant.

— C. de Paris, 6 novembre 1841, aff. Victor Hugo c. Monnier et Bernard Latte (Blanc, p. 178). — Voir également: Blanc, p. 186. — *Sic*: C. de Paris, 1er décembre 1855, aff. Huc c. Furne (Pat., 1857, p. 243).

606. Si le préjudice est un des éléments essentiels du délit de contrefaçon, le préjudice moral suffit pour qu'il y ait délit, indépendamment de tout préjudice matériel, et en principe il y a préjudice par le seul fait de la reproduction faite au mépris des lois relatives à la propriété des auteurs.

— Trib. correct. de la Seine, 18 novembre 1851, aff. Goupil c. Serbitt-Chaudemanche et Mouillot (Blanc.p.189). — *Sic*: C. de Paris, 30 janvier 1865, aff. Vve Scribe c. Bagier (Pat., 1865, p. 5); — C. de cass., 15 janvier 1867, même aff., (Pat. 1867, p. 65).

607. L'imprimeur qui fait sciemment servir son im-

primerie à l'accomplissement du délit de contrefaçon se rend complice du délit, comme ayant aidé et assisté l'auteur du fait délictueux, et par suite encourt l'application de la loi pénale et doit être condamné solidairement à la réparation du préjudice causé.

— C. de Nîmes, 25 février 1864, aff. Michel Lévy c. Offray père et fils (Pat., 1864, p. 387).

608. Se rend complice des plagiats commis par un gérant de journal l'imprimeur qui emploie pour imprimer ces plagiats les compositions qu'il avait faites pour le journal dont le gérant se plaint de l'atteinte portée à ses droits.

— C. de Paris, 9 juillet 1839, aff. Brindeau c. Dumont et Boulé (Dall., *Prop. litt.*, nº 101).

609. Celui qui met sciemment en vente un ouvrage contrefait signé d'un autre nom que celui de l'auteur véritable, se rend, ainsi que le signataire, complice du délit reproché à l'imprimeur.

— Trib. correct. de la Seine, 18 novembre 1851, aff. Goupil c. Serbitt-Chaudemanche et Mouillaud (Blanc, p. 189).

610. Le délit n'existant pas sans intention coupable, ne peut être considéré comme s'en étant rendu complice le dépositaire passager au domicile de qui a eu lieu la saisie, du moment qu'il ne connaissait nullement la nature de la marchandise.

— C. de Paris, 29 novembre 1834, aff. Delalain c. Caron-Vitet et autres (Blanc, p. 200).

611. Celui à qui les marchandises sont expédiées peut être considéré comme complice du débitant, s'il savait qu'elles étaient le produit d'une contrefaçon et s'il se proposait lui-même d'en faire le commerce.

—— C. d'Amiens, 28 novembre 1835 (Gastambide, p. 126).

612. Il est de principe qu'il suffit que le délit soit constant et que les éléments qui le constituent soient relevés, pour que le complice puisse être incriminé et puni, quoique l'auteur principal ne soit pas connu ou ne soit pas mis en cause.

—Trib. correct. de la Seine, 23 mars 1872, aff, Sté des auteurs c. Pégard (Pat., 1872, p. 345).

CHAPITRE VII.

DE LA POURSUITE.

SECTION I. Du droit de poursuite, ou de ceux qui peuvent poursuivre.

INDEX

613. La fin de non-recevoir qui résulte du défaut de dépôt forme une exception péremptoire qui peut être opposée en tout état de cause et même pour la première fois en appel.

Elle se déduit en effet d'un défaut de droit et de qualité. A la différence des exceptions prévues par les art 173 et 186 du Code de procédure civile, lesquelles doivent être proposées avant tout défense au fond, elle n'est pas couverte par cela seul qu'elle n'aurait pas été invoquée *in limine litis*.

— C. de cass., 7 avril 1869, aff. J. Barbier et Gérard c. Richaud (Sir., 1869. 1. 142).

614. L'auteur est recevable à poursuivre devant la juridiction civile toute atteinte portée à son droit de propriété, alors même que les défendeurs, poursuivis d'abord devant le tribunal correctionnel, ont

été acquittés du délit de contrefaçon, leur intention frauduleuse n'ayant pas été suffisamment établie.

— Trib. civ. de la Seine, 23 août 1883, aff. Liétout c. Duhamel (*Gaz. des trib.*, 2 octobre 1883).

615. Le ministère public peut poursuivre directement la répression du délit de contrefaçon littéraire.

— C. de cass., 28 ventôse an IX, aff. Louvet; — 7 prairial an XI, aff. Bossange; — 27 mars 1835, aff. Hacquart (Roll. de Villargues, art. 425, nᵒ 10). — V. Blanc, p. 190.

616. Le désistement du plaignant à la suite d'une transaction intervenue entre lui et le délinquant laisse subsister l'action publique.

La contrefaçon est par elle-même un délit, abstraction faite de tout préjudice matériel.

— Trib. corr. de la Seine, 18 novembre 1851, aff. Goupil c. Serbitt-Chaudemanche et Mouillaud (Blanc, p. 189). — C. de Paris, 2 décembre 1859, aff. Merlieux. c. Dumas (Pat.,1860, p. 64). — C. d'Amiens, 9 mai 1842, aff. Beauvais (Rendu et Delorme, nᵒ 826). — Voir: Décret de la Convention du 6 vendémiaire an 3, cité par Blanc, p. 189.

617. Un failli, n'étant pas frappé d'incapacité absolue, peut intenter lui-même, sans l'assistance de son syndic, une action correctionnelle contre les contrefacteurs des ouvrages dont il est l'auteur; et il est juste de lui reconnaître ce droit puisqu'il a, plus que tout autre, en pareille matière, capacité et qualité pour défendre, non seulement ses intérêts pécuniaires, mais aussi des intérêts d'honneur et de dignité professionnelle.

— Trib. correct. de la Seine, 4 mai 1853, aff. Dumas c. *le Siècle* et Michel Lévy frères (*Gaz. des trib.*, 5 mai 1853).

618. Le fait qu'un ouvrage manuscrit est resté

longtemps déposé dans les archives de l'Etat par mesure de haute police n'a pu en déplacer la propriété et l'attribuer à l'Etat.

Par suite, le manuscrit étant restitué à la famille, cette dernière, dont le droit n'avait été que suspendu, en reprend le libre exercice, et les contrefacteurs ne peuvent lui opposer un prétendu droit du domaine public.

Un libraire poursuivi par elle ne peut davantage exciper de l'inaccomplissement de certaines conditions que l'Etat aurait mises à la restitution, le droit de l'Etat ne pouvant pas plus être invoqué par lui que celui de la famille.

— C. de Paris, 3 février 1857, aff. de St-Simon et Hachette c. Barba (Dall., 1858. 1. 146).

619. Le cessionnaire du droit de publier une édition d'un ouvrage acquiert un droit de propriété restreint, et peut se prévaloir de l'art. 1er de la loi de 1793.

Il résulte des termes des art. 4 et 5 de cette loi que ses dispositions doivent être étendues à tous ceux qui sont cessionnaires d'un ouvrage en tout ou en partie.

Le *véritable propriétaire* de l'édition originale, que le contrefacteur est tenu d'indemniser, ne peut en effet être autre que celui dont les intérêts sont lésés par la contrefaçon.

— C. de cass., 7 prairial an XI, aff. Bossange c. Moutardier et Leclerc (Blanc, p. 34). — *Sic*: Trib. civ. de la Seine, 3 février 1859, aff. Mulat et Dufour c. Pelligaud et Fortier (Pat., 1859, p. 90).

620. Le prévenu, poursuivi par un cessionnaire de l'auteur, ne peut lui opposer le défaut de date cer-

taine de son titre, conformément à l'art. 1328 du
code civil, qu'autant qu'il excipe en même temps
d'un droit de propriété que l'auteur lui aurait transmis, faute de quoi il est sans intérêt et sans qualité
pour critiquer la date de la cession en vertu de laquelle on agit contre lui.

— C. de cass., 27 mars 1835, aff. Hacquart c. Pistole (Dall.,
1835. 1. 438).

621. Lorsque la partie poursuivie invoque un
traité lui permettant de se dire elle-même cessionnaire, la question à juger devient une question purement civile, et le tribunal correctionnel doit se
déclarer incompétent.

— Trib. corr. de la Seine, 21 juillet 1842, aff. Tresse c. Sougère (Blanc, p. 94).

622. La Société des Gens de lettres a qualité pour
exercer des poursuites à raison de la reproduction,
faite sans son autorisation, des œuvres mises en
société.

— Trib. de Nantes, 4 mars 1875, aff. *Sᵗᵉ des Gens de lettres*
c. l'*Indépendance de l'Ouest* (*Chron. de la Soc. des gens de lettres*,
juin 1875). — Trib. correct. d'Amiens, 11 juillet 1883, aff.
Sᵗᵉ des Gens de lettres c. le *Progrès de la Somme* (*Chron. de la
Soc. des gens de lettres*, septembre 1883).— Voir: Trib. civil de
la Seine, 12 novembre 1886, aff. Favre c. la Sᵗᵉ des Gens de
lettres (la *Loi*, 13 novembre 1886), et les décisions relatives à
la Société rapportées Livre Iᵉʳ, chap. III.

623. La Sᵗᵉ des Gens de lettres, exerçant seule
le droit, aux termes de ses statuts, d'autoriser la
reproduction, dans les journaux, revues et recueils
périodiques, des œuvres mises dans son domaine par
les sociétaires, a en conséquence qualité pour poursuivre en justice la violation des droits dont elle est
ainsi investie.

— Trib. corr. de la Seine, 12 mai et 21 juillet 1881, aff. S^{té} des Gens de lettres et Chavette c. l'*Etoile française* (*Chron. de la Soc. des gens de lettres,* septembre 1881).

624. La Société des Gens de lettres, représentée par son délégué, a qualité pour poursuivre, conjointement avec celui de ses membres dont l'œuvre a été contrefaite, la répression du délit.

— Trib. correct. d'Argentan, 6 août 1885, aff. S^{té} des Gens de lettres et Siebecker c. Leclerc (*Chron. de la Soc. des gens de lettres,* novembre 1885).

625. L'auteur, même anonyme, qui a transmis à un journal le droit exclusif d'autoriser la reproduction de son œuvre, est fondé à demander la réparation du préjudice qu'il éprouve du fait, même autorisé par la direction de ce journal, de la reproduction de l'œuvre dans un autre journal sous un autre titre et sous le nom d'autres écrivains.

Ces derniers sont passibles de dommages-intérêts, comme ayant dépassé leur droit en s'appropriant l'œuvre et en la signant, quels que fussent d'ailleurs et le temps écoulé et le caractère de l'œuvre (mémoires d'un condamné à mort, publiés par son avocat), et les changements de détail qu'ils y avaient introduits.

— Trib. civil de la Seine, 7 août 1868, aff. Laurens et Mérican c. Baichère (le *Droit,* 9 août 1868).

626. L'éditeur qui a fait quelques corrections et changements à un ouvrage dans l'édition qui lui en a été cédée, n'a point acquis par là un droit de propriété, lui permettant, comme coauteur, d'exercer en son nom des poursuites de contrefaçon.

— C. de Paris, 7 août 1837, aff. Raissac c. Bourdin (Dall., 1838. 2. 22).

627. L'auteur d'additions faites à un ouvrage, en

collaboration avec l'auteur originaire, a, comme coauteur, qualité pour poursuivre le contrefacteur de
l'ouvrage, alors surtout qu'en fait il est constaté
que les additions ont été copiées comme le reste et
qu'elles sont assez importantes pour constituer une
véritable refonte de l'œuvre primitive.

— C. de cass., 18 décembre 1857, aff. Beaudoin c. Robiquet
(Pat., 1858, p. 72).

628. Une traduction d'un auteur étranger, publiée
sous un titre nouveau, dans un ordre nouveau et avec
des rectifications, donne à son auteur le droit de poursuivre comme contrefacteur la personne qui publie
sous le même titre que lui, avec le même format et en
adoptant son plan, une traduction du même ouvrage.

— C. de Paris, 6 février 1832 (Dall., *Prop. litt.*, n° 105).

629. Le détenteur d'une œuvre posthume a un titre apparent suffisant pour poursuivre les contrefacteurs de cette œuvre; en effet les recours auxquels
il peut être exposé de la part d'héritiers de l'auteur
ne peuvent exercer d'influence sur la condition des
tiers.

— C. de Paris, 3 février 1857, aff. de St-Simon et Hachette
c. Barba (Sir., 1857. 2. 84).

629 *bis*. Voir dans le même sens, en ce qui touche
l'éditeur d'une œuvre anonyme :

— C. de Paris, 25 juillet 1888, aff. Chevalier-Marescq c. Noblet (Pat., 1889, p. 70).

630. Celui qui n'est pas le représentant légal d'un
auteur, mais qui a seulement été autorisé à publier
dans une méthode musicale des fragments des œuvres de cet auteur, n'a pas qualité pour se plaindre
des emprunts qu'un tiers, sans y être autorisé, a pu
faire à ce même auteur.

— Trib. civil de la Seine, 2 décembre 1863, aff. Guerre c. Aimé Paris (Pat., 1865, p. 382). — Voir anal.: C. de Paris, 11 mai 1886, aff. Sornin c. Chineau (le *Droit*, 16 mai 1886).

631. Aucune fin de non-recevoir ne peut être tirée de ce que le plaignant n'a produit qu'en appel les titres dont il faisait résulter sa propriété ; il est de principe incontestable qu'un appelant peut toujours produire devant la cour les moyens et les pièces qu'il avait négligés en première instance.

— C. de cass., 5 floréal an 13, aff. Buisson c. Joly (Dall.' *Prop. litt.*, nº 462, note).

SECTION II. — De la saisie.

INDEX

632. L'article 3 de la loi du 19 juillet 1793 ne fait pas de la saisie une condition nécessaire de l'exercice de l'action, et la nullité ne rendrait pas, en conséquence, l'auteur ou ses cessionnaires non recevables à poursuivre leurs droits dans la forme ordinaire. Cela résulte implicitement des dispositions de l'art. 429 du code pénal, qui détermine comment l'indemnité due au propriétaire doit être réglée lorsqu'il n'y a point eu d'objets saisis et confisqués.

— C. de cass., 27 mars 1835, aff. Hacquart c. Pistole (Dall., 1835. 1. 438). — V. Blanc, p. 191 et 93.

Idem : C. de Paris, 20 mars 1872, aff. Bulla c. Taride (Pat., 1872, p. 265).

633. N'est d'ailleurs pas nulle la saisie pratiquée

par un cessionnaire dont le titre n'était pas enregistré.

— Même arrêt (V. Dalloz, *Prop. litt.*, n⁰ 466).

634. Un procès-verbal nul ne peut être considéré comme ayant constitué une preuve insuffisante, et sa nullité ne peut être proposée pour la première fois devant la Cour de cassation, quand elle n'a été invoquée ni en première instance ni en appel.

— C. de cass., 4 décembre 1875, aff. Bouasse-Lebel c. Robineau et autres (Pat., 1877, p. 8).

635. La nullité de la saisie ne fait pas obstacle à l'exercice de l'action, soit civile, soit correctionnelle, en contrefaçon.

La saisie en effet n'est qu'un mode de constatation du délit, qui peut être établi par toute autre voie, notamment par l'audition de témoins, par l'aveu du prévenu, ou par l'examen de papiers, registres et correspondances.

— C. de Paris, 20 mars 1872, aff. Bulla c. Taride (Pat., 1872, p. 265).

636. Un procès-verbal nul peut d'ailleurs être retenu aux débats comme simple document, et la preuve du délit peut être faite même par un certificat émané d'un témoin non appelé à l'audience, qui confirme les faits constatés.

Les tribunaux correctionnels ne sont pas tenus en effet de former leur conviction sur les seuls moyens de preuve énoncés dans les art. 153 et 189 du code d'instruction criminelle. Ils peuvent s'appuyer sur tous autres moyens, pourvu qu'ils soient produits à l'audience, et aucune loi ne leur interdit de faire entrer parmi les éléments de conviction

qui les déterminent les documents, notamment les
certificats, qu'on leur apporte, documents qu'ils
ont le droit d'apprécier à titre de présomptions.

— C. de cass., 4 décembre 1875, aff. Bouasse-Lebel c. Robineau et autres (Pat., 1877, p. 8).

637. Le coauteur d'une contrefaçon peut être
poursuivi et condamné pénalement, bien que n'étant
pas nommé dans le procès-verbal de saisie.

— C. de cass., 2 juillet 1807, aff. Clémendot c. Giguet et
Michaud (Dall., *Prop. litt.*, n° 366, note).

638. Aux termes de la loi de 1793 et de celle du
25 prairial an III, la saisie ne peut être opérée que
par un commissaire de police ou un juge de paix. —
Un agent de police, n'ayant pas le droit de verba-
liser, n'est pas compétent pour y procéder ; l'on ne
peut donc baser, sur son procès-verbal considéré
comme unique preuve du délit, une procédure correctionnelle et la condamnation du prétendu contrefacteur.

— C. de cass., 9 messidor an XIII, aff. Bidault c. Vᵛᵉ Louvet (Dall., *Prop. litt.*, n° 463). — V. Blanc, p. 191 et 192.

639. Aux termes de l'art. 3 de la loi du 19 juillet
1793 et de la loi du 15 juin 1795, les commissaires
de police et les juges de paix ont le droit exclusif de
procéder à toutes descriptions, perquisitions ou saisies en matière de contrefaçon littéraire ou artistique. Les huissiers n'ont pas qualité pour procéder à
ces opérations, et les procès-verbaux dressés par
eux sont nuls, et ne peuvent par suite être invoqués
comme preuve.

Il en est ainsi aussi bien quand la saisie a lieu en
vue de poursuites purement civiles que lorsqu'elle
a lieu en vue de poursuites correctionnelles.

— Trib. civ. de la Seine, 8 juillet 1886, aff. Richardin c. Louvraud fils et Malidor (Pat., 1889, p. 295).

640. Un procès-verbal de saisie ne fait preuve du délit qu'autant que par la façon dont il a été rédigé il mérite d'inspirer confiance.

Notamment une Cour a pu juger qu'on n'y trouvait point cette preuve, si celui qui l'a rédigé n'a appelé ni la personne inculpée ni, si elle était absente, personne de sa maison, afin de leur faire reconnaître les objets qui pouvaient être trouvés, d'en constater avec eux la découverte et d'en assurer l'identité.

— C. de cass., 5 floréal an XIII, aff. Buisson c. Joly (Dall., *Prop. litt.*, n° 462).

641. Le magistrat requis d'opérer la saisie n'a besoin d'aucune ordonnance préalable pour y procéder (art. 3 du Décret du 19 juillet 1793 et 1ᵉʳ du Décret du 25 prairial an III).

— C. de cass., 5 floréal an XIII, aff. Buisson c. Joly (Dall., *Prop. litt.*, n° 462, note). — Voir : Trib. civ. de la Seine, 8 juillet 1886 (Pat. 1889, p. 294).

642. Le gérant d'une librairie, et plus spécialement la femme qui administre seule une librairie fondée par son mari, et qui est par suite investie d'un mandat général pour la gérance du fonds de commerce, peut valablement requérir le commissaire de police de pratiquer une saisie au domicile d'une personne qu'elle désigne comme l'auteur d'une contrefaçon.

A supposer d'ailleurs cette saisie irrégulière, l'irrégularité serait couverte par la ratification du mari, au nom de qui il suffit que l'assignation soit délivrée, pour que l'action se trouve régulièrement engagée.

— Trib. correct. de Joigny, 9 mars 1861, aff. Gallot c. Zanote (Pat., 1861, p. 165).

643. Les procès-verbaux de saisie que dressent
les officiers de police ne sont proprement que des
actes conservatoires ; ils ne sont point introductifs
d'instance, et par conséquent ils ne lient point les
parties et ne préjugent rien quant à la nature de
l'action, que la loi laisse au demandeur le choix d'introduire devant la juridiction civile ou devant la
juridiction correctionnelle.

— C. de cass., 10 janvier 1837, aff. Leclerc et autres c.
Gauthier frères (Dall., *Prop. litt.*, nº 498). — Voir : Trib. civ.
de la Seine, 8 juillet 1886, aff. Richardin c. Louvraud fils et
Malidor (Pat., 1889, p. 294).

644. La preuve de la contrefaçon et de l'importance du préjudice peut être fournie par une correspondance et par des documents de comptabilité saisis entre les mains d'un tiers, et par exemple par des
pièces saisies chez un arbitre chargé de faire un rapport dans un autre procès relatif à l'ouvrage incriminé.

— Trib. corr. de la Seine, 17 janvier 1835, aff. Renouard c.
Granger et Roret (*Gaz. des trib.*, 23 janvier 1835). — V. Renouard, t. 2, p. 396 ; mais voir en sens contraire : Pouillet,
nº 653.

645. Lorsque, au cours d'une poursuite en contrefaçon, le plaignant a fait pratiquer sur le prévenu
une nouvelle saisie portant sur d'autres ouvrages
que ceux qui ont fait l'objet de cette poursuite, il
suffit que les faits délictueux relatifs à ces ouvrages
n'aient été ni pu être appréciés par les juges comme
éléments de la première condamnation pour qu'ils
puissent servir de base à une condamnation nou-

velle, fussent-ils antérieurs aux faits déjà poursuivis.

— C. de Paris, 15 novembre 1856, aff. Vieillot c. Régnier
et François (Pat., 1857, p. 166).

SECTION III. — De la procédure.

646. Le tribunal correctionnel est régulièrement
saisi de la connaissance du délit, quant à l'action
publique, par la citation donnée au prévenu à la requête du ministère public, et quant à l'action civile,
par l'intervention du demandeur à l'audience.

— C. de cass., 27 mars 1835, aff. Hacquart c. Pistole
(Dall., 1835. 1. 438). — V. Blanc, p. 93.

647. Si l'auteur qui a cédé son œuvre a qualité
pour surveiller l'exécution de tous traités relatifs à
sa publication, et peut par suite intervenir dans
tout procès qui s'y rapporte, cette intervention, en
tant qu'il n'est relevé à la charge des défendeurs
qu'une atteinte aux droits conférés par l'auteur à
ses cessionnaires, ne peut donner lieu à son profit à
des dommages-intérêts, et les frais qu'elle occasionne doivent être laissés à sa charge.

— Trib. civil de la Seine, 3 février 1859, aff. A. Dumas et
Mulat et Dufour c. Pelligaud et Fortier (Pat., 1859, p. 90).

648. Est régulière la procédure suivie au nom de

la Société des Gens de lettres pour obtenir condamnation à raison de la reproduction sans son autorisation des œuvres des auteurs qui sont membres de
cette société.

—Trib. de Nantes, 4 mars 1875, aff. S^{té} des Gens de lettres
c. l'*Indépendance de l'Ouest (Chron. de la Soc. des gens de lettres*, juin 1875). — Voir les autres décisions dans le même
sens citées chap. VII, sect. I.

649. La citation doit être donnée à celui qu'on
poursuit pour contrefaçon dans les formes du droit
commun, et la loi n'exige pas qu'outre le reproche
de reproduction illicite, elle contienne l'indication
des passages incriminés.

— Trib. corr. de la Seine, 18 novembre 1840, aff. Roret c.
Pourrat (Blanc, p. 195).

650. Le juge du délit est aussi juge des exceptions
proposées pour écarter le délit.

Les juridictions criminelles ne sont tenues de surseoir à statuer sur la prévention que lorsqu'il s'agit
de réclamations d'état, ou lorsqu'on excipe devant
elles d'un droit de propriété immobilière, sauf aux
tribunaux à se conformer aux règles générales de
la loi dans le jugement des questions de propriété
mobilière et des contestations soulevées par les prévenus sur l'existence et la portée des conventions.

— C. de Paris, 1er avril 1830, aff. Pillet c. Massey de Tyronne (Blanc, p. 204). — *Idem* : C. de cass., 2 août 1821
(Blanc, *eod. loc.*).

651. Le fait que la question de propriété a été dé-
férée par le prévenu au tribunal civil, n'oblige pas
le tribunal correctionnel, juge de l'action et de l'exception, à surseoir à statuer sur l'une et sur l'autre,
quand le tribunal civil n'a été saisi que postérieurement aux premiers actes de la poursuite.

— C. de Paris, 23 février 1865, aff. Barba c. Cadot (Pat., 1865, p. 148).

652. L'action civile survit à l'action correction-nelle, et si la mauvaise foi nécessaire pour établir le délit n'est pas démontrée, il est encore possible que la responsabilité civile des personnes poursuivies soit engagée par la simple faute, l'imprudence ou la négligence.

— Trib. civil de la Seine, 14 mars 1862, aff. de Gonet c. Lévy frères (Pat., 1862, p. 226).

653. L'action civile ne peut être exercée en même temps que l'action publique, c'est-à-dire devant les juges correctionnels, que par celui au préjudice de qui le délit a été commis et à qui il a fait directement dommage ; les tribunaux correctionnels ne sont com-pétents pour statuer sur les fins civiles de l'action qu'en tant qu'elle est dirigée contre le prévenu même et contre ceux qui, dans le sens étroit de l'expression, en sont civilement responsables.

— Trib. corr. de la Seine, 7 décembre 1864, aff. Ledot c. Geoffroy et autres (Pat., 1864, p. 432).

654. En matière pénale, la personne poursuivie ne peut pas exercer de recours en garantie.

L'éditeur, cessionnaire d'un ouvrage passible des peines de la contrefaçon, n'aura donc point d'action contre l'auteur, étant lui-même en faute, s'il a connu le fait de la contrefaçon.

Si pourtant, ce qui sera rare, étant donné qu'il doit connaître son état et ne pas se charger d'une édition à la légère, il a été de bonne foi, il aura l'ac-tion en garantie contre l'auteur.

— Trib. de commerce de la Seine, 28 novembre 1828 (Gas-tambide, p. 140).

655.Les principes sont les mêmes quand l'instance est portée devant le Tribunal civil. Pour pouvoir exercer un recours en garantie, il faut ne point avoir pris part à l'acte délictueux reproché au prétendu garant.

— Trib. civil de la Seine, 14 mars 1862, aff. de Gonet c. Lévy frères (Pat., 1862, p. 226).

656. L'éditeur qui consent à publier une œuvre qu'il sait entachée de plagiat, et sur les dangers de laquelle il lui incombe par suite d'éclairer l'auteur, ne saurait, en cas de poursuite, exercer une action en garantie contre ce dernier, et doit en conséquence supporter sa part des condamnations solidaires prononcées contre lui en même temps que contre l'auteur au profit de la personne lésée.

— Trib. civil de la Seine, 15 décembre 1869. aff. Delagrave c. Hér. de Bray et Sarlit (Pat., 1869, p. 418).

657. La juridiction commerciale est une juridiction spéciale, qui ne saurait donner lieu à l'application de la maxime : *Unâ viâ electâ non recursus datur ad alteram.*

En conséquence le commerçant qui, ayant cité un autre commerçant devant le tribunal de commerce, s'est vu contester la propriété de l'ouvrage qui avait donné lieu aux poursuites, a pu, le tribunal s'étant d'office déclaré incompétent, et l'ayant renvoyé à se pourvoir devant la juridiction ordinaire, agir devant celle-ci, à son choix, par la voie civile ou par la voie correctionnelle.

— C. de Paris, 9 janvier 1869, aff. Thunot-Devotenay et autres c. Degorce-Cadot (Pat., 1869, p. 138).

658. Dans la procédure suivie devant les tribunaux correctionnels, le dernier état du débat n'est irrévo-

cablement fixé que par le prononcé du jugement ou de l'arrêt. Jusque-là, ainsi que la loi le permettrait même au grand criminel, le prévenu dans l'intérêt de sa défense, le ministère public au nom de l'action publique doivent être admis à conclure et à produire toutes pièces et documents qu'ils croient utiles à la manifestation de la vérité.

C'est donc à tort qu'une Cour refuse d'entendre lecture et de donner acte de conclusions que l'avoué des prévenus demande à lire et déposer à l'audience à laquelle la cause, mise en délibéré, a été renvoyée pour le prononcé de l'arrêt.

— C. de cass., 28 mai 1870, aff. Asselineau c. Ledot et Duboc (Pat., 1870, p. 129).

659. Les juges correctionnels peuvent former leur conviction non-seulement sur les moyens de preuve énoncés dans les art. 153 et 189 du code d'instruction criminelle, mais à l'aide de tous autres moyens, pourvu qu'ils soient soumis au débat de l'audience.

Ils peuvent notamment admettre, comme éléments de cette conviction, de simples certificats émanés de témoins non appelés à l'audience, et tous autres documents qui sont produits devant eux ; et ils ont le droit de considérer ces documents comme des présomptions faisant preuve suffisante des faits.

—C. de cass., 4 décembre 1875, aff. Bouasse-Lebel c. Robineau et autres (Sir., 1887. 1. 287).

SECTION IV. — De la bonne foi.

660. La contrefaçon littéraire, à la différence de la contrefaçon industrielle, se constitue non moins par le fait matériel de la reproduction que par l'absence de bonne foi chez ceux qui l'exécutent.

— C. de cass., 13 janvier 1866, aff. Plon et Millaud c. Bourdin (Sir., 1866.1.267).

661. La loi n'exige pas que la contrefaçon ait eu lieu dans un but de spéculation et pour faire concurrence commerciale à l'auteur. Son vœu est de garantir la propriété contre toutes les atteintes qui peuvent lui être portées.

Mais il n'y a pas délit lorsque le prévenu a agi de bonne foi et sans intention de nuire.

— C. de Paris, 14 juillet 1838. aff. Mac-Carthy c. Marin et Prina (Gaz. des trib., 16 juillet 1838).

662. Le délit de contrefaçon n'existe pas, si le prévenu a agi sans intention frauduleuse.

Si donc la constatation du fait matériel d'impression, de débit ou de possession d'un ouvrage contrefait établit en faveur du plaignant et contre le saisi une présomption qui dispense le premier de toute autre preuve, la loi réserve néanmoins à l'individu prévenu de contrefaçon le droit de prouver sa bonne foi.

— C. de cassation, 27 février 1845, aff. Colombier c. Ri-

chaud ; — C. de Paris, 26 février 1827, aff. Léna c. Perrault
(Blanc, p. 196). — Voir dans le même sens : — C. de Paris,
6 juin 1883, aff. V^{re} Henry c. Guérin et autres (Dall., 1885.
2. 219). — C. de cass., 24 mai 1855, aff. Thoisnier-Desplaces
c. Didot et Lévy (Pat., 1855, p. 151). — C. de cass., 11 avril
1889, aff. Jean c. Charlot frères (le *Droit*, 1er mai 1889). —
Contrà : C. de Toulouse, 4 mars 1842, aff. Gros c. Vve Corne
(Blanc, p. 196). — C. de Paris, 24 avril 1856, aff. Vieillot c.
Régnier et François (Pat., 1857, p. 163). — C. de Paris, 15
novembre 1856, aff. Vieillot c. Régnier et François (Pat., 1857,
p. 166).

663. La contrefaçon, qu'elle se produise sous la
forme d'une édition gravée ou imprimée ou de toute
autre manière, a le caractère d'un délit et non d'une
contravention ; comme tout délit, elle ne peut exister
sans intention frauduleuse. Par conséquent, en l'absence de pensée coupable, la contrefaçon constitue
seulement un fait dommageable qui doit être déféré
aux tribunaux civils par celui qui veut obtenir réparation du préjudice causé par l'usurpation. Il y a
donc lieu pour les tribunaux correctionnels de rechercher si le prévenu a agi avec une intention frauduleuse.

— Trib. corr. de la Seine, 17 janvier 1890, aff. Rhodé c.
Colonne (*Gaz. Pal.* 90.1.232).

664. Le fait matériel de la contrefaçon crée contre son auteur une présomption de mauvaise foi.

— Trib. corr. de Douai, 17 novembre 1883, aff. Bathlot et
autres c. Duval Léon (Pat., 1885, p. 179). — Voir également :
C. de cass., 11 avril 1889, aff. Jean c. Charlot frères (le
Droit, 1er mai 1889).

665. En matière de contrefaçon, la bonne foi ne
se présume pas, à raison des mesures prises par le
législateur pour assurer la protection de la propriété
littéraire et industrielle et pour mettre les tiers à

même d'en vérifier facilement l'existence et l'é-
tendue.

La preuve de la bonne foi reste donc à la charge
de l'inculpé.

— Trib. corr. de la Seine, 18 août 1864, aff. Consolin c.
Merlin et Arthus Bertrand (Pat., 1865, p. 14).—Voir dans le même
sens :— C. de Lyon, 15 mai 1867, aff. Vᵛᵉ Sandinos c. Marquis
(Pat., 1867, p. 356). — C. de Paris, 22 janvier 1868, aff. Mi-
chel Lévy et Louis Reybaud c. Millaud (Pat., 1868, p. 22). —
Trib. corr. de la Seine, 4 décembre 1867, aff. Ledot c. Paraf-
Javal et autres (Pat., 1868, p. 56). — C. de cass., 11 avril
1889, aff. Jean c. Charlot frères (*le Droit*, 1ᵉʳ mai 1889).

666. Ce serait méconnaître la portée de la loi de
1793, que de mettre à la charge du plaignant la preuve de l'intention frauduleuse.

Ainsi le libraire qui, pour son commerce, achète
d'un autre que l'auteur tout ou partie d'une édition,
doit prouver qu'il a cru que son vendeur était réellement cessionnaire de l'auteur pour cette édition.
Tant qu'il ne rapporte pas cette preuve, il ne peut,
en règle générale, être considéré comme ayant agi
de bonne foi.

— C. de cass., 18 juin 1847, aff. Philippon de la Madelaine
c. Min. public et Didier (Dall., 1847.1.253).

667. Mais le libraire acquéreur doit être considéré
comme de bonne foi, et par suite renvoyé des fins
de la plainte dans le cas où, par le fait même de
l'auteur, il a pu être induit en erreur sur l'étendue
des droits de l'éditeur.

— Même arrêt.

668. La mauvaise foi ne doit pas être présumée,
lorsqu'un éditeur publie un ouvrage que l'auteur a
prétendu lui céder, bien qu'il en eût déjà aliéné la
propriété.

15

— C. de Paris, 23 février 1865, aff. Barba c. Cadot Pat., 1865, p. 148). — Voir l'arrêt précédent.

669. Celui qui reproduit une œuvre qu'on lui a vendue comme tombée dans le domaine public ne peut être considéré et puni comme contrefacteur, s'il prouve son erreur.

— C. de Paris, 26 février 1827, aff. Léna c. Perrault (Blanc, p. 197).

670. Il n'y a pas délit de contrefaçon littéraire, s'il n'y a pas eu mauvaise foi.

Doit donc être cassé l'arrêt qui condamne le prévenu sans constater sa mauvaise foi, alors que ce dernier excipait, pour faire admettre sa bonne foi, de ce qu'à raison de l'immense publicité qu'avait déjà reçue l'œuvre qu'il avait reproduite, il avait cru que cette œuvre avait été mise par l'auteur dans le domaine public, pour être vulgarisée par toute espèce de moyens.

— C. de cass., 9 août 1888, aff. Naudin (*Gaz. des trib.*, 8 août 1888).

671. L'intention frauduleuse existe au point de vue légal même si l'on admet qu'il n'y a pas eu intention de nuire. Au cas même où il aurait cru que sa reproduction ne causerait aucun préjudice à l'auteur, le prévenu est coupable de contrefaçon par cela seul qu'il a reproduit l'œuvre de ce dernier sans son consentement.

— C. de cass., 15 juin 1844, aff. Guérin-Didier c. Charpentier (Blanc, p. 197 et 73) ; — C. de cass., 26 novembre 1853, aff. Talbot c. de Villedeuil (Blanc, p. 197 et 161).

672. Il ne suffit pas que la bonne foi ait existé à l'origine pour que le délit doive être écarté ; il existe si le prévenu, sommé par huissier de cesser

la publication, l'a continuée et mise à fin nonobstant cette mise en demeure.

— C. de Paris, 22 janvier 1868, aff. Michel Lévy et Louis Reybaud c. Millaud (Pat., 1868, p. 22). — Voir : C. de Paris, 9 janvier 1869, aff. Thunot-Duvotenay c. Degorce-Cadot (Pat. 1869, p. 138).

673. Lorsqu'un éditeur a reproduit les œuvres d'un auteur contemporain, qui les avait publiées précédemment dans la même ville, c'est en vain qu'il prétendrait avoir été de bonne foi ; il est inadmissible qu'il ait cru que ces écrits étaient tombés dans le domaine public.

— C. de Paris, 9 janvier 1869, aff. Thunot-Duvotenay c. Degorce-Cadot (Pat., 1869, p. 138). — V. anal. : C. de Liège (Belgique), 4 décembre 1886, aff. Ass. des édit. de musique de Paris c. Bistez et Roche (Pat., 1887, p. 193).

674. La bonne foi ne saurait résulter du fait que le publicateur aurait vainement cherché à découvrir l'auteur, l'ouvrage ayant été publié sous un pseudonyme. Le devoir d'un directeur de journal, comme de tout autre, est en pareil cas de ne point reproduire cet ouvrage, faute d'avoir obtenu le consentement de l'auteur, qui ne peut être réputé avoir abandonné son œuvre au domaine public, parce qu'il a caché son nom.

— Trib. civil de la Seine, 18 décembre 1867, aff. Reybaud et Lévy frères c. Alph. Millaud (Pat, 1868, p. 23).

675. Si un éditeur prétend qu'on lui a fait croire que l'écrit par lui reproduit était l'œuvre d'un homonyme de l'auteur véritable, il n'y a pas lieu d'écarter le délit en se fondant sur la bonne foi du publicateur ; car, quel que fut l'auteur de l'écrit, il

avait des droits, auxquels l'éditeur ne devait pas porter atteinte.

— Trib. corr. de la Seine, 28 avril 1881, aff. de Beauvais c. Jogand (*le Droit*, 21 mai 1881).

676. La mauvaise foi est suffisamment justifiée par la facilité avec laquelle un imprimeur a exécuté les commandes d'une personne qui ne présente aucune garantie, sans se renseigner auparavant.

— Trib. corr. d'Epernay, 30 janvier 1864, aff. Vieillot c. Maqua (Pat., 1864, p. 40). — *Idem* : Trib. corr. de Marseille, 27 juin 1864, aff. Vieillot c. Perrot-Prat (Pat., 1864, p. 394) ; — C. d'Amiens, 11 août 1864, aff. Vieillot c. Docq et Bernaudin (Pat., 1864, p. 397) ; — C. d'Aix, 27 août 1864, aff. Vieillot c. Makaire et autres (Pat., 1864, p. 401).

677. La bonne foi est inadmissible de la part d'un libraire poursuivi comme débitant, lorsqu'une grande publicité a été depuis longtemps donnée à de nombreuses décisions réprimant d'autres contrefaçons des ouvrages saisis chez lui.

— Trib. corr. de la Seine, 10 avril 1861, aff. Vieillot c. Digard (Pat., 1864, p. 389). — Voir : Trib. corr. de Marseille, 21 août 1857, aff. Vieillot c. Chauffard et autres (Pat., 1857, p. 303) ; — C. de Paris, 24 avril 1856, aff. Vieillot c. Régnier et François (Pat., 1857, p. 163).

678. Il y a lieu d'admettre la bonne foi de simples crieurs et vendeurs d'un journal aux portes des théâtres, lorsque rien ne permet de supposer qu'ils dussent être informés qu'une chanson reproduite dans ce journal ne s'y trouvait que par suite d'un délit de contrefaçon.

— Trib. corr. de la Seine, 22 août 1860, aff. Vieillot c. Dumont et autres (Pat., 1861, p. 427).

679. Le délit d'introduction en France et de débit d'ouvrages contrefaits n'existe pas s'il n'y a pas intention frauduleuse. — Il appartient aux juges d'apprécier s'il y a bonne ou mauvaise foi.

— C. de Douai, 26 juin 1883, aff. Le Bailly et autres c. Duflot et Delamotte (*Gaz. des trib.*, 28 juin 1883).

680. La bonne foi ne saurait être admise lorsque le prévenu refuse obstinément de faire connaître l'éditeur ou le marchand qui fait commerce des œuvres contrefaites et chez qui il se les procure.

— Même affaire (V. Pataille, 1885, p. 175).

681. L'ignorance de la loi, lors même que depuis sa promulgation elle n'aurait pas reçu d'application, n'exclut pas l'existence de l'intention frauduleuse.

— C. d'Orléans, 22 avril 1863, aff. Debain c. l'Epée (Dall., 1863.2.88).

682. Doit être considéré comme de bonne foi et renvoyé des fins de la poursuite l'imprimeur qui a publié une contrefaçon par les ordres d'un haut fonctionnaire ou d'un ministre, ou qui peut se prévaloir d'une ordonnance royale.

— Trib. corr. de Versailles, 17 juillet 1827, aff. Muller c. Durfort ; — Trib. corr. de la Seine, 16 juillet 1830, même aff. (Gastambide, p. 124). — *Contrà* : — C. de cass., 3 mars 1826 aff. Muller c. Guibal (Blanc, p. 171). — V. Blanc, p. 198.

683. S'il ne peut y avoir délit de contrefaçon, quand il y a absence d'intention frauduleuse, il peut y avoir quasi-délit, en dépit de la bonne foi, et l'action civile subsiste au profit de la partie lésée.

— Trib. de Lunéville, 15 mai 1878. — *Idem* : Trib. civil de la Seine, 14 mars 1862, aff. de Gonet c. Lévy frères (Pat., 1862, p. 226) ; —Justice de paix d'Abbeville, 25 mai 1888, aff. Désiré Louis c. de Tully et Caudron (*le Droit*, 17 août 1888).

684. La bonne foi serait vainement alléguée devant la juridiction civile en matière de contrefaçon, le poursuivant ne pouvant être privé de sa pro·priété.

— C. de Besançon, 10 mars 1886, aff. Roret c. Nivois (Pat., 1887, p. 98).

685. Lorsqu'un prévenu a invoqué sa bonne foi, on ne peut pas dire qu'un arrêt a omis de statuer sur l'exception, du moment qu'il l'a condamné, puisque, en le déclarant coupable, l'arrêt a implicitement admis l'existence de l'intention fauduleuse ; toutefois cet arrêt doit être cassé pour violation de l'art. 7 de la loi du 20 avril 1810, comme ne donnant pas les motifs du rejet de l'exception, que celle-ci ait été proposée devant les premiers juges ou seulement devant la Cour.

— C. de cass., 1er mai 1862, aff. Debain c. Lépée (Pat., 1862, p. 309). — Voir dans le même sens : C. de cass., 13 janvier 1866, aff. Plon et Nourrit c. Bourdin (Dall., 1866.1.235). — Voir également : C. de cass. 11 avril 1889, aff. Jean c. Charlot frères (*le Droit*, 1er mai 1889).

686. Il y a contradiction, devant entraîner cassation, dans l'arrêt qui, loin de constater la mauvaise foi du prévenu, s'appuie, pour atténuer la peine prononcée par les premiers juges, sur cette considération « qu'il y a lieu de tenir compte au prévenu de l'erreur dans laquelle a pu l'induire l'immense vulgarisation de l'œuvre imprimée par lui ».

Une telle constatation, impliquant la bonne foi,

devait empêcher la Cour de reconnaître aux faits constatés les caractères d'un délit.

— C. de cass., 4 août 1888, aff. Naudin c. Delormel et autres (*le Droit*, 11 septembre 1888).

SECTION V. — De la compétence.

INDEX

687. Le Tribunal du lieu où a eu lieu la saisie, où par exemple les objets saisis ont été trouvés en transit, ne saurait être compétent pour connaître de la poursuite, s'il n'est en même temps le tribunal du lieu où le délit a été commis, ou celui de la résidence du prévenu, ou du lieu où ce dernier a pu être trouvé (art. 63 C. Instr. Cr.).

— C. de Paris, 29 novembre 1834, aff. Delalain c. Caron-Vitet, Barbou, etc. (Blanc. p. 200).

688. Le fait de contrefaçon et le fait de débit d'un ouvrage contrefait ayant entre eux des rapports nécessaires, le plaignant peut assigner à son choix tous les prévenus, soit devant le juge du contrefacteur, soit devant le juge du débitant.

— C. de Paris, 8 mars 1843, aff. Arnaud-Tizon c. Hazard (Blanc, p. 201). — *Idem* : C. de Paris, 3 juin 1843, aff. Spencer c. Muré-Buisson (Blanc, *eod loc.*) ; — C. de cass., 1ᵉʳ mai 1862, aff. Debain c. Lépée (Pat., 1862, p. 309) : — *Contrà* :

—Trib. corr. de la Seine, 22 novembre 1842, aff. Vᵛᵉ Schlumberger c. Leplay-Vardon (Blanc, p. 201).

689. Le contrefacteur ne peut être cité devant le tribunal du lieu du débit, à raison de la connexité, que si le débitant est poursuivi en même temps.

— C. de Paris, 17 septembre 1827, aff. Muller c. Degouy (Gastambide, n° 164).

690. Les tribunaux du lieu où un journal est distribué sont compétents pour connaître de la plainte portée contre le gérant, quoiqu'il demeure et publie le journal dans le ressort d'un autre tribunal.

— C. de Paris, 20 août 1841, aff. Sᵗᵉ des Gens de lettres c. l'*Echo du Nord* (Blanc, p. 202).

691. La contestation relative à la propriété n'est qu'une exception à la poursuite, et il est de principe que le juge de l'action est le juge de l'exception, alors même que le moyen sur lequel est basée l'exception ne serait pas de sa compétence s'il était présenté à la justice par voie d'action principale.

— C. de Paris, 1ᵉʳ avril 1830, aff. Pillet c. Massey de Tyronne (Blanc, p. 204). — *Idem* : C. de cass., 2 août 1821 (Blanc, *eod loc.*) — C. de Paris, 23 février 1865, aff. Barba c. Cadot (Pat., 1865, p. 148). — C. de Paris, 15 juin 1866, aff. Sᵗᵉ des auteurs et compositeurs c. Duval (Pat., 1866, p. 363).

692. Le demandeur a le droit d'intenter l'action soit devant les tribunaux civils, soit devant les tribunaux correctionnels.

Quand le plaignant est autorisé, par l'arrêt de condamnation, à faire saisir partout où ils seront trouvés tous exemplaires de l'édition contrefaite, et qu'en exécution de cet arrêt, une saisie a été opérée à sa requête par un commissaire de police, cette saisie n'est pas nulle pour n'avoir point été faite par un huissier, bien qu'il s'agît non plus d'une mesure préventive, mais d'une mesure d'exécution, les lois spéciales relatives à la propriété littéraire conférant cette attribution aux commissaires de police ; en outre, l'intervention de ce magistrat n'a nullement pour conséquence que la juridiction correctionnelle puisse seule connaître de la saisie ; enfin, que la saisie soit ou non considérée comme la suite et la conséquence d'une poursuite et d'une condamnation correctionnelles, les contestations qu'elle soulève, une fois la juridiction correctionnelle dessaisie par l'arrêt de condamnation, ne peuvent porter sur une question d'aggravation de peine, mais seulement sur l'importance de l'indemnité due au plaignant, à titre de réparation civile ; dans ces conditions il appartient à la juridiction civile de connaître de la question que lui soumet une des parties, sans renvoyer la cause devant les juges correctionnels.

— C. de cass., 10 janvier 1837, aff. Leclerc et consorts c. Gauthier frères (Dall., 1837. 1. 218).

693. L'art. 3 du titre premier de la loi du 3 pluviôse an 2 et l'avis du Conseil d'Etat du 7 fructidor an 12 attribuent aux Conseils de guerre la connaissance exclusive de tous les délits, de quelque nature qu'ils soient, commis par les militaires, à moins qu'ils ne soient commis durant un congé.

En conséquence, si un militaire, pendant qu'il est sous les drapeaux, se rend coupable de contrefaçon, il doit être poursuivi devant les tribunaux militaires, qui seuls pourront lui appliquer les peines portées par la loi contre les contrefacteurs (1).

_____

(1) Il en est de même aux termes de l'article 56 de la loi du 9 juin 1857.

— C. de cass., 9 février 1827, aff. Muller c. Durfort (Blanc, p. 666).

694. A tous les égards, le Tribunal de commerce est incompétent pour connaître d'un litige dans lequel il s'agit tout d'abord d'apprécier si les demandeurs sont propriétaires d'un ouvrage, et ensuite, éventuellement, de statuer sur des faits qui ne peuvent donner lieu qu'au reproche de contrefaçon.

— Trib. de commerce de la Seine, 16 mai 1868, aff. Vᵛᵉ Michaud et autres c. Degorce-Cadot (Pat., 1868, p. 189).

695. Les poursuites en contrefaçon sont de la compétence exclusive de la juridiction civile ou correctionnelle.

Le Tribunal de commerce ne saurait devenir compétent parce que le demandeur croit devoir donner à son action la forme d'une demande en dommages-intérêts pour concurrence déloyale.

— Trib. de commerce de la Seine, 11 septembre 1868, aff. Lévy c. Garnier frères (le Droit, 23 oct. 1868).

696. Jugé en sens contraire par la Cour d'appel que le Tribunal de commerce était compétent pour connaître, sinon du reproche même de contrefaçon, tout au moins d'une contestation s'agitant entre négociants et prenant sa source dans des actes de commerce, savoir la mise en vente et la vente par des libraires d'un ouvrage argué de contrefaçon.

Il en est ainsi du moment qu'un négociant est tenu envers un autre négociant d'une obligation dérivant soit de conventions, soit de quasi-contrats, soit de délits ou de quasi-délits.

— C. de Paris, 8 novembre 1869, même aff. (Pat., 1869, p. 375).

697. La voie correctionnelle reste ouverte à celui qui, ayant poursuivi un éditeur comme commerçant et pour un acte de commerce, devant le tribunal de commerce, a vu ce dernier se déclarer incompétent, sur la question de propriété soulevée par le défendeur, parce que les faits ne comportaient que le reproche de contrefaçon.

— Trib. correct. de la Seine, 25 novembre 1868, aff. Vve Michaud et autres c. Degorce-Cadot (Pat., 1869, p. 138).

698. Lorsqu'une personne édite elle-même un journal hebdomadaire dont elle est l'auteur, elle ne fait pas acte de commerce, alors même que dans ce journal figurent des indications relatives au prix de certains objets, et qu'on y trouve des annonces commerciales ; le Tribunal de commerce n'est donc pas compétent pour juger d'une action intentée à propos de cette publication.

— C. de Paris, 22 décembre 1886, aff. Louise d'Alq c. Darblay (*Gaz. des trib.*, 8 janvier 1887). — Voir : C. de Paris, 5 janvier 1887, aff. Tissot c. Paul Dupont (Pat., 1888, p. 18).

699. Un auteur qui publie ses propres ouvrages n'est pas commerçant, et l'achat des objets nécessaires pour la publication de ces ouvrages ne constitue pas un acte de commerce.

— C. de Paris, 3 février 1836, aff. Saint-Hilaire c. le Trésor public (Sir. 1836. 2.125).

700. S'il est de jurisprudence que l'auteur d'un ouvrage littéraire ou scientifique ne fait pas acte de commerce en publiant ses œuvres, soit par lui-même, soit par l'office d'un éditeur, alors même qu'il

emploierait le concours d'écrivains dans la composition de ses ouvrages, il n'en est pas de même d'une
société dont l'objet est sans doute la publication
d'un recueil scientifique (dans l'espèce le *Recueil général des lois et arrêts de Sirey*), mais dont aucun des
membres, y compris ceux qui sont chargés de
l'administration, ne participe personnellement à la
composition ni à la rédaction du recueil, alors
d'ailleurs que pour les besoins de son exploitation,
elle paie les rédacteurs, vend et achète et fait faire
des offres de service par des voyageurs, et agit en
un mot comme une maison de commerce.

— C. de Paris, 2 juillet 1889, aff. Choppin et autres c.
Daubenas et autres (*le Droit*, 20 juillet 1880).

701. S'il appartient aux tribunaux de statuer en
ce qui touche les faits accomplis, ils n'ont point à
prononcer à l'avance une interdiction de récidiver,
sauf au demandeur à se pourvoir de nouveau, s'il y
a lieu.

— Trib. civil de la Seine, 5 août 1874, aff. Mingardon c.
Repos (Pat., 1875, p. 250).

SECTION VI. — Des condamnations.

INDEX

702. L'imprimeur reconnu coupable de plusieurs
délits de nature différente, par exemple d'un délit

d'outrage à la morale publique et d'une contravention aux lois sur la presse, en même temps que du délit de contrefaçon, doit bénéficier de la disposition de l'art. 365 du Code d'instruction criminelle, aux termes duquel, en cas de condamnation pour plusieurs crimes ou délits, la peine la plus forte doit seule être prononcée.

Le principe de cet article, conçu dans les termes les plus généraux, s'applique à toutes les infractions frappées de peines criminelles ou correctionnelles, qu'elles soient prévues par le Code pénal ordinaire, ou qu'elles le soient par des lois spéciales, à moins que ces infractions n'en aient été explicitement ou implicitement exceptées par la loi.

— Trib. corr. d'Epernay, 30 janvier 1864, aff. Min. publ. et Vieillot c. Pujolle et Maqua (Pat., 1864, p. 40). — *Idem :* Trib. corr. de Marseille, 27 juin 1864, aff. Min. public et Vieillot c. Perrot-Prat et autres (Pat., 1864, p. 394). — C. d'Amiens, 11 août 1864, aff. Min. public et Vieillot c. Docq et Bernaudin (Pat., 1864, p. 397). — C. d'Aix, 27 août 1864, aff. Min. public et Vieillot c. Makaire et autres (Pat., 1864, p. 401).

703. L'art. 463 du Code pénal, relatif aux circonstances atténuantes, est applicable au délit de contrefaçon comme à tout autre délit prévu par le Code pénal, et au cas où le prévenu est convaincu de plusieurs crimes ou délits, il faut l'appliquer également, si toutefois le délit qui entraîne la peine la plus forte comporte son application.

— Trib. corr. de Marseille, 27 juin 1864, aff. Min. publ. et Vieillot c. Perrot-Prat et autres (Pat., 1864, p. 394).

704. En matière pénale, l'action publique contre les délinquants ne doit donner lieu qu'à des poursuites individuelles.

Les divers associés d'une maison de commerce doivent donc être condamnés chacun séparément, sauf la solidarité pour les amendes et les dépens, si en fait chacun d'eux a été convaincu d'avoir pris une part personnelle et directe au délit de contrefaçon.

— C. de Paris, 11 décembre 1857, aff. Goupil et Cie c. Petit et autres (Pat., 1858, p. 287).

705. La confiscation, prononcée par les art. 427 et 429 du Code pénal, n'est pas une peine dans le sens légal que donne au mot l'art. 11 du même Code ; elle n'est que la remise au véritable propriétaire d'un objet qui lui a été dérobé, et doit être prononcée même contre le détenteur de bonne foi. Aux termes mêmes de l'art. 429, elle n'a en effet que le caractère d'une réparation civile, et elle a été instituée afin de retirer les objets contrefaits de la circulation.

La confiscation doit donc être prononcée même en cas d'acquittement motivé par la bonne foi du prévenu.

— C. de Douai, 8 août 1865, aff. Colombier et autres c. Sannier (Pat., 1869, p. 248); — C. de Paris, 21 novembre 1867, aff. Dussacq c. Baulant (Pat., 1867, p. 359); — Trib. corr. de la Seine, 10 juillet 1823, aff. Dihl c. L... (Gastambide, p. 407); — C. de Paris, 26 février 1825, aff. Léna c. P. et M. (Dall., 1825. 2. 141); — Trib. corr. de la Seine, 22 novembre 1831, aff. Jazet c. Pomel et autres (Gaz. des trib., 25 novembre 1831); — C. de Paris, 12 juillet 1867, aff. Cain c. Bourrichon (Pat., 1867, p. 407); — C. de Paris, 31 janvier 1868, aff. Ledot c. Paraf-Javal (Pat., 1868, p. 56) ; — C. de Paris, 7 février 1868, aff. Ledot c. Pujol (Pat., 1868, p. 63) ; — C. de Paris, 25 juin 1870, aff. Ledot c. Dauphin et Bernier (Pat., 1870, p. 264); — Trib. corr. de la Seine, 14 mai 1878 aff. Lepec (Pouillet, n° 700). — Sic : Blanc, p. 205 ; Pouillet n° 699 ; Pataille, Annales, art. 1580, année 1868, p. 305.

— *Contrà* : C. de Paris, 12 juillet 1862, aff. Vermot c. de Saillet et Barbou (Pat., 1862, p. 314 ; — C. de Paris, 27 mars 1868, aff. Ledot c. Bac et autres (Pat., 1868, p. 325); — C. de cass., 29 décembre 1882, aff. Sicard c. Japy (Dall., 1884. 1. 369).

706. Lorsque la poursuite est intentée par le ministère public, sans qu'il y ait dans la cause une partie civile réclamant la confiscation, celle-ci n'en doit pas moins être prononcée, à titre de peine. — Car, en principe, elle est une peine, et la destination ultérieure des choses confisquées ne saurait la dépouiller de son caractère répressif, sans une dérogation expresse faite au principe par la loi même. Autrement il faudrait admettre qu'antérieurement au Code pénal, l'art. 2 du décret du 7 germinal an XIII, qui renvoie à la loi du 19 juillet 1793, n'aurait eu aucune sanction, mais aurait, en créant un droit exceptionnel, rendu en même temps illusoire l'exercice de ce droit, cette loi n'édictant aucune peine, si ce n'est la confiscation (1).

— C. de cass., 5 juin 1847, aff. Ministère public c. Belin, Leprieur et consorts (Pat., 1868, p. 316).

707. La confiscation de l'édition contrefaite, qu'on la considère comme une peine ou seulement comme une réparation civile, ne peut être ordonnée contre les prévenus par le jugement ou l'arrêt qui les acquitte, mais il reste au plaignant le droit d'exercer l'action civile pour obtenir réparation du préjudice qui a pu lui être causé.

— C. de Paris, 12 avril 1862, aff. de Gonet c. Lévy (Pat.,

(1) Voir les art. 41, 42 et 44 du décret du 5 février 1810.

1862, p. 228). — *Contrà :* les diverses décisions citées ci-dessus, n° 705.

708. La confiscation ne peut pas davantage être prononcée contre le prévenu reconnu coupable, lorsqu'il n'est pas détenteur de l'édition contrefaite.

— C. de Paris, 12 avril 1862, aff. de Gonet c. Méry et autres (Pat., 1862, p. 228). — Comp. : Trib. corr. de la Seine, 7 août 1877, aff. Pradier c. Susse *(le Droit,* 12 août 1877).

709. Lorsque les prévenus, acquittés en première instance, sont reconnus coupables en appel, la confiscation, à la différence de l'amende, qui ne peut être prononcée que sur les réquisitions du ministère public, doit être ordonnée par la Cour à la requête de la partie civile, et il en est ainsi, même au cas où, le ministère public n'ayant pas fait appel et l'action publique étant éteinte, la peine ne peut être appliquée.

— C. de Paris, 1er mars 1830, aff. Gosselin c. Aubrée et consorts ; — *idem,* 24 janvier 1845, aff. Demy-Doisneau c. Roussel et autres (Pat., 1868, p. 320 et 321) ; — C. de Paris, 21 août 1857, et C. de cass., 18 décembre 1857, aff. Baudouin c. Robiquet (Pat., 1858, p. 72).

710. Le prévenu acquitté à raison de sa bonne foi, contre lequel toutefois la confiscation a dû être prononcée, ne peut être condamné aux dépens faits par le plaignant dans l'action qu'il a intentée contre lui. Mais ces mêmes dépens peuvent, à titre de dommages-intérêts, être mis à la charge d'un autre prévenu, qui, à la différence du premier, a été reconnu coupable.

— C. de Paris, 7 février 1868, aff. Ledot c. Vieillard et Pujol (Pat., 1868, p. 63).
— *Contrà :* C. de Douai, 8 août 1865, aff. Colombier et autres c. Sannier (Pat., 1869, p. 248).

Voir encore : C. de Paris, 21 novembre 1867, aff. Dussacq
c. Baulant (Pat., 1867, p. 359).

711. Quand aucune saisie n'a eu lieu, la confiscation
représentant aux yeux de la loi tout ou partie de
l'indemnité à laquelle le plaignant a droit, il y a
lieu, si elle ne peut être prononcée d'une façon
utile, de dédommager tout au moins le plaignant
par le paiement de dommages-intérêts.

— C. de Paris, 2 juillet 1834, aff. Barba c. Dumas et Charpentier (Gaz. des trib., 3 juillet 1834). — Comp. : Trib. corr.
de la Seine, 7 août 1877, aff. Pradier c. Susse (le Droit, 12
août 1877).

712. Les termes de l'art. 427 impliquent que la confiscation doit être prononcée non-seulement quant aux
choses saisies, mais aussi à l'égard des exemplaires
contrefaits, dans quelque lieu qu'ils soient trouvés
par la suite.

— C. de Paris, 14 août 1828, aff. Marchand c. Terry jeune
(Gaz. des trib., 15 août 1828). — Sic : Trib. corr. de la Seine,
24 février 1827, aff. Collaine c. Roret (Gaz. des trib., 13 mars
1827); — C. de cass., 10 janv. 1837, aff. Leclerc et consorts
c. Gauthier frères (Dall., 1837. 1. 218).

713. Lorsqu'une usurpation partielle, consistant
par exemple dans la reproduction de phrases dissémi-
nées dans les diverses parties de l'ouvrage incriminé, est jugée constituer, non une contrefaçon
proprement dite, mais un simple plagiat, il y a seulement lieu au paiement de dommages-intérêts, et
non à confiscation.

— Trib. civ. de Rouen, 19 janvier 1868, aff. le Brument c.
Haulard (Pat., 1869, p. 347).

714. Lorsqu'il y a non simple plagiat, mais contrefaçon partielle, il y a lieu d'ordonner la confisca-

16

tion de l'édition tout entière, sauf à n'autoriser le plaignant à faire détruire que les planches d'impression ou de gravure contenant les passages ou les dessins contrefaits.

— C. de Paris, 14 août 1828, aff. Marchand c. Terry jeune (*Gaz. des trib.*, 15 août 1828).

Voir dans le même sens :

C. de Paris, 20 février 1872, aff. Delagrave c. Sarlit et dˡˡᵉ de Bray (Sir., 1873. 2. 273).

715. De même lorsqu'il y a contrefaçon totale d'un travail, que l'on intercale dans une édition d'un ouvrage, la confiscation de l'ouvrage peut être prononcée d'une façon indivise.

— Trib. corr. de la Seine, 24 février 1827, aff. Collaine c. Roret (*Gaz. des trib.*, 13 mars 1827).

716. Toutefois, si la division est facile à faire, les tribunaux peuvent ne prononcer que la confiscation des chapitres contrefaits.

— C. de Paris, 1ᵉʳ décembre 1855, aff. Huc c. Furne (Pat., 1857, p. 243) ; — Trib. corr. de la Seine, 16 août 1864, aff. Consolin c. Merlin et Arthus Bertrand (Pat., 1865, p. 14).

717. La réparation due à la partie lésée peut consister uniquement dans la remise des exemplaires confisqués.

En cas de contrefaçon partielle, lorsque la partie contrefaite peut difficilement être séparée du reste et est d'une certaine importance, il y a lieu de prononcer la confiscation pour le tout.

— C. de Besançon, 10 mars 1886, aff. Roret c. Nivois (Pat., 1887, p. 98).

718. Quand la confiscation, en raison de l'impossibilité qu'il y a de séparer les parties contrefaites de celles qui ne le sont pas, est prononcée pour la tota-

lité de l'ouvrage, les juges n'en doivent pas moins, en évaluant, conformément à l'art. 429 C. P., l'indemnité due au plaignant pour les exemplaires non retrouvés ou vendus avant la saisie, prendre pour base d'appréciation le prix des exemplaires de l'ouvrage original qui a été contrefait, plutôt que celui de l'édition contrefaite, afin de proportionner l'indemnité au préjudice, conformément au vœu de la loi·

— C. de cass., 4 septembre 1812, aff. Dentu c. Guillaume (Blanc, p. 206).

719. Un arrêt a jugé, dans un cas où il n'y avait pas eu de saisie, que la confiscation pouvait n'être pas prononcée, lorsqu'elle devenait d'une exécution difficile par la réunion d'ouvrages contrefaits et non contrefaits dans une même publication, et qu'elle pouvait être remplacée par une indemnité équivalente.

— C. de Paris, 6 mai 1834, aff. Barba c. Dumas et Charpentier (Blanc, p. 107).

720. Un arrêt a jugé que, dans le cas où la confiscation complète des exemplaires saisis serait une réparation excessive du préjudice, et la confiscation partielle sans intérêt, il suffirait d'ordonner la radiation des parties contrefaites, ces dernières pouvant être supprimées à l'aide de cartons.

— C. de Paris, 23 janvier 1862, aff. Chevé c. Collet (Pat., 1862, p. 28).

721. Les objets confisqués doivent être remis en nature au poursuivant.

— C. de cass., 30 janvier 1818 (Gastambide, p. 205); — C. de Paris, 28 novembre 1826, aff. Dentu c. Guillaume (Gaz. des trib., 29 novembre 1826); — Trib. corr. de la Seine, 16 janvier 1834, aff. Vᵛᵉ Agasse c. A. Leclère et Cⁱᵉ (*Gaz. des trib.*, 20 janvier 1834) ; — Trib. corr. de la Seine, 22 mars 1834, aff. Delalain c. Ardant *(Gaz. des trib.*, 23 mars 1834).

722. Dans le cas de poursuites contre un failli, les dommages-intérêts alloués au demandeur cons- tituent une créance ordinaire qui doit suivre le sort commun, et ne peut être payée qu'au marc le franc comme les autres, tout autant du moins que le pré- judice résulte du fait personnel du failli et non de celui de la faillite ; mais la faillite ne peut invoquer aucun droit sur les exemplaires contrefaits qui ne se trouvent dans l'actif que par suite du délit impu- table au failli et ils doivent être remis en nature au poursuivant, ce dernier ayant le droit d'empêcher une mise en vente qui, en les mettant dans le com- merce, constituerait une atteinte sans cesse renou- velée à ses droits.

— C. de Paris, 5 juillet 1859, aff. Liskenne c. Poilleux et Dubois (Pat., 1860, p. 205).

723. Un arrêt, tout en constatant que le livret d'un opéra constituait une contrefaçon, a exempté de la confiscation les morceaux de cet opéra gravés ou imprimés séparément, par la raison que la vente du texte ainsi placé sous les morceaux de chant sé- parés de la partition ne pouvaient préjudicier à l'au- teur dont le drame avait été contrefait.

— C. de Paris, 6 novembre 1841, aff. Victor Hugo c. Mon- nier et Bernard Latte (Blanc, p. 178).

724. Quand la contrefaçon a été constatée par la juridiction correctionnelle, sans que la saisie de certains objets ait été spécialement autorisée par l'arrêt de condamnation, le poursuivant qui fait pra- tiquer la saisie en vertu de la loi de 1793 et de

l'art. 427 C. P., peut introduire l'action en validité de saisie devant la juridiction civile, compétente en ce cas pour prononcer la confiscation des objets, bien que la saisie ait été opérée par un commissaire de police.

— C. de cass., 10 janvier 1837, aff. Leclerc et cons. c. Gauthier frères (Dall., *Prop. litt.*, n° 498, note).

725. Il résulte de l'esprit et du texte même des art. 15, 41 § 7 et 42 du décret du 5 février 1810, 427 et 429 du Code pénal, que la confiscation des ouvrages saisis à la frontière par les préposés de la douane doit être prononcée, non au profit de cette administration, mais au profit des auteurs ou de leurs cessionnaires.

— Trib. corr. de Pontarlier, 25 juillet 1835, aff. Verdier c. Min. public et Administration des douanes (Dall., 1835. 3. 114).

726. La saisie pratiquée en vertu de la loi de 1793 dans un cas où il est ultérieurement jugé qu'il y avait non contrefaçon, mais concurrence déloyale, ne peut être maintenue, aucune loi ne permettant de saisir pour cette cause, et les objets saisis doivent être remis aux parties condamnées.

— Trib. de la Seine, 16 janvier 1883, aff. Catulle Mendès et Lalouette c. Piégu et Cie (*le Droit*, 17 janvier 1883).

727. Dans le cas où l'action publique et l'action civile sont éteintes par la prescription, comme dans les cas où, pour toute autre raison, les prévenus doivent être renvoyés des fins de la poursuite, la confiscation ne peut pas être prononcée.

La loi de 1844 sur les brevets d'invention, qui prononce la confiscation même en cas d'acquittement, ne peut être étendue par analogie à une matière qui, n'étant pas régie par elle, reste soumise au droit commun.

— C. de cass., 29 décembre 1882, aff. Sicard c. Japy (Dall., 1884. 1. 369).

728. Un jugement ne peut faire défense au contre-facteur de porter de nouvelles atteintes au droit du plaignant, à peine d'une certaine somme de dommages-intérêts par chaque contravention.

— C. de Toulouse, 26 mars 1836, aff. Weynen c. Meisson-nier (Gastambide, p. 209). — *Sic* : Gastambide, *eod. loc.* ; Blanc, p. 206.

Contrà : Trib. de comm. de la Seine, 14 août 1829 ; — *id.*, 5 juin 1833, aff. du *Constitutionnel* c. l'*Echo français* (Gastam-bide, *eod. loc.*).

729. Les tribunaux peuvent, au civil, à titre de sanction de leurs décisions, condamner le délinquant à une certaine somme de dommages-intérêts pour chaque contravention qui serait ultérieurement constatée.

— C. de Paris, 30 mai 1872, aff. Philibert et Roucou c. Duchenne (Pat., 1873, p. 165); — Trib. civil de la Seine, 14 fév. 1873, aff. Choudens c. Dubost et Bataille (Pat., 1873, p. 168). — Comp. : Trib. civ. de la Seine, 5 août 1874 (Pat., 1875, p. 250).

730. Ils peuvent ordonner la suppression de pas-sages, ou la destruction, demandée par le plai-gnant, d'exemplaires, planches, moules et clichés.

— C. de Paris, 14 août 1828, aff. Marchand c. Terry (*Gaz. des trib.*, 15 août 1828) ; — C. de Paris, 30 mai 1872, aff. Philibert et Roucou c. Duchenne (Pat., 1873, p. 165) ;—Trib. civ. de la Seine, 14 février 1873, aff. Choudens c. Dubost et Bataille (Pat., 1873, p. 168) ; — Trib. de commerce de la Seine, 19 décembre 1876, aff. Bertrand c. Palmé (*le Droit*, 19 janvier 1877); — Trib. civil de la Seine, 21 mars 1889, aff. Duquet c. Dick de Lonlay (*le Droit*, 22 mars 1889).

731. Les dommages-intérêts sont la réparation du préjudice éprouvé, apprécié par les tribunaux, d'après les règles du droit commun.

L'art. 429 du Code pénal a à cet égard, partiellement abrogé la loi du 19 juillet 1793.

— C. de cass., 26 juin 1835, aff. Hacquart c. Gadrat (Dall., 1836. 1. 403) ; — C. de Toulouse, 3 juillet 1835, aff. Hacquart c. Devers et autres (Dall., 1836. 2. 56) ; — C. de Toulouse, 17 juillet 1835, aff. Vve Maire-Nyon c. Douladoure et autres (Dall., 1836. 2. 56) ; — C. de Paris, 11 mars 1837, aff. Renduel c. Gellée (*Gaz. des trib.*, 12 mars 1837) ; — C. de Rouen, 25 oct. 1842, aff. Didot c. Réville et Lemâle (Dall., *Prop. litt.*, n° 88, note) ; — C. de Colmar, 27 mars 1844, aff. Lagier c. Schwilgué (Dall., 1845. 2. 8).

Voir encore : C. de cass., 4 septembre 1812 (Gastambide, p. 210) ; — C. de cass.. 30 janvier 1818 (Gast., *eod. loc.*) ; — Trib. de Lunéville, 15 mai 1878.

732. L'art. 429 ne s'oppose pas à ce que l'indemnité allouée consiste uniquement dans l'attribution, au profit du plaignant, des exemplaires saisis, sans que le contrefacteur soit condamné à payer de plus amples dommages-intérêts.

— C. de Toulouse, 3 juillet 1835, aff. Hacquart c. Devers et autres (Dall., 1836. 2 56).

733. Il n'y a pas cumul illégal d'indemnités, mais application de l'art. 429 du Code pénal, dans l'arrêt qui attribue au plaignant les exemplaires saisis, après avoir fixé le chiffre des dommages-intérêts. L'arrêt n'a fait que se conformer exactement audit article, en faisant concourir à la réparation du préjudice les deux éléments indiqués.

— C. de cass., 18 décembre 1857. aff. Baudouin c. Robiquet (Pat., 1858, p. 72).

734. Si les plaideurs demandent souvent à la jus-

tice des chiffres fantaisistes et non justifiés de dommages-intérêts, il n'y en a pas moins lieu parfois, pour évaluer le préjudice, de tenir compte d'éléments fournis même par de simples prospectus ou annonces produits par le prévenu lui-même, qui viennent justifier le chiffre demandé.

Ainsi il y aura lieu, pour déterminer le préjudice, en prenant pour base le profit que l'auteur contrefait eût pu tirer de son œuvre en en faisant paraître de nouvelles éditions, de tenir compte du fait que le contrefacteur a annoncé dans les journaux que ce libraire avait 30,000 dépositaires ; et l'évaluation ne sera pas exagérée si chacun de ces derniers est supposé avoir vendu un exemplaire.

— Trib. corr. de la Seine, 22 avril 1881, aff. de Beauvais c. Jogand (*le Droit*, 21 mai 1881).

735. Le jugement de condamnation peut allouer au demandeur des dommages-intérêts dont le chiffre sera fixé ultérieurement sur la production d'un état.

— Trib. de la Seine, 29 mars 1879, aff. Monnot c. Mantz et Lethielleux (*le Droit*, 30 mars 1879). — Voir : Trib. corr. de la Seine, 7 août 1877, aff. Pradier c. Susse (*le Droit*, 12 août 1877).

736. Dans un état de dommages-intérêts soumis à la juridiction correctionnelle en exécution d'un arrêt de condamnation, figure à bon droit une somme suffisante pour indemniser le plaignant des dépenses de toute nature que sa plainte lui aura occasionnées, devant toutes les juridictions qui ont dû successivement en connaître, à la condition toutefois que ces dépenses soient jugées utiles et raisonnables.

— C. d'Orléans, 7 février 1855, aff. Thoisnier-Desplaces c. Didot (Dall., 1855. 2. 159).

737. Aux termes de l'art. 55 du Code pénal, les individus condamnés pour un même délit sont tenus solidairement des amendes, dommages-intérêts et frais.

Lorsque les premiers juges ont omis de prononcer la solidarité, par exemple pour les amendes, elle doit par conséquent être prononcée par la Cour.

— C. de Paris, 11 mars 1869, aff. Ladevèze c. Godchau et Antonin (Pat., 1869, p. 282).

738. La solidarité doit d'ailleurs être prononcée même par la juridiction civile, quand elle reconnaît l'existence d'un délit, ou même celle d'un quasi-délit ou d'une faute lourde.

— C. de Paris, 17 novembre 1885, aff. Froin et autres c. Vve Liétout (Pat., 1886. p. 36). — Voir : Trib. civ. de la Seine, 18 mars 1882, aff. Lecerf c. divers (Pat., 1883, p. 116); — C. de Paris, 24 décembre 1834, aff. Jazet et autres c. Bayard et autres (*Gaz. des trib.*, 27 décembre 1834).

739. La solidarité pour les amendes, restitutions, dommages-intérêts et frais, ne peut être prononcée à l'égard des individus condamnés pour un même délit, qu'autant que ce délit a été commis conjointement par eux.

Par conséquent, en cas de poursuites dirigées simultanément contre plusieurs fabricants ou débitants d'objets en bronze ou en porcelaine jugés contrefaits, la solidarité ne saurait être admise qu'entre les fabricants et débitants des mêmes groupes.

— C. de Paris, 16 février 1843, aff. Bulla c. Levasseur et autres (*Gaz. des trib.*, 3 mars 1843).

740. Si, en matière de propriété littéraire et artistique, l'affichage du jugement de condamnation n'est pas spécialement autorisé, comme il l'est par la loi de 1844 pour la contrefaçon industrielle, il peut être prononcé comme un complément des réparations civiles, conformément à l'art. 1036 du Code de procédure civile.

— C. de cass., 31 déc. 1822 et 21 mars 1839 (Morin, *Rép. de droit crim.*, vᵒ Contrefaçon, sect. I, nᵒ 29).

741. Le plaignant ne pourrait afficher le jugement qui ne l'y autoriserait point, ou dépasser le nombre d'affiches autorisé, sans se rendre passible à son tour de dommages-intérêts.

— C. de Paris, 1ᵉʳ juin 1831 et 23 février 1839 (Morin, *eod. loc.*).

742. L'affichage et l'insertion dans les journaux ne sont point prononcés, en notre matière comme en toute autre (sauf dans le cas de l'art. 36 du Code pénal), à titre de pénalité, mais bien à titre de réparation civile, en vertu de l'art. 36 du Code de procédure civile. En conséquence, ils ne peuvent être ordonnés que dans l'intérêt de la partie civile, soit par les tribunaux correctionnels, soit par les tribunaux civils. Le ministère public est incompétent pour requérir ces condamnations.

— C. d'Amiens, 28 novembre 1835 (Gastambide, p. 211). — V. Pouillet, nᵒ 729.

SECTION VII. — Des voies de recours. — Appel. — Cassation.

INDEX

743. Aux termes de l'art. 203 du Code d'instruction criminelle, la déclaration d'appel, en matière correctionnelle, doit être faite au greffe du tribunal qui a rendu le jugement, dix jours au plus tard après celui où il a été prononcé. Elle ne peut donc pas être fait le onzième jour, et on ne saurait admettre comme régulier aucun équivalent de la déclaration, que l'appelant doit faire lui-même ou par un fondé de pouvoir : l'envoi au greffier d'une dépêche télégraphique serait insuffisant.

— C. de Paris, 30 juillet 1888, aff. Neveu c. Rousset (Pat., 1889, p. 117).

744. Au correctionnel, l'appel incident n'est pas, comme au civil, recevable en tout état de cause.

Aux termes de l'art. 203 du Code d'instruction criminelle, il doit être interjeté, par acte au greffe, dix jours au plus tard après le date du jugement de condamnation.

— C. de Paris, 18 janvier 1868, aff. Ladevèze c. Girard (Pat., 1869, p. 279).

745. Aux termes de l'art. 202 du Code d'instruction criminelle, la faculté d'appeler appartient à la partie civile.

Il suffit qu'elle puisse invoquer un intérêt de principe.

Peu importe que l'appelant ne demande aucune

augmentation des dommages-intérêts alloués en première instance, si la sentence des premiers juges crée un précédent dont le prévenu pourrait se prévaloir par la suite au préjudice de l'appelant.

— C. de cass., 9 août 1872, aff. Société des auteurs et comp. c. Linoff (Dall., 1872. 1. 332).

746. Un appelant peut produire en appel tous les moyens et toutes les pièces qu'il a négligés en première instance ; notamment il peut, en appel, justifier de ses droits de propriété sur les ouvrages qu'il a fait saisir.

— C. de cass., 5 floréal an 13, aff. Buisson c. Joly (Dall., *Prop. litt.*, 462, note 3).

747. Une demande formée, sans dépôt préalable, pour obtenir réparation du préjudice causé par de prétendus faits de contrefaçon, peut être transformée en appel en une demande en dommages-intérêts pour concurrence déloyale ; on ne saurait dans ce cas voir une demande nouvelle dans les nouvelles conclusions, mais seulement un moyen nouveau qui peut être proposé pour la première fois en appel.

— C. de Lyon, 8 juillet 1887, aff. Berthon c. Royer (Pat., 1889, p. 52).

748. La Cour de cassation est incompétente pour examiner si, en matière de contrefaçon, les juges du fait ont mal apprécié soit l'œuvre revendiquée, soit la reproduction, son étendue ou son importance.

— C. de cass., 24 mai 1845, aff. Muller c. Min. publ. ;— 27 février 1845, aff. Colombier c. Richaud (Blanc, p. 207).

749. Si la Cour de cassation peut contrôler au point de vue des principes juridiques l'appréciation des juges du fait, elle ne peut décider, contraire-

ment à un arrêt de Cour d'appel, que les ressemblances constatées constituent une contrefaçon partielle d'un ouvrage. Les juges du fait décident souverainement à cet égard.

— C. de cass., 8 décembre 1869, aff. Vᵛᵉ Peytraix c. Delassus et Aubert (le Droit, 11 décembre 1869).

750. C'est également par une appréciation qui échappe à la censure de la Cour suprême qu'un arrêt décide qui est propriétaire d'un ouvrage.

— C. de cass., 27 novembre 1869, aff. Dubus c. Prudhomme (Dall., 1870. 1. 186).

751. En matière de contrefaçon d'œuvres littéraires ou d'objets d'art, les tribunaux sont souverains pour décider, d'après les circonstances, si les œuvres constituent une propriété exclusive en faveur de leur auteur, et si elles ont été l'objet d'une contrefaçon.

— C. de cass., 22 novembre 1867, aff. Marquis c. Sandinos (Dall., 1870. 5. 296).

752. Le pourvoi en cassation est suspensif en matière correctionnelle, comme en matière criminelle, aussi bien à l'égard des condamnations civiles qu'à l'égard des condamnations pénales.

Ce principe est applicable même au cas où la Cour, le ministère public n'ayant pas fait appel, n'a pas prononcé de condamnation pénale, mais seulement une condamnation à des dommages-intérêts, conséquence des faits reconnus délictueux.

Les poursuites de saisie-exécution faites au mépris de cette règle peuvent en conséquence donner lieu au profit de la partie poursuivie à des dommages-intérêts, sinon contre l'huissier, s'il a pu ignorer la véritable situation, du moins contre son mandant, qui lui a donné l'ordre de poursuivre.

— Trib. civil de la Seine, 4 juillet 1862 et 28 novembre 1863 aff. Betbéder c. Mayer et Pierson (Pat., 1862, p. 303 ; 1864, p. 39).

SECTION VIII. — De la prescription.

INDEX

753. Le fait qu'une œuvre littéraire a déjà été publiée, soit sans opposition de la part du plaignant, soit même de son consentement, n'implique pas l'abandon de sa propriété et ne saurait l'empêcher de poursuivre toute autre usurpation de son droit qui ne serait pas couverte par la prescription.

— C. de Paris, 28 mai 1852, aff. Lacordaire c. divers (Blanc, p. 208).

754. Il a été jugé que « l'effet légal de la prescription n'est pas seulement de couvrir le passé ; qu'elle embrasse l'avenir et protége les possessions dont le fondement unique est dans des actes et des faits condamnés par la loi pénale ; qu'il n'y a d'exception que pour les délits successifs ; mais que tel n'est pas le caractère de la contrefaçon ; — que du moment en effet où une œuvre littéraire est publiée au mépris des lois et règlements relatifs à la propriété des auteurs, le délit de contrefaçon est pleinement consommé, et que l'exploitation ultérieure

de l'œuvre, en quoi qu'elle consiste, n'est qu'une conséquence résultant du délit ; — qu'ainsi, en supposant, contrairement à la présomption légale née de la prescription, que le libretto des *Puritains* n'est qu'une reproduction illégitime d'un vaudeville d'Ancelot et Saintine, Vatel, cessionnaire de ces derniers, ne peut empêcher Ragani (directeur du Théâtre Italien) d'en user à son gré, le silence gardé volontairement par ses cédants pendant plus de trois ans ayant eu pour résultat d'anéantir le droit qui pouvait leur appartenir. »

— C. de Paris, 24 février 1855, aff. Vatel c. Ragani (Dall., 1856. 2. 71). — Voir en sens contraire les autorités citées à la suite de la décision suivante.

755. Lorsque l'action civile qui résulte du délit de contrefaçon est éteinte par la prescription, l'auteur de l'œuvre incriminée (dans l'espèce un libretto tiré d'un drame de Victor Hugo) peut valablement céder le droit de reproduire et de représenter cette œuvre, dont la propriété ne peut plus lui être contestée.

L'erreur que commet le cessionnaire en offrant une redevance à l'auteur de l'œuvre primitive, sur la réclamation de celui-ci, ne saurait constituer une reconnaissance valable du droit de cet auteur, l'œuvre nouvelle ayant perdu par l'effet de la loi le caractère d'œuvre contrefaite.

— C. de Paris, 13 novembre 1855, aff. V. Hugo c. Ragani (S. 1856. 2. 158).

Contrà : Blanc, p. 208 ; — Gastambide, n⁰ 194 ; — Renouard, t. II, n⁰ˢ 267 et 268 ; — Calmels, page 631 ; — Pouillet, n⁰ 733, et les autorités citées dans les notes. — V. également ci-après la jurisprudence contraire.

756. Le droit de représentation est de même ac-

quis par prescription au profit de l'imitateur ou traducteur et de ses cessionnaires, quand la publication de l'imitation ou de la traduction remonte à plus de trois années.

— Trib. civ. de la Seine, 28 janvier 1857, aff. V. Hugo c. Calzado (Pat., 1857, p. 337). — En sens contraire la note de M. Pataille.

757. La prescription n'est qu'une exception qui couvre exclusivement le fait délictueux. Elle n'est point acquisitive de la propriété lésée. L'auteur ou ses ayants-droits restent propriétaires de l'œuvre contrefaite, et ont le droit de s'opposer à toute exploitation nouvelle de la contrefaçon.

Notamment la réimpression, la traduction en une autre langue constituent de nouvelles atteintes à la propriété et, par suite, un nouveau délit que la prescription du premier ne peut autoriser ni couvrir.

En vertu des mêmes principes, la prescription du délit de contrefaçon n'entraîne pas l'impunité de la mise en vente de l'objet contrefait.

— C. de Paris, 30 juin 1865, aff. Vve Scribe c. Bagier (Dall., 1867. 1. 182). — V. Pataille, 1865, p. 5.

758. D'après les lois des 13 janvier 1791, 19 juillet 1791 et 1er septembre 1793, le droit qu'a l'auteur dramatique d'empêcher la représentation des imitations de son œuvre est distinct et indépendant du droit de poursuivre ceux qui ont contrefait ses œuvres par la voie de l'impression. La prescription de l'action contre le contrefacteur ne saurait donc entraîner celle du droit d'empêcher la représentation du même ouvrage sur une scène publique.

— C. de cass., 15 janvier 1867, aff. Bagier c. Vve Scribe (S., 1867. 1. 69).

759. En cas de tirages successifs d'une édition contrefaite, chaque tirage remontant à plus de trois ans avant la demande se trouve couvert par la prescription, et ne peut donner lieu à aucune réclamation de la part de la partie lésée.

— Trib. civ. de la Seine, 15 mai 1868, aff. V^{res} Bayard et Dumanoir c. Barbré (Pat., 1868, p. 184).

760. La publication et le débit des exemplaires contrefaits d'un ouvrage sont deux délits distincts, prévus par les dispositions différentes des art. 425 et 426 C. pén., et pour lesquels la prescription n'a pas le même point de départ.

— C. de cass., 11 août 1862, aff. Rosa et Bouret c. Heurtey (Dall., 1862. 1. 433). — *Sic* : C. de Paris, 26 juillet 1828, aff. D^{lle} Brossard de Beaulieu c. Boc St-Hilaire (*Gaz. des trib.*, 29 juillet 1828) ; — C. de cass., 26 sept. 1828, même aff. (Pat., 1864, p. 159); — Trib. corr. de la Seine, 21 mars 1865, aff. Vieillot c. Moronval et Pellerin (Pat., 1865, p. 198).

761. Chaque fait de débit ne saurait donner lieu à une prescription spéciale. Le débit pendant six ou sept ans, depuis l'époque de la contrefaçon, d'un ouvrage contrefait constitue un délit successif, permanent, dont la prescription ne court pas tant que le débit se continue.

— C. d'Aix, 5 novembre 1857, aff. Vieillot c. Chauffard et autres (Pat., 1858, p. 129). — *Contrà* : Pouillet, n° 738.

762. La loi ne dit nulle part que la prescription ne pourra commencer à courir qu'à compter de la déclaration et du dépôt préalable qu'elle ordonne. Elle s'en remet aux auteurs et propriétaires d'écrits du soin de surveiller leurs intérêts et de se défendre

contre toute usurpation, sans déroger aux dispositions des art. 637 et 638 du Code d'instr. crim., qui
font courir la prescription du jour où le délit a été
commis.

— C. de cass., 12 mars 1858, aff. Vieillot c. Chauffard et
autres (Dall., 1858. 1. 339).

763. L'action civile se prescrit, aux termes des
art. 637 et 638 du Code d'instr. crim., par le même
laps de temps que l'action publique. Cette prescription forme une exception d'ordre public, à laquelle
les prévenus ne peuvent renoncer ni directement ni
indirectement, et que les tribunaux, s'ils ne l'invo-
quent point, sont tenus d'appliquer d'office.

— C. de Paris, 24 février 1855, aff. Vatel c. Ragani (Dall.,
1856. 2. 71). — Voir également : Trib. civ. de la Seine, 11 avril
1866, aff. Chamerot et Lawereyns c. Vuillemin (Pat., 1866,
p. 264).

764. La saisie opérée par un commissaire de police est un acte de poursuite et d'instruction inter-
ruptif de la prescription, et cette interruption profite
à l'action publique comme à l'action civile, bien
qu'il y ait été procédé sur la réquisition du seul plaignant, conformément à la loi du 19 juillet 1793.

— Trib. corr. de la Seine, 20 février 1856, et Cour de Paris, 24 avril 1856, aff. Vieillot c. Régnier (Pat. 1857, p. 163).

765. Les faits antérieurs à une précédente poursuite, qui n'ont pas été relevés accessoirement à
celle-ci, peuvent, même s'il n'a pas encore été statué
sur elle, faire l'objet d'une nouvelle saisie, suivie
d'une nouvelle procédure.

— C. de Paris, 15 nov. 1856, aff. Vieillot c. Régnier et François (Pat., 1857, p. 166).

CHAPITRE VIII

DU DROIT DES ÉTRANGERS EN FRANCE ET DES FRANÇAIS A L'ÉTRANGER.

INDEX

766. Les étrangers, même non autorisés à résider en France, jouissent, comme les Français, du droit de poursuivre les contrefacteurs des ouvrages par eux publiés en France, en quelque langue que ce soit.

— C. de cass., 20 août 1852, aff. Bourret et Morel c. Vᵛᵉ Escriche de Ortega (Dall., 1852. 1. 335). — V. Blanc, p. 41.

767. Le décret de 1810 n'a pas introduit un droit nouveau dans notre législation; il est purement interprétatif de la loi de 1793, et s'applique par suite même aux ouvrages publiés antérieurement à sa promulgation.

— C. de cass., 23 mars 1810, aff. Dᵘᵉˢ Erard c. Siéber (Blanc, p. 40). — V. l'arrêt dans Sirey, 1811. 1. 16.

768. L'auteur qui a fait imprimer son ouvrage à l'étranger et en a ensuite laissé circuler des exemplaires sur le territoire français, ne doit pas être ré-

puté avoir renoncé à exercer son droit en France, conformément aux lois françaises.

Lorsque plus tard un cessionnaire de l'auteur fait imprimer l'ouvrage en France, et en fait le dépôt, il est en droit de poursuivre comme contrefacteur quiconque réimprime ensuite sans son consentement le même ouvrage.

— C. de cass., 30 janvier 1818, aff. Michaud c. Chaumerot (Dall., *Prop. litt.*, nº 330).

769. Jugé (avant 1852) que l'auteur qui a publié son œuvre primitivement à l'étranger perd sur elle tout droit en France, si, avant qu'il l'ait déposée, un autre éditeur la publie.

— C. de Paris, 26 novembre 1828, aff. Troupenas c. Pleyel et Aulagnier (Gastambide, p. 94). — V. Dall., *Prop. litt.*, nº 444.

770. Le décret du 5 février 1810, qui a fixé la durée de la propriété des auteurs, a reconnu des droits égaux aux Français et aux étrangers.

La loi n'a prononcé aucune déchéance contre les auteurs, soit nationaux, soit étrangers, qui auraient publié leurs œuvres à l'étranger, avant de les publier en France, ou qui n'auraient pas fait le dépôt avant cette publication.

— Trib. civ. de la Seine, 10 juillet 1844, aff. Escudier c. Schonenberg (Blanc, p. 35) (1).

771. Les œuvres d'un auteur étranger, même imprimées en France, qui ont été publiées seulement

(1) Cette jurisprudence a été consacrée depuis législativement par le décret du 28 mars 1852.

Remarquer toutefois la décision suivante qui, depuis ce décret, semble l'avoir jugé inapplicable à l'auteur *étranger* qui n'a pas publié son ouvrage en France (V. Blanc, p. 39 et 40).

à l'étranger, ne jouissent pas en France de la protection de la loi. Le législateur n'a entendu protéger la propriété littéraire qu'en raison même et en compensation des avantages dont la publication de l'ouvrage a doté le pays.

Le dépôt fait en France d'un ouvrage publié seulement à l'étranger est donc inefficace pour permettre de poursuivre en France les contrefacteurs.

— C. de Paris, 22 novembre 1853, aff. Escriche c. Rosa et Bouret (Dall., 1854. 2. 161). — Voir en sens contraire : Dall., *eod. loc.*, note 2 ; — Blanc. p. 40 (1).

772. La création d'une œuvre littéraire ou artistique constitue au profit de son auteur une propriété dont le fondement se trouve dans le droit naturel et des gens, mais dont l'exploitation est réglementée par le droit civil.

Le décret du 28 mars 1852 a eu pour but de reconnaître formellement ce droit de propriété aux auteurs étrangers, dans les limites concédées et sous les conditions imposées aux auteurs français, et de donner ainsi aux nations étrangères l'exemple de la consécration la plus large de la propriété littéraire et artistique.

L'esprit et la généralité des termes de ce décret étendent le bénéfice de ses dispositions aux ouvrages publiés avant sa promulgation, alors même qu'ils auraient été réimprimés en France par des tiers avant cette époque, sans préjudice pourtant du droit pour les tiers qui avaient profité de l'inexistence à cet

---

(1) Il est à remarquer que ce n'est pas par un simple oubli que cet arrêt, postérieur au décret de 1852, ne vise aucunement ce décret. L'affaire dans laquelle il a été rendu remontait à une époque antérieure à ce dernier ; le décret avait été en effet promulgué la veille seulement du jugement de première instance, rendu le 1er avril 1852.

égard d'une législation formelle de vendre des exemplaires des éditions créées antérieurement à l'application dudit décret.

— C. de Paris, 8 décembre 1853, aff. Lecou c. Barba (Blanc, p. 38). —Voir : Trib. correct. de la Seine, 16 décembre 1857, aff. Chabal c. Colombier et autres (Pat., 1857, p. 463).

773. Le décret du 28 mars 1852 ne régit que les faits délictueux commis depuis sa promulgation.

— C. de cass., 11 août 1862, aff. Rosa et Bouret c. Boix (Dall., 1862. 1. 453).

774. Le décret du 28 mars 1852 assimile, en matière de contrefaçon, les œuvres littéraires et les œuvres d'art publiées à l'étranger à celles qui paraissent en France.

Il n'a donc plus été permis, à partir du dépôt de ces œuvres en France, de les y publier sans l'autorisation de l'auteur ou de ses cessionnaires.

— C. de Paris, 27 juin 1866, aff. Gérard et Cie c. Choudens (S., 1867. 2. 37).

775. Avant le décret du 28 mars 1852, la jurisprudence, tout en reconnaissant les mêmes droits aux auteurs nationaux et étrangers, limitait cette égalité aux œuvres que ces derniers publiaient ou faisaient représenter pour la première fois en France.

Le décret, en énonçant uniquement les lois relatives à l'édition et à la publication, sans rappeler celle du 17 août 1844, a entendu ne faire disparaître cette restriction qu'en faveur du droit d'édition et ne rien changer aux dispositions relatives à la représentation des œuvres musicales et dramatiques.

En conséquence, depuis ce décret, les auteurs

étrangers ne peuvent, pas plus qu'auparavant, s'opposer à la représentation de leurs œuvres en France, lorsqu'elles ont été représentées primitivement à l'étranger.

— C. de cass., 14 décembre 1857, aff. Verdi et Blanchet c. Calzado (Dall., 1858.1.161). — Voir la note. — *Contrà* : Blanc, p. 219.

776. En vertu du décret du 5 février 1810, et indépendamment de toute convention internationale, un auteur étranger peut faire saisir en France, à la douane, toute reproduction ou imitation plus ou moins servile de ses œuvres, même traduite en une autre langue et destinée à la réexportation.

— C. de Paris, 10 janvier 1859, aff. Ollendorff c. Rosa et Bouret (Pat., 1859, p. 396 et 1857, p. 169).

777. Si la traduction, faite à l'étranger, et la représentation, aussi à l'étranger, d'un opéra français, constitue un fait que la loi française ne peut atteindre, il n'en saurait être de même lorsque les faits délictueux se reproduisent ensuite en France, par des représentations théâtrales et la vente du libretto.

L'auteur alors a le droit d'agir et les tribunaux ont le devoir d'appliquer la loi au délit (1).

— C. de Paris, 27 juin 1844, aff. Beaudouin c. Vatel, la *Gazza ladra* (Blanc, p. 36). — V. également : C. de Cass., 30 janvier 1818, aff. Chaumerot c. Michaud (Blanc, p. 38).

778. Le décret du 28 mars 1852 ne saurait avoir d'effet rétroactif, et ne peut dès lors faire obstacle à la vente des exemplaires d'une œuvre publiée anté-

(1) De nombreuses conventions internationales, et notamment la convention de Berne du 9 septembre 1886, protègent aujourd'hui les auteurs français dans les pays étrangers.

rieurement à ce décret dans des conditions telles
qu'elle devait être considérée comme acquise en
France au domaine public.

— C. de Paris, 16 mars 1863, aff. Marschner c. Aulagnier
(Pat., 1863, p. 331). — V. dans le même sens : C. de Paris, 8
décembre 1853, aff. Lecou c. Barba (Blanc, p. 38).

779. La veuve d'un individu qui était Français au
moment de son mariage et qui, à défaut de contrat,
était par conséquent marié sous le régime de la
communauté légale, a conservé conformément au
décret de 1810 la propriété littéraire des œuvres de
son mari ; et par suite, en vertu de l'art. 40 dudit
décret, le droit des cessionnaires de son mari s'est
trouvé conservé pendant vingt ans après sa mort.

— C. de cass., 12 juin 1874, aff. Ikelheimer c. Richault
(Dall., 1875. 1. 333).

780. Aux termes d'un traité conclu entre la France
et la Saxe le 19 mai 1856, et d'une convention intervenue entre les éditeurs des deux pays, pour l'exécution de ce traité, les sujets saxons, propriétaires
d'œuvres musicales, ont repris le droit de s'opposer
à la publication de ces œuvres en France ; toutefois,
à titre de tolérance, les éditeurs français qui avaient
publié antérieurement des œuvres considérées en
France comme tombées dans le domaine public et
désormais soumises à un droit privatif, étaient autorisés à continuer la vente de ces œuvres, et même
à les rééditer et à les réimprimer.

Mais cette faculté, limitée aux seules éditions alors
existantes, doit être interprétée dans un sens restrictif, et, dès lors, tout changement dans la publication des éditions tolérées, de nature à les faire

considérer comme constituant une édition nouvelle, est absolument interdit.

Notamment il y a lieu de considérer comme une édition nouvelle la publication de la musique d'un opéra avec des paroles nouvelles, ne fussent-elles que la traduction en français de l'ancien texte allemand qui l'accompagnait.

— Trib. civ. de la Seine, 16 mars 1866, et C. de Paris, 17 janvier 1867. aff. Jules Barbier et Gérard c. Richaud (Pat., 1867, p. 15, et 1866, p. 296).

781. Aux termes de l'art. 2 de la convention franco-saxonne du 19 mai 1856, si l'enregistrement de l'ouvrage au bureau de la librairie est une formalité suffisante, il constitue d'ailleurs une condition nécessaire de l'exercice des poursuites, et l'action en contrefaçon n'est recevable que s'il a été préalablement effectué.

— C. de cass., 7 avril 1869, aff. Jules Barbier et Gérard c. Richaud (Dall., 1869. 1. 405).

782. Le décret-loi du 28 mars 1852, en donnant aux auteurs le droit, qu'ils n'avaient pas auparavant, de poursuivre en France la contrefaçon de leurs œuvres publiées à l'étranger, n'assimile pas ces dernières à tous les points de vue aux ouvrages publiés en France et notamment ne leur accorde pas une protection dont ils ne jouissaient pas dans le pays d'origine.

Il se borne à leur assurer dans les limites et sous les conditions que détermine la loi française pour les œuvres publiées en France, la protection des droits que leurs auteurs possèdent au pays d'origine.

Il en est certainement ainsi pour les œuvres publiées d'abord en Italie, car la convention franco-italienne promulguée en France par décret du 29 juin 1862 limite expressément à la durée de leur jouissance en Italie les droits des auteurs d'œuvres publiées dans ce pays.

Aux termes de la loi italienne du 25 juin 1865, l'exercice du droit de reproduction appartient exclusivement à l'auteur pendant sa vie, et à ses héritiers pendant quarante années à dater de la publication ; puis commence une seconde période de 40 années pendant laquelle chacun peut reproduire l'œuvre, en payant à celui à qui appartient le droit d'auteur une redevance de cinq pour cent sur le prix fort.

En conséquence, l'éditeur italien qui, pour une publication postérieure à la première période de 40 années, prouve qu'il a payé ce qui était dû, ne saurait être poursuivi pour contrefaçon par des éditeurs français acquéreurs pour la France des œuvres qu'il a publiées et qu'il a introduites en France.

En effet, par suite de ce paiement, le droit des auteurs s'est trouvé complètement éteint, en Italie, et par voie de conséquence en France, non sur l'œuvre même, mais spécialement sur les partitions introduites, de sorte que les cessionnaires, n'ayant pas plus de droit que les cédants, ne se trouvaient plus pour poursuivre dans les conditions prévues par le décret de 1852.

— Trib. civil de la Seine, 28 mars 1884 ; C. d'appel de Paris, 13 avril 1886 ; C. de cass., 25 juillet 1887, aff. Grus et Gérard c. Durdilly et Ricordi (*Gaz. des Trib.*, 29 avril 1884 et 27 juillet 1887 ; Dalloz, 1888. 1. 5). — V. Annales de Pataille, 1888, p. 333. — Voir également Sirey, 1888. 1. 17, et la note.

783. Le décret du 28 mars 1852, en accordant la

protection de la loi française aux auteurs d'ouvrages publiés à l'étranger, se borne à déclarer que la contrefaçon en France, ou l'introduction de contrefaçons étrangères de ces ouvrages, constituent des délits passibles des mêmes peines que s'il s'agissait d'œuvres publiées en France.

Alors même, au surplus, que le texte de ce décret n'imposerait pas la recherche de l'existence du droit de l'auteur dans le pays de la publication, cette recherche serait, au regard de l'Italie, commandée par l'art. 1ᵉʳ du traité franco-italien du 29 juin 1862.

Ce traité a été passé par le chef de l'Etat français en vertu des pouvoirs qu'il tenait de l'art. 6 de la Constitution du 14 janvier 1852, lequel lui donnait le droit de conclure des traités de commerce sans le concours du Parlement, et sa légalité ne saurait être contestée.

Son objet n'est autre en effet que la protection internationale du monopole d'exploitation que confèrent les droits d'auteur et que l'on désigne à tort, dans le langage juridique comme dans le langage usuel, sous le nom de propriété, alors que ces droits, consistant en un privilège temporaire, ne constituent aucune propriété semblable à celle des biens meubles et immeubles telle que l'a définie et organisée le Code civil.

— C. de cass., 25 juillet 1887, aff. Grus c. Durdilly et Ricordi (Dall., 1888. 1. 5). — *Contrà* : Pataille, 1888, p. 325-333, la note.

784. La caution *judicatum solvi* peut être demandée au demandeur étranger par tout défendeur Français, aussi bien devant la juridiction correctionnelle que devant la juridiction civile.

Elle ne peut pas l'être par le défendeur étranger.

— Trib. correct. de la Seine, 18 juillet 1873, aff. Panichelli
c. Casciani et Nau (*Pat.*, 1874, p. 55).

785. Les Italiens sont dispensés de l'obligation de
fournir la caution *judicatum solvi*.

L'article 22 du traité du 24 mars 1760, intervenu
entre la France et la Sardaigne, est aujourd'hui applicable à toute l'Italie.

— C. de Montpellier, 10 juillet 1872, aff. Iconomidès c.
Couve, Dugrip et Cie (*Pat.*, 1874, p. 61). — *Id.* : C. de Paris,
27 août 1864 (*Pat.*, 1874, p. 60).

786. En Belgique, comme en France, le droit absolu de l'auteur sur son œuvre littéraire comprend
le droit de traduction en toutes langues et tous dia-
lectes.

En vertu des lois et traités, les auteurs Français
en Belgique, comme les auteurs Belges en France,
peuvent seuls traduire ou faire traduire leurs œuvres,
pour être représentées par exemple en Flamand, s'il
s'agit d'un ouvrage dramatique français.

— C. d'appel de Bruxelles, 17 mai 1880, aff. Zola c. Driessens (Dall., 1881. 2. 117).

787. Par application de l'art. 34 du règlement
d'organisation judiciaire pour les tribunaux mixtes
en Egypte, le droit de l'auteur sur son œuvre doit
être considéré dans ce pays comme un véritable droit
de propriété, placé sous la sauvegarde du droit naturel et de l'équité.

A défaut de loi spéciale sur la propriété littéraire
et artistique, le préjudice résultant de toute atteinte
portée aux droits de l'auteur lui donne par suite
une action en réparation du dommage causé.

— C. d'appel mixte d'Alexandrie, 8 mai 1889, aff. S^{té} des gens de lettres c. Philip (*le Droit*, 27 août 1889). — Voir également : C. d'Alexandrie, 18 avril 1888, aff. Ricordi c. Puthod et Cie. (*Pat.*, 1890, p. 57).

788. En vertu de la loi Belge du 22 mars 1886 et de l'art. 2 de la convention internationale du 9 septembre 1886, rendue exécutoire en France par la loi du 28 mars 1887, les auteurs Belges ou assimilés ont droit en France à la protection de leurs œuvres publiées d'abord en Belgique, sans aucun dépôt préalable.

Mais le fait de l'impression de l'œuvre en Belgique n'équivaut nullement à la publication, et le dépôt devient nécessaire, quand l'œuvre imprimée en Belgique a été publiée en France.

— Trib. corr. de Périgueux, 19 juin 1889, aff. Richard c. Sabadie (*le Droit*, 30 juin 1889).

LIVRE II

DES OUVRAGES DRAMATIQUES

CHAPITRE Ier

DU DROIT DE REPRÉSENTATION

INDEX

789. Aux termes de la loi du 19 janvier 1791, un directeur de spectacles ne peut faire représenter sur son théâtre l'ouvrage d'un auteur vivant, sous peine de confiscation des recettes, sans avoir obtenu son consentement par écrit.

Il en est ainsi quelle que soit l'importance ou l'étendue des ouvrages.

— C. de Paris, 19 avril 1845, aff. Colin c. Vatel (Blanc, p. 67).

790. Le droit de représentation consiste pour les auteurs ou pour leurs ayants droit non=seulement à

fixer les conditions de leur consentement à la représentation, mais encore à le refuser péremptoirement s'ils le jugent convenable.

Un tiers ne peut donc représenter l'œuvre sans ce consentement préalable, sauf à offrir ensuite un dédommagement plus ou moins considérable.

— C. de cass., 9 août 1872, aff. S^{té} des auteurs et compo-siteurs de musique c. Linoff (Dall., 1872. 1. 332).

791. Les héritiers de l'auteur d'un roman sont en droit de s'opposer à la représentation théâtrale d'une pièce tirée du roman, même sur un théâtre où des pièces ne sont jouées qu'à l'essai devant un public spécial ; on ne peut pas admettre en effet que la communication que l'auteur veut donner de sa pièce à ce public soit protégée par l'inviolabilité du domicile comme celle qu'il pourrait en donner dans l'intimité à sa famille et à ses amis.

— Trib. civil de la Seine, 29 juin 1889, aff. Hér. Flaubert c. Taylor (le Droit, 30 juin 1889).

792. Un auteur ne peut autoriser la représentation d'une pièce sans le consentement de ses collaborateurs.

Mais jusqu'à preuve contraire il doit être présumé leur mandataire, et le consentement de l'un des auteurs suffit à un directeur de théâtre, tant qu'il n'y a pas d'opposition de la part des autres.

En cas de divergence entre collaborateurs sur l'opportunité de représenter une pièce, il appartient à la justice de déterminer entre leurs volontés opposées laquelle est la plus favorable à l'exploitation de l'œuvre commune.

— Trib. civil de la Seine, 30 avril 1853, aff. Hér. Bayard c. Gaspari (Blanc, p. 89).

793. A moins de conventions spéciales, et sans qu'il y ait lieu de rechercher quelle a été la mesure du concours apporté à l'œuvre commune par un collaborateur, la collaboration assure à chacun des auteurs un droit égal et indivisible sur l'ouvrage auquel ils ont pris part, et donne à chacun d'eux le droit de s'opposer à la représentation de cet ouvrage contre son gré.

La question de savoir sur quelle scène la pièce devra être représentée à l'avenir ne peut être utilement tranchée qu'en présence de tous les collaborateurs.

— C. de Paris, 13 mai 1884, aff. de Corvin c. de la Rounat (*la Loi*, 14 mai 1884).

794. Il est indifférent que les paroles constituant la propriété dramatique soient ou non adaptées à une œuvre musicale ; le droit de l'auteur des paroles n'en est pas modifié, et son consentement est nécessaire pour que l'œuvre puisse être représentée.

— C. de Paris, 19 avril 1845, aff. Colin c. Vatel (Dall., 1845, 2. 85).

795. Un opéra, produit du travail combiné de l'auteur des paroles et du compositeur, est une œuvre indivisible, l'une des parties ne pouvant être représentée sans l'autre.

Le droit de propriété de chacun des collaborateurs réside donc sur l'ensemble de l'œuvre. et par suite l'exécution ne peut avoir lieu sans le consentement de l'un et de l'autre.

Chacun des auteurs a le droit de s'opposer à la représentation de la pièce, sans être obligé de faire connaître les considérations qui le font agir et qu'il appartient à lui seul d'apprécier.

18

Toutefois il peut y avoir lieu à dommages-intérêts au profit du collaborateur qui voit tarir par suite de la résistance de l'autre la source des avantages qu'il avait espéré recueillir de son travail.

— Trib. civil de la Seine, 19 août 1872, aff. Sauvage c. Ambroise Thomas (Dall., 1874. 5. 414).

796. Mais jugé sur l'appel que la réception de l'ouvrage par un directeur de théâtre forme entre lui et les auteurs un contrat synallagmatique en vertu duquel, le droit de représenter l'œuvre se trouvant aliéné, les auteurs sont tenus d'une obligation de sa nature indivisible que chacun d'eux désormais est maître de remplir, malgré la volonté contraire de son collaborateur. L'un des auteurs peut donc user seul en ce cas du droit de réclamer la représentation de l'œuvre.

— C. de Paris, 21 février 1873, même aff. (S., 1879. 2. 213).

797. Un directeur ne peut faire représenter une pièce régulièrement retirée par les auteurs du répertoire de son théâtre, sans le consentement de tous les collaborateurs.

Spécialement l'auteur des paroles d'une opérette est en droit de s'opposer à toute représentation nouvelle que l'auteur de la musique aurait autorisée.

— C. de Paris, 19 décembre 1878, aff. Millaud c. Comte (Dall., 1880. 2. 62).

798. L'autorisation de représenter un ouvrage donnée par l'un des collaborateurs ne saurait porter atteinte aux droits de l'autre, qui ne s'en est pas dessaisi.

— C. de Paris, 26 janvier 1852, aff. Lumley c. Bayard et Hérit. Donizetti (Dall., 1852. 2. 184).

799. Les artistes qui donnent des représentations d'une opérette avec le consentement d'un des auteurs ne sauraient être passibles de dommages-intérêts vis-à-vis de l'autre, dont le consentement n'a pas été demandé. Ce dernier n'a de recours que contre son collaborateur.

— Trib. civil de la Seine, 6 janvier 1858, aff. Mignard c. Colin et autres (Pat., 1858, p. 94).

800. La musique d'un opéra ne peut être exécu-tée sans le consentement des auteurs tant du poëme que de la musique. Les entreprises de bals ou de cirques publics sont soumises à ces règles, et ne peuvent exécuter même des extraits ou des arrangements de la musique sans le consen-tement soit des auteurs soit du compositeur qui a fait ces arrangements du consentement des auteurs.

— C. de Paris, 12 juillet 1855, aff. Henrisch c. Strauss et Dejean (Dall., 1855. 2. 257).

801. La traduction en italien d'un opéra français ne dispense pas le directeur qui veut le représenter sur une scène française de l'autorisation des auteurs des paroles françaises. Ces derniers, lorsqu'il est porté atteinte à leurs droits, réclament justement une indemnité égale aux droits d'auteur qu'ils touchent lorsque leur œuvre est représentée avec les paroles françaises.

— C. de Paris, 26 janvier 1852, et C. de cass., 12 janvier 1853, aff. Lumley c. Bayard et Hér. Donizetti (Dall., 1852. 2. 184 et 1853. 1. 119).

802. L'auteur d'un ouvrage dramatique a le droit

d'empêcher la représentation publique d'imitations
de son œuvre en langue étrangère, de même qu'il
peut poursuivre ceux qui l'ont contrefaite par voie
d'impression.

— C. de cass., 15 janvier 1867, aff. Bagier c. Vve Scribe
(Dall., 1867. 1. 181).

803. Un pas de ballet, comme toute œuvre artistique, est la propriété de son auteur, et ne peut par
conséquent être exécuté sans son consentement.

Il en est ainsi bien que l'auteur, d'ailleurs né et
resté Français, ait fait représenter son œuvre primitivement ou même exclusivement à l'étranger et
qu'il n'existe pas de convention diplomatique applicable aux œuvres dramatiques entre la France et le
pays où elle a été représentée.

— Trib. civil de la Seine, 11 juillet 1862, aff. Perrot c. Petipa (Pat., 1863. p. 234).

804. Un ballet est une production artistique protégée par les lois de 1791 et 1793 ; il n'y a pas pour
l'auteur obligation de déposer l'œuvre, si toutefois
il ne s'agit pour lui que de s'assurer le bénéfice
du droit de représentation.

— Trib. de commerce de Rouen, 12 novembre 1875. aff.
Paul c. Loissel (Pat., 1877, p. 241).

805. Une œuvre dramatique n'appartient à la publicité qu'après qu'elle a été représentée, comme une
œuvre littéraire ne lui appartient que par le fait de
sa publication.

Jusqu'à ce moment l'auteur est en droit de modifier son œuvre et même d'en arrêter la publication.

Le journaliste qui, contre le gré de l'auteur, publie un compte-rendu détaillé d'une pièce avant la

première représentation, porte donc au droit de l'auteur une atteinte en raison de laquelle ce dernier est recevable à demander la réparation du préjudice éprouvé.

— Trib. civ. de la Seine, 20 novembre 1889, aff. Sardou c. le *Gil Blas* (*le Droit*, 21 nov. 1889); — Trib. civ. de la Seine, 9 mai 1890, aff. Bisson et Carré c. *l'Eclair* (*la Loi*, 12 juin 1890).

806. L'association formée entre les auteurs et compositeurs dramatiques, dans le but de protéger en commun leurs légitimes intérêts, est licite et n'offre aucun des caractères d'une coalition. Elle se propose simplement d'assurer l'exécution de traités librement consentis entre elle et les directeurs de théâtre, et la perception des droits d'auteur dus aux sociétaires.

— C. de Paris, 7 novembre 1843, aff. Delestre-Poirson et Cerfbeer c. l'Association des auteurs et compositeurs dramatiques (*Gaz. des trib.*, 8 novembre 1843).

807. L'acte constitutif de la Société des auteurs et compositeurs dramatiques en vue de « la défense mutuelle des droits des associés vis-à-vis des administrations théâtrales et la perception à moindres frais des droits des auteurs » ne constitue ni une société véritable ni un mandat caractérisé : de cet acte (en date du 17 novembre 1837) résulte une convention d'une nature spéciale, participant de l'un et de l'autre de ces contrats, et, comme toute convention, ne pouvant être résolue ou modifiée que du consentement unanime des contractants ou, à défaut de ce consentement, dans les cas prévus par les statuts ou par la loi.

Comme ils n'y sont autorisés par la loi ni par

les statuts, les sociétaires ne peuvent pas se retirer
de la société, sans obtenir le consentement de l'assemblée génerale.

— Trib. civil de la Seine. 18 août 1865, aff. Augier et autres
c. Soc. des auteurs et compos. dramatiques (*Gaz. des trib.*,
19 août 1865).

808. Aux termes de l'art. 18 de l'acte de société
des auteurs et compositeurs dramatiques, il est interdit aux sociétaires de faire représenter aucun ouvrage sur un théâtre qui n'aurait pas de traité général avec la société. Mais la pénalité qui donne une
sanction à cette clause ne saurait être appliquée à
l'auteur dramatique qui, ayant peu collaboré en réalité à une pièce, mais ayant surtout prêté son nom,
par obligeance, au véritable auteur, pour l'aider
à faire recevoir son œuvre par un directeur de théâtre, avait abandonné tous ses droits sur la pièce,
qui n'était plus jouée que sous le nom de cet auteur, lorsqu'avait expiré le traité passé entre le directeur qui l'avait reçue et la Société des auteurs.

— Trib. civil de la Seine, 1er mai 1861, aff. Soc. des auteurs dramatiques c. Lapointe (Pat., 1861, p. 284).

809. La société des auteurs et compositeurs dramatiques (fondée en 1827) n'a pas seulement pour
but de protéger les droits des associés ; elle se propose encore un but plus élevé, celui de venir en aide
aux auteurs et compositeurs ainsi qu'à leurs veuves
et héritiers. La commission de cette société a le pouvoir, d'après les termes des statuts qui définissent
son objet, de stipuler vis-à-vis de certains directeurs
de théâtres que la représentation des œuvres des
auteurs morts, tombées dans le domaine public, don-
nerait encore lieu à la perception sur la recette

d'un droit égal à celui qui est alloué aux auteurs vivants, droit qui serait remis aux héritiers en ligne directe, ou, à défaut d'héritiers, versé à la caisse de secours de la société.

— Trib. civil de la Seine, 4 février 1859, aff. Choler et Siraudin c. la Soc. des auteurs dramatiques (Pat.,1859, p. 147).

810. Les membres de la Société des auteurs et compositeurs dramatiques sont tenus à l'exécution des traités faits par sa Commission, en vertu des pouvoirs que lui confère le pacte social ; il ne leur appartient pas de modifier, au moyen de conventions particulières et au préjudice de la Société, la situation à laquelle ils sont soumis comme sociétaires.

Spécialement est obligatoire pour un membre de la société la décision de la commission qui restreint aux trois quarts des 6 pour 100 revenant aux auteurs des paroles les droits des auteurs de livrets, lorsqu'il s'agit d'arrangements de pièces empruntées au domaine public, et attribue le surplus aux héritiers des auteurs de ces pièces, ou, à leur défaut, à la caisse de secours.

— C. de Paris, 17 novembre 1860, aff. Barbier c. la Soc. des auteurs dramatiques (Pat., 1861, p. 20).

811. Peut faire l'objet d'une ou de plusieurs adaptations le sujet d'une pièce tombée dans le domaine public, et chaque adaptation peut donner ouverture à un droit de propriété, et dans certains cas à des droits de collaboration. Mais l'écrivain qui a indiqué un sujet à un directeur d'hippodrome ne saurait prétendre à des droits d'auteur comme collaborateur ; il a seulement droit à des dommages-intérêts, lorsque, se présentant pour mettre son idée

en œuvre avec le directeur, ce dernier l'a évincé, en lui disant avoir travaillé lui-même le sujet, et n'avoir plus besoin de son aide.

— C. de Paris, 29 juillet 1857, aff. d'Hainault c. Arnault (Pat., 1857, p. 286).

812. Lorsqu'une pièce est représentée sur un autre théâtre que celui au répertoire duquel elle appartient, les droits de l'auteur, sauf convention contraire, doivent être réglés d'après l'usage du théâtre sur lequel elle est jouée accidentellement.

— Trib. de commerce de la Seine, 10 septembre 1838, aff. Bayard et Guyot c. Duponchel (Gaz. des trib., 12 septembre 1838).

813. En cas de représentation de plusieurs pièces dans la même soirée, la répartition des droits d'auteurs doit être faite d'après le nombre réel des actes, et non d'après les indications de l'affiche, dans le cas, par exemple, où une pièce très courte, qui se joue d'un seul trait, sans que le rideau baisse, est indiquée comme pièce en quatre actes uniquement parce qu'elle est une parodie d'une pièce en quatre actes représentée sur un autre théâtre.

— Trib. civil de la Seine, 12 mai 1858, aff. Labiche et Marc Michel c. Siraudin et Choler (Pat., 1858, p. 247).

814. L'exposition universelle (dans l'espèce celle de 1855), œuvre nationale et d'utilité publique générale, ne peut sous aucun rapport être assimilée aux spectacles, fêtes ou autres réunions, en vue desquels les lois de l'an V et celle du 22 juin 1854 ont autorisé la perception du droit des pauvres, les sommes perçues aux entrées n'ayant pas été le prix d'un spectacle ou d'une fête offerts au public par la compagnie concessionnaire.

— Conseil d'Etat, 15-17 mai 1857, aff. Cie du Palais de l'Industrie c. l'Assistance publique (Pat., 1857, p. 194).

815. Les expositions annuelles des Beaux-Arts ne sauraient être rangées dans aucune des catégories de spectacles ou de fêtes pour lesquelles les lois des 7 frimaire et 8 thermidor an V et les lois de finance autorisent la perception du droit des pauvres.

— Conseil de préf. de la Seine.3 juillet 1888,aff. Assistance publique de Paris c. Soc. des artistes français (le Droit, 5 juillet 1888).

816. L'auteur d'une pièce et le directeur du théâtre sur lequel elle est représentée peuvent être poursuivis pour diffamation quand ils ont donné à un personnage de la pièce les allures d'une personne connue, et un nom se rapprochant de celui du plaignant, alors surtout que les allusions ainsi faites à cette personne sont devenues plus transparentes par le fait qu'elles se sont produites postérieurement aux premières représentations, et à la suite de faits qui avaient éveillé l'attention publique.

— C. de Lyon, 18 mai 1859, aff. Coadon c. Linossier et Rolland (Pat., 1859, p. 182).

CHAPITRE II

DES CESSIONNAIRES.

INDEX

817. Les auteurs, en cédant le droit de publier leurs ouvrages, ne cèdent pas en même temps le droit de les faire représenter.

— C. de Paris, 20 août 1834, aff. Veron-Crosnier c. Masson de Puitneuf (Blanc, p. 222).

818. Aucune pièce ne peut être représentée sans le consentement de l'auteur ou celui de ses héritiers ou ayants cause, tant qu'elle n'est pas tombée dans le domaine public.

— Trib. civil de la Seine, 19 juillet 1860, aff. Bartholy c. Hér. Pixérécourt et Société des auteurs dramatiques (le Droit, 21 juillet 1860).

819. Lorsqu'un écrivain a demandé aux héritiers de l'auteur d'un roman l'autorisation de tirer une pièce de ce roman, et que cette autorisation ne lui a été donnée que sous réserve de contrôle et de cor-

rection, cet écrivain ne peut,lorsque les ayants droit n'ont pas autorisé la représentation de la pièce par un théâtre ordinaire, la faire représenter sur une scène dite privée, où les pièces ne sont représentées qu'une fois, du moment qu'en réalité l'œuvre doit être produite non dans l'intimité d'un domicile particulier, mais dans une assemblée où sont appelés des étrangers, des personnes qui ne se connaissent pas, des représentants de la presse, en un mot lorsqu'il s'agit d'une véritable épreuve publique à laquelle l'auteur veut soumettre une œuvre littéraire.

Les ayants droit de l'auteur peuvent en pareil cas s'opposer à la représentation de la pièce, par exemple sur une scène comme le *Théâtre Indépendant*.

— Trib. civil de la Seine, 29 juin 1889, aff. Commanville c. Taylor et d'Ernst, Mme *Bovary* (le *Droit*, 30 juin 1889); — C. de Paris, 4 novembre 1890, même aff. (le *Droit*, 6 novembre 1890).

820. La cession que fait l'auteur d'un livret d'opéra du droit de publier son œuvre ne donne pas à l'éditeur le droit de publier la musique, sans l'autorisation préalable du compositeur, et réciproquement.

— C. de Paris,11 janvier 1828, aff. Jouy c. Troupenas (*Gaz. des Trib.*, 15 janvier 1828). — Voir Blanc, p. 223.

821. Un directeur de spectacle ne peut faire représenter sur son théâtre l'ouvrage d'un auteur vivant sans son consentement par écrit.

Il est indifférent que les paroles constituant la propriété dramatique soient adaptées à une œuvre musicale ; cela ne modifie pas le droit de l'auteur des paroles.

— C. de Paris, 19 avril 1845, aff. Colin c. Vatel (Blanc. p. 67).

822. L'auteur d'une pièce de théâtre a le droit incontestable d'empêcher que son œuvre ne soit représentée sans son consentement ou par des acteurs qu'il n'a pas acceptés.

Mais ce droit, comme tout autre, s'aliène ou se modifie par des conventions.

L'auteur qui a livré sa pièce par une convention formelle ne peut être seul maître de l'exécution du contrat et le rompre à son gré, soit en ne désignant pas un acteur pour remplacer celui dont l'état de maladie se trouve justifié, soit de toute autre manière.

— C. de Paris, 21 janvier 1865, aff. Mario Uchard c. de Beaufort (Pat., 1865, p. 63).

823. Le fait que l'engagement pris par les auteurs d'une pièce de la livrer dans un délai déterminé n'a pas reçu son exécution, ne saurait permettre aux auteurs de se considérer comme déliés de leur obligation de livrer leur œuvre. Le long temps pendant lequel les parties ont gardé le silence n'implique que leur accord pour différer l'exécution.

Le directeur à qui la pièce a été promise par les auteurs conserve le droit d'en réclamer le manuscrit, sans qu'il puisse être dû de dommages-intérêts à un autre directeur qui, connaissant le premier engagement des auteurs, n'a pu se faire céder qu'à ses risques et périls et sous condition le droit de représentation déjà cédé à son concurrent.

— Trib. civil de la Seine, 25 juin 1856, aff. Hostein c. Billion, A. Dumas et Maquet (*Gaz. des Trib.*, 26 juin 1856).

824. Le contrat formé en vue de la représentation

d'une pièce entre l'auteur et le directeur crée des
obligations pour les deux parties, et l'auteur ne saurait être en droit de retirer sa pièce du théâtre où
elle doit être représentée, sous prétexte qu'un rôle,
qui devait, à l'origine, être joué par un artiste, a
été confié à un autre.

Il en est tout au moins ainsi alors qu'il n'y a pas
de convention spéciale à ce sujet, et surtout quand
un règlement obligatoire pour les parties décide
qu'en cas de dissidence pour la distribution des rôles, le différend sera jugé par un tiers arbitre désigné d'une certaine manière.

— Trib. civil de la Seine, 9 février 1830, aff. Alex. Dumas
c. Harel (*Gaz. des trib.*, 10 février 1830).

825. Un auteur est en droit, aux termes des traités
passés entre la Société des auteurs dramatiques et
les directeurs de théâtre, de retirer sa pièce purement et simplement et de reprendre son manuscrit
lorsque, par suite de difficultés quelconques, qui ne
lui sont pas imputables, comme un changement du
principal acteur, les répétitions ont été interrompues pendant plus de trois mois.

— Trib. de la Seine. référé du 8 juin 1880, aff. Paul Ferrier
c. Contat-Desfontaines et autres (*le Droit*, 9 juin 1880).

826. Aux termes des traités passés entre les directeurs de théâtre et la Société des auteurs dramatiques, les premiers ne peuvent se refuser à faire jouer
une pièce définitivement reçue, ni en retarder la représentation au-delà d'un certain délai.

Si l'ouvrage n'est pas joué dans le délai stipulé,
les auteurs rentrent dans la libre disposition de
leur manuscrit, et ont en outre droit à une indemnité.

La non-restitution du manuscrit entraîne une condamnation spéciale pour le préjudice qu'elle cause à l'auteur.

— Trib. de comm. de la Seine, 13 juin 1888, aff. D^e Ugalde c. D^e Thys (*la Loi*, 24 juin 1888).

827. Lorsqu'une œuvre dramatique, comme un opéra, a été reçue à un théâtre, le contrat synallagmatique qui se forme entre le directeur et les auteurs engendre pour toutes les parties des droits et des obligations nettement déterminés.

D'une part les auteurs se sont interdit de pouvoir empêcher en aucun cas l'administration du théâtre de représenter la pièce ; d'autre part l'administration a contracté envers eux l'obligation de réprésenter l'œuvre reçue.

Cette obligation est de sa nature indivisible, et son effet, aux termes de l'art. 1224 du Code civil, est de conférer à chacun des costipulants le droit d'en exiger l'exécution.

L'un des auteurs de l'œuvre dramatique à représenter peut donc à lui seul user du droit d'en réclamer la représentation nonobstant la volonté contraire de l'autre auteur qui ne voudrait pas faire usage du même droit.

— C. de Paris, 21 février 1873, aff. Sauvage c. Ambroise Thomas (Pat. 1873, p. 153).

828. L'autorisation donnée par l'auteur des paroles d'un opéra ou d'une œuvre semblable d'y faire des coupures ne peut être opposée au compositeur de la musique.

La cession d'une composition musicale ne transmet pas au cessionnaire le droit d'apporter à la partition les modifications et d'y faire les retranchements que peuvent nécessiter les exigences scéniques: en tous cas ces changements ne peuvent être faits sans l'autorisation des auteurs.

— Trib. de comm. de la Seine, 9 mai 1870, aff. Bazin c. de Leuven (Pat., 1871, p. 99). — Voir également: Trib. civil de la Seine, 3 février 1869, aff. Deschamps c. Montrouge (Constant, Code des théâtres, p. 259).

829. L'auteur dramatique dont l'œuvre a subi des coupures par ordre est en droit de retirer sa pièce.

— Trib. de comm. de la Seine, 29 septembre 1835, aff. Laverpillière c. la Comédie-Française (*Gaz. des trib.*, 30 septembre 1835).

830. Les droits d'un directeur de théâtre, cessionnaire d'un ouvrage dramatique pour la représentation, sont limités, à moins de convention contraire, à la ville dans laquelle il exploite son industrie. L'auteur est présumé se réserver le droit de représentation pour les autres villes de France, et même, ayant traité avec le directeur du théâtre d'une ville, il peut céder le même droit à un théâtre de la banlieue.

— Trib. correct. de la Seine, 20 septembre 1836, aff. Harel c. Seveste (*Gaz. des trib.*, 22 septembre 1836). — Voir Blanc, p. 221.

831. Lorsque l'auteur a autorisé la représentation de son œuvre à Paris, il reste maître de l'interdire en province.

— Trib. de la Seine, 28 décembre 1841, aff. Lemonnier c. Laloue (Blanc, p. 222).

832. Le directeur de théâtre qui a représenté une pièce avec l'autorisation d'un des auteurs, peut être condamné à payer comme indemnité à celui dont il n'a pas sollicité le consentement une somme équi-

valente à celle qu'aurait touchée ce dernier pour une représentation donnée sur le théâtre où cette pièce est habituellement représentée.

— C. de Paris, 26 janvier 1852, aff. Lumley c. Bayard (Dall. 1852. 2. 184).

833. Lorsqu'il y a désaccord entre les coauteurs d'une pièce sur l'opportunité de la représentation, il peut appartenir à la justice de statuer.

Mais, en principe, 1° un directeur peut représenter la pièce avec le consentement d'un seul des auteurs, si les autres ne s'y opposent pas ; 2° quand il y a opposition de l'un des propriétaires de l'œuvre, le directeur qui passe outre est passible de dommages-intérêts, et il doit lui être fait défense de représenter l'œuvre jusqu'à ce que le litige soit réglé entre les auteurs ou leurs ayants cause.

— Trib. civ. de la Seine, 30 avril 1853, aff. Hér. Bayard c. Gaspari (Blanc, p. 89).

834. L'un des auteurs d'une pièce écrite en collaboration peut interdire la représentation de cette pièce sur un théâtre déterminé.

La sanction de l'interdiction, prononcée en justice sur sa demande, peut être l'allocation, pendant un certain temps, d'une somme déterminée, pour chaque représentation, sauf au tribunal à statuer ultérieurement, le cas échéant, en édictant d'autres sanctions.

— C. de Paris, 7 mai 1884, aff. de Corvin c. de la Rounat, *les Danicheff* (Pat., 1885, p. 50).

835. L'auteur qui a donné l'autorisation de représenter sa pièce, ne peut, à moins de s'en être réservé le droit d'une façon expresse, s'opposer à la reprise

de cette pièce sur le même théâtre dans les conditions de la représentation primitive.

— C. de Paris, 28 juin 1840, aff. Spontini c. Pillet (Blanc, p. 224).

836. A défaut de traité, le droit exclusif de représenter un ouvrage dramatique appartient au directeur qui a couru les chances et fait les frais de la première représentation.

— Trib. civil de la Seine, 9 août 1831, aff. Harel c. Fulgence et autres (*Gaz. des trib.*, 10 août 1831).

837. En admettant l'usage ou le droit de retirer du répertoire les pièces non représentées pendant un certain temps, il ne s'ensuit pas que le directeur conserve son droit exclusif en faisant représenter l'ouvrage un petit nombre de fois ou une seule fois dans l'année. L'accomplissement de l'obligation du directeur, qui est la condition essentielle de son droit, s'apprécie en ce cas d'après les circonstances.

— Trib. civ. de la Seine, 9 août 1831, même aff. (V. Blanc, p. 224).

838. L'engagement pris par l'auteur de la musique de ne pas retirer pendant un certain temps une pièce du répertoire d'un théâtre ne peut lier les auteurs des paroles qui n'y ont pris aucune part.

Quand un directeur de théâtre laisse écouler le délai de 365 jours à l'expiration duquel les auteurs, en vertu des règles établies par la Société des auteurs dramatiques, reprennent la libre disposition de leurs ouvrages, les auteurs rentrent dans leur droit sans aucune mise en demeure.

— Trib. civ. de la Seine, 27 avril 1883, aff. Ferrier et Prevel c. Cantin (*Gaz. des trib.*, 28 avril 1883).

839. Un directeur ne peut reprendre une pièce que les auteurs lui ont fait défense de jouer sans avoir obtenu leur autorisation collective, et il s'expose à des dommages-intérêts, s'il passe outre lorsqu'un d'eux, ayant changé d'avis, lui a seul accordé son autorisation.

— C. de Paris, 19 décembre 1878, aff. Millaud c. Comte, *Madame l'Archiduc* (Dall., 1880. 2. 62).

840. L'action, dirigée contre un directeur en faillite, pour obtenir la restitution du manuscrit d'une œuvre dramatique et des dommages-intérêts en raison du retard qu'a subi la représentation, est de la compétence du tribunal civil.

— Trib. civ. de la Seine, 7 juillet 1869, aff. Labiche et Delacour c. Hostein (*le Droit*, 9 juillet 1869).

841. S'il est vrai que l'administration nouvelle d'un théâtre, qui n'est liée par aucun traité, ne succède pas aux droits et aux obligations de la direction précédente, néanmoins il y a lieu de considérer les traités passés par cette dernière avec les auteurs des pièces précédemment jouées sur ce théâtre comme maintenus par l'effet d'un consentement tacite, lorsque ces auteurs par exemple ne font pas d'opposition à la représentation de leurs œuvres, et reçoivent les rétributions et autres avantages résultant des conventions antérieures.

— Trib. civil de la Seine, 9 août 1831, aff. Harel c. Fulgence (*Gaz. des trib.*, 10 août 1831).

842. Le directeur de théâtre qui a stipulé des auteurs d'une pièce un dédit d'une certaine somme pour le cas où la remise ne lui en serait pas faite dans un certain délai, est en droit de réclamer le

dédit, bien qu'il ait cédé à un tiers l'exploitation de son théâtre, du moment que la condition est échue antérieurement à cette cession.

Il n'y a rien qui fasse échec à ce droit dans l'obligation qu'a prise vis-à-vis de lui son successeur de continuer tous les traités et engagements pris avec les auteurs, cette clause s'appliquant évidemment aux traités en cours d'exécution et non point à ceux qui, dans la pensée du cédant, avaient pris fin antérieurement et d'où résultait pour lui un droit personnel aux dommages-intérêts fixés par la convention.

— C. de Paris. 13 novembre 1888, aff. Blandin c. Gilles et Farnié (*le Droit*, 24 novembre 1888).

843. Le directeur qui, en acquérant l'exploitation d'un théâtre, s'est engagé à jouer les ouvrages reçus par ses prédécesseurs en se conformant aux clauses d'un traité passé par eux avec la Société des auteurs dramatiques, ne saurait arguer, vis-à-vis des auteurs, de l'ignorance où il était que telle ou telle pièce eût été reçue, non plus que du fait que l'acte de vente ne contient aucune mention de cette pièce.

Les clauses dudit traité doivent être exécutées, sauf le recours en garantie de l'acquéreur contre le vendeur.

— C. de Paris, 23 décembre 1887, aff. Ugalde c. Oswald, Boucheron et Messager (*Gaz. des trib.*, 31 déc. 1887).

844. Est valable et obligatoire pour les membres de la *Société des auteurs et compositeurs dramatiques* la disposition de l'art. 18 de l'acte de société qui interdit aux sociétaires de faire représenter aucun ouvrage sur un théâtre qui n'aurait pas de traité général avec la Société, et il y a par suite contraven-

tion à cet article quand les représentations continuent, une fois le traité expiré, malgré une mise en demeure adressée à l'auteur par la société.

Toutefois la pénalité de 6000 fr. prononcée par l'art. 26 des statuts au cas d'infraction à l'art. 18 peut être modérée aux termes de l'art. 1231 du Code civil lorsque l'obligation a été exécutée en partie.

— Trib. civ. de la Seine, 1er mai 1861, aff. Soc. des aut. dram. c. Lapointe et Genouillac (Pat., 1861, p. 284).

845. Le directeur de théâtre qui, lié par un traité avec la Société des auteurs dramatiques, a obtenu des héritiers de l'auteur d'une pièce l'autorisation de la jouer en se conformant à ce traité, ne saurait se prévaloir de cette autorisation pour continuer à jouer cette pièce une fois le traité expiré ; et la Société des auteurs est recevable à intervenir dans l'instance engagée entre le directeur et les héritiers, pour faire décider que l'autorisation n'a plus d'effet du jour où le directeur refuse de signer de nouvelles conventions.

— Trib. civ. de la Seine, 19 juillet 1860, aff. Bartholy c. Pixérécourt et la Soc. des aut. dram. (le Droit, 21 juillet 1860).

846. Aux termes des statuts de la Société des auteurs et compositeurs dramatiques, la commission nommée par l'assemblée générale est autorisée à aire, avec toutes entreprises théâtrales, des traités qui fixent les droits des auteurs sociétaires, et chargée d'en assurer l'exécution de la part des contractants.

Tout membre de la Société est tenu par les traités que la commission a passés en vertu des pouvoirs que lui confère le pacte social.

Il n'appartient donc pas à l'auteur de modifier, au moyen de conventions particulières et au préjudice de la Société, la situation à laquelle il est soumis comme sociétaire.

— C. de Paris, 17 nov. 1860, aff. Barbier c. Soc. des auteurs dramatiques, *les Noces de Figaro* (Pat., 1861, p. 20).

847. Le directeur de théâtre à qui un auteur a indiqué un sujet de pièce et qui a ensuite évincé cet auteur pour faire la pièce lui-même, n'est pas un cessionnaire à qui l'écrivain puisse réclamer des droits d'auteur, mais est passible de dommages-intérêts pour s'être emparé d'une façon répréhensible d'une idée qui ne lui appartenait pas, et pour avoir privé celui qui l'avait eue d'une collaboration sur laquelle il devait compter.

— C. de Paris, 29 juillet 1857, aff. d'Hainault c. Arnault, (Pat., 1857, p. 286).

848. Si un directeur de théâtre est commerçant aux termes de l'art. 632 du Code de commerce, l'auteur qui traite avec lui ne fait pas acte de commerce.

L'auteur peut donc poursuivre le directeur devant le tribunal civil, pour obtenir la représentation d'une pièce qui a fait l'objet d'un traité.

— Trib. civ. de la Seine, 30 mars 1844, aff. Genevais c. Lireux (*Gaz. des trib.*, 31 mars 1844) : — C. de Paris, 27 janv. 1846, même aff. (*Gaz. des trib.*, 28 janv. 1846).

848 *bis*. Le transport fait par un auteur, au profit d'un créancier, des droits qui lui appartiennent actuellement et de ceux qui pourront lui appartenir plus tard sur les représentations de ses œuvres, n'a aucune valeur en ce qui touche les droits relatifs aux ouvrages non encore créés et livrés au théâtre au moment de la cession.

Au contraire, lorsqu'avant la cession l'ouvrage a déjà été édité, les droits relatifs aux représentations à venir peuvent valablement faire l'objet d'une cession, les choses futures et celles dont l'existence est subordonnée à la réalisation d'un fait conditionnel, pouvant être l'objet de conventions comme les choses actuelles, du moment que la condition ne dépend pas de la volonté de l'obligé.

— Trib. civ. de la Seine, 6 décembre 1861, aff. Doyen c. Guidi (Pataille, 1861. p. 430). — Voir dans le même sens : Trib. de la Seine, 31 janv. 1854, aff. Doyen c. Dumas (Sirey, 1854. 2. 734).

CHAPITRE III

DURÉE DU DROIT.

849. Il résulte du texte même des lois des 19 juillet et 17 septembre 1793, et du décret du 8 juin 1806, que les dispositions de la première de ces lois relatives à la durée du droit de propriété littéraire sont applicables au droit de représentation, précédemment régi à cet égard par les lois des 13 janvier et 19 juillet 1791.

— C. de cass., 5 décembre 1843, aff. Dormoy c. Troupenas (Dall., 1844. 1. 11) (1).

(1) Les lois du 3 août 1844 et du 19 avril 1854 ont définitivement tranché la question en ce sens. La durée du droit est aujourd'hui régie par la loi du 14 juillet 1866.

CHAPITRE IV

DÉPÔT.

850. La loi de janvier 1791, qui règle spéciale-ment le droit de représentation, ne parle pas de la formalité du dépôt.

L'auteur n'est pas astreint à remplir cette forma-lité quand il veut poursuivre ceux qui représentent son œuvre sans autorisation.

— C. de Lyon. 17 janvier 1852. aff. Henrichs c. Cochet (Blanc, p. 226); — C. de cass., 24 juin 1852, aff. Henrichs c. Connevat (Dall., 1852. 1. 221); — Trib.de comm. de Rouen. 12 novembre 1873, aff. Paul c. Loissel (Dall., 1875. 5. 364).

851. La même règle est applicable dans le Canton de Genève, où les décrets du 13 janvier 1791, 19 juillet 1791 et 19 juillet 1793 sont actuellement en-core en vigueur.

— C. d'appel de Genève. 27 juin 1881, aff. Sté des Aut. et Compos. de musique c. Bernard (Dall., 1882. 2. 90).

852. La formalité du dépôt n'est prescrite que pour les ouvrages livrés à la gravure ou à l'impression. L'auteur qui fait représenter sa pièce ou exécuter sa musique sur manuscrit conserve, sans avoir effectué un dépôt quelconque, l'intégralité de son droit de propriété et de poursuite, aussi bien que l'orateur qui débite un discours.

— C. de Paris. 18 juin 1840; C. de Lyon, 31 mars 1852; C. de cass., 24 juin 1852 (Rendu et Delorme. *Droit industriel*, n° 861).

CHAPITRE V

DE LA REPRÉSENTATION ILLICITE.

SECTION Iʳᵉ — Caractères du délit.

INDEX

853. Si un fait historique peut être exploité par plusieurs, et si chacun est libre de le mettre à la scène, il y a délit de contrefaçon et de représentation illicite dans le fait de transporter sur un théâtre de chant, sans le consentement des auteurs, un ouvrage dramatique d'abord représenté sur un autre théâtre, en le traduisant dans une langue étrangère et en se contentant, au lieu de traiter à nouveau le sujet, de faire subir à l'œuvre les changements nécessités par la mise en scène sur un théâtre d'un autre genre, et par les exigences du chant.

— C. de Paris, 27 juin 1844, aff. Beaudouin c. Vatel (Blanc. p. 36 et 231). — *Idem*: C. de Paris, 6 novembre 1841, aff. Victor Hugo c. Monnier (Blanc, p. 178 et 231). — Voir également: C. de cass., 15 janvier 1867, aff. Bagier c. Vᵛᵉ Scribe (Dall., 1867. 1. 181).

854. Une nouvelle publiée dans le feuilleton d'un journal peut être transformée en pièce par un autre auteur, sans que le premier écrivain puisse réclamer, comme collaborateur, le partage des droits d'auteur.

— C. de Paris, 26 mai 1854, aff. de Boignes c. Scribe (Blanc, p. 232).

855. Mais si, en pareil cas, la pièce de théâtre est non seulement une imitation de la nouvelle, mais encore en paraît être la copie littérale et servile, il y a atteinte aux droits de propriété de l'auteur de la nouvelle, et, s'il ne peut se faire reconnaître collaborateur et copropriétaire de l'œuvre dramatique, il peut tout au moins avoir droit à des dommages-intérêts.

— C. de Paris, 27 janvier 1840, aff. Paul de Musset c. Lefranc, Labiche et Michel (Dall., *Prop. litt. et artist.*, n° 187).

856. Le parodiste n'a pas davantage le droit de reproduire une partie essentielle de la composition parodiée.

— Trib. de la Seine, 5 février 1834 (Blanc, p. 233).

857. L'auteur des paroles adaptées à une œuvre musicale est fondé à prétendre que l'on viole ses droits, si l'œuvre est représentée sans son consentement.

— C. de Paris, 19 avril 1845, aff. Colin c. Vatel (Dall., 1849. 2. 85).

858. C'est à tort qu'on néglige d'ordinaire, avant d'employer des airs dans un vaudeville, de demander le consentement des auteurs de ces airs. Mais les auteurs de vaudevilles, qui trouvant cet usage établi, ont pu se croire autorisés à le suivre, peu-

vent exciper de leur bonne foi, et il y a seulement
lieu de leur impartir un délai suffisant pour remplacer par d'autres les airs qu'ils n'avaient pas le
droit de s'approprier.

— Trib. de la Seine, 14 janvier 1852, aff. Heinrichs c.
Bayard et autres (Dall., 1853. 5. 382). — Voir égal. : Paris,
11 avril 1853, aff. Desforges et autres c. Dormeuil et Benou
(D., 1853. 2. 130).

859. Les concerts, donnés par une société musicale, où le public est admis, sur présentation, en
payant la cotisation ou le prix soit d'un abonnement,
soit de billets délivrés par une commission, rentrent dans la classe des représentations auxquelles
s'applique l'art. 428 du Code Pénal.

— C. de cass., 16 décembre 1854, aff. Henrichs c. Institut
musical d'Orléans (Dall., 1855. 1. 44).

860. Se rend coupable du délit prévu par l'art.
428 du Code Pénal l'entrepreneur de bals publics,
comme les bals de l'Opéra, qui exécute des airs
d'opéra ou des arrangements de ces airs sans le
consentement de ceux qui en ont la propriété.

— C. de Paris, 12 juillet 1855, aff. Henrichs c. Strauss (Dall.,
1855. 2. 256).

861. La loi du 17 juillet 1791 et le décret du 8
juin 1806 sont applicables même aux représentations
extraordinaires données par ordre au profit des pauvres. — Le droit de propriété des auteurs est en effet inviolable, et il appartient à eux seuls d'apprécier l'étendue des libéralités qu'ils peuvent faire.

Les droits sont dus d'après le tarif du théâtre sur
lequel est donnée la représentation extraordinaire et
d'après la recette de cette représentation, et non

d'après le tarif du théâtre sur lequel la pièce est
jouée habituellement.

— Trib. de comm. de la Seine, 26 mai 1828, aff. S^{té} des
Aut. dram. c. le Directeur de la Porte-Saint-Martin et le Maire
du 5e arr^t. (*Gaz. des Trib.*, 27 mai 1828).

862. Les articles 3 de la loi du 19 janvier 1791,
428 et 429 du Code Pénal, sont applicables aux Sociétés d'amateurs qui admettent gratuitement le
public aux représentations qu'elles donnent.

Le propriétaire de la salle qui procure les décors
et prend une part active aux représentations doit
être déclaré complice du délit commis par la société qui a donné ces représentations sans autorisation des auteurs ou de leurs ayants droit.

— C. de Paris, 17 avril 1832, aff. Scribe et autres c. Gro-
maire et Barthélemy (*Gaz. des trib.*, 18 mai 1832).

863. L'auteur dont l'œuvre a été représentée sans
son consentement n'a aucun recours contre le propriétaire de la salle lorsque celui-ci s'est borné à
louer son local et est resté étranger à la composition
du programme.

— C. de Paris, 3 juin 1854. aff. Henrichs c. Devilleneuve
(Blanc. p. 245).

864. Le permissionnaire d'une exploitation théâtrale doit être considéré comme responsable envers
les tiers.

— Trib. civil de la Seine, 3 avril 1878, aff. S^{té} des Aut. et
Comp. c. Oller (*Gaz. des trib.*, 6 avril 1878).

865. Le profit personnel du complice ou du coauteur n'est pas un élément nécessaire de la criminali-
té à son égard : l'action naît du dommage causé par
son fait.

Tombe ainsi sous le coup des art. 428, 50, 60 du Code Pénal le directeur d'un établissement thermal qui, en violation de l'art. 3 de la loi du 19 janvier 1791, a mis à la disposition d'entrepreneurs de spectacles le salon de son établissement pour des concerts et des représentations donnés par ces derniers au public moyennant rétribution.

— C. de cass., 19 mai 1859, aff. Roussel c. Brosson (Dall., 1859. 1. 430).

866. Si petit que soit un théâtre, son directeur ne peut, aux termes de la loi des 13-19 janvier 1791, y représenter les ouvrages des auteurs vivants sans leur consentement formel et par écrit.

· — Trib. corr. de la Seine, 24 janvier 1872. aff. Sté des Auteurs et Compos. c. Bertholy (le *Droit*, 26 janv. 1872).

867. Le limonadier qui donne, dans son établissement, sans autorisation des auteurs, des représentations dans lesquelles il joue et fait jouer, chante et fait chanter des morceaux qui sont leur propriété aux termes des lois de 1791 et 1793, commet le délit prévu et puni par l'art. 428 du Code Pénal, sans pouvoir alléguer qu'il manque certains éléments du délit, un café, où le public est admis sans rétribution, ne pouvant être considéré comme un théâtre.

— C. de cass., 24 juin 1852, aff. Connevat c. Henrichs (Dall., 1852. 1. 221).

868. L'intention exprimée par le propriétaire d'un café-concert d'acquitter les droits d'auteur ne peut suppléer au consentement préalable de l'auteur qu'exige la loi.

L'auteur reste en effet maître de faire représenter son œuvre où et par qui il lui convient, et il n'est pas possible d'admettre que la jouissance de la propriété artistique, qui est aussi sacrée que toute autre propriété, appartienne de droit et forcément à celui qui fait l'offre d'un prix ou d'une rémunération.

Le délit prévu par l'art. 428 du Code Pénal existe dès l'instant que le consentement n'a pas été obtenu avant la représentation, et à plus forte raison lorsque, averti en temps utile, et surtout par un acte extrajudiciaire, le prévenu a cru devoir passer outre et a exécuté les œuvres pour lesquelles l'autorisation nécessaire lui avait été refusée.

— C. de Toulouse, 17 novembre 1862, aff. Daubèze c. Latouche et autres (Dall., 1863. 2. 128). — Voir également: Cass., 9 août 1872, aff. Sté des Compos. de musique c. Linoff (Dall., 1872. 1. 332).

869. Le délit de représentation illicite n'existe qu'autant qu'il y a atteinte portée de mauvaise foi au droit de propriété de l'auteur.

La bonne foi d'un directeur exclut l'application des peines prononcées par la loi, et par suite la confiscation, et dans ce cas le poursuivant n'a droit qu'à une indemnité représentant ses droits d'auteur, dont il appartient aux tribunaux de fixer le chiffre, pour le passé.

— C. de Paris, 19 avril 1845, aff. Colin c. Vatel (Dall., 1845. 2. 85).

SECTION II. — Poursuite et répression.

INDEX

870. Le dépôt préalable de l'ouvrage n'est pas imposé à l'auteur d'une pièce pour qu'il puisse exercer ses droits. La loi de 1793 ne prescrit le dépôt qu'au point de vue de l'impression, et le délit existe au point de vue de la représentation, même si l'œuvre est représentée sans avoir été imprimée.

— C. de Paris, 18 juin 1840 ; C. de Lyon, 7 janvier et 31 mars 1852 (Rendu et Delorme, *Dr. ind.*, nº 861) ; — C. de cass., 24 juin 1852, aff. Connevat c. Henrichs (Dall., 1852. 1. 221) ; — C. de Lyon, 17 janvier 1852, aff. Henrichs c. Cochet (Blanc, p. 226).

871. Un ballet ne peut être représenté sans le consentement de l'auteur. Le droit de ce dernier est protégé par les lois de 1791 et de 1793, bien que son œuvre ne soit ni imprimée ni déposée.

— Trib. de comm. de Rouen, 12 nov. 1875, aff. Paul c. Loissel (Pat., 1877, p. 211).

872. Le directeur d'une entreprise théâtrale poursuivi par l'auteur d'une pièce contrefaite ne saurait le renvoyer à se pourvoir contre l'auteur de la pièce qu'il a jouée. Il est personnellement responsable de son délit.

— C. de Paris, 30 janvier 1865, aff. Vve Scribe c. Bagier (Pat., 1865, p. 620).

873. Si, par une tolérance consacrée par l'usage, les théâtres de province peuvent être considérés comme tacitement autorisés à jouer les œuvres des membres de la Société des auteurs dramatiques, à la condition de verser ensuite les droits d'auteur aux mains des agents de cette société, ils ne peuvent toutefois se prévaloir de cette tolérance pour se croire le droit de continuer à en user malgré une défense qui leur aurait été signifiée par les auteurs ou leurs cessionnaires.

— C. de Rouen, 9 mars 1866, aff. Carré c. Briet (Sir.,1866. 2. 138).

874. L'objet de la Société des auteurs étant, aux termes de ses statuts, la perception des droits d'auteur et la mise en commun d'une partie de ces droits, mais sous la réserve de la propriété littéraire appartenant à chacun d'eux, et sans clause formelle les privant de la faculté de disposer personnellement du droit d'autoriser la représentation de leurs œuvres, les auteurs sociétaires, ou leurs cessionnaires, peuvent poursuivre personnellement l'exécution des traités particuliers que les statuts leur permettent de faire, droit qui leur est d'ailleurs formellement reconnu par ces mêmes statuts, pour le cas où la Société ne croit pas devoir poursuivre elle-même.

— Même arrêt de Rouen, 9 mars 1866 (V. Pataille, 1877, p. 67).

875. L'autorisation donnée à un directeur de théâtre de représenter dans une ville, pendant un certain temps, à l'exclusion de toute autre entreprise

théâtrale de la même ville. certains ouvrages dramatiques, renferme une cession partielle des droits de propriété des auteurs sur ces pièces, qui donne au cessionnaire qualité pour poursuivre correctionnellement les auteurs du délit prévu et puni par les articles 428 et 429 du Code pénal.

— C. de Rouen, 9 mars 1866, aff. Carré c. Briet (Pat.,1867, p. 67).

876. La Société des auteurs dramatiques, fondée pour la défense mutuelle des droits des associés, constitue une personne morale à laquelle ne peut porter préjudice la situation personnelle de chacun de ses membres. Par suite, un directeur ne peut être admis à compenser la dette contractée envers elle avec une créance qu'il aurait contre un membre de cette société.

— Trib. de commerce de la Seine, 16 avril 1857, aff. Soc. des aut. dram. c. Billion (Pat., 1857, p. 168).

877. Le droit d'autoriser la saisie des recettes dans les cas d'urgence appartient au Président du tribunal civil qui, à défaut de loi spéciale réglant la matière, y est autorisé par la disposition générale de l'art. 54 du décret du 3 mars 1808, aux termes duquel il a compétence pour rendre en toutes matières des ordonnances à fin d'arrêt ou de revendication de meubles ou marchandises ou autres mesures d'urgence.

— Trib. civil de la Seine, 3 avril 1878, aff. Soc. des aut. et compos. de musique c. Oller (le *Droit*, 6 avril 1878).

878. Le mode de saisie ou de confiscation des recettes des théâtres, par application de l'art. 3 de la loi du

19 janvier 1791 et de l'art. 428 du Code pénal, est réglé par l'article 3 de la loi du 19 juillet 1793, déclarée applicable aux représentations dramatiques par l'article 2 de la loi du 1ᵉʳ septembre suivant.

Le fonctionnaire compétent qui a remplacé l'officier de paix désigné dans l'art. 3 de la loi du 19 juillet 1793 est, aux termes de l'article 1ᵉʳ de la loi du 24 prairial an III, le commissaire de police, ou le juge de paix dans les lieux où il n'y a pas de commissaire de police.

La partie saisie est par suite fondée à demander la nullité de saisies pratiquées par un huissier en vertu de l'autorisation du Président du tribunal.

— Trib. civil de la Seine, 6 décembre 1876, aff. Robert c. Rollot (*Gaz. des Trib.*, 26 décembre 1876).

879. Le droit à la saisie et à la confiscation des recettes des spectacles existe au profit de la Société des auteurs, compositeurs et éditeurs de musique par application des art. 3 de la loi du 19 janvier 1791, 428 et 429 du Code pénal.

La confiscation ne confère pas aux auteurs un simple droit de créance, mais la propriété même des recettes confisquées.

La réparation peut d'ailleurs être complétée par une allocation additionnelle de dommages-intérêts.

— Trib. civ. de la Seine, 3 avril 1878, aff. Soc. des aut. et compos. de musique c. Oller (*Gaz. des Trib.*, 6 avril 1878).

880. A défaut de preuve contraire, l'affiche d'une représentation peut constituer une preuve suffisante du délit prévu et puni par l'art. 3 de la loi du 19 janvier 1791 et les articles 428 et 429 du Code pénal.

— Trib. corr. de la Seine, 8 janvier 1880, aff. Soc. des auteurs, compositeurs et éditeurs de musique c. Rougier, Fallières et Juvénal (Pat., 1882, p. 42). — V. également : Trib. civ. de la Seine, 3 avril 1878, aff. Aut. et comp. c. Oller (*Gaz. des Trib.*, 6 avril 1878).

881. A aucun point de vue, des offres réelles faites par le prévenu à la partie civile qui le poursuit devant la juridiction correctionnelle, pour violation de l'art. 3 de la loi du 19 janvier 1791, ne peuvent être validées par cette juridiction ni avoir pour effet d'arrêter la poursuite. D'une part, en effet, la loi ne permet pas la représentation sans consentement préalable, et d'autre part le Tribunal, d'ailleurs incompétent en principe pour valider des offres, ne peut d'aucune manière valider l'offre d'une somme qui représente non une dette liquide, mais la réparation d'un dommage dont le prévenu ne peut arbitrer lui-même l'importance.

— C. de cass., 9 août 1872, aff. Soc. des compositeurs c. Linoff (Dall., 1872. 1. 332).

882. La culpabilité du propriétaire d'un établissement thermal, comme complice ou coauteur du délit commis par les entrepreneurs de spectacles à la disposition de qui il a mis gratuitement le salon de cet établissement, résulte non de sa participation à l'entreprise dont il a bien pu se désintéresser, mais de sa participation ou de sa coopération, dans les termes de la loi, aux faits commis par cette entreprise.

— C. de cass., 19 mai 1859, aff. Roussel c. Brosson (Sir., 1860. 1. 88).

883. L'effet légal de la prescription n'est pas seulement de couvrir le passé ; elle a effet dans l'avenir et

légitime des actes et des faits condamnés par la loi pénale. La contrefaçon n'est pas un délit successif qui puisse échapper à cette règle. Une fois le délit consommé, l'exploitation ultérieure de l'œuvre, en quoi qu'elle consiste, n'en est plus qu'une conséquence, et par suite le droit, abandonné pendant trois ans par l'auteur ou ses cessionnaires, se trouve désormais anéanti pour eux.

— C. de Paris, 24 fév. 1855, aff. Vatel c. Ragani (Sir., 1855. 2. 409) (1).

884. L'auteur d'un livret d'opéra qui est la contrefaçon d'un autre ouvrage dramatique ne peut plus être poursuivi, aux termes des art. 637 et 638 du Code d'instr. crim., lorsque trois ans se sont écoulés depuis la publication de l'œuvre.

On doit le considérer désormais comme ayant sur son œuvre un droit de propriété, qui lui permet de céder le droit de la représenter.

Le cessionnaire de ce droit est donc désormais à l'abri des poursuites de l'auteur lésé (2).

— C. de Paris. 13 novembre 1855, aff. V. Hugo c. Ragain (Sir., 1856, 2. 158).

885. Chaque représentation illicite constitue un délit distinct, qui est le point de départ d'une prescription spéciale acquise trois ans après sa date.

Mais ni la négligence, ni la tolérance de l'auteur ne sauraient constituer un abandon de ses droits et légitimer de nouvelles usurpations.

---

(1) V. la note sous l'arrêt suivant, et ci après : Paris, 30 janvier 1865; Cass. 15 janvier 1867.

(2) L'ensemble de la doctrine et la jurisprudence postérieure repoussent énergiquement le système de cet arrêt et du précédent. — V. à cet égard : Blanc, p. 208 et 246. et les autorités citées par Pouillet, nos 837, 730 et suiv.

— C. de Paris, 30 janvier 1865, aff. V^{re} Scribe c. Bagier (Pat., 1865, p. 5).

886. Aux termes des lois des 13-19 janvier 1791, 19 juillet de la même année et 1er septembre 1793, le droit de représentation est distinct du droit d'édition. — La prescription de l'action contre celui qui s'est rendu contrefacteur d'une œuvre dramatique en l'éditant ne saurait donc priver l'auteur du droit d'empêcher la représentation du même ouvrage sur une scène publique.

— C. de cass., 15 janvier 1867, aff. Bagier c. V^{re} Scribe (Dall., 1867. 1. 182).

887. Les lois relatives à la propriété littéraire et au droit de représentation sont applicables aux Français en Algérie sans promulgation spéciale.

— C. d'Alger, 11 avril 1850, aff. Société des auteurs dramat. c. Curet (Blanc. p. 234) (1).

(1) Un décret du 29 octobre 1887 a rendu applicable à toutes les colonies les lois qui règlent en France la propriété littéraire et artistique.

CHAPITRE VI

DROIT DES ÉTRANGERS

INDEX

888. Le décret du 8 mars 1852 ne s'applique pas au droit de représentation.

N'est donc pas un délit, mais bien un fait licite, la représentation en France, sans autorisation de l'auteur, des ouvrages dramatiques qui ont été primitivement représentés à l'étranger, sur une scène d'un pays qui n'a point fait avec la France de traité protégeant le droit des auteurs.

— Trib. civ. de la Seine, 15 octobre 1856 ; C. de Paris, 13 déc. 1856 ; C. de cass., 14 décembre 1857, aff. Verdi et Blanchet c. Calzado (Dall., 1858. 1. 161). — V. Pataille, 1856, p. 302 ; 1857, p. 46 ; 1858, p. 100. — *Contrà* : Blanc, p. 219 ; Lacan et Paulmier, t. II, nᵒ 677.

889. Quand l'œuvre dramatique qui a été représentée pour la première fois à l'étranger est d'un Français, l'exception tirée de l'inexistence d'un traité de protection de la propriété des œuvres de l'esprit entre la France et le pays où elle a été représentée,

n'est pas opposable à l'auteur et elle ne peut être représentée en France que de son consentemeut.

— Trib. civ. de la Seine, 11 juillet 1862, aff. Perrot c. Petipa (Pat., 1863, p. 234).

890. Aux termes des conventions conclues lés 22 août 1852 et 1ᵉʳ mai 1861 entre la Belgique et la France, les directeurs des théâtres belges peuvent jouer les œuvres dramatiques et musicales, publiées ou représentées en France, sans le consentement des auteurs et même malgré leur défense, pourvu qu'ils se soumettent aux conditions du tarif adopté par la convention.

— C. de cass. de Belgique, 3 novembre 1866, aff. Offenbach, Halévy et Meilhac c. Delvil (Pat., 1867, p. 98).

891. Aux termes des art. 1ᵉʳ et 4 de la convention franco-belge du 1ᵉʳ mai 1861, les Français profitent en Belgique, quant au droit de représentation, de même que quant au droit de copie, de tous les priviléges et de tous les avantages accordés ultérieurement à la nation la plus favorisée.

Les auteurs Français peuvent donc invoquer pour leurs œuvres le bénéfice des conventions postérieures, du 11 octobre 1866 entre la Belgique et le Portugal et du 25 avril 1867 entre la Belgique et la Suisse, en vertu desquelles les pièces Suisses ou Porgaises ne peuvent être jouées en Belgique que du consentement de leurs auteurs, dont les droits sont les mêmes que ceux des nationaux : ces conventions leur étant plus favorables, les auteurs français peuvent repousser l'application de l'art. 4 de la convention de 1861, en vertu duquel, moyennant le paiement de la somme indiquée par cet article, tout

directeur pouvait jouer une œuvre française sans le
consentement de l'auteur.

— C. de Bruxelles, 17 mai 1880, aff. Zola, Busnach et Gas-
tineau c. Driessens (Dall.. 1881. 2. 117). — *Idem* : Trib. civ. de
Bruxelles, 3 août 1880, aff. Stoumon et Calabresi c. Verdi, Du
Locle et Nuitter, *Opéra d'Aïda* (Sir., 1881. 4. 11).

892. En Italie, aux termes de la Convention franco-
italienne du 9 juillet 1884, la traduction et la représentation en Italien d'une œuvre d'un auteur Français sans le consentement de l'auteur ou de ses
ayants droit constituent des délits, et la partie lésée
peut réclamer des dommages-intérêts.

— C. d'appel de Lucques (Italie). 9 avril 1888, aff. Duse
c. Baldini et Corradini (*le Droit*, 11 novembre 1888).

893. Les auteurs d'œuvres dramatiques publiées
pour la première fois en France jouissent en Suisse,
par rapport à la représentation de leurs œuvres, de
la même protection que les lois accordent aux auteurs suisses pour le représentation de leurs œuvres
(art. 21 du traité du 30 juin 1864).

Dans le canton de Genève, les lois françaises du
13 janvier 1791 et 19 juillet 1793 sont toujours en
vigueur, et par suite les ouvrages des auteurs français, comme ceux des auteurs genevois, n'y peuvent
être représentés sans le consentement formel et par
écrit de ces auteurs.

— C. d'appel de Genève, 10 juin 1867, aff. Durantin c. Roubaud (Pat., 1867, p. 242). — Voir également : Trib. civ. de
Genève, 5 février 1867, aff. Durantin c. Roubaud (Pat.. 1867,
p. 105 et suiv.).

894. En ce qui touche le droit de représentation,
aux termes de l'art. 20 du traité franco-suisse du
23 février 1882, les auteurs Français jouissent en

Suisse de la même protection et ils ont le même recours légal contre toute atteinte à leurs droits que si cette atteinte s'était produite en France. Le traité de 1882 n'a subi aucune modification par suite de la mise en vigueur de la loi fédérale suisse sur la propriété littéraire et artistique du 23 avril 1883, du moment que le traité n'a pas été dénoncé depuis la promulgation de cette loi.

La convention d'Union internationale du 9 septembre 1886 maintenant par une clause formelle les clauses des traités antérieurement conclus qui confèrent aux auteurs des droits plus étendus que ceux accordés par l'Union, les droits que peuvent exercer en Suisse les auteurs Français n'ont pas été restreints par les dispositions moins favorables de cette dernière convention.

— C. de justice de Genève, 23 mai 1889, aff. Audran, Chivot et Duru c. D..., (Pat., 1889, p. 244). — *Idem* : Trib. de district de Berne, 26 juin 1889, aff. Soc. des aut. et comp. de musique c. Soc. l'Orchestre de Berne (*le Droit*, 27 août 1889) ; C. de justice de Genève, 14 juillet 1890, aff. Gounod c. Mayer, Kunz et Cie (*le Droit*, 25 septembre 1890).

895. En vertu de l'art. 34 du règlement d'organisation judiciaire pour les tribunaux mixtes en Egypte, il résulte de l'absence en ce pays d'une loi spéciale sur la propriété littéraire et artistique, que le droit des auteurs doit y être placé sous la sauvegarde des règles du droit naturel et de l'équité.

D'après ces règles, toute atteinte portée au droit de propriété que possède sur son œuvre l'écrivain ou le compositeur dramatique, ou au privilège exclusif d'exploitation commerciale qu'il a pu transmettre à un tiers, donne lieu, contre l'auteur du dommage causé, à une action en réparation de ce dommage.

— C. d'appel mixte d'Alexandrie, 18 avril 1888, aff. Ricordi c. Puthod et Cie (Pat., 1890, p. 57). — Voir : C. d'appel d'Alexandrie, 8 mai 1889, aff. Soc. des gens de lettres c. Philip. (*le Droit*, 27 août 1889).

LIVRE III

DES ŒUVRES MUSICALES.

CHAPITRE Iᵉʳ

DES CARACTÈRES DU DROIT DE PROPRIÉTÉ.

INDEX

896. Il résulte clairement des termes des lois des 19 janvier 1791 et 19 juillet 1793 que les ouvrages dramatiques et aussi les compositions musicales font, au profit des auteurs, l'objet d'un droit de propriété, qu'ils peuvent exercer soit séparément, par le moyen de la représentation ou par celui de l'impression, soit par les deux moyens simultanément.

— Trib. corr. de la Seine, 15 février 1822, aff. Doche c. Théâtre des Variétés (Gastambide, p. 266).

897. Le droit de propriété accordé aux auteurs de

compositions musicales s'exerce utilement de deux manières : par la reproduction à l'aide de l'impression, et par le moyen des exécutions publiques.

Les deux modes d'exercice de ce droit étaient réglés, le second par la loi du 13 janvier 1791, le premier par la loi du 19 juillet 1793.

Cette dernière loi a été modifiée par le décret du 5 février 1810, que sa lettre et son esprit rendent applicable aux œuvres musicales ; il a en effet pour principal but de réglementer l'imprimerie, c'est-à-dire un des modes de publication de ces œuvres ; et, en fixant les nouvelles limites de la durée du droit, il désigne nommément les ouvrages imprimés ou gravés, et étend ainsi le bénéfice de ces dispositions aux auteurs de compositions musicales, qui, à cette époque, se reproduisaient exclusivement par la gravure et l'impression (1).

— C. de Paris, 8 avril 1854, aff. Brandus et Meissonnier c. Schonenberger (Blanc, p. 86).

898. Si la loi du 19 juillet 1793 est relative aux droits des compositeurs de musique comme à ceux des auteurs d'écrits, les art. 39 et 40 du décret du 5 février 1810 n'ont eu en vue que les auteurs d'ouvrages littéraires, mais n'ont rien innové quant aux droits des compositeurs ; ceux-ci doivent être réglés conformément aux lois qui existaient avant ledit décret, aux termes de l'avis du Conseil d'Etat du 23 août 1811.

La loi du 3 août 1844 n'a rien changé non plus

_____

(1) *Contrà* la décision suivante, qui refuse de faire la même distinction entre l'impression et l'exécution des œuvres musicales et d'accorder au premier cas le bénéfice du décret de 1810 (Voir : Avis du Cons. d'Etat du 23 août 1811, Dall., *Prop. litt.*, nᵒ 77).

aux dispositions antérieures qui concernent le droit d'éditer les composition musicales.

Une cession étant régie par la loi en vigueur au moment où elle a eu lieu, à moins que la convention ne déroge formellement à ce principe, les cessions d'œuvres musicales intervenues en 1818 et en 1824 sont régies par la loi de 1793, qui ne fait aucune mention spéciale du droit des veuves et accorde seulement aux héritiers ou cessionnaires des compositeurs une jouissance de dix années après leur mort.

— C. de Douai, 8 août 1865, aff. J. Colombier et autres c. Sannier (Pat., 1869, p. 248).

899. Les œuvres musicales sont des œuvres de l'esprit protégées de la même manière que les œuvres littéraires par le décret du 5 février 1810.

En conséquence le cessionnaire d'une œuvre musicale a sur elle un droit privatif dont la durée se trouve, aux termes de l'art. 39 dudit décret, déterminée d'après la date du décès de la veuve, sans qu'il y ait lieu de distinguer, en ce qui touche le régime matrimonial, si elle était mariée sous le régime de communauté, avec ou sans contrat.

— C. de Paris, 7 mai 1872, aff. Richault c. Enoch (le Droit, 12 mai 1872).

900. La loi, en déclarant dignes de protection les productions de l'intelligence, n'a pas exigé qu'elles eussent telle ou telle importance ; elle a seulement exigé qu'il y eût travail personnel de l'auteur et création intellectuelle.

Ainsi l'auteur de compositions musicales telles que romances, airs de vaudeville ou ariettes, a droit à la jouissance exclusive de son œuvre.

— Trib. de la Seine, 8 sept. 1847, aff. Bourget c. Morel ; —
Trib. de la Seine, 3 août 1848, aff. Bourget c. Varin (Blanc,
p. 237). — Voir dans le même sens : — C. de Paris, 11 avril
1853, aff. Desforges et autres c. Dormeuil (Dall., 1853, 2,
130) ; — Trib. corr. de la Seine, 15 février 1822, aff. Doche
c. Théâtre des Variétés (Gastambide, p. 266) ; — Trib. corr.
de la Seine, 15 décembre 1833, aff. Savaresse c. Aulagnier
(*Gaz. des trib.*, 16 décembre 1833) ; — C. de Nancy, 13 août
1867, aff. Soc. des aut. et compos. c. Epron (Pat., 1869,
p. 246).

901. La loi du 19 juillet 1793 et l'art. 425 du Code
pénal s'appliquent aux compilations musicales et à
tous les ouvrages de cette nature, comme les simples arrangements, lorsque ces ouvrages ont nécessité un travail de l'esprit et présentent un caractère
de nouveauté.

Il en est ainsi d'une méthode pour apprendre la
musique ; celui qui en est l'auteur a le droit d'en réclamer la propriété exclusive.

— C. de cass., 27 février 1845, aff. Colombier c. Richaud
(Dall., 1845. 1. 130). — V. Blanc, p. 237 et 69. — *Idem* : C. de
Paris, 23 janvier 1862, aff. Chevé c. Collet (Pat., 1862, p. 28) ;
— C. de cass., 11 juillet 1862, même aff. (S., 1863. 1. 280). —
V. Pataille, 1862, p. 272 ; — C. de Paris, 16 février 1836, aff.
Masson de Puitneuf c. Musard (Dall., 1836. 2. 45).

902. Si, d'une façon quelconque, une œuvre d'un
auteur est tombée dans le domaine public, et que
cet auteur ait intercalé certains motifs tirés de cette
œuvre dans un autre de ses ouvrages, aucune contrefaçon ne peut être reprochée aux éditeurs de musique qui ont puisé dans la première œuvre des
motifs de quadrilles, de contredanses ou de fantaisies variées.

Au surplus, alors même que le recueil de ces fantaisies en comprendrait une puisée dans la seconde

œuvre sans que le motif en ait figuré dans la première, et que ce motif se retrouverait dans une symphonie tirée de la seconde œuvre par l'auteur, et déposée par lui ou par son cessionnaire, il n'y aurait point là une contrefaçon, mais un simple plagiat, alors que le cessionnaire, n'ayant lui-même publié ni fantaisies ni quadrilles contenant des motifs tirés de ces extraits, n'éprouverait aucun préjudice.

— Trib. corr. de la Seine, 29 mai 1827, aff. Troupenaz c. Pleyel et Aulagnier (*Gaz. des trib.*, 31 mai 1827).

903. S'il est vrai que le travail d'arrangement auquel un artiste se livre pour faire exécuter un morceau de musique par une musique militaire, ou par tout autre orchestre, peut constituer une œuvre nouvelle, et par suite donner naissance à un droit de propriété au profit de l'auteur de l'arrangement, il n'est pas moins vrai que ce droit est subordonné à l'autorisation préalable de l'auteur primitif, et même des auteurs du livret, si l'œuvre primitive est un opéra.

— C. de Paris, 20 novembre 1857, aff. Henrichs ès-noms c. Ber (Pat., 1857, p. 455) ; — C. de Paris, 12 juillet 1855, aff. Henrichs c. Strauss et Dejean (Dall., 1855. 2. 256).

904. La musique composée par le chef d'orchestre d'un théâtre pour les drames joués sur ce théâtre pendant le cours de ses fonctions doit être, d'après l'usage établi à Paris, considérée comme appartenant au théâtre pour lequel elle a été faite.

Le directeur du théâtre est donc, en cas de départ de son chef d'orchestre, fondé, si ce dernier a emporté la musique faite par lui pour les pièces du ré-

pertoire, à lui en demander la restitution. La copie
de cette musique destinée aux représentations n'a
pu être en effet légitimement distraite des archives
du théâtre, alors surtout qu'il est admis que le traitement du chef d'orchestre a pour objet de le rémunérer non-seulement de la direction des musiciens,
mais en même temps de la composition de la musique.

— Trib. civ. de la Seine, 30 janvier 1867, aff. de Chilly c.
Artus (Pat., 1867, p. 19).

905. On doit entendre [par représentation tout
moyen par lequel on reproduit un ouvrage devant le
public, et cette expression de la loi s'applique aussi
bien à l'exécution publique des compositions musicales qu'à la représentation des œuvres dramatiques.

— Trib. corr. de la Seine, 15 février 1822, aff. Doche c.
Théâtre des Variétés (Gastambide, p. 266).

906. Dans une œuvre musicale accompagnée de
paroles, quelque peu importantes qu'elles soient,
l'auteur des paroles est collaborateur dans le sens
légal du mot et a le droit de participer aux bénéfices
de la représentation. Celle-ci ne peut donc avoir
lieu sans son consentement.

— C. de Paris, 19 avril 1845. aff. Colin c. Vatel (Blanc. p.
237 et 67).

907. Une œuvre musicale ne saurait devenir la
propriété commune et indivisible de l'auteur des
paroles et du musicien qu'autant qu'il y a eu entre
eux un mutuel échange d'idées et d'inspirations,
sans lequel l'ensemble de l'œuvre ne pourrait avoir
d'existence. Il n'en est pas ainsi lorsque le drame

existe indépendamment de tout accessoire musical, et que la partition, d'ailleurs inachevée et destinée à être modifiée et remaniée, est elle-même tellement indépendante de l'œuvre dramatique, que le compositeur ne possède pas encore le texte de cette dernière.

Si, dans ces conditions, le compositeur meurt sans avoir achevé son œuvre, ses héritiers ne peuvent être contraints à la faire paraître par l'auteur des paroles, surtout lorsque son testament contient l'ordre formel de ne pas publier ses œuvres inédites.

— Trib. civ. de la Seine, 23 août 1868, aff. Blaze de Bury c. Hér. Meyerbeer (Pat., 1870, p. 306).

908. Les auteurs, en vertu de leur droit de propriété, peuvent non seulement fixer les conditions de leur consentement à la représentation, mais encore le refuser péremptoirement s'ils le jugent convenable; et ce droit cesserait d'être respecté, s'il était possible à un tiers de représenter l'œuvre sans le consentement préalable de l'auteur et même contre son gré, sauf à lui offrir après coup un dédommagement plus ou moins considérable.

— C. de cass., 9 août 1872, aff. Soc. des aut. et comp. c. Linoff (Dall., 1872. 1. 332).

909. La représentation seule peut donner ouverture à l'application des lois des 13 janvier et 19 juillet 1791, et de l'art 424 du Code pénal.

Le fait d'avoir adapté aux couplets d'un vaudeville certains airs connus mais non tombés dans le domaine public peut être le principe d'une action dirigée, en vertu de ces lois, contre l'auteur de ces couplets par le compositeur dont il n'avait pas le consentement; mais il ne faut pas dire que le composi-

teur a le droit de réclamer l'exécution de sa musique
à toutes les représentations du vaudeville et de prétendre qu'elle est en quelque sorte incorporée à
l'œuvre dramatique.

Ces airs sont en effet complètement distincts et
indépendants, et il n'est pas possible de dire qu'il
y a là collaboration et copropriété, comme lorsqu'il
s'agit d'un opéra.

— C. de Nancy, 13 août 1867, aff. Soc. des aut. et comp. c.
Epron (Dall., 1868. 2. 95). — *Idem :* C. de cass., 4 février 1881,
aff.Soc.des auteurs et compos. c.Billet (Dall.,1881.1.329-331).

910. Il faut en dire autant d'une ouverture composée pour servir de lever de rideau à une comédie.

— C. de Nancy, 13 août 1867 (V. ci-dessus, et Sir., 1868,
2. 219).

911. Les auteurs sont en droit de s'opposer à la
reproduction même partielle par voie de représentation ou d'exécution dans un lieu ouvert au public
de leurs œuvres dramatiques ou de leurs compositions musicales.

— C. de cass., 24 juin 1852, aff. Connevat c. Henrichs (Dall.,
1852. 1. 221).

912. Les compositeurs d'airs de danse sont fondés
à ne permettre l'exécution de leurs œuvres dans un
bal de bienfaisance organisé par souscription, que
moyennant le paiement de leurs droits d'auteur, du
moment que ce bal présente les caractères de la publicité.

— Trib. de Nancy, 3 juin 1869, aff. Aut. et comp. de musique c.Ville de Nancy (Dall., 1871. 5. 348).

CHAPITRE II

DES CESSIONNAIRES

INDEX

913. Une simple lettre missive, dont la signature n'est pas contestée, est un titre prouvant suffisamment la cession d'une œuvre musicale.

— C. de Douai, 8 août 1863, aff. Flaxland c. Sannier (Pat., 1869, p. 248). — Voir également : C. de Paris, 25 juin 1890, aff. Choudens c. Littolf (Pat., 1890, p. 239).

914. La propriété artistique résultant de la création de l'œuvre intellectuelle, l'auteur doit être présumé en être resté propriétaire jusqu'à preuve contraire, et le fait de la possession matérielle des planches gravées, en dépit de la règle « En fait de meubles possession vaut titre », n'est pas une preuve suffisante de l'abandon de la propriété. La règle en question ne s'applique en effet qu'aux meubles corporels.

— Trib. de la Seine, 13 mai 1882, aff. Broustet c. l'Union musicale (Pat., 1883, p. 74).

915. L'éditeur qui a acheté le droit de publier une partition arrangée pour piano et chant, est mal

fondé à se plaindre de ce que son vendeur a édité par la suite la même partition arrangée pour piano seul.

— Trib. de la Seine, 2 mars 1848, aff. Vve Launer c. Cotelle (Blanc, p. 238).

916. La cession à un éditeur du droit de publier une œuvre musicale ne confère pas au cessionnaire le droit de la mutiler sans l'assentiment de l'auteur.

L'éditeur peut en vertu de l'usage faire subir à l'œuvre les modifications nécessaires pour qu'elle puisse être jouée à quatre mains, mais il n'est pas autorisé à opérer la suppression de certaines parties de l'œuvre, ni à y ajouter un titre, non plus qu'à en changer les dédicaces.

— C. de Paris, 11 avril 1856, aff. Brisson c. Leduc (Pat., 1856, p. 113).

917. La dédicace d'une œuvre musicale, même accompagnée d'un exemplaire manuscrit signé de l'auteur, n'emporte pas cession du droit de reproduction de cette œuvre.

— Trib. corr. de la Seine, 20 février 1843, aff. Troupenas c. Aulagnier (Blanc, p. 240).

— *Idem* : C. de Paris, 14 août 1841, aff. Gerdès c. Vve Launer (Blanc, *eod. loc.*).

918. Dans le commerce des œuvres musicales, *une édition* s'entend de l'épuisement par des tirages successifs des planches d'étain sur lesquelles sont gravées lesdites œuvres.

— Trib. corr. de la Seine, 16 décembre 1857, aff. Chabal c. Colombier et autres (Pat., 1857, p. 463).

919. Lorsque les morceaux de musique composés en vue d'une pièce ne constituent pas une œuvre

d'ensemble, mais pourraient être intercalés dans toute autre œuvre de même genre, sans que leur suppression même puisse changer l'action de la pièce, cette pièce ne peut être considérée comme une opérette, mais est bien qualifiée du nom de comédie-vaudeville ; et par suite le cessionnaire du droit d'exécution de cette musique a qualité pour se plaindre de l'exécution qui a eu lieu sur un théâtre sans son autorisation, même au cas où il ne serait pas l'ayant cause des auteurs au point de vue du droit de représentation.

L'éditeur cessionnaire de tous les droits du compositeur de semblables morceaux de musique est bien en principe cessionnaire tant du *droit d'audition* que du *droit d'édition*, et l'action qu'il exerce en vue de la répression de l'exécution illicite est en elle-même recevable.

Mais comme le compositeur qui a adhéré aux statuts de la Société des auteurs, compositeurs et éditeurs de musique a, en vertu de ces statuts, transmis à cette Société le droit exclusif d'en autoriser l'audition, l'éditeur devenu, comme il a été dit, cessionnaire des droits de l'auteur, est sans qualité et sans droit pour agir contre le directeur qui s'était prémuni de l'autorisation de ladite Société, pour l'exécution desdites œuvres.

Les droits de l'éditeur se trouvent par l'effet de cette adhésion limités au droit *d'édition*.

— C. de Caen, 11 mai 1881, aff. de Choudens c. Duplessy (Pat., 1889, p. 109).

920. Le propriétaire d'une œuvre musicale conserve à l'égard de la publication de cette œuvre, de sa représentation, de l'usage commercial qui peut

en être fait, tous les droits qu'il n'a pas formellement aliénés.

La vente d'une partition piano et chant, dite *conducteur*, ne donne pas à l'acquéreur le droit de mettre dans le commerce une traduction pour orchestre de cette partition, alors que cet acquéreur ne justifie avoir acquis, avec la partition, que le droit de l'orchestrer pour son propre théâtre.

L'auteur de la partition conserve, par le fait qu'il ne l'a pas vendu, le droit d'orchestrer lui-même son œuvre pour d'autres théâtres.

L'acheteur de la partition qui a orchestré l'œuvre ne peut donc céder son manuscrit dans un intérêt commercial, et le cessionnaire de ce manuscrit ne peut être autorisé à louer ladite orchestration à des directeurs de théâtre.

— C. de Paris, 13 mai 1887, aff. Rohdé c. Bathlot (Pat., 1887, p. 311).

921. Le pacte obscur s'interprète contre celui qui stipule, au profit de celui qui s'oblige.

L'éditeur italien, propriétaire des paroles comme de la musique d'opéras, qui a cédé à un éditeur français les partitions de ces opéras avec les paroles françaises, en se réservant tous les droits d'auteur de la musique résultant des représentations en France, ne doit pas être présumé avoir renoncé à ses droits de propriété sur le poëme, au point de vue de la représentation en France, alors que, le contrat étant muet à cet égard, il est d'ailleurs en fait établi que le poëme, commandé par le musicien, n'était en Italie que l'accessoire de la musique, sans que le parolier participât dans ce pays au bénéfice de la représentation, qui revenait tout entier au compositeur.

— Trib. de la Seine, 13 janvier 1883, aff. Ricordi c. Escudier (la *Loi*, 14 janvier 1883).

— Voir : Trib. civil de la Seine, 23 décembre 1887, aff.
Ricordi c. Benoist et autres (la *Loi*, 13 janvier 1888), et C. de
Paris, 12 décembre 1889, même aff. (le *Droit*, 28 déc. 1889).

922. Les droits qui appartiennent aux membres
de la Société des auteurs, compositeurs et éditeurs
de musique sont susceptibles d'être transportés séparément par celui qui les possède réunis, suivant
qu'il agit comme auteur, comme compositeur ou
comme éditeur.

— Trib. de la Seine, 12 mai 1880, aff. Blondeau c. Smith
(le *Droit*, 17 octobre 1880).

923. Les deux qualités de membre de la Société
des Auteurs, compositeurs et éditeurs de musique
et de cessionnaire des droits d'un sociétaire ne sauraient être confondues.

Lors donc que, par suite du décès du sociétaire
qui a transporté ses droits à un autre, le mandat en
vertu duquel la Société percevait pour le premier
les droits d'auteur a pris fin, le sociétaire qui, en sa
qualité de cessionnaire, a des droits sur le produit
des représentations, peut faire valoir ses droits
sur toute somme que la Société aurait effectivement touchée depuis le décès pour le compte
de la succession ; mais il ne saurait se prévaloir de
sa qualité de sociétaire pour obliger la Société à continuer à percevoir les droits pour son compte, sous
le prétexte que cette qualité qu'il possède personnellement lui interdit, aux termes des statuts, d'exécuter ou de représenter aucune œuvre autrement
que par l'entremise de la Société.

— Trib. civil de la Seine, 15 décembre 1883, aff. Rohdé c.

Société des auteurs, compositeurs et éditeurs de musique (la *Loi*, 21 décembre 1883).

924. Une œuvre musicale, non encore publiée, ne peut être saisie et vendue par les créanciers de l'auteur.

La publication ne saurait d'ailleurs résulter de la représentation de l'œuvre en public, du moment que la pensée de l'auteur n'a pas encore été matérialisée par l'impression.

— C. de Paris, 11 janvier 1828, aff. V^{re} Vergne c. créanciers Vergne (Blanc, p. 122). — V. Dalloz, *Prop. litt.*, n° 319.

925. L'acheteur des planches gravées d'une œuvre musicale n'acquiert pas la propriété de cette œuvre ; il en est ainsi, alors même que l'auteur aurait pendant de longues années négligé de poursuivre son vendeur, qui aurait fait servir ces planches à la publication de l'œuvre sans autorisation, mais aussi sans réclamation de l'auteur.

Si la planche gravée peut s'acquérir par prescription, en tant que meuble corporel, la prescription de la propriété des planches n'entraîne nullement celle de la propriété artistique.

— Trib. civil de la Seine, 13 mai 1882, aff. Broustet c. l'Union musicale (Pat., 1883, p. 74).

— Voir : Trib. corr' de la Seine, 16 décembre 1857, aff. Chabal c. Colombier (Pat., 1857, p. 463).

926. Il est d'usage dans le commerce des œuvres musicales, et les principes du droit ne s'opposent pas à ce qu'il en soit ainsi, que la remise des planches et des pierres lithographiques sur lesquelles sont gravées des œuvres musicales suffise pour constituer valablement un nantissement de ces œuvres elles-mêmes, sans que le débiteur remette en même temps au créancier gagiste les manuscrits et les titres d'acquisition.

— Trib. de la Seine, 2 mai 1848, aff. Bernard Latte c. Mayaud (Blanc, p. 239). — *Idem* : Trib. de la Seine, 19 juillet 1843 (Blanc, *eod. loc.*) ; — C. de Paris, 15 janvier 1874, aff. faillite Sylvain St-Etienne c. Aulagnier (Pat., 1876, p. 76).

CHAPITRE III

DURÉE DU DROIT.

927. Le défaut de dépôt n'a pas pour effet d'entraîner pour l'auteur la déchéance de son droit de propriété; aux termes de l'art. 6 de la loi du 19 juillet 1793, c'est seulement l'exercice de ce droit qui se trouve paralysé et suspendu.

— Trib. civil de la Seine, 14 décembre 1887, aff. Enoch et Costallat c. Bruant et Paulus-Habans (*Gaz. des trib.*, 15 décembre 1887).

928. La propriété des paroles et de la musique d'un opéra est indivisible. Il suffit donc que l'un des auteurs puisse encore faire valoir ses droits ou que ces droits subsistent dans la personne de ses héritiers ou cessionnaires, pour que l'œuvre soit maintenue à tous les points de vue dans le domaine privé.

— Trib. de la Seine, 7 avril 1869, aff. Brandus et autres c. Aymard-Dignat (le *Droit*, 11 avril 1869).
— Voir dans le même sens : C. de Paris, 27 juin 1866, aff. Gérard et Cie c. Choudens (Pat., 1866, p. 299).—Comp.: C. de Paris, 21 juin 1858, aff. Maillet et Dinaux c. Soc. des aut. dram. (Dall. 1871. 5. 319).

929. Pour apprécier la durée du droit exclusif d'éditer une œuvre, il faut se reporter à la date des actes de cession, afin d'appliquer aux parties

la loi qui à cette date réglait cette durée. Elles n'ont pu en effet contracter que sous l'empire des lois existantes, et les lois postérieures ne sauraient leur être applicables, à moins d'une stipulation formelle des contrats.

Les art. 39 et 40 du décret du 5 février 1810 ni la loi du 3 août 1844 relative au droit d'autoriser la représentation des œuvres dramatiques n'ont modifié la loi du 19 juillet 1793 en ce qui touche le droit d'éditer les compositions musicales.

— C. de Douai, 8 août 1865, aff. J. Colombier et autres c. Sannier (Pat., 1869, p. 248).

930. Si le décret du 5 février 1810, qui a garanti le droit de reproduction de tout ouvrage imprimé ou gravé à la veuve de l'auteur pendant sa vie et à ses enfants pendant vingt années après elle, ne s'applique pas au droit de représentation des œuvres musicales, qui a continué à être réglé par la loi de 1791, il s'applique du moins, par la généralité des termes qu'il emploie et par de puissantes raisons d'identité, à la reproduction par l'impression et la gravure des œuvres musicales comme des œuvres littéraires. C'est ainsi que ce droit a été interprété lorsque ont été discutées les lois des 3 août 1844 et 8 avril 1854 relatives aux droits des auteurs (1).

— C. de Cass., 11 mars 1873, aff. Richault c. Enoch (Pat., 1873, p. 209).

_____

(1) Voir la loi du 14 juillet 1866.

CHAPITRE IV

DÉPÔT.

931. La musique avec texte, comme celle sans texte, ne peut être considérée comme estampe. Elle rentre dans la classe des écrits ordinaires, pour lesquels l'ordonnance du 9 janvier 1828 ne prescrit le dépôt que de deux exemplaires : le premier pour la Bibliothèque royale et le second pour le Ministère de l'intérieur.

En effet si le législateur, par l'ordonnance du 24 octobre 1814, à laquelle se réfère l'ord. de 1828, a exigé le dépôt de deux exemplaires de chaque estampe ou planche gravée sans texte pour la Bibliothèque, c'est uniquement parce que le plus souvent on en tire des épreuves de deux espèces, les uns avant, les autres après la lettre, les unes en couleur et les autres en noir (voir le texte de l'ordonnance), ce qui évidemment, ne peut s'appliquer à la musique.

La question ne se pose même pas pour la musique *avec texte*, toute planche gravée portant texte étant considérée comme écrit, et comme telle soumise, de même que tous autres écrits, au dépôt en deux exemplaires (1).

(1) Loi du 19 juillet 1793, art. 6 ; Décret du 5 février 1810, art. 48 ; Loi du 21 octobre 1814, art. 14 ; Ord. du 24 octobre 1814, art. 3, 4, 8 et 9 ;

— Trib. corr. de la Seine, 10 mars 1840, aff. Min. public c. Schlesinger (Blanc, p. 241).

932. Le droit de propriété d'une œuvre musicale existe au profit de l'auteur indépendamment du dépôt.

Mais le dépôt préalable est nécessaire pour poursuivre les contrefacteurs.

La saisie pratiquée sans que le dépôt ait été préalablement effectué est nulle.

— Trib. de la Seine, 14 déc. 1887, aff. Enoch, Costallat et Watson c. Bruant et Habans dit Paulus (le *Droit*, 15 décembre 1887).

933. La formalité du dépôt préalable n'est exigée qu'au point de vue de la répression de la contrefaçon par impression. L'absence de dépôt ne constitue pas une fin de non-recevoir opposable aux poursuites motivées par la représentation ou l'exécution non autorisée par l'auteur.

— C. de Cass., 24 juin 1852, aff. Connevat c. Henrichs (Dall., 1852. 1. 221); — C. de Lyon, 7 janvier 1852, aff. Cochet c. Henrichs (Sir., 1852. 2. 138).

934. Lorsque les propriétaires d'une œuvre ont poursuivi la répression d'atteintes portées à leurs droits sans avoir opéré le dépôt légal exigé par la loi du 19 juillet 1793 et le décret du 28 mars 1852, et se sont désistés de leur demande en raison de sa nullité, pour en introduire une nouvelle régulièrement formée, les parties poursuivies qui se sont refusées à accepter le désistement et ont maintenu la demande qu'elles avaient formée reconventionnel-

---

Ordonnance du 9 janvier 1828. — Cette jurisprudence est toujours applicable: le dépôt se fait aujourd'hui dans les lieux indiqués par la loi du 29 juillet 1881, art. 3.

lement à fin de dommages-intérêts, obtiennent une réparation suffisante du préjudice éprouvé du chef des poursuites déclarées nulles par l'allocation des dépens antérieurs au désistement, alors d'ailleurs que le droit des demandeurs est reconnu à la suite des nouvelles poursuites.

— Trib. civil de la Seine, 14 décembre 1887, aff. Enoch et Costallat c. Bruant et Paulus-Habans (*Gaz. des Trib.*, 15 décembre 1887).

CHAPITRE V.

DE LA REPRODUCTION ET DE LA REPRÉSENTATION ILLICITES.

INDEX

935. Il résulte des termes et de l'esprit de l'art. 3 de la loi du 19 janvier 1791 et de l'art 1ᵉʳ de la loi du 19 juillet 1793, que les compositeurs de musique ont un droit exclusif sur la publication et l'exécution publique de leurs œuvres non tombées dans le domaine public.

— C. de Paris, 24 novembre 1876, aff. Société des auteurs, compositeurs et éditeurs de musique c. Delaporte et Capmartin (Pataille, 1877, p. 146).

936. L'éditeur de musique qui publie dans un recueil un air dont la propriété ne lui appartient pas, est passible des peines portées aux art. 425, 427, 429 du Code pénal, et il y a lieu d'ordonner au profit du plaignant la confiscation des planches et des exemplaires contrefaits.

— Trib. corr. de la Seine, 15 décembre 1833, aff. Savaresse c. Aulagnier (*Gaz. des trib.*, 16 décembre 1833).

937. Le droit du cessionnaire d'une œuvre musicale ne saurait être altéré par la circonstance qu'après la première édition, il aurait négligé de faire de nouveaux tirages, et aurait même détruit les planches.

Toutefois en pareil cas, il peut être jugé qu'il y a absence de préjudice, et la bonne foi du défendeur peut, suivant les circonstances, le protéger contre toute condamnation à des dommages-intérêts, bien qu'il y ait lieu d'ailleurs de prononcer la confiscation des exemplaires contrefaits.

— Trib. civ. de la Seine, 16 novembre 1888, aff. Litolff c. Choudens (la *Loi*, 27 novembre 1888). — V. C. de Paris, 25 juin 1890, même aff. (Pat., 1890, p. 239).

938. L'imprimeur à façon qui s'est borné à faire pour le compte d'un client le tirage d'un morceau de musique dont on lui a remis la planche, et n'a retiré de cet acte de sa profession d'autre profit que le salaire légitimement dû à sa main-d'œuvre, ne saurait, par ce seul fait, être considéré comme co-auteur ou complice du délit de contrefaçon.

— Trib. corr. de la Seine, 10 janvier 1889, aff. Labbé c. Savary et Gabillaud (*Gaz. du Pal.*, 1889, 1er sem., p. 251).

939. La loi ne mesure point la protection qu'elle accorde à l'étendue non plus qu'au mérite des œuvres musicales.

— C. de Paris, 11 avril 1853, aff. Henrichs c. Dormeuil (Blanc, p. 66); — C. de Lyon, 12 janv. 1853, aff. Henrichs c. Delétang (Blanc, *eod. loc.*).

Voir dans le même sens : Trib. civ. de la Seine, 14 janv. 1852, aff. Henrichs c. Bayard et autres (Dall., 1853. 5. 382).

940. La contrefaçon partielle d'une œuvre musicale est interdite, et les fragments extraits d'une œuvre musicale sont protégés comme l'œuvre entière.

— Trib. corr. de la Seine, 15 avril 1852, aff. Henrichs c. Neveu (Blanc, p. 242) : — C. de Paris, 12 juillet 1855, aff. Henrichs c. Strauss (Dall., 1855. 2. 256).

941. Ce n'est pas contrefaire une œuvre musicale que de l'arranger pour divers instruments.

— C. de cass., 17 nivôse an XIII, aff. Pleyel c. Sieber (Blanc, p. 160).

— *Contrà* : Blanc, *eod. loc.*; Renouard, *Prop. litt.*, n° 377 ; Trib. de la Seine, 30 mai 1827 (Dall., *eod. loc.*).

942. La transcription pour piano d'une œuvre (*La retraite de Crimée*) originairement écrite pour musique militaire, et régulièrement déposée, entraîne l'application des peines de la contrefaçon à celui qui l'a faite sans l'autorisation de l'auteur ou de son cessionnaire.

— Trib. corr. de la Seine, 4 mars 1887, aff. Sax c. Choudens (le *Droit*, 12 mars 1887) ; — V. C. de Paris, 5 mai 1887, même aff. (le *Droit*, 14 mai 1887).

943. Ne commet pas de délit l'auteur d'une méthode de solfége qui copie dans une autre méthode des airs appartenant au domaine public.

— C. de Paris, 8 février 1865, aff. Guerre c. Aimé Paris (Pat., 1865, p. 382).

944. Ne constitue aucune usurpation au préju-

dice d'un éditeur propriétaire d'airs de musique le fait d'indiquer en tête de chansons différentes de celles que publie cet éditeur, qu'elles se chantent sur tels ou tels airs revendiqués par lui.

— C. de Paris, 26 décembre 1860, aff. Ikelmer c. Huré Pat., 1861, p. 59); — Voir également : C. de Paris, 22 mai 1863, aff. Goubert c. Tralin (Pat., 1866, p. 179).

945. Ne sauraient prétendre à un droit de copropriété sur des vaudevilles les compositeurs des airs dont l'indication a été mise par l'auteur en tête des couplets que contiennent ses pièces. En effet, une œuvre composée de paroles et de musique ne constitue un tout indivisible et une copropriété que lorsqu'elle a été produite en collaboration et sous une inspiration commune.

Si donc les dits compositeurs peuvent avoir une action civile contre le vaudevilliste à raison de l'adaptation de leurs airs aux couplets de ses pièces, en tous cas le directeur de théâtre qui a, pour couper court à toute difficulté, retranché les couplets à la représentation, ne peut être tenu de payer une redevance aux auteurs de morceaux de musique qu'il n'a pas exécutés, et c'est à tort qu'il est poursuivi par la Société des auteurs et compositeurs de musique pour représentation illicite de ces vaudevilles.

— C. de cass. 4 février 1881, aff. Société des auteurs, compositeurs et éditeurs de musique c. Billet (Dall.. 1881. 1. 331).

946. Si le fait matériel de la reproduction illicite ne constitue pas par lui-même et indépendamment de la mauvaise foi le délit de contrefaçon, néanmoins la mauvaise foi se présume, et c'est au défendeur qui excipe de sa bonne foi qu'incombe le fardeau de la preuve.

L'éditeur de musique qui, sans se renseigner sur les droits du cédant, quand cela lui était facile, acquiert d'un compositeur le droit d'éditer des romances dont la mise en musique avait été confiée à d'autres par l'auteur des paroles, n'est pas contrefacteur, mais, malgré sa bonne foi, est responsable de sa faute, et par suite passible de dommages-intérêts.

Le compositeur peut être condamné à le garantir.

— Trib. de la Seine, 1er décembre 1886, aff. Enoch et Costallat c. Bathlot et Duprato (*Gaz. des trib.*, 3 décembre 1886); — C. de Paris, 22 nov. 1888, même aff. (*Gaz. des Trib.*, 8 décembre 1888).

947. Les droits des propriétaires d'une partition musicale existent lors même qu'ils ont négligé d'en faire le dépôt, et peu importe qu'ils aient jugé d'abord que l'œuvre qu'ils poursuivent aujourd'hui ne présentait pas les caractères de la contrefaçon ; mais d'une part la poursuite qu'ils ont intentée avant le dépôt est entachée de nullité, et d'autre part le poursuivi ne peut être considéré comme un contrefacteur, du moment que les circonstances dans lesquelles il s'est approprié l'œuvre d'autrui ont pu lui faire croire que l'air original était dans le domaine public.

— Trib. de la Seine, 14 décembre 1887, aff. Enoch et Costallat c. Bruant et Paulus-Habans (*Gaz. des Trib.*, 15 décembre 1887).

948. Chacun peut copier à la main une composition musicale pour son usage personnel ; mais c'est commettre une contrefaçon que de faire copier pour en faire le commerce des romances, quadrilles et autres œuvres de même nature au préjudice de l'éditeur.

— Trib. de la Seine, 24 juin 1846, aff. Colombier c. Duchêne (Blanc, p. 160).

Voir également : Trib. civ. de la Seine, 20 avril 1870, aff. Brandus, Dufour, Gérard et Cie c. Bathlot (Pat., 1870, p. 172) ; — Trib. de comm. de la Seine, 20 déc. 1871, aff. Brandus-Dufour c. Bathlot (*le Droit*, 8 février 1872) ; — C. de Paris, 7 mars 1872, aff. Brandus-Dufour, Choudens et autres c. Bathlot (Pat.,1874, p. 172).

949. Les directeurs de théâtres qui ont traité avec la Société des auteurs, compositeurs et éditeurs de musique ont le droit de représenter les œuvres des membres de cette Société en se conformant aux conditions du contrat, mais le traité qu'ils ont passé ne leur permet pas d'en reproduire le texte ; l'art. 20 des statuts de la dite Société stipule, en effet, formellement, que le droit d'édition des œuvres musicales reste en dehors de ses attributions, le droit d'exécution étant seul aliéné à son profit par les compositeurs qui en font partie.

Le directeur de théâtre qui fait copier à la main des morceaux détachés des partitions qu'il veut exécuter commet par suite le délit de contrefaçon prévu et puni par l'art. 425 du Code pénal.

— Trib. corr. de la Seine, 6 décembre 1877, aff. Choudens c. Castellano (*Le Droit*, 7 décembre 1877).

950. Mais il a été jugé, sur l'appel, que le directeur de théâtre qui a régulièrement acquis de la Société des auteurs, compositeurs et éditeurs de musique le droit d'exécuter des œuvres musicales, ne fait qu'user de ce droit en faisant faire pour son orchestre et pour ses artistes du chant des copies manuscrites du texte dont il a acheté un exemplaire chez l'éditeur membre de la dite Société. Les réserves que

contiennent les statuts sociaux ne sont établies que dans l'intérêt des tiers, et par suite l'éditeur ne peut les invoquer.

— C. de Paris, 25 janvier 1878, aff. Choudens c. Castellano (Dall., 1879. 2. 51).

Voir encore : C. d'Angers, 3 juin 1878, aff. Choudens c. Curton dit Chavannes (Dall., *eod. loc.*) ; — Vivien et Blanc (*Lég. des théâtres*, n°s 474 et 475) ; — Lacan (*Lég. des théâtres*, t. 2, p. 275) ; — Rendu (*Droit industr.*, n° 866) ; — Renouard (*Droits d'auteur*, t. 2, n°s 27 et 29) ; — Dall., v° *Prop. litt.*, n° 363.

951. Commet le délit de contrefaçon le directeur de théâtre qui reproduit, au moyen de l'autographie, non-seulement pour les besoins de son théâtre, mais aussi pour les expédier à des directeurs de province, des œuvres musicales dont il n'est pas propriétaire.

— C. de Paris, 29 juin 1827, aff. Janet, Cotelle et Pollet c. Fay (Dall., *Prop. litt.*, n° 360) ; — Voir le jugement dans la *Gaz. des trib.*, 4 avril 1827.

952. L'art. 426 du Code pénal, qui défend le débit d'ouvrages contrefaits, ne doit pas être entendu dans un sens restrictif ; il s'applique aux divers moyens que peut employer un contrefacteur pour tirer commercialement parti de sa contrefaçon. La location est un de ces moyens ; elle constitue un véritable débit de l'œuvre contrefaite et elle doit être assimilée à la vente proprement dite.

— C. de Paris, 13 mai 1887, aff. Rohdé c. Bathlot (Pat., 1887, p. 311) ; — C. de cass., Rej., 28 janv. 1888, même aff. (Dalloz, 1888. 1. 400).

Voir également : Trib. corr. de Reims, 11 juin 1890, aff. Grus et autres c. Meullenot et Vilanon (le *Droit*, 14 juin 1890).

953. Le délit de contrefaçon ou de débit d'ouvrages contrefaits est également commis par l'agent théâtral qui loue des partitions manuscrites aux di-

ı ecteurs de théâtre soit de France soit de l'étranger, même si la location est faite pour des pays qui ne possèdent ni lois ni traités protégeant la propriété littéraire et artistique.

— Trib. corr. de Marseille, 23 décembre 1886, aff. Choudens et autres c. Claudius (le *Droit*, 21 janvier 1887).

954. La saisie des ouvrages contrefaits doit être pratiquée non par un huissier, mais par un commissaire de police.

— Trib. corr. de Marseille, 23 décembre 1886, aff. Choudens et autres c. Claudius (le *Droit*, 21 janv. 1887).

955. Lorsque le délit de contrefaçon est couvert par la prescription, le droit de poursuite subsiste au profit de l'auteur pour tous les faits de vente et de mise en vente d'exemplaires de l'édition contrefaite qui remontent à moins de trois ans.

— Trib. civ. de la Seine, 13 mai 1882, aff. Broustet c. l'Union musicale (le *Droit*, 14 mai 1882).

Voir : Trib. corr. de la Seine, 16 déc. 1857, aff. Chabal c. Colombier (Pat., 1857, p. 463).

956. La reproduction, en notes ordinaires, des exercices d'application d'une méthode de musique en chiffres, auxquels des modifications sans importance ont été faites, constitue une contrefaçon.

— C. de cass., 11 juillet 1862, aff. Collet c. Chevé (Dall., 1863. 1. 204).

957. Bien que les boîtes à musique et les orgues de Barbarie reproduisent plus ou moins, par le mécanisme qui leur est propre, les motifs de compositions musicales, on ne saurait y voir l'équivalent d'une édition de ces compositions par la gravure, ni à aucun égard une contrefaçon préjudiciable à l'œu-

vre ni à la vente de l'édition gravée qui appartient à l'éditeur.

— C. de Rouen, 31 juillet 1862, aff. L'Epée c. Debain et autres (Dall., 1862. 2. 195).

Contrà : C. de Cass., 13 février 1863, même aff. (Dall., 1863. 1. 202); — C. d'Orléans, 22 avril 1863, même aff. (Dall., 1863. 2. 88) (1).

958. Si la loi du 16 mai 1866, relative à la fabrication et à la vente des instruments servant à reproduire mécaniquement les airs de musique, affranchit de toute pénalité la reproduction des airs du domaine privé par des procédés mécaniques, il ne s'agit là que des procédés d'édition, et non de l'exécution de ces airs.

Commet en conséquence le délit de contrefaçon le directeur d'un manège de chevaux de bois qui exécute sur un orgue, sans le consentement des compositeurs ou de leur représentant, des airs appartenant au domaine privé.

— Trib. corr. de la Seine, 24 nov. 1877, aff. Société des auteurs et compositeurs c. Haberneau et autres (le *Droit*, 30 nov. 1877).

959. Toute exécution publique d'œuvres musicales non tombées dans le domaine public, même lorsqu'elle a lieu au moyen d'un orgue mécanique et dans un manège de chevaux de bois, constitue une violation de la loi du 19 janvier 1791, et entraîne l'application de l'art. 428 du Code pénal.

1. Une loi du 16 mai 1866 dit que « la fabrication et la vente des instruments servant à reproduire mécaniquement des airs de musique qui sont du domaine privé ne constituent pas le fait de contrefaçon musicale prévu et puni par la loi du 19 juillet 1793, combinée avec les art. 425 et suiv. C. pén. » (Dall., 1866. 1. 49).

— C. de cass., 21 juillet 1881, aff. Hervé et Société des auteurs et compositeurs c. Huguet (Dall., 1881. 1. 391).

Sic : C. d'Amiens, 24 décembre 1881, même aff. (la *Loi*, 5 janv. 1882).

960. L'art. 428 du Code pénal s'applique à toute exécution totale ou partielle, devant un public payant, de compositions musicales.

— C. de Rennes, 26 décembre 1867, aff. Société des auteurs et compositeurs c. Foucqueron (Pat., 1869, p. 404); — C. de Paris, 2 mars 1876, aff. Société des auteurs et compositeurs c. Thomassini (Pat., 1876, p. 109).

961. Il n'est pas nécessaire, pour que les auteurs puissent prétendre qu'il a été porté atteinte à leurs droits, que ce soit dans un but de spéculation qu'ait lieu la représentation de leurs œuvres donnée en public sans leur consentement.

Il n'est pas plus permis de disposer de la propriété littéraire et artistique, que de toute autre propriété ; l'action naît du préjudice causé par le fait même de la représentation publique.

S'il peut y avoir lieu d'allouer des dommages-intérêts plus ou moins élevés, selon qu'il y aura eu ou non spéculation et lucre, il n'y en a pas moins dans l'un et l'autre cas dommage et par conséquent lieu à indemnité.

— Trib. civ. de Troyes, 23 mars 1881, aff. Société des auteurs et compositeurs c. Ville de Troyes (le *Droit*, 26 avril 1881).

Sic : C. de cass., 28 janvier 1881, aff. Auteurs et compositeurs c. Pseffer et Gambier (Dall., 1882. 1. 329); — C. de Lyon, 4 janv. 1884, aff. Auteurs et compositeurs c. Devaux et autres (Dall., 1884. 2. 159).

962. Les compositions musicales telles que romances, airs et chansons, sont au nombre des ou-

vrages qui, aux termes de l'art. 3 de la loi des 13-
19 janvier 1791, ne peuvent être représentés sur
aucun théâtre public sans le consentement formel
et par écrit des auteurs.

— Trib. corr. de la Seine, 15 février 1822, aff. Doche c.
le Théâtre des Variétés (S., coll. nouv., 8. 1. 255). — Trib.
civ. de la Seine, 14 janvier 1853, aff. Bayard et autres c.
Plantade et autres (*Gaz. des Trib.*, 15 janvier 1853).

Sic : Renouard. *Droits d'auteur*, t. 2, n° 75.

Contrà : Trib. corr. de la Seine, 16 janvier 1838, aff. Lan-
glet et autres c. de Cès-Caupenne (*Gaz. des Trib.*, 17 janvier
1838).

Voir : Blanc, p. 236 ; Gastambide, p. 266 ; Pouillet, n°ˢ 800
et suiv., 814 et suiv.

963. Le droit de l'auteur d'un écrit n'est pas modifié parce que le sujet dramatique qu'il a traité a
été adapté à une œuvre musicale : la loi de 1791
s'applique à tous les ouvrages, qu'il soient chantés
ou déclamés, et quelles que soient d'ailleurs leur
importance et leur étendue. L'ode-symphonie le *Désert*, de Félicien David, ne pouvait donc pas être représentée sur un théâtre sans le consentement de
l'auteur des paroles.

— C. de Paris, 19 avril 1845, aff. Colin c. Vatel (Blanc, p.
67 ; D., 45. 2. 85).

Voir dans le même sens : C. de Paris, 20 nov. 1857, aff.
Henrichs c. Ber (Pat., 1857, p. 455) ; — C. de Paris, 12 juillet
1855, aff. Henrichs c. Strauss et Dejean (Pat., 1855, p. 89).

964. L'usage irrégulier du droit de propriété par
l'un des copropriétaires ne saurait justifier une
poursuite en contrefaçon dirigée par l'autre contre
lui.

Aucune contrefaçon ne peut être non plus reprochée au tiers qui avait obtenu de l'un des proprié-

taires l'autorisation d'exécuter l'œuvre musicale au sujet de laquelle les copropriétaires devaient s'être mis d'accord.

Néanmoins dans ce cas la saisie opérée à la requête d'un des ayants droit ne peut lui être imputée à faute, et en en donnant mainlevée le tribunal peut partager les dépens entre les parties.

— Trib. civ. de la Seine, 2 août 1889, aff. Rhodé c. Colonne et Ambroise Thomas (le *Droit*, 17 sept. 1889). — Voir : Trib. corr. de la Seine, 17 janv. 1890, aff. Rhodé c. Colonne (le *Droit*, 18 janv. 1890).

965. La *Société des auteurs, compositeurs et éditeurs de musique* étant une société civile dont les membres ne sont pas tenus solidairement à l'égard des tiers, n'a pas qualité pour agir en justice en leur lieu et place, poursuites et diligences de son agent général, représentant la société.

— C. de Paris, 13 février 1866, aff. Société des auteurs, compositeurs et éditeurs de musique c. Besselièvre (Pat., 1866, p. 106).

966. La citation en justice qui énonce le nom et le domicile de toutes les parties intéressées, membres de la Société des auteurs, compositeurs et éditeurs de musique, est valablement signifiée à leur requête avec l'indication qu'elles agissent poursuites et diligences des membres du syndicat de ladite société et de son agent général.

A moins de désaveu des officiers ministériels qui ont introduit la demande, et sans qu'il y ait lieu de justifier d'un pouvoir spécial, les énonciations de l'acte établissent le mandat d'une façon suffisante, et l'indication des noms des mandataires ne peut qu'abonder sans nuire.

— C. de Paris, 15 juin 1866, aff. Société des auteurs et compositeurs, Lecoq et autres c. Duval (Pat., 1866, p. 363).

967. Les sociétés civiles non reconnues d'utilité publique ne peuvent ester en justice. Mais dans le but d'éviter une formalité absolument impraticable pour les sociétés ayant un nombre considérable de sociétaires, l'usage s'est établi, non réprouvé par la jurisprudence et d'ailleurs conforme au droit, de conférer aux administrateurs de la société mandat d'agir au nom personnel de ceux des associés du chef desquels la société tirerait ses droits, et d'intenter les actions de la société à la requête individuelle de ses associés, le nom des administrateurs ne figurant dans l'instance que secondairement et avec la mention du mandat qui leur a été donné (art. 16 des statuts de la Société des auteurs, compositeurs et éditeurs de musique).

— C. de Douai, 11 juillet 1882, aff. Société des auteurs et compos. c. Dame Ernst (Dall., 1883. 2. 153).

968. Le syndicat de la Société des auteurs, compositeurs et éditeurs de musique, tenant des statuts de la Société, communiqués aux tiers avec lesquels il traite, les pouvoirs nécessaires pour contracter au nom de celle-ci, a qualité pour la représenter en justice à l'effet de poursuivre l'exécution des conventions consenties par ces tiers en pleine connaissance de cause.

— C. de Paris, 9 février 1867, aff. Société des auteurs et compositeurs c. de Besselièvre (Pat., 1867, p. 70).

969. Les auteurs et compositeurs qui adhèrent aux statuts de la Société des auteurs, compositeurs et éditeurs de musique n'aliénent pas leurs droits, mais lui donnent un simple mandat d'opérer en

leur nom et dans leur intérêt le recouvrement de leurs droits d'auteur.

En justice, les auteurs conservent donc le droit de poursuivre eux-mêmes la répression des délits dont ils sont victimes.

— C. de Rennes, 26 décembre 1867 et C. de Cass., 12 mars 1868, aff. Haas et autres c. Foucqueron (Pat., 1869, p. 404).

Voir : C. de Caen, 11 mai 1881, aff. de Choudens c. Duplessy (Pat., 1889, p. 109).

970. La Société des auteurs, compositeurs et éditeurs de musique, ayant uniquement pour objet la défense des droits de ses membres sur les *œuvres musicales* exécutées publiquement avec ou sans paroles, ne saurait invoquer aucune disposition de ses statuts visant inversement la déclamation des paroles sans musique.

Elle n'est donc pas recevable à poursuivre en justice au nom de ses membres la personne qui se borne à lire en public des pièces de poésie dont certaines ont été l'objet d'une adaptation musicale.

— C. de Douai, 11 juillet 1882, aff. Société des auteurs et compositeurs c. dame Ernst (Dalloz, 1883. 2. 153). — Voir : C. de Cass., Rej., 16 février 1884, même aff. (Dall., 1885. 1. 95).

971. Aux termes des statuts de la Société des auteurs, compositeurs et éditeurs de musique (art. 18), il est interdit aux sociétaires de faire représenter, chanter ou exécuter aucune œuvre lyrique, paroles ou musique, sur un théâtre ou dans un établissement public quelconque, autrement que par l'entremise du syndicat ou de l'agent général dûment autorisé, à moins qu'il ne s'agisse d'ouvrages dramatiques (opéras, vaudevilles ou scènes comiques) re-

présentés ou à représenter sur les théâtres et pour lesquels la perception des droits se fait ou se ferait plus tard spécialement par la *Société des auteurs dramatiques*.

D'après l'art. 20 des mêmes statuts, les auteurs et les compositeurs qui ont adhéré à la Société ne peuvent, en aucun cas, céder le droit qu'ils aliénent par leur adhésion, à savoir celui d'interdire ou de permettre l'audition de leurs œuvres en public.

Dans la pratique journalière et notamment dans les rapports de la Société des auteurs, compositeurs et éditeurs de musique avec la Société des auteurs dramatiques, la *représentation* s'entend d'une exécution avec décors et costumes de tout ou partie d'un ouvrage dramatique tel qu'un opéra, tandis que l'*audition* se reconnait à l'exécution pure et simple, sans costumes et sans décors, c'est-à-dire sans action.

Le cessionnaire du droit exclusif de représenter un opéra ne saurait donc incriminer comme contraire à ses droits la simple audition donnée dans un concert d'un acte de cet opéra par le bénéficiaire de traités passés avec la Société des auteurs, compositeurs et éditeurs de musique, dont l'auteur était membre depuis de longues années lors de la cession du droit de représentation.

— Trib. civil de la Seine. 30 novembre 1883, aff. Neumann c. Lamoureux (la *Loi*, 1er décembre 1883).

972. Un concert donné dans un lieu public constitue une représentation dans le sens de l'art. 3 de la loi du 19 janvier 1791.

— C. de Paris, 25 août 1837, aff. de Puitneuf c. Crosnier et Cerfbeer (*Gaz. des Trib.*, 26 août 1837); — C. de Paris, 24 novembre 1876 et 12 janvier 1877, aff. Société des auteurs et comp. c. Delaporte et Capmartin (Pat., 1877, p. 144).

973. Les dispositions de l'art. 3 de la loi des 13-19 janvier 1791 et de l'art. 428 du Code pénal ne s'appliquent qu'aux représentations ou exécutions qui ont le caractère de la publicité.

— C. de Cass., 7 août 1863, aff. Société des auteurs et comp. c. Société chorale de Lorient (Dall., 1863. 1. 484).

974. On ne peut, sans le consentement des auteurs, faire entendre des compositions musicales dans un *concert d'amateurs* où le public est admis moyennant rétribution, alors même que le produit de la recette est exclusivement destiné à couvrir les frais du concert.

— Trib. de Nancy, 12 mai 1844, aff. Henrichs c. la Société philharmonique (Blanc, p. 244).

975. Donnent également lieu à l'application des lois relatives aux spectacles publics les concerts que donne une association d'artistes et pour lesquels des billets peuvent être pris, d'après le règlement, par certaines personnes, moyennant rétribution.

— C. de Cass., 26 déc. 1854, aff. Henrichs c. Institut musical d'Orléans (S. V., 1855. 1. 77).

976. Le régisseur de concerts et le loueur de chaises qui organisent conjointement dans un jardin public des concerts où sont jouées, sans autorisation préalable du représentant de la Société des auteurs et compositeurs, et malgré la défense qui leur a été notifiée, des œuvres de membres de cette société, sont passibles des peines de l'art. 428 du Code pénal et solidairement responsables du préjudice qu'ils ont causé.

— C. de Paris, 12 janvier 1877, aff. Société des aut. et comp. c. Delaporte et Capmartin (le *Droit*, 28 février 1877).

977. Le législateur interdit toute espèce de reproduction publique et rapportant un lucre, fût-elle même partielle, de toutes œuvres d'art, sans le consentement des auteurs.

Aucune disposition de la loi ne pose une exception à ce principe pour le cas où l'œuvre est exécutée par une musique militaire, alors que l'exécution a lieu dans un endroit public, à l'entrée duquel une rétribution est perçue.

— C. de Paris. 20 novembre 1857, aff. Henrichs c. Ber (Pat.. 1857, p. 453).

978. Constituent des représentations théâtrales et publiques qui rentrent dans les termes de l'art. 3 de la loi des 13-19 janvier 1791 et de l'art. 428 du Code pénal les concerts donnés par une société qui en couvre les frais par une cotisation annuelle et y invite gratuitement des personnes étrangères.

— C. de Cass., 11 mai 1860. aff. Société des aut. et comp. c. Société philharmonique du Mans (Dall., 1860. 1. 293).

279. Constitue, en l'absence du consentement préalable des auteurs, le délit réprimé par l'art. 428 du Code pénal, l'exécution d'œuvres musicales dans des concerts donnés gratuitement par un cercle, alors qu'il y a eu, même accidentellement, exécution publique.

Il appartient à la Cour de cassation de vérifier, à l'aide des constatations de l'arrêt attaqué, si la représentation a eu un caractère public ou privé.

Les représentations offertes dans un cercle, non-seulement aux membres du cercle, mais encore aux familles et aux patrons des sociétaires, constituent de véritables représentations publiques rentrant dans les termes des art. 3 de la loi des 13-19 janvier 1791 et 428 du Code pénal.

— C. de Cass., 28 janvier 1881, aff. Société des aut. et comp. c. Pseffer, (Dall., 1881. 1. 329). — *Sic* : C. de cass., 1er avril 1882, aff. François Jullian c. Min. public (Dall., 1882. 1. 325).

980. Les termes de l'art. 428 du Code pénal ne sont pas limitatifs ; l'interdiction édictée par cet article ne s'applique pas seulement aux directeurs et entrepreneurs de spectacles, mais à tous ceux qui, propriétaires de cafés-concerts, cafés chantants, casinos et autres établissements publics, y font exécuter des scènes ou des morceaux de musique et donnent ainsi de véritables représentations publiques.

Il importe peu, dans ce cas, que les représentations soient ou non gratuites, et qu'elles aient un but de bienfaisance ou de lucre, le droit de l'auteur étant absolu et indépendant de tout préjudice matériel.

— C. de Bordeaux, 20 mai 1869, aff. Société des auteurs et compos. c. Poujet et autres (Pat., 1870, p. 317).

981. Il importe peu que l'exécution n'ait pas eu lieu sur un théâtre proprement dit, ou qu'elle ait été gratuite. Il suffit, pour donner lieu à l'application de l'art. 428 du Code pénal, qu'il y ait eu exécution publique, sans le consentement des auteurs ou de leurs ayants droit, d'œuvres musicales non tombées dans le domaine public.

— Trib. corr. de la Seine, 11 avril 1889, aff. Soc. des aut., comp. et édit. de musique c. Renout (le *Droit*, 14 avril 1889).

982. On a cependant décidé que l'auteur d'une composition musicale n'est pas recevable à se plaindre de ce que son œuvre a été exécutée dans un concert dont l'entrée était gratuite, et dont le but

principal était de faire entendre un instrument nouveau.

— Trib. corr. de la Seine, 24 juin 1845, aff. Félicien David c. Debain (Blanc, p. 245).

983. Le chef d'orchestre chargé de faire exécuter une œuvre musicale dans une cérémonie officielle, à laquelle n'étaient admis à assister, gratuitement d'ailleurs, que des invités munis de cartes, ne saurait, alors surtout que les circonstances de fait démontrent sa bonne foi, être considéré comme un entrepreneur de spectacles, passible de l'application de l'art. 428 du Code pénal. Tout au plus pourrait-il y avoir lieu en pareil cas à la saisie et à la confiscation de l'indemnité qui lui aurait été allouée.

— Trib. corr. de la Seine, 17 janvier 1890, aff. Rhodé c. Colonne (le *Droit*, 18 janv. 1890).

984. Les termes de l'art. 428 du Code pénal, qui donne une sanction pénale aux dispositions de l'art. 3 de la loi du 19 janvier 1791, s'appliquent à l'exécution de compositions musicales dans les salons d'un établissement thermal transformés en salle de concert où le public est admis.

— C. de Riom, 23 février 1859, aff. Roussel c. Poncer et autres (Dall., 1859. 1. 430).
— Voir : C. de justice de Genève, 14 juillet 1890, aff. Gounod c. Mayer, Kunz et Cie (le *Droit*, 25 sept. 1890).

985. Les mots « entrepreneur de spectacles » employés par l'art. 428 du Code pénal, doivent être interprétés *lato sensu* ; cette dénomination ne doit pas être limitée aux industriels qui font d'une entreprise théâtrale une profession spéciale, mais s'applique également à ceux qui n'entreprennent que

d'une façon tout accidentelle de faire jouir le public d'auditions soit musicales, soit littéraires, ou, comme dans l'espèce, de faire exécuter, pour son amusement, des airs de danse.

— C. de Lyon, 4 janvier 1884, aff. Société des comp. de musique c. Devaux et autres (Dall., 1884. 2. 159).

986. On ne saurait appliquer l'art. 428 du Code pénal s'il y a eu absence d'intention délictueuse. Des jeunes gens qui se réunissent chaque année pour danser dans une fête ne peuvent être considérés comme coupables d'un délit, alors d'ailleurs que cette fête, loin d'être pour eux la source d'un profit, leur occasionne une dépense, et qu'ils n'ont fait que confier à un chef de musique le soin de les faire danser avec une musique quelconque.

— Trib. corr. de Lyon, 24 juillet 1883, aff. Société des auteurs et comp. c. Coindre et Dinanst (le *Droit*, 20 sept. 1883).

987. La circonstance que l'orchestre aurait été dirigé par un membre de la Société des auteurs ne saurait empêcher les organisateurs d'une fête de tomber sous le coup de la loi, lorsque, sans se prémunir du consentement des auteurs, ou de leur représentant, ils ont fait jouer des morceaux pour lesquels ce consentement était nécessaire. Le chef d'orchestre, étranger à l'organisation de la fête, n'avait pas, avant de jouer les morceaux demandés, à s'assurer si les entrepreneurs auxquels il avait loué ses services avaient en leur possession le consentement écrit des compositeurs dont les œuvres devaient être exécutées.

— C. de Lyon, 4 janvier 1884, aff. Société des compositeurs c. Devaux et autres (Dall., 1884. 2. 159).

— Voir : C. de Lyon, 4 décembre 1888, aff. Loubet, Métra
et autres c. Charrin et autres (Pat., 1889, p. 288).

988. En l'absence de tout programme imposé ou
convenu d'avance, les organisateurs d'un bal de
bienfaisance ne peuvent être rendus responsables
du choix des morceaux qui a été fait librement par
le chef d'orchestre. Leur bonne foi doit être admise,
du moment qu'ils n'ont pris aucune part directe ou
indirecte à la confection du programme.

— C. de Bordeaux, 20 mai 1869, aff. Société des auteurs et
comp. c. Poujet et autres (Pat., 1870, p. 317).

989. Quand des œuvres musicales sont exécutées
dans une fête publique sans les autorisations nécessaires, les entrepreneurs et directeurs de la fête
sont personnellement responsables vis-à-vis des auteurs ou de leurs cessionnaires ; et, s'ils avaient
chargé le chef d'orchestre du paiement des droits,
ils n'en sont pas moins tenus de les acquitter eux-
mêmes, si le chef d'orchestre, qu'ils devaient surveiller, a omis de les acquitter.

— C. de Lyon, 4 décembre 1888, aff. Loubet, Métra et autres c. Charrin et autres (*Gaz. du Palais*, 1889, suppl., p. 81).

990. Un sous-officier qui, sans esprit de spéculation, a, avec quelques camarades, organisé un bal
auquel a concouru la musique du régiment sans
l'autorisation de la Société des auteurs et compositeurs de musique, ne peut être considéré comme
directeur ni comme entrepreneur de spectacles, ni
comme faisant partie d'une association d'artistes.
Et, comme le délit n'existe pas, le cafetier dont la
salle a servi à ce bal doit être également déclaré
non coupable.

— Trib. corr. de Tours, 25 octobre 1861, aff. Société des auteurs et comp. c. Cattier et Quillet (Pat., 1863, p. 281).

991. Il ne faut pas appliquer l'art. 428 du Code pénal, lorsqu'un bal est offert dans une salle d'hôtel à des personnes invitées et sans rétribution ; ce bal est alors une réunion privée.

La Cour d'appel constate souverainement les faits et circonstances qui excluent en pareil cas l'application de la loi pénale.

— C. de cass., 22 janvier 1869, aff. Société des aut. et comp. c. Landerneau (Pat., 1869, p. 411).

992. Le caractère de publicité relative d'un bal de bienfaisance offert dans les salons d'un Hôtel de Ville, annoncé par la presse, et dont on n'a exclu que les personnes mal famées, suffit pour soumettre l'exécution des morceaux de musique qu'on y a joués aux règles édictées par le Décret de 1791.

— Trib. civil de Nancy, 3 juin 1869, aff. Société des aut. et comp. c. Ville de Nancy (Dall., 1871. 5. 318).

993. Un bal par souscription n'est pas un bal public, lorsque la commission d'organisation a un droit absolu d'admisssion ou d'exclusion des souscripteurs, et d'ailleurs use de ce droit.

— C. de Nancy, 18 juin 1870, aff. Soc. des aut. et comp. c. Ville de Nancy (Dall., 1872. 2. 73).

994. Doit être considéré comme bal particulier, bien qu'il ait eu lieu par souscription dans les salons d'une mairie, le bal organisé au profit des pauvres par une société de jeunes gens, où n'ont été admises que des personnes choisies et nominativement invitées. En conséquence des airs de danse, non encore tombés dans le domaine public,

peuvent être exécutés dans un tel bal sans le consentement préalable des auteurs.

— C. de cass., 3 mars 1873, aff. Société des aut. et comp.
c. Ville d'Amboise (S., 1873. 1. 152). — Voir dans ce sens :
Cass. 22 janv. 1869 (S. 70. 1. 44 ; — P. 1870. 70) ; — Dijon,
3 mars 1870 (S. 1871. 2. 278 ; — P. 1871. 867); — Nancy, 18
juin 1870 (S. 71. 2. 116 ; — P. 1871. 476).

995. N'offre pas le caractère de publicité qui
pourrait donner lieu à l'application de l'art. 3 de la
loi de 1791 et de l'art. 428 du Code pénal, le bal
par souscription où personne n'a été admis sans
carte personnelle et d'où certaines personnes ont
été exclues, même s'il est vrai d'ailleurs que tous
les officiers de la garnison et tous les élèves des
écoles spéciales y ont été conviés et admis sans distinction.

— C de Nancy, 8 mars 1873, aff. Soc. des aut. et comp. c.
divers (Gaz. des Trib., 2 mai 1873).

996. On doit classer parmi les bals publics, ne
pouvant être ouverts que conformément aux règlements de police, le bal organisé dans un local public et auquel est admise, soit gratuitement, soit
après paiement d'une cotisation, toute personne qui
se présente pour y assister. — Au contraire, il y a
lieu de considérer comme bal particulier celui où
ne sont reçues que les personnes nominativement
invitées à l'avance, sur présentation des invitations
rigoureusement personnelles qui leur ont été adres-
sées.

Il faut appliquer ici les principes établis par la
loi du 6 juin 1868, qui distinguent les réunions publiques des réunions privées ; aux tribunaux appar-

tient le soin de déterminer les caractères qui différencient ces deux sortes de réunions.

Les réunions privées étant libres aux yeux de la loi, n'est pas soumis aux règles qui régissent les bals publics le bal donné dans un cercle, auquel ont été invitées les seules personnes inscrites sur des listes de présentation, lorsque d'ailleurs il n'est pas établi qu'en dehors des personnes nominativement conviées aucune autre ait été reçue.

— Trib. corr. de Troyes, 19 août 1881, aff. Soc. des aut. et comp. c. Damoiseau (*la Loi*, 23 août 1881).

997. L'intention exprimée par le propriétaire d'un café-concert d'acquitter les droits d'auteur ne peut suppléer au consentement préalable obtenu par écrit des auteurs, que la loi exige impérieusement. Le prévenu ne peut exciper de sa bonne foi, et le délit existe dès que la preuve du consentement n'est pas rapportée.

— C. de Toulouse, 17 novembre 1862, aff. Daubèze c. Latouche et autres (Dall., 1863. 2. 128); — C. de cass., 11 mai 1860, aff. Soc. des aut. et comp. c. Soc. philharmonique du Mans (Dall., 1860. 1. 293); — C. de cass., 9 août 1872, aff. Soc. des aut. et comp. c. Linoff (Dall., 1872. 1. 332).

998. L'article 4 de la loi du 19 janvier 1793 permet aux auteurs non seulement de fixer les conditions de leur consentement à la représentation, mais encore de le refuser péremptoirement s'ils le jugent convenable. Il n'est donc pas admissible qu'un tiers puisse représenter l'œuvre sans le consentement préalable de l'auteur, sauf à lui offrir après coup un dédommagement plus ou moins considérable.

— C. de cass., 9 août 1872, aff. Soc. des comp. de musique c. Linoff (Dall., 1872. 1. 332).

999. Le président d'une société musicale qui a fait exécuter des œuvres de membres de la Société des auteurs et compositeurs malgré la défense de celle-ci, est passible des peines de l'art. 428 du Code pénal, malgré l'offre par lui faite avant l'exécution de payer les droits d'auteur d'après le tarif habituel. La Société est en effet maîtresse d'interdire complètement la représentation desdites œuvres ou d'imposer un autre tarif, et l'autorisation administrative ne saurait tenir lieu de son consentement.

— C. de Paris. 2 avril 1882, aff. Soc. des aut. et comp. c. Laigneau et Lemoine (Pat., 1863, p. 220).

1000. Lorsque l'assemblée générale des membres d'un cercle a pris, à l'occasion d'un bal, des décisions d'où résultent des faits de contrefaçon, le président du cercle n'est pas, comme président, passible de poursuites correctionnelles ; mais si, faisant partie de la commission, il a été prévenu par lettre des prétentions de la Société des auteurs et compositeurs de musique, et a été en somme l'un des organisateurs du bal, il est pénalement responsable des infractions aux lois sur la propriété artistique qui sont commises.

— Trib. corr. de Troyes, 19 août 1881, aff. Soc. des aut. et comp. c. Damoiseau (la Loi, 23 août 1881).

1001. La bonne foi est exclusive du délit de représentation illicite.

— C. de Nîmes, 5 août 1881, aff. Soc. des aut. et comp. c. D^{lles} Royer (Pat., 1883, p. 174) ; — Trib. corr. de la Seine, 17 janvier 1890, aff. Rhodé c. Colonne (le Droit, 18 janvier 1890).

1002. L'auteur dont l'œuvre a été représentée sans son consentement n'a aucun recours contre le propriétaire de la salle, lorsque celui-ci s'est borné à louer son local et qu'il est resté étranger à la composition du programme.

— C. de Paris, 3 juin 1854, aff. Henrichs c. Devilleneuve (Blanc, p. 245) ; — C. de Paris, 2 mars 1876, aff. Soc. des aut. et comp. c. Sax (le Droit, 18 mars 1876).

1003. Le propriétaire qui, ayant mis gratuitement une salle, pour un concert, à la disposition d'une société d'artistes, a connu la défense signifiée par la Société des auteurs et compositeurs de musique de jouer certains morceaux, et n'en a pas tenu compte, est complice du délit commis.

— C. de Lyon, 28 juillet 1859, aff. Soc. des aut. et comp. c. Brosson (Pat., 1860, p. 27).— Voir : Trib. corr. de la Seine, 23 mars 1872, aff. Soc. des aut. et comp. c. Pégard (Pat., 1872, p. 345).

1004. Le maire qui s'est borné à mettre la salle du casino d'une ville à la disposition d'un artiste pour y donner un concert, sans exiger de lui aucune rétribution, et en restant d'ailleurs complètement étranger à l'organisation de ce concert, ne peut être déclaré complice de l'infraction commise par cet artiste à l'art. 428 du Code pénal.

— C. de cass., 7 novembre 1873, aff. Soc. des aut. et comp. c. Lemengnonet (Dall., 1874. 1. 136). — Voir : C. de cass., 3 mars 1873, aff. Soc. des aut. et comp. c. maire d'Amboise (Dall., 1873. 1. 253).

1005. Une commune, ne pouvant s'obliger sans l'autorisation de son conseil municipal, ne peut être poursuivie comme responsable des infractions à l'art. 428 du Code pénal commises par les organisateurs d'un bal pour lequel elle n'a fait que prêter les salons de son hôtel de ville, sans même que son maire fût président de la commission d'organisation.

— C. de Nancy, 18 juin 1870, aff. Soc. des aut. et comp. c. Ville de Nancy (Dall., 1872. 2. 73).

1006. Lorsqu'en fait il est établi que c'est avec l'autorisation et le mandat tacite ou exprès du conseil municipal qu'une commission présidée par le maire a organisé et fait exécuter dans la salle du théâtre municipal un concert au profit du bureau de bienfaisance, c'est à bon droit que la Société des auteurs et compositeurs de musique dirige son action contre l'administration municipale.

— C. de Dijon, 3 mars 1870, aff. Soc. des aut. et édit. de musique c. ville de Dijon (Dall., 1872. 2. 160).

1007. Lorsque le chef d'une fanfare municipale a commis des infractions aux lois sur la propriété artistique, en faisant exécuter sans les autorisations nécessaires, dans un jardin public, des œuvres musicales non tombées dans le domaine public, la municipalité qui n'a pas elle-même organisé le concert, n'encourt de ce chef aucune responsabilité ; on ne saurait dire, en effet, qu'elle joue dans ce cas à l'égard du chef de la fanfare le rôle d'un commettant vis à vis d'un proposé, alors même que la fanfare est subventionnée par la commune.

— Trib. corr. de la Seine, 11 avril 1889, aff. Soc. des aut. et comp. c. Renout (le Droit, 14 avril 1889).

1008. Une municipalité qui, malgré une défense à elle signifiée par la Société des auteurs et éditeurs de musique, offre, même gratuitement, des bals et concerts à la population, à l'occasion de fêtes nationales, et les organise elle-même, sans s'entendre ni directement, ni par l'intermédiaire des artistes engagés par elle, avec le représentant de cette Société, tombe sous le coup des lois protectrices de la propriété littéraire et artistique, même si elle peut alléguer qu'elle est restée en fait complètement étrangère au choix des morceaux de musique et chansonnettes qui ont été joués et a laissé le soin de composer le programme aux chefs de musiques civiles et militaires qui lui ont prêté leur concours.

— Trib. civ. de Troyes, 23 mars 1881, aff. Soc. des aut. et comp. c. Ville de Troyes (le Droit, 26 avril 1881).

1009. Le chef d'orchestre, étranger à l'organisation d'une fête, n'est pas personnellement responsable des infractions aux lois sur la propriété littéraire et artistique qui y ont été commises.

— C. de Lyon, 4 janvier 1884, aff. Soc. des aut. et comp. c. Balloux et autres (la Loi, 18 mars 1884). — Voir : Trib. corr. de la Seine, 17 janv. 1890, aff. Rhodé c. Colonne (le Droit, 18 janv. 1890).

1010. Commet le délit prévu et puni par les art. 3 de la loi des 13-19 janvier 1791, 1er de la loi du 19 juillet 1793 et 428 du Code Pénal le directeur d'un théâtre forain qui fait exécuter, à l'extérieur du théâtre et au moment de la parade, des œuvres de membres de la Sté des auteurs et compositeurs de musique, sans le consentement de cette dernière.

— C. de Rouen, 21 février 1880, aff. Soc. des aut. et comp. c. Corvi (Dall., 1880. 2. 170).

1011. Doit être considéré comme coauteur ou

complice du délit prévu et puni par l'art. 428 du Code Pénal le cafetier qui donne à des musiciens ambulants l'autorisation d'offrir un concert au public dans son établissement, surtout lorsqu'il avait reçu précédemment sommation de ne pas prêter désormais son concours à de semblables représentations.

— C. de cass., 22 janvier 1869; C. de Toulouse, 4 juin 1869, aff. Soc. des aut. et comp. c. Champagne (Pat., 1869, p. 408).

1012. Le traiteur qui loue une salle pour un concert, quoique averti du refus de la Société des auteurs et compositeurs d'autoriser ledit concert, se rend complice du délit de représentation illicite que commet l'entrepreneur.

— C. de Paris, 2 avril 1862, aff. Soc. des aut. et comp. c. Laigneau et Lemoine (Pat., 1862, p. 220). — Voir dans le même sens : Trib. corr. de la Seine, 8 janvier 1880, aff. Soc. des aut. et comp. de musique c. Rougier et autres (Pat., 1882, p. 42).

1013. Sont passibles de dommages-intérêts les limonadiers qui, sans autorisation, font chanter devant leurs établissements des chansonnettes non tombées dans le domaine public.

— Trib. de la Seine, 8 sept. 1847, aff. Bourget c. Morel ; 3 août 1848, aff. Bourget c. Varin (Blanc, p. 237).

1014. Est passible des peines de l'art. 428 du Code Pénal le cafetier qui fait entendre sur une estrade dans son café des œuvres protégées par la loi de 1791, bien qu'aucune somme ne soit perçue spécialement pour le spectacle, qui ne sert qu'à augmenter le nombre des consommateurs.

— C. de Lyon, 9 mai 1865, aff. Soc. des aut. et comp. c. Joly (Pat., 1866, p. 102); — C. de Paris, 2 février 1866, aff.

Soc. des aut. et comp. c. Jagin (Pat., 1866, p. 104). — Voir aussi : C. de Nîmes, 22 mars 1866, aff. Soc. des aut. et comp. c. Coste (Pat., 1866, p. 396).

1015. Les art. 3 de la loi du 19 janvier 1791 et 428 du Code Pénal visent les théâtres publics, les directeurs ou entrepreneurs de spectacles.

On ne saurait considérer comme directeur ou entrepreneur de spectacles le marchand de vin qui, le jour de la fête nationale, dans le but soit de contribuer à cette fête, soit peut-être de s'attirer des consommateurs, a organisé un concert et un bal, qui n'a pas placardé d'affiches, qui n'a ni imprimé ni distribué de programme, et n'a perçu des assistants aucune rétribution.

Toutefois si, en pareil cas, la Société des auteurs est en principe sans droit vis-à-vis de l'organisateur, et si elle ne peut justifier d'aucun préjudice, il y a lieu de considérer ledit organisateur comme lié par l'engagement pris par lui de payer une certaine somme dans le cas où il ferait exécuter des morceaux appartenant au répertoire de la Société.

— Justice de paix du 1er arrondissement de Paris, 9 décembre 1887, aff. Soc. des aut. et comp. de musique c. Monin (*Gaz. des Trib.*, 11 décembre 1887).

1016. Jugé en sens contraire que celui qui, le jour de la fête nationale, organise un concert public où sont exécutés des morceaux de musique sans l'autorisation du représentant des auteurs, cause à ceux-ci un préjudice, et se rend passible de dommages-intérêts, même si le concert a été entièrement gratuit.

— Trib. de paix du 5e arrondissement de Paris, 11 janvier 1889, aff. Soc. des aut. et comp. c. Lachesnays (Sir., 1889. 2. 72).

1017. Le propriétaire d'un café qui, même une seule fois, donne une soirée musicale annoncée à l'avance, pour laquelle il a préparé un théâtre, ou même une simple estrade, tombe sous le coup de l'art. 448 du Code Pénal, s'il fait chanter des productions qui ne sont pas dans le domaine public. — Mais il n'en est pas de même si le propriétaire du café, sans préparation, sans annonces, se contente de laisser pénétrer une seule fois des chanteurs ambulants dans son établissement.

— C. de Paris, 2 février 1866, aff. Soc. des aut. et comp. c. Jagin (Pat., 1866, p. 104).

1018. Le cafetier qui a autorisé accidentellement des chanteurs ambulants à se faire entendre dans son établissement, sans rien recevoir d'eux, sans exiger des consommateurs un supplément de prix, et sans s'occuper en aucune façon du choix des morceaux qui ont été chantés, a pu être justement considéré comme n'étant ni coauteur ni complice du délit qu'ont pu commettre les chanteurs.

— C. de cass., 4 février 1881, aff. Soc. des aut. et comp. c. Mathieu (Dalloz, 1881. 1. 329).

1019. Ne doit être considéré ni comme auteur ni comme complice du délit prévu et puni par l'art. 428 du Code Pénal le cafetier qui, sollicité par des chanteurs ambulants, pendant une foire, de les laisser chanter devant son établissement, les y a autorisés sans recevoir d'eux ni leur demander aucune rémunération, comme aussi sans augmenter le prix de ses consommations.

— C. de Paris, 17 janvier 1863, aff. Soc. des aut. et comp. c. Campmas (Dall., 1863. 5. 307).

1020. Le cabaretier qui, à raison du mauvais temps, a prêté sa salle de danse à des jeunes gens qui avaient organisé un bal champêtre, sans leur demander aucune rétribution, et sans participer au choix des différents morceaux joués dans ces circonstances par les musiciens, doit être relaxé des poursuites dirigées contre lui à cette occasion.

— C. de Paris, 15 juin 1864, aff. des aut. et comp. c. Grillat (Pat., 1866, p. 101).

1021. Les affiches d'un concert peuvent faire preuve suffisante du délit de représentation illicite, du moment que les prévenus ne prouvent pas que le concert n'a pas eu lieu ou que le programme a été modifié.

— Trib. corr. de la Seine, 18 janvier 1880, aff. Soc. des aut., comp. et édit. de musique c. Rougier et autres (Pat., 1882, p. 42).

1022. Même si le prévenu, en raison de sa bonne foi, est renvoyé des fins de la poursuite, il y a lieu de prononcer la confiscation contre lui, s'il s'agit de l'infraction prévue par l'art. 425 du Code pénal.

Mais dans le cas de l'art. 428, il ne peut y avoir lieu à confiscation d'une édition, puisqu'il s'agit d'une simple représentation ou audition d'après l'œuvre originale ; la loi a indiqué elle-même le mode de réparation de l'atteinte au droit de propriété, en prescrivant la saisie des recettes.

— Tribunal corr. de la Seine, 17 janvier 1890, aff. Rhodé c. Colonne (le Droit, 18 janvier 1890).

1023. La Cour de cassation a le droit de vérifier, d'après les faits souverainement constatés par les Cours d'appel, si l'exécution d'une œuvre musicale a eu lieu ou non en violation des lois relatives à la propriété littéraire ou artistique.

— C. de cass., 21 juillet 1881, aff. Huguet c. Hervé et Soc. des auteurs, compositeurs et éditeurs de musique (Dall., 1881. 1. 391).

CHAPITRE VI

DROITS DES ÉTRANGERS.

INDEX

1024. La loi du 19 juillet 1793 n'est applicable qu'aux ouvrages faits par un Français et contrefaits par un autre Français (1), et non à des ouvrages qui, publiés par des auteurs non Français en pays étranger, ont été ultérieurement reproduits par la gravure en France.

Un marchand de musique de Paris a donc pu légitimement y faire graver des œuvres musicales d'un compositeur étranger, publiées à l'étranger.

— C. de cass., 17 nivôse an XIII, aff. Pleyel c. Sieber (Gastambide, p. 93).

1025. Le décret du 5 février 1810, qui assimile formellement les étrangers aux nationaux, n'a pas créé un droit nouveau, mais seulement interprété, conformément à son esprit, la loi de 1793.

---

(1) Noter que l'arrêt est antérieur au décret du 5 février 1810.

— C. de cass., 23 mars 1810, aff. D^{lles} Erhard c. Sieber (Dall., 1811, 472).

1026. Des lois sur la contrefaçon des œuvres musicales, il résulte (antérieurement à 1852) que tout auteur ou éditeur qui met au jour, c'est-à-dire qui publie, pour la première fois en France, un ouvrage, en accomplissant les formalités du dépôt, assure à lui et à ses ayants cause la propriété exclusive de cet ouvrage. Dès lors, si l'auteur ou ses ayants cause ont publié un ouvrage sans le déposer, ou n'ont fait cette publication qu'après que d'autres l'avaient déjà faite en France, ils n'ont aucun droit en France sur l'ouvrage.

— C. de Paris. 26 novembre 1828, aff. Troupenas c. Pleyel et Aulagnier (Dall., *Prop. litt.*, n° 444). — V. Gastambide, p. 94).

1027. Antérieurement au décret du 28 mars 1852, les œuvres publiées à l'étranger étaient en France dans le domaine public, et pouvaient être librement gravées et mises en vente par les éditeurs français.

En admettant que ce décret assure aux œuvres publiées antérieurement la protection de la loi, il convient toutefois de respecter les faits de publication accomplis de bonne foi avant la législation nouvelle.

Les éditeurs ne peuvent en conséquence être privés de la faculté de vendre le produit des éditions exécutées ou en cours d'exécution au moment de la promulgation de la nouvelle législation.

Décider le contraire, au point de vue pénal, serait donner au décret un effet rétroactif, qui ne pourrait résulter que d'une disposition précise qu'on ne rencontre pas dans son texte.

Dans le commerce des œuvres musicales, une édition s'entendant de l'épuisement par l'effet des tirages successifs des planches d'étain sur lesquelles sont gravées les œuvres, et toute l'importance de l'opération commerciale consistant dans la gravure, plutôt que dans le nombre des exemplaires, qu'on tire suivant les besoins, il y a lieu d'admettre qu'il n'y aurait contrefaçon, par application du décret de 1852, qu'autant que postérieurement à sa promulgation les inculpés auraient fait graver de nouvelles planches ou modifié les anciennes.

— Trib. corr. de la Seine, 16 décembre 1857, aff. Chabal c. Colombier, Boisselot et autres (Pat., 1857. p. 463).

Voir : C. de Paris, 8 décembre 1853, aff. Lecou c. Barba (Blanc, p. 38) ; — C. de cass. de Belgique. 23 mai 1859, aff. Susse frères c. Lecerf et autres (Pat., 1859, p. 313).

1028. Jugé, au point de vue du droit de représentation, que, même depuis le décret de 1852, les auteurs étrangers ne peuvent, pas plus qu'auparavant, s'opposer à la représentation en France de leurs œuvres, lorsqu'elles ont été représentées primitivement à l'étranger.

— C. de cass., 14 déc. 1857, aff. Verdi et Blanchet c. Calzado (Dall., 1858. 1. 161). — *Sic* : Pouillet, nos 854 et 855 ; — *Contrà* : Blanc, p. 219 ; Lacan et Paulmier, t. 2. no 677.

V. Trib. civ. de la Seine, 11 juillet 1862 (Pat., 1863, p. 234).

1029. Les auteurs d'œuvres littéraires ou musicales ou leurs cessionnaires ne peuvent bénéficier des dispositions du décret du 28 mars 1852 que si les œuvres publiées à l'étranger jouissent de la protection des lois dans le pays de la publication.

Ainsi aucune protection n'est due en France aux ouvrages publiés à l'étranger qui sont, dans le pays d'origine, tombés dans le domaine public.

Les ouvrages tombés, d'après la loi italienne, dans le domaine public, peuvent être librement introduits en France, du moment qu'il est justifié que les droits ont été régulièrement acquittés sur chaque exemplaire introduit, et les cessionnaires français de ces ouvrages sont sans droits sur ces exemplaires.

Il en est en tous cas ainsi, pour l'Italie, en vertu de l'art. 1er du traité franco-italien du 29 juin 1862, aux termes duquel la jouissance réciproque dans les deux pays des avantages assurés par leurs lois nationales n'est admise au profit des auteurs d'ouvrages de littérature et d'art « que durant l'existence de leurs droits dans le pays où la publication originaire aura été faite. »

— C. de cass., 25 juillet 1887, aff. Grus c. Ricordi et Durdilly et Cie (Dall., 1888. 1. 5). — Voir les observations de M. Pouillet dans Pataille, 1888, p. 333.

1030. Le décret portant promulgation de la convention conclue le 11 décembre 1866 entre la France et l'Autriche, en garantissant aux auteurs autrichiens la même protection qu'aux Français et le même recours légal contre toute atteinte portée à leurs droits, a levé pour eux l'obstacle résultant de l'obligation de fournir la caution *judicatum solvi*.

— Trib. corr. de Sens, 7 mars 1888, aff. Strauss et Soc. des aut. et comp. de musique c. M... (*Journ. du Pal.*, 1888, 1, 1115).

1031. Les droits des auteurs et compositeurs de musique français sont protégés à Genève, au point

de vue du droit de représentation, par la loi du
19 janvier 1791 et la convention internationale du
30 juin 1864, sans enregistrement ni dépôt préalable.

— C. d'appel de Genève, 27 juin 1881, aff. Auteurs et comp.
c. Bernard (*le Droit*, 18 août 1881).

1032. Tandis que d'après l'art. 21 de la convention franco-suisse de 1864, l'auteur d'œuvres dramatiques ou musicales publiées ou exécutées pour
la première fois en France jouissait en Suisse, en
ce qui concerne la représentation ou l'exécution de
ses œuvres, de la protection que les lois *suisses*
accordaient aux auteurs ou compositeurs suisses,
l'art. 20 du traité franco-suisse du 23 février 1882
lui confère, en Suisse, la protection que les lois
françaises assurent aux auteurs et compositeurs
suisses.

Cette dernière convention n'a pas été abrogée
par la loi fédérale du 23 avril 1883.

La convention d'union du 9 septembre 1886, à laquelle ont également adhéré la France et la Suisse,
ne protège contre l'exécution publique de leurs
œuvres que les compositeurs qui l'ont expressément
interdite en tête de l'ouvrage (art. 9) ; mais il y a
lieu de décider, par application de l'art. 15 de cette
convention, que l'art. 20 du traité franco-suisse de
1882 subsiste, et que par suite cette restriction au
droit des compositeurs ne doit pas être appliquée
dans les rapports de la France avec la Suisse.

— Trib. de district de Berne, 26 juin 1889, aff. Soc. des
aut., comp. et édit. de musique c. Soc. l'Orchestre de Berne
(*le Droit*, 27 août 1889). — Voir dans le même sens : Cour
de justice de Genève, 23 mai 1889, aff. Audran, Chivot et

Duru c. D... (*le Droit*, 10 juillet 1889). — Voir également : C. de justice de Genève, 14 juillet 1890, aff. Gounod c. Mayer, Kunz et Cie (*le Droit*, 25 septembre 1890).

1033. En vertu de l'art. 34 du règlement d'organisation judiciaire des tribunaux mixtes égyptiens, les règles du droit naturel et de l'équité protègent en Egypte, à défaut de loi spéciale, la propriété littéraire et artistique et particulièrement le droit d'exploitation des œuvres dramatiques ou dramatico-musicales.

— C. d'appel mixte d'Alexandrie, 18 avril 1888, aff. Ricordi c. Puthod et Cie (Pat., 1890, p. 57).

LIVRE IV

DE LA PROPRIÉTÉ ARTISTIQUE

CHAPITRE PREMIER

CARACTÈRES DE LA PROPRIÉTÉ.

1034. La propriété assurée par la loi du 19 juillet 1793 à l'auteur d'une œuvre d'art, telle qu'une statue, consiste dans le droit exclusif qu'ont l'auteur ou ses cessionnaires d'en faire la reproduction, pour en tirer un bénéfice quelconque.

— C. de Paris, 16 février 1853, aff. Salvator Marchi c. Dubosc et autres (Blanc. p. 304).

1035. Les avantages accordés aux auteurs par la loi du 19 juillet 1793 ne peuvent être réclamés que par ceux qui sont véritablement auteurs, et auxquels appartient la première conception d'un ouvrage. — Ainsi le fabricant de papiers peints qui a fait le dessin d'un tour de lit et l'a déposé à la Bibliothèque, n'a pas qualité pour poursuivre le contrefacteur de ce dessin, si lui-même n'avait fait que copier et réunir deux dessins déjà existants.

— C. de cass., 5 brumaire an XIII. aff. Letourmy c. Huet-Perdoux (Dall., *Prop. litt. et art.*, n° 87).

1036. La loi de 1793 consacre le droit exclusif des auteurs à la publication et à la vente de leurs ouvrages, soit qu'ils aient fait eux-mêmes une édition de ces ouvrages, soit qu'ils n'en aient fait encore aucune édition, et, dans le second cas, leur droit se trouve protégé sans qu'ils aient accompli la formalité du dépôt.

— C. de Paris, 9 novembre 1832, aff. Léopold Robert c. Ricourt et Mercury (Blanc, p. 262).

1037. La loi n'a entendu protéger et garantir que les œuvres qui sont le produit d'un travail de l'esprit, et on ne saurait attribuer un tel caractère a une médaille (dans l'espèce la médaille commémorative de l'exposition de 1855), qui n'est que la copie grossière et presque le calque de vitraux dessinés par un grand artiste, et n'en diffère que par quelques détails insignifiants.

— Trib. corr. de la Seine, 2 juillet 1861, aff. Massonnet c. Gallon et Dussaux (Pat., 1862, p. 436).

1038. La loi du 19 juillet 1793 n'ayant pas défini ce qu'il faut entendre par création de l'esprit, une cour d'appel est libre de décider, sans qu'aucun recours soit possible contre l'arrêt rendu, qu'une médaille imprimée avec notice explicative de la vie d'un saint, est une création de l'esprit, susceptible d'un droit de propriété.

— C. de cass., 22 nov. 1867, aff. Vve Sandinos c. Marquis (Pat., 1867, p. 356).

1039. Constitue un ouvrage d'art, qu'il faut regarder comme protégé par la loi du 19 juillet 1793, le dessin qu'un artiste a fait pour des armoiries destinées à orner le sceau de l'État, comme le dessin fait pour le panonceau des notaires.

— C. de Paris, 9 février 1832, aff. Ameling c. Duclos et Henrionnet (Dall., 1833. 2. 13).

1040. Quelque connus que soient les traits de certaines figures typiques et quoique la tradition impose la nécessité de les respecter, cette fidélité indispensable permet cependant à l'artiste de déployer son talent et de créer une œuvre marquée d'un caractère spécial, qui devient, à ce titre, une propriété que la loi protège. Dès lors la reproduction illicite de cette œuvre peut constituer le délit de contrefaçon.

— Cass. 13 février 1857, aff. Fontana c. Min. publ. (Dall., 1857. 1. 111).

1041. Des images pour enfants, comme les images d'Epinal, quel que soit leur peu d'importance, n'en doivent pas moins être considérées comme une véritable création, établissant un droit de propriété exclusive au profit de leur auteur ; et leur reproduction constitue le délit de contrefaçon, lors même que celui qui les copie y apporte de légères modifications.

— Trib. corr. de la Seine, 7 juin 1842, aff. Fournier-Denis c. Pellerin (Blanc, p. 249).

1042. Quelle que soit la destination de l'œuvre artistique, la protection de la loi lui est due. Ainsi il a été jugé que le dessin, en tant qu'œuvre d'art, est indépendant de l'usage auquel il a été appliqué,

Il importe donc peu qu'il ait été composé pour servi-
d'enseigne ou même de simple étiquette.

— C. de Paris, 18 décembre 1850, aff. Dupetitmont c. Neuville (Blanc, p. 249).

Voir en sens contraire : C. de Paris, 22 avril 1875, aff.
Tiersot et Ziégler c. Chassaing et autres (Pat., 1875, p. 283).

Voir aussi les chapitres suivants.

1043. L'artiste ne peut s'approprier un sujet
qui est tombé dans le domaine public ; mais s'il
ajoute des ornements de sa composition, il a le droit
d'empêcher que ces ornements soient reproduits par
d'autres.

— C. de Paris, 25 juillet 1854, aff. Ameling c. Dervillé
(Blanc, p. 260).

Idem. — C. de Paris, 9 février 1832, aff. Ameling c. Henrionnet (Blanc, *eod. loc.*).

Voir également : C. de Paris, 29 nov. 1873, aff. Spicq c.
Casciani et Nau (Pat., 1874, p. 49).

1044. Les œuvres d'art ne tombent pas dans le domaine public par le seul fait qu'elles se trouvent dans
l'intérieur d'une église. Quand bien même l'église
serait un monument public, il est contraire à toutes
les règles relatives à la propriété des œuvres d'art et
à l'esprit de la loi du 19 juillet 1793 que tout le
monde puisse les reproduire et les contrefaire à partir du moment où elles sont placées dans un lieu
public.

— Trib. civ. de la Seine, 16 avril 1879, aff. D^elle Franck c.
Rain (Dall., 1880. 3. 31).

1045. Une lithographie représentant un monument national, constitue une propriété, bien que le
droit de reproduire le monument soit tombé dans le
domaine public, et nul n'a le droit de copier cette
lithographie.

— Trib. corr. de la Seine, 17 mai 1834, aff. Vʳᵉ Delpech c. Genty (Blanc, p. 259).

1046. L'idée d'indiquer sur des cartes par un tracé spécial les routes en mauvais état n'appartient pas en propre à celui qui l'a eue le premier, et ne lui donne pas le droit de composer seul des cartes faisant connaître les bonnes et mauvaises routes. L'exécution de cette idée lui appartient seule en propre.

— C. de Paris, 1ᵉʳ septembre 1837, aff. Vʳᵉ Jean c. Langlumé (Blanc, p. 257).

1047. Si les manuscrits d'œuvres littéraires ou musicales sont insaisissables tant que l'auteur n'en a pas autorisé la publication, il n'en est pas de même des œuvres d'art ; ces dernières peuvent être l'objet d'une saisie, comme tous autres objets mobiliers, une fois qu'elles sont achevées, sauf aux tribunaux à apprécier les conditions auxquelles la vente peut en être faite au profit des créanciers.

— Trib. civ. de la Seine, 30 déc. 1859, aff. Arnaud c. Berville et Garcin de Tancin (Pat., 1860, p. 69). — V. Pouillet, nᵒˢ 173 et suiv.

SECTION I. — Peinture, dessin, gravure.

INDEX

1048. Quelle que soit la destination de l'œuvre,

la protection de la loi est due. Par exemple un dessin doit être considéré comme une œuvre d'art indépendamment de l'usage auquel il est appliqué. Il importe donc peu qu'il ait été composé pour servir d'enseigne ou même d'étiquette.

— C. de Paris, 18 déc. 1852, aff. Dupetitmont c. Neuville (Blanc, p. 249).

1049. La reproduction d'un lieu ou d'un monument, si elle ne donne pas à l'artiste le droit exclusif de les reproduire de nouveau, lui confère toutefois un droit exclusif sur son œuvre, et nul n'a le droit de copier les plans levés par un architecte, ni les vues dessinées par un artiste, même s'il ne s'agit par exemple que d'un tableau destiné à montrer la place occupée à la Chambre par chaque député.

— C. de Paris, 21 décembre 1831, aff. St.-Eloy c. Marquis (Blanc, p. 254 et 173).

1050. Si les formes qui composent l'architecture gothique sont tombées dans le domaine public, néanmoins l'emploi et l'application qu'en peut faire un artiste à un sujet donné, ainsi que leur combinaison, constituent en sa faveur une véritable propriété. Il y a donc contrefaçon à reproduire des vignettes gothiques composées par un artiste pour servir d'encadrements.

— C. de Paris, 2 août 1828, aff. Tessier c. N.. (Blanc, p. 259).

1051. Les articles 39 et 40 du décret du 5 février 1810, qui accordent à l'auteur de tout ouvrage imprimé ou gravé, et à sa veuve, le droit de de propriété pendant leur vie, et à leurs enfants pendant vingt ans, avec faculté de céder ce droit à des tiers, s'appliquent à tout ouvrage gravé, quel que soit l'objet que la gravure est destinée à reproduire. On ne peut en excepter les estampes et gravures qui reproduisent un tableau ou tout autre ouvrage de peinture sans créer une exception que n'autorisent ni les termes ni l'esprit de l'ensemble des dispositions du décret du 5 février 1810.

— C. de Cass., 20 fév. 1882, aff. Goupil et Cⁱᵉ c. Hér. P. Delaroche, H. Vernet et Ary Scheffer (Dall. 1882. 1.465). — Voir les conclusions de M. l'avocat général Desjardins.

1052. La gravure d'un tableau appartenant au domaine public constitue par elle-même une œuvre d'art susceptible de propriété privée dans les termes de la loi de 1793, et ne peut être reproduite par aucun procédé sans autorisation de l'auteur.

— C. de Paris, 21 mars 1865, aff. Siffre et Cⁱᵉ c. Bulla (Pat., 1865, p. 250).

1053. Un portrait est la propriété exclusive de celui qui l'a peint, en ce sens que nul ne pourra copier le portrait. Mais tout autre aura le droit de reproduire le même modèle, et cette reproduction n'aura les caractères de la contrefaçon que dans le cas où elle aurait été évidemment copiée sur le premier portrait.

— C. de Paris, 16 janvier 1829, aff. Malo c. Planat et Chaillou (Blanc, p. 254). — *Idem* : C. de Paris, 21 mai 1840, aff. Sixdeniers c. Aubert (Blanc, eod. loc).

1054. Est coupable de contrefaçon celui qui copie un portrait en faisant à dessein de légers changements dans les accessoires.

— C. de Paris, 27 septembre 1828 (Gastambide, p. 282).

1055. L'auteur d'un portrait ne peut pas l'exposer en public sans le consentement du propriétaire du portrait.

— Trib. de la Seine, Ord. de référé,11 avril 1855, aff. Communauté des sœurs de la Providence c. D^lle Fougère (Pat., 1860, p. 167).

1056. Un tableau qui représente les traits d'une personne déterminée, sans autorisation de celle-ci, ne peut être livré d'une manière quelconque à la publicité, surtout lorsque l'artiste, en faisant le portrait, a manifestement cherché à dénigrer cette personne, et à porter atteinte à sa considération. Il peut même y avoir lieu, suivant les circonstances, d'ordonner que le tableau sera détruit.

— Trib. civ. de la Seine, 20 juin 1884, aff. Dumas c. Jacquet (la Loi, 21 juin 1884).

1057. Les esquisses préparatoires d'un tableau ou d'un portrait commandé à un peintre sont sa propriété, à moins de conventions contraires. Le propriétaire de l'œuvre définitive est donc mal fondé à en demander la remise. Mais il peut être fait défense au détenteur d'exposer le dessin et de le comprendre dans une vente publique.

— Trib. de la Seine, 5 décembre 1877, aff. Moitessier c. Féral (le Droit, 9 décembre 1877).

1058. Lorsqu'un peintre a mis dans un tableau le portrait d'une personne qui, d'ailleurs, avait consenti à poser devant lui, il y a lieu de décider que ce tableau peut être assimilé à un simple portrait ; dès lors le peintre n'est pas maître de le livrer à la publicité contre le gré de la personne représentée, et celle-ci peut réclamer la toile en en payant le prix.

— Trib. civ. de la Seine, 5 mai 1885, aff. T... c. D... (le Droit, 6 juin 1885).

1059. Le privilége accordé à l'artiste de reproduire son œuvre, et de tirer de la reproduction un profit pécuniaire, n'implique nullement, en l'absence d'une convention spéciale, l'obligation pour l'acquéreur de conserver cette œuvre, ni même de se prêter aux opérations de la reproduction. Le droit de propriété comprend effectivement comme l'un de ses attributs naturels le droit de disposer de la chose et de la détruire.

— Trib. civ. de Lyon, 24 déc. 1857, aff. Frénet c. la fabrique d'Ainay (Pat., 1858, p. 88).

1060. Si le propriétaire d'une œuvre d'art a jugé à propos de la détruire, il n'appartient pas à l'auteur de se plaindre de ce fait et il n'a pas droit à des dommages-intérêts, alors du moins que la détermination prise n'a pas été inspirée par une intention malveillante, par le dessein de nuire à l'artiste.

— Trib. civ. de Lyon, 24 décembre 1857, aff. Frénet c. la fabrique d'Ainay (Pat., 1858, p. 88).

1061. Quand un artiste meurt avant d'avoir achevé un tableau qui lui a été commandé par un amateur, c'est à ce dernier et non aux héritiers de l'artiste qu'il appartient d'apprécier si le degré d'achèvement est tel que la livraison doive avoir lieu contre paiement du prix convenu.

— C. de Paris, 19 avril 1875, aff. Aldama c. Dauzats (Pat., 1875, p. 335).

1062. L'œuvre d'art qu'un artiste a fait exécuter sous sa direction, qu'il a revue et signée, et dont il a ainsi accepté la responsabilité, en y marquant l'empreinte particulière de son talent, doit être, au point de vue du droit de propriété, assimilée aux œuvres entièrement exécutées par lui.

— Trib. corr. de la Seine, 12 décembre 1867, aff. Garnier frères c. Delarue et autres (Pat., 1867, p. 409).

1063. Il a toujours été admis qu'une œuvre d'art pouvait être légitimement attribuée à un maître, soit comme original, soit comme répétition, alors même qu'il était notoire que, pour son exécution, le maître s'était fait assister par un ou plusieurs de ses élèves.

— C. de Paris. 16 mai 1890, aff. Vve David-Chassagnolle c. Terme et Durand-Ruel (le *Droit*, 17 mai 1890).

1064. Le propriétaire d'une œuvre originale d'un artiste n'a aucune action pour interdire la vente sous le nom de cet artiste d'une œuvre semblable à la première et la reproduction de cette œuvre par la gravure, lorsqu'en fait il est établi qu'elle est la répétition, de la main même de l'auteur, du tableau primitif, dont il a fait lui-même une ou plusieurs copies.

— Trib. civ. de la Seine, 2 juillet 1884, aff. d'Estampes c. Reinach, Febvre et autres (la *Loi*, 3 juillet 1884).

1065. L'artiste chargé de l'illustration d'un ouvrage doit avoir, pour la traduction du livre par le crayon, une certaine latitude indispensable pour permettre à son imagination de se déployer, et ne saurait être astreint à la reproduction servile et minutieuse de tous les détails décrits par l'écrivain. Le plus souvent, en effet, le dessinateur seul, mais non pas l'écrivain, peut avoir à souffrir, pour sa réputation, de l'inexactitude des illustrations.

— C. de Paris, 18 juin 1883, aff. Bonhoure c. Germond de Lavigne (Dall., 1885. 2. 192).

1066. Des vignettes destinées à servir d'étiquettes, qu'un lithographe vend aux pharmaciens et aux liquoristes, et qui ne sont ni des dessins servant à la fabrication d'étoffes ou autres objets, ni des marques de fabrique servant à distinguer les produits de telle ou telle maison, mais sont par elles-mêmes un produit de l'industrie du lithographe, doivent être considérées comme des œuvres d'art, plus ou moins imparfaites, mais cependant protégées, en dépit de leur peu d'importance artistique, non par la loi de 1806 ou celle de 1857, mais par celle du 19 juillet 1793.

— C. de Paris, 7 juin 1859, aff. Lalande et Liot c. Appel et autres (Pat., 1859, p. 248).

1067. Jugé, contrairement à la décision précédente, qu'il importe peu que le dessin originaire pris en lui-même puisse constituer une œuvre d'art : dès qu'il est appliqué aux étiquettes, il devient, avec elles, un produit industriel. Il y a dessin de fabrique, soumis au dépôt aux archives des conseils de prud'hommes, en vertu de la loi du 18 mars 1806 et de l'ordonnance du 17 août 1825, toutes les fois que, dans l'intérêt d'une industrie, un dessin est créé, uniquement destiné à la composition d'un produit industriel. Or l'étiquette forme un produit industriel susceptible d'être orné de dessins qui lui donnent le relief et la vogue que recherchent ceux qui doivent s'en servir. Il en est ainsi de tous les dessins artistiques qui, par leur application autorisée à l'industrie, et en s'incorporant à un produit industriel, deviennent des dessins de fabrique.

— C. de cass., 30 décembre 1865, et C. de Rouen. 15 juin 1866. aff. Romain et Palyart c. Bouvier et autres (Pat., 1867, p. 46).

Voir : Trib. civ. de Bruxelles, 1ᵉʳ décembre 1886 (le *Droit*, 11 octobre 1887).

1068. Une collection de dessins, destinée à faciliter aux acheteurs le choix d'objets vendus par un industriel, constitue une propriété protégée par la loi du 19 juillet 1793 contre toute reproduction faite au préjudice de celui qui en a régulièrement opéré le dépôt en qualité d'estampe au ministère de l'intérieur.

— Trib. corr. de la Seine, 31 janv. 1879, aff. Corné c. Poincet (Pat., 1879, p. 46).

1069. L'article 1er de la loi du 19 juillet 1793 est conçu en termes généraux et absolus, qui ne font aucune distinction entre les dessins d'art proprement dits et ceux qui, sans valeur artistique, ont été composés exclusivement dans un but industriel. Cette loi protège donc toute création quelle qu'elle soit.

Elle protège le droit sur quelque tête qu'il repose ; et, par conséquent, si le fabricant d'une machine en fait exécuter le dessin par un artiste qu'il rémunère de son travail, c'est lui, et non l'artiste, qui est en droit de se plaindre des contrefaçons.

— C. de Paris, 1883, aff. Roussin et Duvoir c. Arpé (Pat., 1884, p. 84).

Voir également : Trib. civil de Segré, 26 août 1884, aff. David c. Gaultier (Pat., 1885, p. 104). — Trib. civil de Corbeil, 1er août 1883, aff. Decauville c. Guitton (la Loi, 18 oct. 1883). — Trib. corr. de Corbeil, 9 mai 1884, aff. Decauville c. Legrand (la Loi, 6 juin 1884). — C. de Paris, 11 juin 1885, C. de Limoges, 22 juillet 1885, C. de Paris, 17 déc. 1885, aff. Decauville c. divers (Pataille, 1886, p. 129).

1070. Il n'y a pas contrefaçon d'un album comprenant des dessins de meubles qui appartiennent tous au domaine public, lorsque les ressemblances relevées dans l'album incriminé tiennent uniquement à la nature même des modèles qui s'y trouvent réunis et ne sont pas d'ailleurs suffisantes pour qu'on puisse les considérer comme une imitation constituant une contrefaçon.

— C. de Paris, 3 mai 1885, aff⁵ Mæckling c. Emmery et Ragot (Pat., 1886, p. 19).

1071. Une carte routière est une contrefaçon, lorsqu'il est démontré en fait que son auteur a copié non la nature, mais une autre carte publiée antérieurement.

— C. de Paris, 1er sept. 1837, aff. Vᵛᵉ Jean c. Langlumé (Blanc, p. 257).

1072. Le plan d'une ville, même s'il n'a pas exigé de grands efforts et des préparatifs longs, difficiles et coûteux, n'en est pas moins une œuvre intellectuelle et constitue dès lors une propriété qui doit être reconnue et sauvegardée par les tribunaux.

— C. de Pau, 6 déc. 1878, aff. Latour c. Cazaux (Dall., 1880. 2. 82).
Sic : Trib. de Compiègne, 22 janvier 1879, aff. Guéry c. V... (*le Droit*, 12 avril 1879). — C. de Paris, 20 nov. 1883, aff. Frézouls c. Banse et Lefman (Pat., 1885, p. 106). — Trib. de comm. de Bruxelles, 3 nov. 1881, aff. Kiessling et Cⁱᵉ c. Société générale d'imprimerie (Pat., 1883, p. 23).

1073. L'État, qui a conçu le plan de la Carte de l'état-major, en a prescrit et dirigé l'exécution, et en a couvert les dépenses, en est incontestablement l'auteur.

Il est par conséquent fondé à invoquer l'art. 1er du décret du 19 juillet 1793 pour faire protéger son droit de propriété.

— C. de Paris, 3 mai 1877, aff. Ministre de la guerre c. Peigné-Delacour (*Gaz. des trib.*, 18 mai 1877).

1074. Des dessins commandés et exécutés sous

l'inspiration d'un professeur doivent être considérés comme la propriété de ce dernier.

— Trib. civ. de la Seine, 3 avril 1867, aff. Lintilhac c. Debrie (Pat., 1867, p. 175).

1075. Le graveur qui stipule habituellement sur ses factures que ses compositions et planches ne sont livrées au client qu'en cas de convention expresse, ne peut cependant pas, en opérant le dépôt de ses dessins au ministère de l'intérieur, conformément à la loi de 1793, prétendre qu'il en a conservé la propriété, lorsqu'il les a faits sur commande pour servir de marques de commerce et de fabrique, et que les clients ont payé les planches et la composition. Ces derniers ont en pareil cas acheté la propriété même de ces dessins, d'autant plus certainement que le graveur ne pourrait, sans commettre une contrefaçon, les utiliser au profit d'autres fabricants et commerçants. Ils peuvent donc faire copier ou imiter par d'autres les dessins dont ils sont ainsi devenus propriétaires.

— C. de Paris, 16 mars 1876, aff. Appel c. Moré (Pat, 1876, p. 103).

1075 *bis*. Le graveur qui vend pour un prix élevé une composition qui lui a été commandée et dont l'idée lui a été suggérée par l'auteur de la commande, par exemple des en-tête de menus destinés à un restaurant, doit être réputé avoir vendu à son client la composition en même temps que les plaques, bien qu'il reste dépositaire de celles-ci.

Au surplus, même au cas où la composition serait restée sa propriété, le graveur abuse de la plaque en la faisant servir à tirer des menus, même avec de légères modifications, pour le propriétaire d'un autre restaurant.

— Trib. civil de la Seine, 24 janvier 1888, aff. Chevrier et Verdier c. Depoix et Lefèvre (*Gaz. des Trib.*, 11 avril 1888).

SECTION II. — Sculpture.

INDEX

1076. Si l'art. 1er de la loi du 19 juillet 1793, qui réserve aux peintres et dessinateurs et aux compositeurs la propriété exclusive de leurs œuvres pendant leur vie, ne dénomme pas les sculpteurs, la jurisprudence et la doctrine s'accordent pour reconnaître qu'ils doivent, par une analogie dont on ne saurait contester l'exactitude, être rangés dans la même catégorie. L'art. 3 de la même loi prouve par ses termes que l'art. 1er n'est qu'énonciatif, et ce serait d'ailleurs se mettre en opposition avec l'esprit et le but de la loi que d'en limiter l'application à certaines œuvres d'art à l'exclusion d'autres qui ont besoin de la même protection.

— C. de Metz, 5 mai 1858, aff. Thonus-Lejay c. Grandry (Dall., 1858. 2. 174).

1077. La jurisprudence décide avec raison que les art. 425, 428 du Code pénal, et les peines édictées par l'art. 427 s'appliquent au contre-moulage des ouvrages de sculpture.

— C. de cass., 17 novembre 1814, aff. Robin c. Romagnesi (Dall. *Prop. litt. et art.*, n° 446). — Voir Blanc, p. 292. — Voir également : C. de Dijon, 15 avril 1847, aff. Susse c. Martinelli (Dall., 1848. 2. 178); — C. de cass., 21 juillet 1855, aff. Saunières et Piron c. Jouvensel (Dall., 1855. 1. 335).

1078. Quelle que soit la matière employée pour produire une œuvre, quelle que soit l'importance de cette œuvre, toutes les fois qu'elle est reproduite, il y a atteinte portée aux droits de l'auteur, pouvant donner lieu à une action en contrefaçon.

— C. de Paris, 13 août 1837, aff. Fernoux c. Evrard et Bignot (*Gaz. des Trib.*, 31 août 1837). — V. Blanc, p. 311. — Voir également : Trib. corr. de Toulouse, 22 décembre 1835, aff. Frequant c. N...; — C. de Bordeaux, 21 janvier 1836, aff. Morize c. N... (Blanc, p. 311).

1079. Il y a certains cas où le véritable auteur d'un ouvrage de sculpture sera celui qui fait exécuter l'ouvrage sur un sujet ou un dessin de sa composition. Il a le droit exclusif de l'exploiter, car l'idée, la conception lui appartiennent en propre, et l'artiste, qui lui a servi d'aide, n'a fourni que le travail manuel. Il peut donc s'opposer à ce que le modèle créé par lui, et exécuté pour lui, soit reproduit par d'autres, et même par l'artiste qui l'a exécuté.

— C. de Lyon, 11 décembre 1845, aff. Beaume c. Lamartinière (Blanc, p. 293).

1080. Les œuvres du statuaire sont, comme les autres produits des beaux-arts, sous la sauvegarde des art. 425 et 427 du Code pénal ; mais pour avoir droit à cette protection, il faut que les ouvrages soient des originaux, c'est-à-dire des créations du génie de l'artiste, et non des copies plus ou moins fidèles d'autres statues.

— C. de Caen, 3 mars 1835, aff. Cortopassy c. Ciucci (*Gaz. des trib.*, 11 mars 1835).

1081. Un groupe de l'Amour et Psyché, fait à l'aide d'une gravure représentant le groupe « l'Amour et Psyché » de Canova, qui appartient au domaine public, du moment qu'il n'est pas le résultat d'une copie exacte, ni du moulage, et qu'au surplus l'artiste y a fait quelques changements, est la propriété de celui-ci, et dès lors il a le droit de s'opposer à la contrefaçon de son œuvre.

— Trib. corr. de la Seine, 3 août 1836, aff. Cecconi c. T... (Blanc, p. 295).

1082. Les réductions d'antiques constituent un droit de propriété au profit de l'auteur, quand elles ont exigé un travail personnel et un certain talent.

Mais de simples changements sans importance ne sauraient conférer à leur auteur un droit de propriété exclusive sur des types appartenant au domaine public.

— C. de Bordeaux, 26 mai 1838, aff. Minquini c. Landy et autres (Sirey, 1838. 2. 485).

1083. Les réductions de statues appartenant au domaine public sont la propriété de celui qui les a faites, et la reproduction de ces réductions par surmoulage constitue le délit prévu et puni par les art. 425 et 427 du Code pénal.

— C. de Paris, 1er septembre 1848, aff. Collas et Barbedienne c. Galantomini (Pat., 1862, p. 60). — C. de Paris, 17 décembre 1847, aff. Susse et Barbedienne c. Gueltard, Dournel et Galantomini (Pat., 1862. p. 55). — C. de Paris, 23 juillet 1849, aff. Vve Charlet c. Blaisot (Blanc, p. 299).

1084. Une Cour d'appel statue souverainement lorsqu'elle décide que des réductions obtenues uniquement à l'aide de procédés mécaniques ne constituent aucunement une création de l'esprit et dès lors ne sauraient avoir droit à la protection de la loi du 19 juillet 1793.

— C. de cass., 16 mai 1862, aff. Barbedienne c. Van Loqueren et autres (Dall., 1863. 1. 111).

1085. Le mouleur sur nature n'a aucun droit de propriété artistique sur son travail.

— Trib. corr. de la Seine, 10 décembre 1834, aff. Automarchi c. Massimino (Blanc, p. 296). — *Contrà :* Blanc, *eod. loc.*; Rendu et Delorme, n° 913; Pouillet, n° 79. — Voir aussi l'article de Pataille, *Annales*, 1856, p. 197.

1086. Il y a contrefaçon même si l'œuvre copiée présente quelques différences avec le modèle primitif, du moment que ces différences, loin de constituer une création nouvelle, indiquent la préoccupation, de la part de l'imitateur, de modifier l'œuvre originale dans le but d'échapper à l'application de la loi pénale.

— Trib. corr. de la Seine, 19 mai 1885, aff. Soleau c. Duquesnois (la *Loi*, 19 juin 1885).

1087. L'art. 1er du décret du 19 juillet 1793 est applicable à la sculpture aussi bien qu'à la peinture.

Rien d'ailleurs dans la loi n'indique que le législateur ait voulu appliquer des règles différentes à la propriété de l'œuvre artistique et à celle de l'objet matériel, qui en est la manifestation sensible.

Les principes généraux, consacrés par l'art. 1602

du Code civil, doivent s'appliquer à la matière, et le pacte obscur ou ambigu doit être interprété contre le vendeur.

En cédant une statue à l'État, et en la livrant sans réserve contre paiement du prix convenu, l'artiste a par cela seul transmis au gouvernement le droit exclusif d'en disposer, et d'en multiplier les copies par tous les moyens possibles, sous toutes les formes et dans toutes les dimensions qu'il croit utiles.

— Trib. corr. de la Seine, 21 mars 1839, aff. Foyatier c. Pettoz et autres (*Gaz. des trib.*, 22 mars 1839).

1088. La réduction faite par un artiste d'une statue dont il est l'auteur est une création qui porte l'empreinte de son talent et qui reçoit de sa main un caractère d'originalité suffisant pour constituer à son profit une propriété particulière et spéciale. — Ainsi l'artiste qui a livré au domaine public l'œuvre originale et a donné à tous le droit de la reproduire, n'en conserve pas moins le droit exclusif de reproduire la réduction de son œuvre opérée de sa propre main.

— C. de Paris, 27 janvier 1841, aff. Foyatier c. Picchi et autres (Blanc p. 305).

1089. La propriété artistique comprend non seulement l'entière disposition de l'œuvre sur laquelle elle porte, mais le droit de la reproduire, même dans des proportions différentes.

La reproduction n'est en effet qu'un mode de jouissance de la chose, qui ne constitue pas un droit spécial, mais dérive du droit de propriété lui-même.

Il en est notamment ainsi pour l'acquéreur qui a

commandé l'œuvre dans un but de spéculation commerciale.

L'artiste a cependant le droit de traiter de nouveau le même sujet, du moment qu'il n'emprunte à son premier travail que les idées et les situations qui appartiennent à tous, de telle sorte que son second ouvrage soit, par rapport au précédent, une œuvre originale et nouvelle.

— Trib. civil de la Seine, 27 juillet 1883, aff. Albert-Lefeuvre c. Quinter et Cⁱᵉ (*Gaz. des Trib.*, 9 septembre 1883).

1090. Le sculpteur, qui a vendu, sans réserve du droit de reproduction, une statue dont il est l'auteur, ne saurait prétendre qu'il a conservé ce droit ni réclamer le modèle en plâtre du bronze livré à l'acquéreur, lorsque, ayant disposé du modèle au profit d'un tiers, il le trouve aux mains du propriétaire du bronze.

— Trib. civil de la Seine, 11 mai 1876, aff. Clésinger c. Lucas et Marnyhac et Cⁱᵉ (le *Droit*, 19 mai 1876).

1091. La loi du 19 juillet 1793, qui garantit la propriété de tout produit artistique, comprend nécessairement la sculpture, sans qu'il y ait lieu de considérer le mérite de l'œuvre.

Ce principe doit s'appliquer aux statuettes religieuses, alors même que, dans leur ensemble, elles seraient l'imitation d'un type connu, si elles se distinguent de ce type par des détails importants ou des modifications assez sérieuses pour faire l'objet, en faveur de l'auteur, d'un droit de propriété.

— Trib. correct. de Nantes, 30 juillet 1874, aff. Raffl et Panichelli c. Doizé (Pat., 1875, p. 117). — *Idem* : C. de Paris, 13 février 1884, aff. de Bondt c. Verrebout (Dall., 1884. 2. 232) ; — C. de cass., 27 décembre 1884, même aff. (*Gaz. des trib.*, 6 janvier 1885); — C. de Paris, 25 janvier 1887, aff. Lagarde c. Lapayre et autres (la *Loi*, 4 février 1887).

1092. Une Cour a pu décider souverainement qu'une croix, adoptée comme symbole d'une confrérie, était une œuvre d'art dont la propriété appartenait à l'auteur ou au cessionnaire de ce dernier, bien que les légendes et inscriptions gravées sur cette croix pussent appartenir au domaine public.

La combinaison d'éléments tombés dans le domaine public et leur application à un sujet donné peuvent en effet constituer une œuvre d'art et être l'objet d'un droit de propriété.

— C. de cass., 1ᵉʳ août 1850, aff. Changeur c. Bouasse (Dall., 1850. 5. 393).

1093. Les juges du fait apprécient souverainement ce qui constitue une œuvre d'art.

Un ouvrage de sculpture ne perd pas le caractère d'œuvre d'art par le fait qu'on l'a reproduit industriellement pour le mettre dans le commerce.

— C. de cass., 27 décembre 1884, aff. de Bondt c. Verrebout (*Gaz. des trib.*, 6 janvier 1885). — Voir encore : — Trib. de la Seine, 28 mai 1884, aff. Verrebout c. Casciani (la *Loi*, 8 juin 1884).

1094. Le fabricant de bronzes est le propriétaire exclusif de ses modèles, et il peut poursuivre les contrefacteurs en vertu de la loi de 1793 et du Code pénal.

— Trib. de la Seine, 6 janvier 1818 ; — C. de Paris, 22 juin 1818 ; — Trib. corr. de la Seine, 23 mars 1822, 24 juillet 1823 ; — C. de Paris, 23 janvier 1829 (Gastambide, nᵒˢ 365, 367. 368, 384, 386).

1095. Le fabricant de bronzes qui a créé un type

de vase, en empruntant la forme d'un vase ancien connu, mais en lui donnant des proportions différentes et en l'ornant de motifs nouveaux de sa composition, est en droit de poursuivre ceux qui ont contrefait son vase en en reproduisant les proportions et les ornements.

— Trib. correct. de la Seine, 23 mars 1822 (Gastambide, p. 379).

1096. Un objet d'art fait d'après une gravure, avec des changements et modifications qui en font une œuvre originale, est une propriété que l'artiste est en droit de défendre contre les contrefacteurs.

Il y a contrefaçon, même sans qu'il y ait eu contre-moulage, du moment qu'il y a copie, et qu'il n'est pas possible d'alléguer que le second modèle a été fait, non d'après le premier, mais, comme lui, d'après la gravure, et que les différences insignifiantes qui s'y remarquent ont été ménagées manifestement dans le seul but de dissimuler la contrefaçon.

— C. de Paris, 6 mars 1834, aff. Boulard c. Dubief (Dall., 1838. 2. 159).

1097. Des épées, sabres, couteaux de chasse, gardes, poignées, plaques, calottes, pommeaux et autres objets peuvent être l'objet d'un droit de propriété garanti par la loi du 19 juillet 1793, du moment que leur cachet artistique permet de les ranger dans la catégorie des bronzes d'art; et par suite celui qui les reproduit par le moyen du surmoulage se rend coupable de contrefaçon, sans qu'il soit nécessaire que les modèles aient été préalablement déposés pour qu'il puisse être poursuivi.

— C. de Paris, 12 décembre 1861, aff. Delacour c. Faivre

et Muller. — Voir encore : C. de Paris, 9 février 1832. aff. Ameling c. Henrionnet (Blanc, p. 260); — C. de cass. de Belgique, 5 novembre 1860, aff. Van den Bosch c. Sermon (Pat., 1865, p. 74).

1098. Un poinçon, servant à l'estampage des bijoux, est la propriété du graveur qui en a imaginé la forme et créé le dessin, et il n'est permis à personne de s'en emparer et de le faire mouler ou même reproduire par la gravure.

— Trib. de comm. de la Seine, 6 juin 1836 (Gastambide, p. 372).

1099. On ne saurait faire de distinction raisonnable entre l'art qui s'applique à l'industrie et l'art qui ne s'applique qu'aux objets de pur ornement et de fantaisie.

— C. de Metz, 5 mai 1858, aff. Thonus-Lejay c. Grandry (Dall., 1858. 2. 174). — Voir ci-après le chap. VIII, de la *Sculpture industrielle*.

1100. Pour qu'il y ait lieu à application de la loi de 1793, il faut que les œuvres pour lesquelles on en réclame le bénéfice « appartiennent aux beaux-arts », c'est-à-dire qu'elles procèdent d'une inspiration qui s'adresse à l'esprit comme aux yeux, et que, par elles-mêmes et indépendamment de toute alliance avec d'autres objets, elles deviennent pour le public la source de jouissances intellectuelles. Tel n'est pas le caractère d'ornements destinés, dans un but purement commercial, à la décoration d'objets usuels, tels qu'encriers, coupes, plateaux, pouvant être classés comme « fournitures de bureau » ou même comme objets d'étagère, sans que l'on puisse les élever à la dignité d'objets d'art.

Un arrêt a pu décider en tous cas par une apprécia-

tion souveraine que de tels objets ne constituaient
pas des œuvres d'art proprement dites, que par suite
ils n'étaient pas protégés par la loi des 19-24 juillet
1793, et qu'ils ne pouvaient l'être que comme modèles industriels, moyennant le dépôt prescrit par
l'art. 15 de la loi du 18 mars 1806.

— C. de Paris, 19 mai 1879 ; C. de cass., 17 janvier 1882,
aff. Pautrot et Vallon c. Bertrand (Dall., 1883. 1. 119). —
Voir également : C. de Paris, 12 mars 1870, aff. Latry et Cie c.
Altsmann et autres (Pat., 1870, p. 260) ; — Trib. civil de la
Seine, 30 mai 1877, aff. Aigon c. Isaac et Salomon Bacri (Pat.,
1877, p. 287); — Voir d'ailleurs les décisions rapportées ci-
après, Ch. VIII.

1101. De petits bas-reliefs, en cuivre repoussé,
destinés à être accrochés pour servir d'ornementation, ne sauraient, quel que soit le procédé mécanique qui sert à les reproduire en grand nombre, être considérés comme des modèles de fabrique dans le sens de la loi du 18 mars 1806 ; ils ont
le caractère d'œuvres artistiques protégées, indépendamment de tout dépôt, par la loi du 19 juillet
1793.

— C. de Paris, 25 février 1888, aff. Lambert c. Thuillard
et Lévy (le *Droit*, 10 mars 1888).

1102. Les œuvres que l'Etat a acquises et qu'il
réunit en collections dans l'intérèt général appartiennent au domaine public ; par suite la propriété de
ces œuvres est inaliénable et imprescriptible.

Aucun privilége spécial ne peut prévaloir contre
ce principe, même celui du propriétaire des lieux
où est installé l'atelier de l'artiste chargé de l'exécution ou de la retouche d'une œuvre d'art commandée ou acquise antérieurement par l'Etat.

— Trib. civil de la Seine, 2 mai 1877, aff. Ministre des beaux-arts c. Préault et Vᵛᵉ Chenillion (le *Droit*, 25 mai 1877).

1103. Un buste de famille qui n'a pas été livré par suite du refus de la personne qui l'avait commandé, ne peut être revendiqué comme une propriété de cette personne entre les mains de l'amateur ou du marchand de curiosités qui l'a acheté dans une vente aux enchères publiques après le décès de l'artiste.

— C. de Paris, 22 avril 1872, aff. de Ruttemberg c. Alix (Pat., 1872, p. 287).

1104. Le fabricant de bronzes d'art qui fait vendre aux enchères publiques, par suite de cessation de fabrication, les marchandises garnissant son magasin et les modèles qui avaient servi à leur fabrication, ne saurait, pour quelque cause que ce soit, sans s'exposer à un recours des acquéreurs de ces modèles, reproduire de nouveau les modètes vendus, ou créer des modèles de même nature, inspirés des anciens produits de sa fabrication.

— Trib. de comm. de la Seine, 25 mars 1885, aff. Blot et Drouard c. Hottot (le *Droit*, 9 avril 1885).

SECTION III. — Architecture.

INDEX

1105. Les dispositions de la loi des 19-24 juillet 1793 sont générales, absolues et s'appliquent à tous les ouvrages artistiques.

L'œuvre de l'architecte peut et doit, dans certains cas, à raison de l'élévation de la pensée qui a présidé à sa conception et du mérite de son exécution, être considérée comme une œuvre d'art.

À ce titre, l'architecte qui l'a produite est donc fondé à revendiquer les avantages accordés à tout artiste par la loi de 1793; ces avantages sont la consécration d'un double droit qui appartient à l'architecte, droit principal à la propriété de la chose, droit accessoire à la reproduction de cette chose.

— Trib. civil de la Seine, 30 avril 1855, aff. Le Sourd c. Goupil et Masson (Dall., 1857. 2. 28). — V. Blanc, p. 249 et suiv.; Pouillet, nᵒˢ 97 et suiv.; Dall., *Prop. litt. et art.*, nᵒˢ 413 et suiv.; Calmels, p. 90 ; Rendu et Delorme, nᵒˢ 928 et 929 ; Renouard, t. 2, p. 80; *Prop. industr.*, nᵒ 178 (article de M. Huard); Morillot, *De la protection des œuvres d'art*, p. 147.

1106. L'artiste qui aliène le fruit de son travail doit, par application des dispositions de l'art. 1615 du Code civil, être censé avoir cédé à l'acquéreur non seulement le droit à la propriété de la chose vendue, mais aussi le droit de reproduction, s'il n'a retenu ce dernier droit par des réserves expresses.

La commande d'un ouvrage artistique (dans l'espèce le Palais de l'industrie, destiné à l'Exposition de 1855) acceptée, exécutée et livrée par son auteur, constitue une vente véritable. Si cette commande a été faite par l'Etat, elle a pour effet de conférer à l'œuvre le caractère d'une chose appartenant au domaine public, abandonnée par conséquent aux regards et à l'étude de tous, et pouvant être reproduite par tous et de toute façon, sauf les restrictions que pourrait imposer l'Etat à la jouissance commune.

— Lorsqu'aucune convention n'est intervenue à cet égard entre l'Etat propriétaire et l'architecte ou ses cessionnaires, le droit de reproduction, qui n'a pas été réservé, n'appartient pas à ces derniers, et le caractère même de monument public de l'œuvre livrée à l'Etat s'oppose à ce qu'ils réclament un droit exclusif ; mais il est possible qu'ils aient lieu de se plaindre de la reproduction servile, par exemple au moyen de la lithographie, des plans mêmes et des dessins de l'architecte, laquelle constituerait une contrefaçon de dessins.

— C. de Paris, 5 juin 1855. aff. Le Sourd c. Goupil (Sir., 1855. 2. 431).

1107. Si l'architecte peut bénéficier de tous les droits que la loi de 1793 réserve aux auteurs d'œuvres artistiques et littéraires, notamment du droit de reproduction, la cession sans réserves d'une œuvre semblable transmet à l'acquéreur la propriété entière de l'œuvre, et par conséquent le droit de reproduction.

Il en est ainsi lorsqu'un ingénieur s'est engagé à édifier un monument (dans l'espèce la Tour Eiffel), en cédant à l'Etat sans réserves non seulement ses dessins et plans, mais la propriété même du monument, qu'il devait construire à ses frais, moyennant un prix consistant partie en une somme d'argent, partie dans l'abandon que lui faisait l'Etat pour un certain nombre d'années des bénéfices à tirer de l'exploitation industrielle de ce monument, réglée par la convention.

C'est à tort que cet ingénieur prétend que le droit d'exploitation qui lui a été concédé comprenait le droit de reproduction, et qu'assimilant cette faculté de jouissance au droit de l'usufruitier, il demande l'application de l'art. 582 du Code civil ; on ne peut en effet comparer les droits qui portent sur les objets destinés aux transactions ordinaires avec les droits pouvant exister sur un monument dont la destination et l'utilité n'étaient pas encore précisées au moment du contrat passé avec l'Etat en vue de sa construction.

Il n'y a d'ailleurs pas lieu à l'application de cet article, du moment que la jouissance concédée n'était pas, d'après le contrat, celle de la Tour, mais celle de son exploitation dans les conditions spécifiées par la convention, à savoir : « l'ascension du public et l'installation de restaurants, cafés et autres établissements analogues. »

Le droit de reproduction ne saurait être compris dans la jouissance de l'exploitation ainsi précisée, et dans l'espèce il n'est d'ailleurs pas vraisemblable que l'Etat ait entendu laisser au constructeur non seulement le droit d'exécuter des modèles et réductions en relief de la Tour, mais encore le droit exclusif de la reproduction par le dessin, la peinture, la photographie et l'imagerie, de manière à priver le public de la faculté de se procurer librement l'image de cette tour, qui devait être une des curiosités les plus intéressantes de l'Exposition.

Par suite, si celui qui s'est rendu maître du droit d'exploiter la Tour cède le droit de reproduction, cette cession est nulle et doit être résiliée, ainsi que les sous-traités passés par le cessionnaire ; garantie est due par le cédant (1).

_____

(1) Voir : *Avis du Conseil d'Etat* du 9 mars 1889 relatif au monopole de la reproduction de la tour Eiffel (*le Droit*, 15 mars 1889).

— C. de Paris, 7 août 1889, aff. Jaluzot c. Du Pasquier, Dijeon, Eiffel et le Ministre du commerce (*le Droit*, 8 août 1889).

1108. Le texte et l'esprit des art. 1, 2, 3 et 7 du décret du 19-24 juillet 1793 ne permettent pas de douter que ce décret soit applicable aux architectes dont l'œuvre mérite d'être considérée comme une production de l'esprit ou du génie.

Il y a d'ailleurs lieu de distinguer les constructions dépourvues d'originalité, élevées suivant les règles de la pratique courante, et les œuvres qui sont le résultat d'études spéciales, de connaissances exceptionnelles, et qui, par cela même, revêtent un caractère marqué d'individualité. Une œuvre de cette dernière nature est évidemment une création, et cette création, du moment qu'elle appartient aux beaux-arts, doit tomber directement sous l'application du décret de 1793. — La reproduction, faite au moyen de la photographie, sans autorisation de l'architecte, et publiée dans une Revue d'architecture, d'un monument de ce caractère, avec planches distinctes pour l'ensemble et les détails, constitue une atteinte illicite à la propriété artistique de l'auteur, atteinte qui doit être réprimée, ce dernier ayant seul le droit de tirer profit de son œuvre.

— C. de Liège, 18 juillet 1884, aff. Beyaert c. la *Revue de l'Architecture en Belgique* (Pat., 1884, p. 314).

1109. La réserve formelle faite par l'architecte du droit d'inscrire son nom sur la façade d'une maison ne diminue pas le droit du propriétaire de disposer pleinement de sa chose, à moins d'une convention

précise modifiant le droit absolu qu'il a sur sa propriété.

L'architecte ne peut donc se prévaloir d'une telle
réserve pour imposer au propriétaire l'enlèvement
de statues de mauvais goût ajoutées après coup au
portail de l'édifice, en alléguant que si elles étaient
maintenues, son nom se trouverait à tort apposé
sur une œuvre d'art différente de celle qu'il a conçue.

— C. d'Aix, 10 juin 1868, aff. Saint-Paul c. Pochet (Dall.,
1870. 2. 101).

SECTION IV. — Photographie.

INDEX

1110. La loi n'ayant pas défini les caractères desquels il résulte qu'une œuvre artistique doit être
considérée comme une création de l'esprit ou du génie, il appartient aux juges du fait de déclarer, par
une constatation nécessairement souveraine, si le
produit déféré à leur appréciation rentre par sa nature dans les œuvres d'art protégée par la loi du
19 juillet 1793.

Est en conséquence souveraine et définitive et

échappe au contrôle de la Cour de cassation l'appréciation de fait que fait un arrêt en disant qu'en principe les dessins photographiques « ne doivent pas être nécessairement et dans tous les cas considérés comme destitués de tout caractère artistique, ni rangés au nombre des œuvres purement matérielles ; qu'en effet ces dessins, quoique obtenus à l'aide de la chambre noire et sous l'influence de la lumière, peuvent, dans une certaine mesure et à un certain degré, être le produit de la pensée, de l'esprit, du goût et de l'intelligence de l'opérateur ; que l'œuvre du photographe peut recevoir l'empreinte de sa personnalité par le choix du point de vue, la combinaison des effets de lumière et d'ombre, dans la reproduction des paysages, et, en outre, dans les portraits, par la pose du sujet, l'agencement du costume et des accessoires, etc.»

— C. de cass., 28 nov. 1862, aff. Bethéder et Schwalbé c. Mayer et Pierson (Dall., 1863. 1. 52).

Voir : Trib. corr. de la Seine, 17 avril 1885, aff. Chalot c. Valacher, Siret et Meunier (la *Loi,* 23 avril 1885).

1111. Les images photographiques doivent être, au point de vue juridique, considérées comme des dessins. Quelle que soit leur valeur esthétique, quelque grande que soit la part qu'il faille faire dans le travail qui les a produites aux agents mis en œuvre par l'opérateur, il est certain qu'il en reste encore une importante à celui-ci. Si c'est la lumière qui fixe l'image sur la plaque rendue sensible, c'est l'opérateur qui détermine l'aspect sous lequel le type de cette image doit être offert au rayon lumineux ; il en agence les lignes, si leur combinaison n'est pas de sa nature inflexible et obéit à de certaines lois de perspective et d'optique dont l'observation plus ou moins intelligente fixe le degré de perfection du résultat qu'on peut obtenir. Il fait ainsi preuve, dans une certaine mesure, de goût, de discernement, d'habileté ; l'œuvre qui, sans l'exercice de ces diverses facultés, n'eût pas été aussi parfaite, doit donc être justement dite une œuvre de son esprit et protégée à ce titre par la loi de 1793.

— C. de Paris, 12 juin 1863, aff. Mayer et Pierson c. Ledot et autres (Pat., 1863, p. 225).

1112. La loi de 1793 ne définissant pas les œuvres d'art, il ne faut voir aucune violation de cette loi ni de l'art. 425 C. pén. dans l'arrêt qui, se livrant à une appréciation de fait qui échappe à la censure de la Cour de cassation, déclare que les produits photographiques sont des dessins, protégés à ce titre par les textes de loi sus-visés.

— C. de cass., 15 janvier 1864, aff. Ledot c. Mayer et Pierson (Dall., 1865. 5. 317).

1113. Si les produits de la photographie ne sont pas nécessairement des œuvres qui doivent être classées dans la catégorie des beaux-arts, ils peuvent être considérés comme tels et il y a lieu de leur appliquer la loi du 19 juillet 1793, s'ils revêtent les caractères exigés par cette loi.

— C. de Paris, 6 mai 1864, aff. Masson c. Derain (Pat., 1864, p. 232).

Voir encore : C. de Paris, 29 avril 1864, aff. Duroni et Murer c. Prévot et Cⁱᵉ (Pat., 1864, p. 235); — Trib. civ. de la Seine, 21 novembre 1866, aff. Mayer c. Franck (Pat., 1866, p. 394).

1114. *Contrà.* — La photographie est une opération purement manuelle exigeant sans doute de l'habileté, comme le moulage, que la jurisprudence a refusé de protéger, mais ne ressemblant en rien à l'œuvre du peintre et du dessinateur, qui crée avec les ressources de son imagination des compositions et des sujets, ou reproduit avec son sentiment propre des images d'après nature. — Tout en reconnaissant les services qu'elle rend aux beaux-arts, on ne saurait la regarder elle-même comme un art, et conférer au photographe, pour les produits qu'il obtient et reproduit à l'aide de moyens mécaniques, une propriété semblable à celle de l'artiste qui invente et crée.

— Trib. corr. de la Seine, 9 janvier 1862, aff. Mayer et Pierson c. Thiébault et autres (Dall., 1862. 3. 8). — *Idem* : Trib. de comm. de la Seine, 7 mars 1861, aff. Soulier c. Clouzart (Dall., 1861. 3. 32). — C. de Turin, 25 octobre 1861, aff. Duroni c. Tuminello (Pat., 1862, p. 69). — Trib. civ. de la Seine, 12 décembre 1863, aff. Disdéri c. Ledot et autres (Pat., 1863, p. 396). — C. de Bordeaux, 29 février 1864, aff. Mousquet c. Combes (Pat., 1864, p. 133).

1115. En tous cas un portrait qui, obtenu à l'aide de la photographie, n'a été reproduit et mis en vente qu'après les retouches d'un dessinateur et avec des modifications importantes, est une œuvre combinée de la photographie et du dessin, placée sous la protection de la loi de 1793.

—C. de Paris, 29 avril 1864, aff. Duroni et Murer c. Prévot et Cⁱᵉ (Pat., 1864, p. 235).

1116. La société formée pour l'exploitation d'un fonds de photographe est une société commerciale.

— C. de Bordeaux, 29 février 1864, aff. Mousquet c. Combes (Pat., 1864, p. 133).

1116 *bis*. L'artiste employé par une maison de

commerce ne peut se dire auteur des œuvres auxquelles il a travaillé pour le compte de cette maison.

— Trib. de comm. de la Seine, 23 janv. 1857, aff. Mayer
et Pierson c. Herlich et Vust(Pat., 1857, p. 63).

1117. Commet le délit de contrefaçon celui qui
copie au fusain, en y faisant d'insignifiantes modifications d'accessoires, des photographies protégées
par la loi de 1793, et qui reproduit ensuite par la
photographie le dessin ainsi obtenu.

— Trib. corr. de la Seine, 24 novembre 1863, aff. Pierre
Petit c. Jeanselme (Pat., 1863, p. 394).

1118. L'auteur d'un portrait ne saurait empêcher
d'autres artistes de reproduire le même modèle.

Pour qu'un portrait puisse constituer une œuvre
d'art protégée par la loi, il faut qu'il porte l'empreinte d'un travail personnel de son auteur, ce qui
n'est pas nécessairement le cas de toute œuvre photographique.

En tous cas ne saurait être considéré comme contrefacteur d'une photographie celui qui, sans lui
emprunter les caractères particuliers qui peuvent
la différencier des autres photographies représentant la même personne, s'en aide seulement
sous le rapport, purement matériel, de la ressemblance obtenue à l'aide de moyens mécaniques, pour
faire une œuvre nouvelle, au crayon, au fusain, au
pastel ou à l'huile, présentant un aspect nouveau,
un caractère différent, et ayant une valeur artistique
très supérieure à celle de l'œuvre photographique.

— Trib. corr. de la Seine, 17 avril 1885, aff. Chalot c. Valacher, Siret et Meunier (la *Loi*, 23 avril 1885).

1119. Le directeur de journal qui, au mépris des

droits de propriété d'un photographe, fait reproduire par un graveur un portrait pour le publier,
peut, s'il est de bonne foi, échapper au reproche de
contrefaçon, mais n'en est pas moins responsable du
préjudice qu'il a causé au photographe qui l'ac-
tionne. — Le graveur qui a indûment disposé de
cette propriété est également responsable.

—Trib. de comm. de la Seine, 10 juin 1856, aff. Tourna-
chon (Nadar jeune) c. Houssaye et Flameng (Pat., 1856, p.
202).

1120. Le cliché, destiné à l'exécution d'un tableau, et à cet effet commandé au photographe par
le peintre dans l'intérêt de son œuvre, est la propriété du peintre, qu'on le considère comme œuvre
artistique ou comme objet matériel, du moment
que le peintre l'a commandé pour son propre usage,
qu'il en a dirigé l'exécution et que le photographe
s'est borné à l'emploi de ses instruments et aux opérations matérielles de sa profession.

— C. de Paris, 29 novem. 1869, aff. Placet c. Yvon (Dall.,
1871. 2. 59).

1121. A défaut de conventions contraires, le photographe ne peut être tenu de remettre ses clichés
à un tiers qui pourrait en faire un usage nuisible à
sa réputation et à ses intérêts. — Mais d'un autre
côté le propriétaire des portraits ou de l'œuvre d'art
reproduite en photographie est en droit d'exiger
que ces mêmes clichés ne soient pas conservés par
le photographe, et il peut y avoir lieu par suite d'en
ordonner la destruction.

— Trib. civ. de la Seine, 20 novembre 1867, aff. Carpeaux
c. Carjat et Cie (Pat., 1867, p. 362).

1122. En l'absence de stipulation spéciale, le cliché photographique du portrait d'une personne ne devient pas la propriété de cette dernière. Le photographe ne s'engage à livrer au client que le nombre convenu d'épreuves du portrait qui lui est commandé, et une fois la livraison faite, il peut détruire le cliché. Cependant, suivant un usage général, il conserve ce cliché pendant un temps plus ou moins long pour permettre au client de faire tirer dans l'avenir de nouvelles épreuves.

Mais ordonner la remise du cliché au client serait évidemment contraire à l'esprit du contrat. En effet si le photographe s'est engagé à livrer un certain nombre d'épreuves, il n'a jamais entendu fournir à son client le moyen d'en reproduire lui-même un nombre indéfini.

La nature du contrat et les convenances sociales exigent d'ailleurs que le photographe ne puisse faire de ce cliché aucun usage, sans le consentement formel de la personne dont les traits sont reproduits.

Le droit du client à cet égard est absolu ; mais rien ne s'oppose à ce que le cliché soit vendu, même aux enchères, avec le fonds dont il constitue un des éléments ; en ce cas, en effet, l'acquéreur ne fait que succéder aux droits et aux obligations de l'ancien propriétaire du fonds.

— C. de Paris, 9 août 1888, aff. Foulques d'Agoult c. Hér. Adam Salomon (Pat., 1889, p. 43).

1123. Lorsqu'une personne pose gratuitement devant un photographe qui lui remet gracieusement quelques épreuves, on doit présumer que le photographe est autorisé à mettre le portrait en vente à son profit.

Mais cette autorisation ne saurait lui conférer un droit définitif, et, sauf à lui payer, suivant le cas, une indemnité, le sujet peut toujours lui enjoindre de cesser la reproduction.

— C. de Paris, 25 mai 1867, aff. Dumas c. Liébert (Sir., 1868. 2. 41).

1124. Le portrait d'une actrice ne peut être mis en vente sans son autorisation ou sans celle de son tuteur.

S'il y a eu consentement plus ou moins implicite à la publication, l'autorisation peut être retirée, sauf à payer, suivant le cas, une indemnité au photographe.

— Trib. civ. de la Seine, 27 avril 1860, aff. Delaporte c. Thiébault (Pat., 1860, p. 174).

1125. Tout particulier a le droit d'interdire l'exhibition de son portrait sous une forme quelconque. — Le consentement donné à une exhibition de cette nature peut même être retiré à toute époque, à charge de dommages-intérêts, s'il y a lieu. — Aucune exception à cette règle ne saurait résulter de cette circonstance que le demandeur est un artiste représenté dans un rôle joué publiquement ; l'intérêt professionnel se trouve au contraire, dans ce cas, engagé en même temps que l'intérêt privé.

Mais en fait un artiste peut être déclaré mal fondé à demander, au moins en référé, la suppression de photographies qui ne le concernent pas seul, mais qui donnent en même temps le portrait d'autres artistes représentés en groupe avec lui, lesquels n'élèvent aucune plainte semblable.

— C. de Paris, 8 juillet 1887, aff. Romain c. Chalot (Gaz. des Trib., 16 juillet 1887).

1126. Il est de principe que les portraits de famille sont la propriété de la famille.

Le photographe, qui ne peut justifier du droit qu'une personne défunte lui aurait donné de publier son portrait, est tenu de l'enlever, sur la réquisition de la famille, du cadre où il était exposé publiquement.

— Trib. civ. de la Seine, Référé, 13 mai 1859, aff. N... c. Defonds (Dall., 1865. 5. 386).

1127. La famille de toute personne décédée a le droit de s'opposer à ce que le portrait de cette personne puisse être à aucun titre l'objet d'une publicité quelconque. Et notamment dans le cas où le portrait a été exposé contre le gré de la famille, celle-ci peut demander qu'il lui soit fait remise tant du portrait que des clichés.

Mais il n'en est pas de même de la reproduction du même portrait dans une composition artistique où figurent plusieurs personnages, parmi lesquels ladite personne a pu consentir à figurer : cette composition ne peut plus être considérée comme un portrait, et la famille ne peut en demander la destruction.

— Trib. civ. de la Seine, 11 nov. 1859, aff. Sergent c. Defonds (Pat., 1860, p. 168).

1128. S'il est de principe que le portrait d'une personne ne peut, de son vivant, être exposé publiquement, reproduit ou vendu sans son consentement formel, ou après son décès sans celui de sa famille, il appartient néanmoins aux tribunaux d'apprécier, suivant les circonstances, si la personne dont le portrait a été exécuté a entendu en autoriser l'exposition, la reproduction ou la vente, et si, après le décès de cette personne, la famille a un intérêt sérieux et légitime à s'opposer à l'exécution d'une volonté qui avait été formellement exprimée par le défunt.

Mais, si un photographe a le droit exclusif d'exposer, de reproduire ou de vendre une photographie dont il est l'auteur, c'est à tort qu'il revendique le droit d'empêcher que les traits de la personne représentée soient reproduits par d'autres que par lui, et par tel procédé qu'il peut paraître convenable à la famille d'employer, même par le procédé photographique, si toutefois ce moyen ne constitue pas une contrefaçon de son œuvre.

— Trib. civil de la Seine, 14 mars 1860, aff. Mickiewicz c. Szweycer (Pat., 1860, p. 171).

1129. Un photographe peut poursuivre celui qui a reproduit des portraits dont il est l'auteur, sans avoir besoin de justifier qu'il n'a pas aliéné son droit de propriété.

En principe, en effet, le droit de reproduire les œuvres d'art appartient à leurs auteurs : quand il s'agit de portraits, il est vrai, celui dont l'image a été reproduite par l'artiste doit être considéré comme le propriétaire de l'œuvre : mais il peut y avoir lieu de présumer qu'il a renoncé à son droit en faveur du photographe, lorsqu'il s'abstient de poursuivre l'auteur de la reproduction illicite ; et dès lors celui-ci n'est pas fondé à prétendre que le photographe, n'étant pas propriétaire du portrait, ne peut pas agir en contrefaçon.

— C. de cass., 15 janvier 1864, aff. Ledot c. Mayer et Pierson (Dall., 1865. 3. 318).

1130. La même présomption permet aux tribu-

naux d'autoriser la vente de photographies expo-
sées par un photographe, sur les poursuites de
ses créanciers.

— Trib. civil de la Seine, 2 juin 1890, aff. Levot c. Dastorg
(le Droit, 14 juin 1890).

CHAPITRE II

DU DROIT DE REPRODUCTION.

INDEX

1131. Le droit de graver un tableau n'est pas un accessoire de la chose vendue. Le peintre reste propriétaire de sa pensée et libre de la reproduire par tous les moyens qui lui semblent convenables, sans porter atteinte aux droits de propriété de l'acquéreur.

Si le droit de gravure était transmis avec la chose, l'esquisse pouvant servir aussi à graver le sujet, l'acquéreur de cette esquisse pourrait, comme celui du tableau, prétendre au droit de gravure.

Il y a d'autant plus lieu d'admettre que la vente sans réserve expresse ne dépouille pas l'auteur du droit de reproduction, qu'il est intéressé à ce que son tableau ne puisse être reproduit par le fait d'un

tiers sans son aveu et par un artiste qui ne serait
pas de son choix.

— Trib. de la Seine, 17 janvier 1832, aff. Destouches c. N...
(Blanc, p. 265).

1132. Le droit de reproduction par la gravure est,
au point de vue rationnel, comme aux termes de la
loi de 1793, une partie essentielle de là propriété
de l'artiste sur son œuvre.

La loi lui permet de céder tout ou partie de ses
droits. Il en résulte que la vente du tableau n'entraîne pas celle de la faculté de le faire graver. Le
droit de reproduction par la gravure, dont l'exercice peut être une source de bénéfices pécuniaires,
se distingue parfaitement du droit du propriétaire
du tableau, et n'est point par suite un simple
accessoire de ce droit.

Il ne saurait y avoir aucun doute à ce sujet,
alors surtout que l'acquéreur qui prétend exercer
ce droit est celui, non de l'œuvre originale, mais
d'une copie de cette œuvre, et que l'auteur avait
cédé avant la vente à un tiers le droit de graver
son tableau.

— Trib. de la Seine, jugem. confirmé par arrêt du 30 janvier 1831, aff. Godefroy c. Dien (Blanc, p. 266).

1133. La loi consacre le droit exclusif des auteurs
à la publication et à la vente de leurs ouvrages, et
ce droit leur appartient également, soit qu'ils aient
eux-mêmes fait une édition de ces ouvrages, soit
qu'ils n'en aient fait encore aucune édition, auquel
cas il ne peut y avoir lieu à dépôt préalablement aux
poursuites.

— C. de Paris, 9 novembre 1832, aff. Léopold Robert c.
Ricourt et Mercury (Blanc, p. 262).

1134. La loi de 1793 établit en principe que la vente d'un tableau n'emporte le droit de le reproduire par un art distinct, celui de la gravure, qu'autant que le peintre a cédé ce droit par une stipulation particulière.

— C. de cass., 23 juillet 1841, aff. Vve Gros c. Gavard (Blanc, p. 267). — *Contrà* : C. de cass., ch. réunies, 27 mai 1842, même affaire (Dall., *Prop. litt. et art.*, n° 281).

Voir Blanc, p. 268 et suiv.; — Troplong, *Revue de législ. et de jurisp.*, février 1842, p. 133 ; — Renouard, t. 2, p. 301 ; — Pouillet, n° 363. — Voir également les décisions rapportées au chapitre suivant.

1135. Il est de principe que la propriété d'un objet d'art entraîne comme conséquence nécessaire en faveur de celui qui en est investi le droit exclusif de le reproduire. De ce droit le propriétaire peut tirer un bénéfice, et ce serait porter préjudice à ses intérêts que de répandre le modèle de l'objet qui lui appartient.

L'ouvrier à qui est confié un objet d'art pour le réparer, et qui, dans son intérêt particulier, le copie et le reproduit, commet le délit d'abus de confiance.

— C. de Paris, 26 mai 1855, aff. Pichon c. Thorel (Pat., 1855, p. 81). — Voir dans le même sens : C. de cass., 30 décembre 1836, aff. Wittersheim c. Saissy (Dall., 1837. 1. 100).

1136. L'auteur d'une œuvre d'art qui, en la vendant, s'est réservé le droit de reproduction, est en droit de poursuivre la contrefaçon de son œuvre, sans qu'on puisse lui opposer que le fait de la vente le rend sans intérêt à engager la poursuite.

— C. de Paris, 29 juin 1878, aff. Lepec c. Kayser, Level et autres (Dall., 1880. 2. 74).

27

1137. Le droit de l'auteur d'une œuvre artistique s'étend à tous les modes de reproduction qui peuvent en être faits ; et l'auteur est recevable à empêcher toute reproduction qui pourrait en amoindrir le mérite ou en compromettre la valeur. C'est donc à tort que certains marchands se sont cru le droit de mettre en vente, sans autorisation de l'artiste, des photographies coloriées d'œuvres d'art, qu'ils avaient achetées non coloriées chez l'éditeur.

— Trib. civ. de la Seine, 20 mai 1881, aff. D^{lle} Koch c. Bernheim et Lecadre (*Gaz. des Trib.*, 21 mai 1881).

1138. Il y a contrefaçon à reproduire sur porcelaine les dessins d'un artiste, sans son autorisation.

— C. de Paris, 11 décembre 1857, aff. Goupil et Cie c. Petit et autres (Pat., 1858, p. 287). — Trib. civ. de la Seine, 18 mars 1882, aff. Lecerf c. Vve Bourlet et autres (Pat., 1883, p. 117).

1139. Pour poursuivre les contrefacteurs, l'auteur peut justifier par tous modes de preuve qu'il a conservé le droit de reproduction.

— C. de Paris, 29 juin 1878, aff. Lepec c. Kayser et autres (Dall., 1880. 2. 71).

1140. Le droit de poursuivre les contrefacteurs appartient au cessionnaire du droit de reproduction, même si l'auteur s'est réservé le droit de propriété et de reproduction, en concurrence avec lui.

— C. de Paris, 29 novembre 1873, aff. Spicq c. Casciani et Nau (Pat., 1874, p. 49).

1141. Lorsque l'auteur d'un fait de contrefaçon est poursuivi devant la juridiction correctionnelle, l'éditeur de l'œuvre contrefaite ne peut pas se porter partie civile, s'il a obtenu seulement l'autorisation de la reproduire, sans acquérir le droit exclusif de reproduction.

— C. de Paris, 11 mai 1886, aff. Sornin c. Chineau (*le Droit*, 16 mai 1886).

1142. Le propriétaire d'une planche gravée peut, en la vendant, conserver son droit exclusif ou le transmettre à l'acquéreur. Mais dans l'usage, le droit de reproduction est compris dans la vente de la planche, non qu'il soit essentiellement inhérent à la détention du métal gravé, mais parce qu'il resterait sans utilité entre les mains du vendeur.

— C. de Paris, 5 décembre 1864, aff. Bernard c. Briquet (Dall., 1864. 2. 213)

1143. La loi n'accorde à la gravure qu'une protectection temporaire, comme aux autres produits des arts ou des lettres. Le propriétaire d'une planche gravée ne peut par conséquent avoir un privilège exclusif de reproduction qui survivrait à celui du graveur lui-même et qui subsisterait tant que la planche n'est pas hors de service.

La gravure peut donc être copiée, en particulier par la photographie, sans que l'acquéreur de la planche ait le droit de s'y opposer, lorsque l'œuvre est tombée dans le domaine public.

— C. de Paris, 5 décembre 1864, aff. Bernard c. Briquet (Dall., 1864. 2. 213).

1144. Un cliché photographique est en principe la propriété du photographe. — Mais lorsqu'il s'agit d'un portrait, ce dernier ne peut s'en servir sans l'autorisation du modèle.

— Trib. civ. de la Seine, 18 novembre 1885, aff. Foulques d'Agoult c. hérit. Salomon (*Gaz. des Trib.*, 21 novembre 1885).

1145. Le propriétaire d'une planche gravée qui, après avoir fait tirer un certain nombre d'exemplaires, fait rayer au burin ces planches pour empêcher ou rendre à peu près impossible tout tirage ultérieur, ne saurait être considéré comme manifestant ainsi sa volonté de renoncer à son droit exclusif de reproduction, mais affirme au contraire ce droit et son intention d'empêcher toute reproduction des gravures.

Le propriétaire d'une planche gravée n'a d'ailleurs d'autre droit que de s'en servir exclusivement, pendant le temps fixé pour la durée du droit d'auteur, sans pouvoir empêcher la reproduction de l'œuvre originale par tout autre moyen, s'il n'est pas établi que l'auteur lui eût conféré le droit d'empêcher cette reproduction.

— C. de Paris, 5 décembre 1864, aff. Bernard c. Briquet (Pat., 1865, p. 246).

1146. L'acquéreur aux enchères publiques de pierres lithographiques mises en vente après faillite est en droit de se servir de ces pierres pour faire des tirages des dessins dont elles sont couvertes, du moment qu'aucune réserve n'a été faite pour les dessins ; et on ne peut le contraindre à effacer le nom du failli des marchandises en cours d'exécution, du moment qu'il n'est pas possible de l'effacer sans altérer ces marchandises.

— C. de Paris, 11 avril 1886, aff. Bourgeois c. Lepetit (Sirey, 1866. 2. 363).

1147. L'éditeur de gravures qui a donné en nantissement à un créancier des pierres lithographiques et des cuivres et aciers gravés, en se réservant seulement le droit de faire faire des tirages sur ces planches pour les besoins de son commerce, est sans droit, vis-à-vis de son créancier, pour accorder à un tiers le droit de les reproduire par la photographie.

— Trib. civ. de la Seine, 31 juillet 1863, et C. de Paris, 24 avril 1863, aff. Collard c. Didot et Knéringer (Pat., 1861, p. 387, et 1863, p. 384).

1148. S'il est vrai que tout artiste ou éditeur est libre de reproduire et mettre en vente une œuvre d'art appartenant au domaine public, il n'en est point de même à l'égard du dessin artistique destiné à servir de type à cette reproduction. Ce dessin constitue une œuvre nouvelle, une traduction spéciale susceptible de propriété exclusive, dans les termes de l'art. 1er de la loi des 19-24 juillet 1793.

Par suite, l'éditeur qui tient du propriétaire de la gravure d'un tableau le droit de reproduire cette gravure par la lithographie, n'a qu'un droit limité et ne peut mettre en vente des photographies de l'œuvre tirées sur sa lithographie.

— C. de Paris, 21 mars 1865, aff. Siffre et Cie c. Bulla (Pat., 1865, p. 250).

1149. Une œuvre appartenant au domaine public peut être reproduite par un autre art, et la copie confère à son auteur un nouveau droit de propriété. Chacun peut reproduire de nouveau la même œuvre, mais sans copier l'imitation ou la copie même servile qui en a été faite par d'autres.

— Trib. corr. de la Seine, 17 mai 1834, aff. Vᵛᵉ Delpech c. Genty (Blanc, p. 259).

1150. Un portrait est la propriété exclusive de l'artiste qui l'a peint, en ce sens que nul ne peut le copier sans son autorisation. Mais tout autre aura le droit de reproduire le même modèle, et cette reproduction n'aura les caractères de la contrefaçon que dans le cas où elle aurait été évidemment copiée sur le premier portrait.

— C. de Paris, 16 janvier 1829, aff. Malo c. Planat et Chaillou (Blanc, p. 254).

Voir: Trib. civ. de la Seine, 14 mars 1860, aff. Mickiewicz c. Szweycer (Pat.. 1860, p. 171).

1151. La cession du droit de reproduction d'une statue n'est comprise dans la vente de celle-ci qu'autant qu'il y a eu stipulation formelle à cet égard.

— Trib. corr. de la Seine, 13 décembre 1834, aff. Cortopassy c. Ciuci (Blanc, p. 299).

1152. La possession du modèle d'une statue implique, jusqu'à preuve contraire, que le possesseur est propriétaire de l'œuvre, et qu'à lui seul appartient le droit de reproduction. Il en est notamment ainsi lorsqu'il justifie, par un bordereau de commissaire-priseur, qu'il s'en est rendu acquéreur avec propriété entière.

— C. de Paris, 1ᵉʳ juillet 1858. aff. Denière c. Saglier (Pat., 1858, p. 337).

1153. Ni l'exposition d'une statue aux yeux du public, ni le fait de sa livraison à un gouvernement étranger ne sauraient impliquer que l'artiste ait renoncé au droit de tirer en France de son ouvrage tous les avantages qu'il pourrait en obtenir.

Il en est notamment ainsi lorsque la volonté contraire a été affirmée formellement par l'artiste, qui faisait mettre en vente des copies de cette statue réduite conformément aux exigences du commerce, en même temps qu'il l'exposait dans l'intérêt de sa réputation artistique.

— Trib. corr. de la Seine, 21 mars 1839, aff. Marochetti c. Toussaint et autres (*Gaz. des Trib.*, 22 mars 1839).

1154. Une œuvre d'art commandée par l'Etat devient propriété publique et peut être reproduite par tous et de toute façon, dès qu'elle lui a été livrée, sauf les restrictions qu'il est maître d'imposer à la jouissance commune.

— C. de Paris, 5 juin 1855, aff. Le Sourd c. Goupil et Masson (Dall., 1857. 2. 28). — Voir dans le même sens : Trib. corr. de la Seine, 21 mars 1839, aff. Foyatier c. Pettoz et autres (*Gaz. des Trib.*, 22 mars 1839).—Voir, pour les œuvres acquises par la ville de Paris : C. de Paris, 11 juin 1890, aff. Lescuyer c. Chineau (*le Droit*, 24 juillet 1890).

1155. Le droit de reproduire un monument national appartient au domaine public.

— Trib. corr. de la Seine, 17 mai 1834, aff. V^{re} Delpech c. Genty (Blanc, p. 259). — V. Pouillet, n° 367, et p. 302, note 1.

1156. Un monument élevé par l'Etat dans un but d'utilité publique et d'intérêt général, même avec le concours de souscriptions particulières, est un monument public, auquel ne s'appliquent pas les dispositions de la loi des 19-24 juillet 1793 relatives à la reproduction des œuvres d'art.

Si les représentants de l'Etat peuvent concéder l'exercice de certains droits et monopoles à l'intérieur du monument, l'aspect extérieur qu'il présente, livré aux regards et à l'étude du public, est susceptible d'être reproduit par tous et de toute manière.

— Trib. de commerce de la Seine, 7 novembre 1867, aff. Pierre Petit c. Raudnitz et Warroquier (Pat., 1867, p. 361).

1157. Le droit d'autoriser la reproduction d'un portrait photographique est par lui-même un droit essentiellement personnel, qui appartient, non pas au photographe, mais à la personne représentée.

— Trib. de la Seine, 4 avril 1884, aff. Delton c. Dalloz (*Gaz. des Trib.*, 6 avril 1884).

1158. Le cliché et les épreuves de portraits obtenus par la photographie demeurent incontestablement la propriété de ceux dont ils reproduisent les traits, et, après leur mort, de leurs héritiers, en ce sens que, ni le photographe, ni à plus forte raison des tiers n'ont le droit de les exposer en public, de les reproduire ou faire reproduire, de les vendre ou même de les distribuer gratuitement, sans leur consentement.

— C. de Lyon, 8 juillet 1887, aff. Royer c. Berthon (Dall., 1888. 2. 180).

1159. Si l'usage établi dans le commerce de la photographie veut que le photographe, qui a sollicité d'un personnage en vue l'autorisation de faire son portrait, se croie autorisé, par une convention tacite, à publier ce portrait, à charge de remettre gratuitement un certain nombre d'épreuves à la personne photographiée, ce même usage veut aussi que la publication et la vente cessent lorsque celui qui les a autorisées déclare formellement retirer son autorisation et s'offre à indemniser le photographe.

Une convention formelle, dont le photographe jus-
tifierait, pourrait seule permettre de voir, dans
l'autorisation qui lui a été donnée de publier le
portrait, une aliénation définitive du droit de reproduction ; autrement, cette autorisation ne constitue qu'une tolérance.

— C. de Paris, 25 mai 1867, aff. Dumas c. Liébert (Sir.,
1868. 2. 41).

1160. Nul ne peut, sans le consentement formel
de la famille, reproduire et livrer à la publicité les
traits d'une personne sur son lit de mort, quelle
qu'ait été la célébrité de cette personne.

La famille a un droit absolu à cet égard, et il y a
surtout lieu de faire droit à son désir, lorsque, en
laissant reproduire les traits de la personne par certains artistes, elle a stipulé que les dessins ne seraient communiqués à qui que ce soit, et que le
dessin publié malgré cette interdiction n'a pu être
fait que sur la communication d'une épreuve photographique obtenue par l'auteur sans le consentement de la famille.

— Trib. civ. de la Seine, 16 juin 1858, aff. Félix c. O'Con-
nell et autres (Dall., 1858. 3. 62).

Voir : Trib. civ. de la Seine, 11 novembre 1859. aff. Sergent c. Defonds (Pat., 1860, p. 168) ; — Trib. civ. de la Seine,
14 mars 1860, aff. Mickiewicz c. Szweycer (Pat., 1860, p. 171) ;
— Trib. civ. de la Seine, 27 avril 1860, aff. Delaporte c. Thiébault (Pat., 1860, p. 174).

1161. La reproduction d'une œuvre d'architecture
par la photographie sans autorisation de l'auteur
est illicite et doit être réprimée comme toute contrefaçon.

— C. de Liège, 18 juillet 1884, aff. Beyaert c. *Revue de
l'Architecture en Belgique* (Pat., 1884, p. 314).

1162. Celui qui a eu l'idée, la conception d'une œuvre, et qui l'a fait exécuter sur un modèle de sa composition, en est le véritable auteur, et peut par suite s'opposer à ce que le modèle créé par lui, et exécuté pour lui, soit reproduit par d'autres, même par l'artiste qui l'a exécuté.

— C. de Lyon, 11 décembre 1845, aff. Baume c. Lamartinière (Blanc, p. 293).

1163. L'artiste qui exécute et livre une œuvre sur commande, aliène en même temps l'œuvre et le droit accessoire de reproduction.

Ainsi l'architecte d'un monument de l'Etat n'a le droit de reproduction exclusive de ce monument que si l'Etat le lui a réservé.

— C. de Paris, 5 juin 1855, aff. Le Sourd c. Goupil (Sir., 1855. 2. 431) ; — C. de Paris, 7 août 1889, aff. Jaluzot c. Du Pasquier, Eiffel et autres *(le Droit,* 8 août 1889).

1164. Il en est spécialement ainsi, par exemple, pour les ouvrages de sculpture, lorsque la commande a été faite dans un but de spéculation commerciale.

— Trib. civ. de la Seine, 27 juillet 1883, aff. Quinter c. Lefeuvre (Pataille, 1887, p. 238).

1165. La photographie, faite sur la commande, d'après les instructions et avec l'assistance d'un peintre, pour servir à l'exécution d'un portrait, appartient au peintre même au point de vue de la propriété artistique, et il a droit à la remise du cliché.

Le photographe, qui n'a, en pareil cas, fait que louer son industrie, n'a d'autre droit que celui d'être rémunéré de son travail.

— Trib. civ. de la Seine, 30 décembre 1868, aff. Placet c. Yvon (Dall., 1871. 2. 59).

1166. Les dessins exécutés par un artiste sur la commande et sous la direction d'un professeur en vue de l'enseignement de l'anatomie, doivent être considérés comme la propriété de ce dernier.

— Trib. civ. de la Seine, 3 avril 1867, aff. Lintilhac c. Debrie (Pat., 1867, p. 175).

1167. Le propriétaire de gravures destinées à un ouvrage illustré n'est pas l'artiste qui les a exécutées et même signées, mais l'auteur de l'ouvrage qui les lui a commandées.

— C. de Paris, 23 décembre 1871, aff. Lévy c. Garnier frères (Pat., 1871, p. 142). — Voir: C. de cass., 6 nov. 1872, même aff. (Pat., 1873, p. 43).

1168. Le droit ne peut être contesté à l'auteur d'une œuvre artistique d'en interdire la reproduction, ou de donner à un éditeur de son choix l'autorisation de la reproduire (il s'agit dans l'espèce de deux bas-reliefs exécutés pour le piédestal de la statue de Jeanne d'Arc à Orléans).

Mais il est d'usage, quand il s'agit de publications illustrées, d'utiliser les bois et les clichés pour des reproductions nouvelles. — Le cessionnaire du droit de publication par la gravure, en cédant des clichés à un autre éditeur conformément à cet usage, ne fait rien d'illicite, du moment qu'il n'est pas prouvé que l'esprit de la convention a été de le lui interdire.

— Trib. civ. de la Seine, 2 juillet 1879, aff. Vital-Dubray c. Lahure et Marc (le Droit, 24 octobre 1879). — Voir également: Trib. civ. de la Seine, 10 décembre 1890, aff. Hoffbauer c. Firmin-Didot (le Droit, 13 décembre 1890).

CHAPITRE III

TRANSMISSION DU DROIT.

INDEX

1169. Le droit de graver un tableau n'est pas un accessoire du tableau vendu ; le peintre reste propriétaire de son œuvre et libre de la reproduire par tous les moyens qui lui semblent convenables, sans porter atteinte aux droits de propriété de l'acquéreur. Autrement, l'acquéreur de l'esquisse devrait, comme celui du tableau, pouvoir prétendre au droit de reproduction par la gravure. Le peintre est intéressé à ce que son tableau ne puisse être reproduit d'une façon quelconque par des tiers, sans son aveu. La vente d'un tableau sans réserve ne transfère donc pas à l'acquéreur le droit de reproduction.

— Trib. civ. de la Seine, 17 janvier 1832, aff. Destouches c. N... (Blanc, p. 265).

1170. Il est équitable et conforme aux prescriptions de la loi de 1793 d'admettre que le peintre
qui a fait un tableau a seul le droit de le faire graver. Ce droit, qui est une partie essentielle de sa
propriété sur son œuvre, a une existence propre et
parfaitement distincte de celui du propriétaire sur
le tableau même, dont il n'est point par conséquent
un simple accessoire. La vente du tableau n'entraîne
donc pas celle de la faculté de le faire graver.

— Trib. civ. de la Seine, ... aff. Godefroy c. Dien (Blanc,
p. 266).

1171. Aux termes de l'art. 1er de la loi du 19 juillet 1793, l'artiste a sans aucun doute le droit de
faire graver son tableau avant la livraison qui en
confère la disposition à l'acheteur. La loi même réservant le droit de reproduction par la gravure à
l'auteur, ni l'acheteur ni les tiers ne sauraient
objecter au cessionnaire du droit de reproduction
par la gravure que ce droit a été transmis à l'acheteur, sans convention particulière, par le seul effet
de la commande du tableau.

— C. de Paris, 30 janvier 1831, aff. Godefroy c. Dien
(Blanc, p. 267).

1172. La loi du 19 juillet 1793 établit en principe, par les termes de l'art. 1er, que la vente d'un
tableau n'emporte le droit de le reproduire par un
art distinct, comme la gravure, qu'autant que le
peintre a cédé ce droit par une stipulation particulière.

— C. de cass., 23 juillet 1841, aff. Vve Gros et Vallot c. Gavard (Blanc, p. 267). — *Contrà* : Trib. de la Seine, 20 avril
1855, aff. Lesourd c. Goupil et Masson (Blanc, p. 250) ; —
voir également les décisions suivantes :

1173. Le droit de reproduire le tableau par la gravure doit être compris au nombre des droits et facultés que transmet à l'acquéreur une vente faite sans réserve, conformément au Code civil, comme accessoires de la chose vendue. La loi de 1793, applicable seulement au cas où le peintre, resté propriétaire de son tableau, a entrepris de le reproduire par le procédé de la gravure, n'a eu aucunement en vue de créer à son profit, quant à ce droit de reproduction, une propriété distincte, indépendante de celle du tableau, qui lui serait toujours conservée, malgré l'aliénation par lui faite, sans aucune restriction ni réserve, du tableau même auquel se rattache l'exercice de ce droit.

— C. de cass., Ch. réun., 27 mai 1842, aff. Vve Gros et Vallot c. Gavard (Blanc, p. 268). — *Contrà* : Blanc, p. 269 ; Vatimesnil, Tripier, Nachet, Billault, Troplong (*De la vente*, n° 808, t. III, p. 37), et autres autorités citées par Blanc, p. 269 et suiv.

1174. Il ne résulte ni de la nature des droits qui appartiennent à l'artiste sur son œuvre, ni des dispositions légales qui en ont établi l'existence et l'étendue, que le droit de reproduction constitue une propriété distincte, que l'auteur conserve bien qu'il ait aliéné son œuvre sans réserve. La vente qui en est ainsi faite confère à l'acquéreur tous les droits et avantages qui y sont attachés ; et cet acquéreur, ayant, comme propriétaire, le droit de disposer de sa chose de la manière la plus absolue, ne fait qu'exercer une faculté légitime quand il fait reproduire ou concède à un tiers l'autorisation de reproduire l'œuvre dont il a acquis la propriété.

— C. de Paris, 18 août 1879, aff. Hér. Vernet, Delaroche et Scheffer c. Goupil (Dall., 1881. 2. 61).

1175. Il résulte des termes de la loi du 19 juillet 1793 qu'elle a entendu reconnaître à celui qui a eu la première conception d'un ouvrage de littérature ou des beaux-arts deux droits distincts, l'un se rapportant à l'œuvre envisagée comme objet matériel, l'autre relatif à l'œuvre considérée comme le fruit du travail de l'auteur.

L'auteur, ayant deux droits distincts, ne peut en être dépouillé que s'il les a l'un et l'autre formellement abandonnés.

Ces principes s'appliquent aux ouvrages de sculpture comme aux autres produits des arts.

— Trib. corr. de la Seine, 13 décembre 1834, aff. Cortopassy c. Ciuci (Blanc, p. 299).

1176. La reproduction n'est qu'un mode de jouissance de la chose, et elle ne constitue pas un droit spécial, mais est l'exercice même du droit de propriété.

Quand la propriété de l'œuvre artistique passe, par suite d'une vente, faite sans réserves, du patrimoine de l'auteur dans celui d'un tiers, rien ne saurait justifier la prétention du vendeur de conserver son droit de reproduire cette œuvre d'une manière quelconque.

Il en est surtout ainsi lorsque l'acheteur a fait son acquisition dans un but de spéculation commerciale.

— Trib. civil de la Seine, 27 juillet 1883, aff. Lefeuvre c. Quinter et Cⁱᵉ (la *Loi*, 1ᵉʳ août 1883).

1177. Le sculpteur qui a vendu son œuvre sans réserves à un éditeur ne peut prétendre à des droits d'auteur sur la vente des réductions.

L'éditeur qui, sans être propriétaire de l'original, a la propriété de la copie d'un buste que lui a donnée l'artiste, peut légitimement faire des réductions de cet exemplaire de l'œuvre. L'éditeur en effet peut être propriétaire du droit de reproduction d'œuvres dont l'original a été cédé à des tiers sous réserve du droit pour l'auteur de les reproduire.

— Trib. civil de la Seine, 12 décembre 1866, aff. Clésinger c. Barbedienne (Pat., 1866, p. 401).

1178. Dans le cas d'ambiguité ou d'obscurité d'une loi spéciale, les tribunaux doivent recourir aux principes généraux du droit.

En droit commun le pacte obscur ou ambigu s'interprète contre le vendeur.

En conséquence le sculpteur qui a cédé sans réserve à l'Etat une statue, moyennant un prix convenu, a par cela seul transmis au gouvernement le droit exclusif d'en disposer suivant sa volonté, d'en multiplier les copies par tous les moyens et procédés de l'art, sous toutes les formes et dans toutes les dimensions qu'il croit utiles.

Pour qu'il y eût restriction aux droits illimités que l'acheteur tient de son titre, il faudrait que l'artiste vendeur justifiât qu'il s'est formellement réservé le droit de reproduction, et qu'il n'a entendu céder que l'objet matériel, alors surtout que les œuvres achetées par l'Etat sont habituellement destinées à servir de modèles d'étude, et considérées, à partir de leur livraison, comme tombées dans le domaine public et pouvant être reproduites au profit de l'industrie.

— Trib. corr. de la Seine, 21 mars 1839, aff. Foyatier c. Jeannest et Pettoz (Gaz. des trib., 22 mars 1839).

1179. Le fait par un artiste de vendre ou de donner à un gouvernement étranger une statue dont il est l'auteur n'implique pas de sa part renonciation aux droits que lui reconnaît la loi française sur son œuvre.

L'exposition de l'œuvre en public et sa destination à un monument étranger ne peuvent avoir en France le caractère d'un abandon implicite des droits de l'auteur au profit du domaine public, alors surtout qu'au moment même où avait lieu cette exposition, l'artiste faisait mettre en vente lui-même des copies de cette statue, réduites à des dimensions conformes aux exigences du commerce.

— Trib. corr. de la Seine, 21 mars 1839, aff. Marochetti c. Toussaint et autres (*Gaz. des Trib.*, 22 mars 1839).

1180. Le sculpteur qui vend à l'Etat un groupe qu'il a exécuté pour la façade d'un monument, sans réserve du droit de reproduction, transmet à l'acquéreur l'entière propriété de la chose vendue, et avec elle ce droit de reproduction. Dès lors il est sans qualité pour céder à un photographe le droit exclusif de reproduire son œuvre par la photographie, et son cessionnaire, comme lui-même, est sans droit pour faire opérer la saisie, chez un autre photographe, d'autres reproductions de cette œuvre.

— C. de Paris, 19 août 1870, et Trib. civ. de la Seine, 24 avril 1872, aff. Carpeaux et Appert c. Raudnitz et Ledot (Pat., 1873, p. 46).

1181. Les œuvres que l'Etat a acquises et qu'il réunit en collections dans l'intérêt général, sont inaliénables et imprescriptibles comme dépendant du domaine public.

— Trib. civil de la Seine, 2 mai 1877, aff. Min. de l'instr.

publ. et des beaux-arts c. Préault et Vve Chenillion (le *Droit*, 25 mai 1877).

1182. Lorsqu'un objet d'art commandé a été livré par l'artiste, il y a cession des droits de l'auteur sur l'œuvre, spécialement du droit de reproduction, s'il n'a pas retenu ce dernier droit par des réserves expresses.

Si cette commande a été faite par l'Etat, elle a pour effet de conférer à l'œuvre le caractère de propriété publique, et dès lors l'œuvre peut être reproduite par tous et de toute façon, sauf les restrictions que pourrait imposer l'Etat à la jouissance commune.

Spécialement un monument, comme le Palais de l'industrie, qui est la propriété de l'Etat, a le caractère de monument public, et le droit de le reproduire ne saurait être considéré comme appartenant exclusivement à l'architecte ou à ses cessionnaires, au profit desquels il n'a pas été fait réserve de ce droit; ce monument peut donc être reproduit par des tiers au moyen de la lithographie.

— C. de Paris, 5 juin 1855, aff. Le Sourd c. Goupil et Masson (S. 1855. 2. 431). — Voir Blanc, p. 250. — Voir dans le même sens : C. de Paris, 7 août 1889, aff. Jaluzot c. Du Pasquer, Dijeon, Eiffel et l'Etat (*la Tour Eiffel*) (le *Droit*, 8 août 1889).

1183. Si l'auteur d'une œuvre artistique l'a vendue sans aucune réserve, l'acquéreur peut revendiquer contre lui le droit exclusif de reproduction implicitement compris dans l'abandon qui a été fait, d'une manière absolue, de l'œuvre elle-même.

Mais ce qui est vrai dans les relations de l'auteur avec un cessionnaire à qui il a transmis plus ou moins complètement sa propriété, dans des conditions que la convention détermine, cesse de l'être lorsqu'il s'agit d'un contrefacteur ; celui-ci n'est qu'un tiers, étranger à la cession, qui, n'étant pas le représentant de l'acquéreur, ne peut se prévaloir du fait de la cession, alors surtout que l'acquéreur garde le silence et qu'il fait par là présumer que, tout en s'assurant la propriété de l'œuvre primitive, il a entendu laisser dans le domaine de l'auteur le droit exclusif de reproduction.

— C. de cass., 12 juin 1868, aff. Carpeaux c. Mathias et Sauvelet (S. 1868. 1. 372).

1184. La loi de 1793 n'exige pas que les cessions soient constatées par un acte notarié ou ayant date certaine.

— Trib. corr. de la Seine, 15 janvier 1868, aff. Ledot c. Schucht frères (Pat., 1868, p. 61) ; — C. de Paris, 25 février 1888, aff. Lambert c. Thuillard et Lévy (le *Droit*, 10 mars 1888).

1185. Mais en cas de double cession, l'acte postérieur, qui a été enregistré, est opposable au cessionnaire dont le titre n'a pas été enregistré, et établit à son égard les droits de propriété de l'autre cessionnaire et l'antériorité légale de la cession à lui faite.

— Trib. civil de la Seine, 23 décembre 1868, aff. Pisani c. Ardant et Cie (Pat., 1869, p. 52).

1186. La cession du droit de reproduction de l'ouvrage ne résulte pas suffisamment du fait de l'acquisition dans une vente publique des exemplaires restants et des cuivres de l'édition originale.

— C. de cass., 18 juin 1808, aff. Laporte c. Bufart (Dall., *Prop. litt. et art.*, n° 272).

1187. L'acquisition d'une planche gravée dans une vente aux enchères publiques, même si elle est constatée par un extrait authentique du procès-verbal du commissaire-priseur, n'est pas par elle-même un titre suffisant pour transmettre à l'acheteur le droit de reproduction qui appartient à l'artiste auteur du tableau, ni par suite le droit de poursuivre les contrefaçons de l'œuvre qui auraient lieu par un autre art.

— C. de Paris, 2 fév. 1842, aff. Bulla et Delarue c. Lahoche (Dall., *Prop. litt.*, n° 272).

1188. Dans l'usage, le droit de reproduire une gravure est compris dans la vente de la planche, non qu'il soit essentiellement inhérent à la détention du métal gravé, mais parce qu'il resterait sans utilité dans les mains du vendeur. Il y a d'ailleurs lieu de rechercher en pareil cas l'intention commune des parties.

— C. de Paris, 5 décembre 1864, aff. Bernard c. Briquet (Pat., 1865, p. 246).

1189. Le nom d'un graveur sur une planche prouve qu'il en est l'auteur, mais non pas qu'il en a actuellement la propriété.

— C. de Paris, 23 décembre 1871, aff. Lévy c. Garnier frères (Pat., 1871, p. 142).

1190. Le prétendu cessionnaire d'une œuvre d'art ne justifie pas suffisamment de son droit de propriété, lorsque la description contenue dans l'acte qu'il invoque ne permet pas de reconnaitre si le modèle est celui qui a été cédé, et qu'il ne produit ni déclaration de l'auteur, ni photographie par lui certifiée qui en démontrent l'identité.

— C. d'Angers, 26 janvier 1880, aff. Panichelli c. Luchini (Pat., 1880, p. 213).

1191. Le propriétaire du droit de reproduction d'un dessin peut vendre à une personne le droit de le reproduire dans un format et par un procédé déterminés, et à d'autres le droit de le reproduire également, mais dans des conditions et par des moyens différents.

— C. de Paris, 2 mars 1844, aff. Avenin c. Pomel-Lerendu (Blanc, p. 263).

1192. Lorsqu'un peintre a vendu à un éditeur le droit exclusif de faire graver au burin des tableaux dont il est l'auteur, et s'est engagé à n'en permettre aucune reproduction par la gravure, la lithographie « ou autre genre quelconque », cette interdiction ne saurait comprendre que des procédés industriels devant procurer des reproductions à plusieurs exemplaires, et non des copies artistiques ayant le mérite et le caractère d'œuvres originales.

Le cessionnaire, en pareil cas, n'a pas qualité pour poursuivre par exemple le marchand de meubles qui expose et met en vente des peintures sur porcelaine faites d'après les tableaux d'un peintre, qui ne se plaint lui-même d'aucune atteinte portée à sa propriété artistique.

— Trib. civil de la Seine, 10 avril 1850, aff. Gache c. Tahan (Blanc, p. 278). — *Contrà* : Blanc, *eod. loc.*

1193. Les cessions du droit de reproduction d'un dessin artistique sont de droit étroit; elles se limitent par leurs termes et par leur objet; le cessionnaire n'est pas libre d'user d'un procédé autre que celui spécifié entre lui et son cédant.

Notamment la cession d'une reproduction lithographique ne saurait être étendue à la photographie, pas plus qu'elle ne s'étend à la gravure de l'œuvre.

— C. de Paris, 21 mars 1865, aff. Siffre et Cie c. Bulla (Pat., 1865, p. 250).

1194. Le propriétaire de planches gravées et de pierres lithographiques reproduisant les mêmes sujets peut scinder son droit, pour faire de chacun de ces modes de reproduction l'objet d'une cession particulière. L'acquéreur des planches gravées ne saurait poursuivre comme contrefacteurs ceux qui reproduisent par la photographie les pierres lithographiques; il n'a qu'un droit limité, et c'est en vain qu'il soutiendrait que son vendeur n'avait pas acquis du propriétaire du tableau le droit de reproduction par la lithographie.

— Trib. civ. de la Seine, 20 août 1863, et C. de Paris, 13 janvier 1865, aff. Siffre et Cie c. Lévy et Ledot (Pat., 1863, p. 387. et 1865, p. 248). — Voir sur cette question MM. Blanc, p. 261, et Pouillet, n° 415. — Voir également : C. de Paris, 26 mai 1855, aff. Pichon c. Thorel (Pat., 1855, p. 81).

1195. En principe il n'est pas douteux que l'auteur d'une œuvre artistique a le droit d'en interdire la reproduction par la gravure.

Mais l'usage étant, dans l'industrie des publications illustrées, d'utiliser plusieurs fois les bois et clichés, l'éditeur qui a obtenu, sans conditions, d'un artiste, l'autorisation de reproduire son œuvre dans une publication périodique, et qui a fait établir les clichés à ses frais, n'excède pas son droit en autorisant à son tour le directeur d'un autre journal à se servir de ces clichés. Il en est ainsi tout au moins lorsque rien n'indique, dans les contrats passés, l'intention de l'auteur de déroger à cet usage.

— Trib. civil de la Seine, 2 juillet 1879, aff. Vital-Dubray c. Lahure (le *Droit*, 24 octobre 1879). — Voir également : Trib.

civ. de la Seine, 10 décembre 1890, aff. Hoffbauer c. Firmin Didot (le *Droit*, 13 décembre 1890).

1196. L'éditeur qui achète les œuvres d'un artiste pour en faire des reproductions réduites a en principe le droit de faire figurer sur la réduction la signature de l'auteur, surtout si la reproduction de cette signature, qui est un accessoire de l'œuvre, est le résultat mécanique du procédé de réduction.

Ce droit est une conséquence nécessaire de la convention et ne pourrait être interdit que par une stipulation expresse ; il est incontestable en effet que cette marque d'origine ajoute à la valeur commerciale de la réduction.

Si, dans l'intérêt de sa réputation, l'artiste croit avoir à se plaindre de la déformation des modèles et de la mauvaise exécution des épreuves, il a une action en dommages-intérêts, mais ne peut exiger, sans l'avoir stipulé, que sa signature ne figure sur des réductions, en bronze par exemple, qu'autant que les modèles auront été soumis à son contrôle, et au besoin rectifiés et restaurés par lui.

— C. de Paris, 26 novembre 1867, aff. Clésinger c. Barbedienne (Pat., 1867, p. 402).

1197. Le fabricant de bronzes qui a acquis de l'artiste le droit de reproduire des statuettes en bronze et en plâtre, l'auteur ne se réservant que le droit de reproduction en marbre, peut faire subir aux modèles toutes les réductions qui en facilitent la vente et qui s'obtiennent sans que le mérite artistique de l'œuvre soit sensiblement diminué.

Il peut également soit les mettre en vente isolément, comme objets d'art, soit leur donner une destination utile en les faisant entrer dans la composition d'un caudélabre.

Mais il manque à ses engagements, et doit par conséquent des dommages-intérêts, si, s'étant obligé à apposer le nom de l'artiste sur chaque épreuve, il omet de le faire, et met les statuettes en vente sous des noms plus connus peut-être, suivant les besoins de son commerce.

— Trib. civil de la Seine, 31 décembre 1862, aff. Ferrat c. Lemaire (Pat., 1866, p. 43).

1198. L'artiste qui a vendu un modèle de bénitier représentant un sujet connu, sans prendre l'engagement de ne pas reproduire le même sujet pour la même destination, n'a conféré à l'acquéreur aucun droit exclusif à la propriété de ce sujet, et peut, en évitant les ressemblances qui, dans la composition, ou dans l'exécution, rappelleraient le premier groupe au point de permettre une confusion, traiter le même sujet pour un autre éditeur.

— Trib. de comm. de la Seine, 4 février 1859, aff. Arnoult c. Gautier et Ladeuil (Pat., 1859, p. 58).

1199. L'artiste qui a gardé son œuvre a le droit d'en faire des répétitions : mais il n'en est plus de même quand il a aliéné son droit de propriété et de reproduction, et quand surtout il a livré son œuvre à un commerçant en stipulant un intérêt dans la vente à son profit. Il devient alors lui-même un tiers au regard de son cessionnaire, et toute reproduction ou imitation servile de l'original, pouvant artistiquement ou industriellement se confondre avec lui, constitue de sa part une contrefaçon ou tout au moins un fait de concurrence illicite.

Mais on ne peut interdire au sculpteur ou au peintre la reproduction des mêmes sujets ou des mêmes types, alors qu'il en varie l'expression, les attributs, et les formes caractéristiques.

— C. de Paris, 3 mai 1878, aff. Helbronner c. Clésinger (Pat., 1878, p. 167.

1200. Quand un artiste cède à une société tous les modèles nouveaux qu'il créera dans l'avenir, la société cessionnaire s'engage à les accepter aux conditions convenues, pourvu qu'ils ne soient pas indignes du talent de l'artiste. On doit pourtant admettre que ce talent peut s'élever ou descendre dans une certaine mesure, et il suffit pour l'exécution du traité que les œuvres livrées émanent de lui et aient les mêmes mérites et le même « air de famille » que ses autres productions.

— Même décision (Dall., 1879. 2. 11).

1201. Lorsqu'un artiste cède à une société le droit de reproduction de ses œuvres, sans prévoir aucunement le cas où elle viendrait à se dissoudre, cette société devient définitivement propriétaire desdites œuvres, et le droit d'exploitation qui lui a été transmis emporte à son profit la propriété des modèles, qui doivent lui être remis et dont elle peut disposer.

En cas de liquidation de cette société, les héritiers de l'auteur ne sauraient s'opposer à une vente aux enchères desdits modèles avec droit de reproduction, sous prétexte qu'aux termes des traités intervenus, la cession se trouvait soumise à des conditions qui ne pouvaient être remplies que par la société cessionnaire, de sorte que les conventions devaient se trouver résiliées en faveur des héritiers par le fait de la cessation de l'exploitation de cette société.

Il y a seulement lieu en ce cas de garantir l'exécution desdits contrats par l'obligation imposée aux acquéreurs dans le cahier des charges de la vente de se soumettre à toutes les clauses dont l'inexécution pourrait être invoquée par les héritiers de l'auteur pour rentrer dans les droits aliénés par ce dernier.

— Trib. civil de la Seine, 27 mai 1887, aff. Hér. Clésinger c. Marnyhac et Cⁱᵉ (*Gaz. des Trib.*, 18 juin 1887). — V. Trib. civ. de la Seine, 11 juillet 1890 (le *Droit*, 20 août 1890).

1202. L'engagement pris par un artiste de faire un certain nombre de tableaux, moyennant un prix convenu, sur des sujets déterminés, constitue un marché dont l'inexécution entraîne la résiliation avec dommages-intérêts.

La preuve du marché est suffisamment faite à l'aide d'un reçu délivré par l'artiste, qui, ayant la valeur d'un commencement de preuve par écrit, permet de rechercher le complément de la preuve dans les éléments de la cause et dans les livres de l'éditeur.

— Trib. civil de la Seine, 7 décembre 1877, aff. Goupil et Cⁱᵉ c. Léo Hermann (Pat., 1878, p. 141).

1203. L'inexécution par un artiste d'un tableau qu'il s'est engagé à faire moyennant un prix se résout, d'après la loi, en dommages-intérêts ; il y a lieu, s'il consent à accomplir la convention, de lui impartir un délai pour l'exécution, en déclarant qu'il paiera tant par chaque jour de retard ; mais en présence du refus exprimé par l'artiste de remplir son obligation, il ne reste plus qu'à statuer sur les dommages-intérêts.

— C. de Paris, 4 juillet 1865, aff. Pourchet c. Rosa Bonheur (Pat., 1866, p. 385).

1204. Un sculpteur n'est pas commerçant par sa profession, et ne fait pas acte de commerce en cédant à un éditeur le droit de reproduire des modèles de sa composition.

L'éditeur l'assigne donc à tort devant le Tribunal de commerce en exécution de ses obligations.

— C. de Lyon, 17 juin 1874, aff. Bruet c. Roubaud (Pat., 1874, p. 317).

CHAPITRE IV

DURÉE DU DROIT

INDEX

1205. En l'absence de toutes preuves ou présomptions contraires, un peintre ne doit être réputé avoir cédé le droit de reproduction de son tableau par la gravure que pour la durée prévue par les lois en vigueur au moment du contrat.

En effet, comme il s'agit d'un droit dont les conditions d'existence, d'étendue et de durée sont déterminées par la volonté seule du législateur, les développements donnés successivement à ce droit ne sauraient être assimilés aux accroissements qui s'incorporent à un objet matériel et profitent nécessairement, comme en étant une partie intégrante, à celui qui en a la propriété.

Par suite dans le cas où une loi postérieure vient à prolonger la durée de ce droit, le bénéfice résultant de cette extension profite, non au cessionnaire qui l'aurait sans en avoir payé l'équivalent, mais à l'auteur ou aux artistes dont le législateur a entendu améliorer la situation, et qui ont retenu, pour les transmettre à leurs veuves et héritiers, tous les droits attachés à la création de leurs œuvres, à l'exception de ceux-là seuls qu'ils ont précédemment aliénés et dont ils ont stipulé le prix.

— C. de Paris, 18 août 1879, aff. Vernet, Delaroche et Scheffer c. Goupil (Dall., 1881. 2. 61). — Voir : C. de cass., 20 février 1882, même aff. (Dall., 1882. 1. 465).

1206. Les lois de 1854 et 1866 ont successivement appelé d'abord la veuve, puis le conjoint survivant de l'auteur à jouir, durant leur vie, du droit de reproduction, et prorogé la durée du droit des héritiers à trente et à cinquante ans.

Cette prorogation n'a été faite qu'en faveur des auteurs, compositeurs, artistes et de leurs héritiers, et non de leurs cessionnaires antérieurs à ces lois, dont ces dernières ne font aucunement mention.

Ces lois ont eu pour but unique de procurer aux auteurs une rémunération plus équitable, et non de faire bénéficier les cessionnaires d'une extension de droits qu'ils n'ont pas payée.

Lorsque l'extension du droit est ainsi intervenue, elle a empêché les droits des auteurs, non encore éteints d'après les lois antérieures, de tomber dans le domaine public, sans pour cela que ces lois nouvelles aient eu un effet rétroactif, puisque, jusqu'à leur promulgation, le public et les cessionnaires eux-mêmes n'avaient que l'espérance de jouir concurremment du droit de reproduction, à l'extinction du droit des héritiers.

— C. de cass., 28 mai 1875, aff. Pradier c. Susse (Dall., 1875. 1. 334).

1207. Par suite de ce qui précède, et par application de l'art. 1163 du Code civil, lorsqu'un artiste a cédé son droit de reproduction sous l'empire de la loi du 19 juillet 1793, le droit du cessionnaire doit être interprété et réglé tant par cette loi que par son titre individuel, et si les parties n'ont pas prévu le cas d'extension du droit, le conjoint survivant de l'auteur et l'héritier profitent de cette extension dont l'auteur n'a pas disposé, et qui n'était qu'éventuelle lors du contrat.

En conséquence, si, après l'extinction de son traité, le cessionnaire continue de reproduire les œuvres de son cédant et vend ou met en vente les reproductions nouvelles, il le fait au mépris des lois relatives à la propriété des auteurs, et se rend coupable du délit de contrefaçon prévu et puni par les art. 425 et 427 du Code pénal.

— C. de cass., 28 mai 1875, même aff. (Sir., 1875. 1. 329 ; voir la note de M. Labbé). — *Sic* : C. de Rouen, 25 février 1876, même aff., sur renvoi, et C. de cass., 29 avril 1876 (Pataille, 1876, p. 113 ; — voir d'ailleurs la note, p. 120).

1208. Le cessionnaire peut d'ailleurs, même après l'extinction de son traité, vendre les reproductions qu'il avait faites auparavant.

— Même décision. — Voir dans le même sens : C. de cass., 20 nov. 1877, aff. Barba c. Degorce-Cadot (Dall., 1878. 1. 309) ; — voir aussi la note de Pataille, 1876, p. 120.

1209. Les art. 39 et 40 du décret du 5 février 1810, qui garantissaient le droit de propriété à l'auteur et à sa veuve pendant leur vie, et à leurs enfants pendant vingt ans, n'étaient pas applicables aux œuvres artistiques.

— C. de Paris, 18 août 1879, aff. Vernet et autres c. Goupil (Sir., 1880. 2. 257).

— *Contra.* — C. de cass., 20 février 1882, aff. Goupil c. Hér. Paul Delaroche et autres (Dall., 1882. 1. 465).

1210. Les règles qui régissent la propriété des œuvres d'art et l'esprit même de la loi du 19 juillet 1793 ne permettent pas d'admettre que les œuvres placées dans l'intérieur d'une église, alors même qu'on la considère comme monument public, puissent être reproduites par tous.

Ce principe doit être appliqué sans hésitation alors surtout que rien n'établit que l'auteur ait eu l'intention de se dépouiller de son droit de reproduction.

— Trib. civ. de la Seine, 16 avril 1879, aff. Meniane Franck c. Rain (Dall., 1880. 3. 31).

1211. Un arrêt apprécie souverainement l'intention des parties quand il décide que, bien que les cessions dont il s'agit dans la cause aient été faites sans réserve, il n'est pas prouvé que les parties aient envisagé les modifications éventuelles que le législateur pourrait apporter à la durée du droit, et qu'en conséquence l'extension donnée par la loi de 1854 aux droits de l'auteur et de ses héritiers profite à ceux-ci et non au cessionnaire du droit de reproduction.

— C. de cass., 20 février 1882, aff. Goupil et Cie c. Hérrs Paul Delaroche et autres (Dall., 1882. 1. 465). — *Sic* : C. de cass., 29 avril 1876, aff. Pradier c. Susse (Sir., 1876. 1. 231).

1212. Le législateur n'a voulu accorder qu'une protection temporaire à la gravure comme aux autres produits des lettres et des arts.

En conséquence il est impossible d'admettre que le propriétaire de la planche gravée ait un privilège exclusif survivant à celui du graveur et qui sub-

sisterait tant que la planche ne serait pas hors de
service.

Le propriétaire d'une planche gravée n'a en réalité d'autre droit que celui de s'en servir exclusivement; il y a lieu d'ailleurs de présumer que le
droit même de reproduction lui appartient, tant
qu'il n'est pas tombé dans le domaine public; mais
dès qu'il y est tombé, le propriétaire de la planche
ne saurait interdire la reproduction photographique d'une épreuve tirée sur elle, fût-il démontré
que le cliché photographique remplace absolument
la planche pour le tirage d'autres épreuves.

— C. de Paris, 5 décembre 1864, aff. Bernard c. Briquet
(Dall., 1864. 2. 213).

Voir ci-dessus le chap. IV du livre Ier et le chap. III du
livre III.

CHAPITRE V

DU DÉPÔT.

INDEX

1213. En prescrivant le dépôt des ouvrages à la Bibliothèque ou au Cabinet des estampes de la République, faute de quoi l'auteur ne pourra être admis à poursuivre en justice les contrefacteurs, l'art. 6 de la loi du 19 juillet 1793 s'est borné à suspendre l'exercice du droit tant que le dépôt ne serait pas opéré.

Cette formalité n'a jamais été, dans la pensée du législateur, la condition de l'existence du droit, mais seulement un impôt établi dans l'intérêt des arts et une mesure de police.

On ne saurait tirer de l'absence de dépôt la conséquence que l'auteur ait voulu faire abandon volontaire de sa propriété au domaine public.

— Trib. civ. de la Seine, 21 novembre 1866, aff. Mayer c. Franck. (Pat., 1866, p. 394). — V. Blanc, p. 279.

1214. L'auteur d'un tableau est en droit d'en poursuivre les contrefacteurs sans avoir besoin de justifier d'aucun dépôt tant qu'il ne l'a pas fait graver. La formalité du dépôt ne peut être exigée de lui que lorsqu'il a fait lui-même une édition de son œuvre, et à défaut par lui d'user de son droit de reproduction, ce droit ne tombe pas dans le domaine public.

— C. de Paris, 9 novembre 1832, aff. Léopold Robert c. Ricourt et Mercury (Blanc, p. 262).

1215. La loi du 19 juillet 1793 n'a imposé qu'aux auteurs des ouvrages imprimés ou gravés l'obligation de les déposer; les sculpteurs n'y sont pas soumis.

— C. de cass., 17 nov. 1814, aff. Romagnesi c. Robin. (Blanc, p. 280).

1216. La formalité du dépôt prescrite par l'art. 6 de la loi de 1793 ne s'applique point aux ouvrages d'art faits avec le marbre, les métaux, le bois, l'ivoire, etc.

En effet ces ouvrages ne sont point de leur nature susceptibles d'être déposés et classés dans les bibliothèques publiques, comme les ouvrages de science, de littérature ou d'art reproduits au moyen de l'imprimerie, de la gravure ou d'autres procédés analogues.

— C. de Paris, 9 février 1832, aff. Ameling c. Henrionne (Blanc, p. 260). — *Idem* : C. de Paris, 13 août 1837, aff. Fernoux c. Evrard et Bignot (Blanc, p. 311) ; — C. de Dijon, 15 avril 1847. aff. Susse c. Martinelli (Dall., 1848. 2. 178) ; — C. de Douai, 3 juin 1850, aff. Damann c. Solon (Sir., 1851. 2. 247) ; — C. d'Orléans, 1er avril 1857, aff. Foutana c. Norest (Sir., 1857. 2. 413) ; — C. de Paris, 26 février 1868, aff. Carpeaux c. Mathias et Sauvelet (Sir., 1868. 1. 372) ; — C.

de Paris, 20 juin 1883, aff. Rolland c. Daget et Filliau. (Pat.,
1884. p. 179).

Voir également : Blanc. p. 279 et 301 ; — Gastambide, p.
396 et 397.

1217. La loi de 1793, dont l'art. 6 oblige celui qui
met au jour un ouvrage de littérature ou de gravure à en déposer deux exemplaires à la Bibliothèque nationale ou au Cabinet des estampes, dispense
implicitement de cette formalité les œuvres de sculpture, dont la nature s'oppose au dépôt prescrit.

Il n'y a pas d'ailleurs à rechercher quelle est la
destination de ces œuvres de sculpture ; peu importe, par exemple, qu'elles entrent dans la composition ou l'ornementation d'objets ayant un caractère
industriel et mercantile.

— C. de cass., 21 juillet 1855, aff. Jouvencel c. Saunière et
Piron (Pat., 1855, p. 73).

1218. La sculpture industrielle n'est, pas plus
que la sculpture proprement dite, assujettie au dépôt.

— Trib. civ. de la Seine, 23 sept. 1852, aff. Fiolet c. Cretal (Blanc, p. 312) ; — C. de Paris, 13 août 1837, aff. Fernoux c. Evrard et Bignot (Blanc, p. 311) ; — C. de cass., 2
août 1854, aff. Vivaux c. Morel (Blanc, p. 308) ; — C. de
cass., 21 juillet 1855, aff. Saunières et Piron c. Jouvencel
(Dall., 1855. 1. 335) ; — Trib. de comm. de la Seine, 13 oct.
1859, aff. Bion c. Wendel. (Pat., 1868, p. 423). — Sic : C. de
cass. Belge, 5 novembre 1860, aff. Vandenbosch c. Sermon
(Pat., 1865, p. 74) ; — Blanc, p. 313 et 314.

Voir toutefois : C. de Lyon, 25 juillet 1854, aff. Hubert c.
Coulon-Bardoz ; — C. de Paris, 3 août 1854, aff. Ricroch c.
Fauré et Geslin (Blanc, p. 313) ; — C. de cass., 28 juillet
1856, même aff. (Dall., 1856. 1. 276) ; — Trib. de comm. de
la Seine, 13 oct. 1859, aff. Gilles c. Kosmann-Huber (Dall.,
1860. 3. 39).

1219. Des sujets en bronze obtenus à l'aide du

surmoulage et livrés au commerce par grandes quantités comme accessoires d'objets usuels, tels qu'encriers, coupes, plateaux, s'ils peuvent être considérés, selon les expressions de la loi des 19-24 juillet 1793, comme des productions de l'esprit ou du génie, ne sont cependant pas nécessairement protégés par ladite loi.

Toute œuvre intellectuelle ou même matérielle de l'homme pouvant effectivement être considérée comme un produit de sa pensée, il faut en outre, pour qu'il y ait lieu à l'application de cette loi, que les œuvres pour lesquelles on en réclame le bénéfice « appartiennent aux beaux-arts », autrement dit que, par elles-mêmes et indépendamment de toute alliance avec d'autres objets, elles deviennent pour l'esprit la source de jouissances intelligentes.

De semblables produits, même quand ils présentent un cachet artistique qui peut en élever le prix sans en changer la nature, sont d'ailleurs protégés par la loi bien qu'ils n'appartiennent pas aux beaux-arts ; mais la loi qui s'y applique est le décret du 18 mars 1806, dont l'art. 15 subordonne au dépôt préalable la revendication de la propriété.

— Trib. civil de la Seine, 20 novembre 1877, aff. Pautret et Vallon c. dame Durand et Widemann (*le Droit*, 29 novembre 1877).

1220. Les juges du fait apprécient souverainement si un travail, dont ils reconnaissent l'originalité, constitue ou ne constitue pas une œuvre d'art.

— C. de cass., 31 janvier 1854, aff. Fiolet c. Cretal (Blanc, p. 315)

1221. Les dessins photographiques sont des dessins protégés par la loi de 1793.

Du moment qu'il n'est pas prouvé qu'ils aient aliéné leur propriété, c'est aux auteurs, c'est-à-dire aux photographes, qu'appartient, en vertu de cette loi, le droit de reproduction, et ils sont recevables à poursuivre les contrefacteurs quand ils ont fait le dépôt légal antérieurement aux poursuites.

Le dépôt conserve mais ne donne pas la propriété. Par suite l'éditeur poursuivi comme contrefacteur ne saurait exciper à l'encontre des poursuites du dépôt qu'il aurait indûment fait lui-même antérieurement au dépôt opéré par les vrais propriétaires de l'œuvre.

— C. de Paris, 12 juin 1863, aff. Mayer et Pierson c. Ledot et autres (Pat., 1863, p. 225). — Voir : Trib. civ. de la Seine, 21 novembre 1866, aff. Mayer c. Franck (Pat., 1866, p. 394).

1222. Pour les œuvres photographiques, comme pour les gravures, estampes et autres dessins, la saisie précédant la poursuite exercée en vertu de l'art. 6 de la loi du 19 juillet 1793 n'est valable qu'autant que le saisissant s'est assuré le droit de poursuivre les contrefacteurs par l'accomplissement de la formalité du dépôt préalable (1).

L'omission de cette formalité crée une exception qui protège contre toute poursuite les actes de concurrence et de contrefaçon dont le poursuivant pourrait avoir à se plaindre dans le passé.

— Trib. civ. de la Seine, 22 décembre 1863, aff. Tolra et Haton c. Deplanque et Disdéri (Pat., 1863, p. 408).

Voir : Blanc, p. 138 à 145 ; Pouillet, n° 438 et suiv.

(1) Voir : Trib. de comm. de St-Etienne, 7 juillet 1885 et C. de Lyon, 8 juillet 1887, aff. Royer c. Berthon (Dall. 1888, 2, 180).

1223. Quand des photographies ont été faites pour le compte d'un éditeur, c'est, en vertu des textes, non pas au photographe, mais à l'éditeur seul qu'incombe l'obligation du dépôt.

— Même décision. — Voir sur ce dernier point, dans le même sens, en matière de librairie : Trib. de comm. de la Seine, 7 avril 1866, aff. Lebigre-Duquesne c. Renou et Maulde Pat., 1866, p. 271).

1224. Lorsqu'une personne dépose au ministère de l'intérieur des épreuves d'un dessin photographique, ce dépôt ne prouve pas qu'elle soit propriétaire de ce dessin.

L'œuvre du photographe peut être effectivement la propriété de celui qui l'a commandée.

Le but principal du dépôt prescrit par la loi de 1793 est de protéger la propriété artistique contre des contrefaçons postérieures au dépôt ; la conséquence n'en peut être de faire rejeter nécessairement l'action de ceux qui prétendent avoir sur la chose un droit de propriété antérieur au dépôt lui-même, et les présomptions résultant de l'art. 6 de la loi de 1793 peuvent être détruites par la preuve contraire.

— C. de Paris, 29 novembre 1869, aff. Placet c. Yvon. (Dall., 1871. 2. 59).

1225. S'il est vrai qu'en principe le dépôt d'une œuvre littéraire ou artistique ne constitue pas la preuve du droit de propriété du déposant, il peut du moins former en sa faveur une présomption de propriété qui autorise le juge, lorsque cette présomption n'est combattue par aucune preuve ou présomption contraire, à déclarer que le demandeur en contrefaçon justifie suffisamment de son droit de propriété par le dépôt effectué par lui au bureau de la librairie.

— C. de cass., 19 mars 1858, aff. Hache et Pepin-Lehalleur c. Goupil (Dall., 1858. 1. 190).
Voir également : Trib. corr. de la Seine, 18 mars 1876, aff. Testu et Massin c. Hammerfeld (Pat., 1877, p. 265).

1226. La personne à qui des gravures sont confiées pour un usage déterminé, qui les copie et qui dépose les épreuves contrefaites avant que l'auteur ait déposé les originaux, loin d'en devenir propriétaire, malgré la présomption qui s'attache au dépôt, peut être poursuivie et condamnée comme coupable d'abus de confiance.

— C. de Paris, 23 septembre 1847, aff. Bouasse c. Herbet (Blanc, p. 138). — Voir : C. de Paris, 31 août 1824, aff. Tanquerey c. Voisin (Blanc, *eod. loc.*).

1227. Ne saurait suppléer au dépôt prescrit par la loi au point de vue de la poursuite des contrefacteurs l'autorisation délivrée par le ministre de l'intérieur en exécution de l'art. 22 du décret du 17 février 1852, laquelle n'est qu'une formalité établie dans l'intérêt des bonnes mœurs et de l'ordre public.

— C. de Pau, 31 mai 1878, aff. Latour c. Cazaux (Dall., 1880. 2. 80).

1228. L'art. 6 de la loi du 19 juillet 1793 a été successivement modifié par le décret de 1810, par la loi de 1814 et par l'ordonnance du 9 janvier 1828. En vertu de cette ordonnance, il suffit aux auteurs de dessins d'en effectuer le dépôt au ministère de l'intérieur, pour en conserver la propriété.

— C. de Paris, 18 janvier 1868, aff. Ladevèze c. Fougeron et autres. (Pat., 1869, p. 279). — *Nota.* — Les textes actuellement applicables au dépôt sont les art. 3 et 4 de la loi sur la Presse du 29 juillet 1881.

1229. Le nombre des exemplaires dont le dépôt est exigé préalablement à la poursuite a varié comme pour les écrits, et se trouve en définitive réduit à *trois* par l'ordonnance du 9 janvier 1828, pour les gravures avec ou sans texte (1).

— C. de Paris, 21 septembre 1854, aff. Pellerin c. Gangel. (Blanc, p. 281). — Voir Pouillet, n° 453.

1230. Pour que l'action soit recevable, il suffit que le dépôt ait été opéré avant le commencement des poursuites.

— Trib. civ. de la Seine, 21 novembre 1866, aff. Mayer c. Franck (Pat., 1866, p. 394). — V. Pouillet. n° 440 ; Blanc, p. 136 et suiv. ; C. de Paris, 28 mars 1883, aff. Roussin et Duvoir c. Arpé. (Pat., 1884, p. 84).

1231. Il peut d'ailleurs en être justifié même en cours d'instance.

— C. de Pau, 31 mai 1878, aff. Latour c. Cazaux (Dall., 1880. 2. 80).

1232. Le dépôt effectué préalablement aux poursuites suffit pour rendre l'action recevable, même s'il a été fait postérieurement aux faits de contrefaçon.

— C. de Paris, 28 mars 1883, aff. Roussin et Duvoir c. Arpé (Pat., 1884, p. 84). — Voir les autorités citées Livre Ier, chap. V.

1233. La poursuite en justice, même devant les tribunaux de commerce, des contrefacteurs d'un plan de ville, ne peut être déclarée recevable de la part de l'auteur qui ne justifie pas, par certificat régulier, de l'accomplissement de la formalité du dépôt, opéré, soit par lui-même, soit depuis la loi

(1) L'art. 4 de la loi du 29 juillet 1881 a maintenu à cet égard la législation antérieure.

du 21 octobre 1814, par l'intermédiaire de l'imprimeur, du graveur, de l'éditeur ou du libraire avec lequel il a traité pour la publication de son œuvre.

— C. de Pau, 31 mai 1878, aff. Latour c. Cazaux (Dall., 1880. 2. 80).

1234. Les imprimeurs lithographes qui font commerce d'étiquettes à l'usage des pharmaciens et des liquoristes ne sauraient être admis à poursuivre les contrefacteurs des dessins dont elles sont ornées en vertu d'un simple dépôt au secrétariat du conseil des prud'hommes; s'ils sont réellement propriétaires de ces dessins par application de la loi du 19 juillet 1793, ce qui est admissible malgré leur peu d'importance, ils ne peuvent revendiquer le droit exclusif de les reproduire que s'ils ont rempli les formalités prescrites par cette loi.

— C. de Paris, 7 juin 1859, aff. Lalande et Liot c. Appel et autres (Pat., 1859, p. 248).
Contrà. — C. de cass., 30 décembre 1865, et C. de Rouen, 15 juin 1866, aff. Romain et Palvart c. Bouvier et autres (Pat., 1867, p. 46).

1235. Le graveur qui a fait sur commande des dessins destinés à servir de marques de fabrique, n'en a pas la propriété; peu importe donc qu'il en ait fait le dépôt.

— C. de Paris, 16 mars 1876, aff. Appel c. Moré (Pat., 1876, p. 103). — Voir : C. de Paris, 28 mars 1883, aff. Roussin et Duvoir c. Arpé (Pat., 1884, p. 84).

1236. La cession que fait le propriétaire d'une œuvre d'art du droit de la reproduire sur des éventails n'est pas assimilable à celle d'un dessin industriel dont la propriété ne peut être conservée que par un dépôt fait au Conseil des prud'hommes.

Le droit du cessionnaire comme celui du cédant est protégé par la loi du 19 juillet 1793 et les art. 425 et suiv. du Code pénal, et le cessionnaire peut poursuivre les contrefacteurs sans avoir à prouver que ce dépôt a été fait.

— Trib. corr. de la Seine, 12 décembre 1876, aff. Hugot c. Prebay (Pat., 1880, p. 199).

1237. Tout dessin, même artistique, dès qu'il est appliqué à l'industrie à l'aide d'un moyen industriel, devient un dessin de fabrique dont la propriété exclusive ne peut être protégée que par la loi du 8 mars 1806 et sous la condition du dépôt préalable au Conseil des prud'hommes, prescrit par cette loi.

— C. de Paris, 22 avril 1875, aff. Tiersot et Ziégler c. Chassaing et consorts. (Pat., 1875, p. 283). — Voir en sens contraire : Pataille, art. 1513 et suiv., année 1868, p. 56 et suiv., aff. Ledot c. divers.

1238. La loi de 1793 est applicable aux dessins contenus dans les albums ou prospectus et représentant des objets industriels même appartenant au domaine public : et le dépôt fait par l'imprimeur protège à cet égard le propriétaire du dessin contre les contrefacteurs, alors même qu'il a été opéré postérieurement à la publication de l'album ou du prospectus ; il suffit qu'on ait observé les prescriptions de la loi de 1793, modifiée par l'ordonnance du 9 janvier 1828 et les art. 3 et 4 de la loi du 29 juillet 1881.

— Trib. civ. de Segré, 26 août 1884, aff. David c. Gaultier. (Pat , 1885, p. 101). — Voir également Pataille, 1886, p. 129, et 1884. p. 84.

CHAPITRE VI

DE LA CONTREFAÇON.

INDEX

1239. La propriété assurée par la loi du 19 juillet 1793 à l'auteur d'une œuvre d'art, telle qu'une statue, consiste dans le droit exclusif de la reproduire par tout moyen de nature à procurer un profit. Toute atteinte portée à ce droit constitue une contrefaçon.

— C. de Paris, 16 février 1854, aff. Salvator Marchi c. Dubosc, Samson et Deschamps (Blanc, p. 304).

1240. Le délit de contrefaçon consiste dans la reproduction d'une œuvre faite en vue d'un profit et pouvant porter préjudice au propriétaire de cette œuvre ; le préjudice peut résulter soit de la mise en vente, soit de tout autre moyen mercantile de tirer parti de la reproduction, dès qu'elle peut tenir lieu de l'original pour un certain nombre de personnes en leur rappelant la pensée de l'artiste et en leur procurant une impression semblable à celle qu'il a voulu produire.

— Trib. civ. de la Seine, 12 juin 1879, aff. Duval c. Bertrand (Dall., 1880. 3. 31).

1241. Toute reproduction totale ou partielle, sans le consentement des auteurs ou de leurs cessionnaires, d'œuvres d'art non tombées dans le domaine public, constitue une contrefaçon.

Ainsi la reproduction de gravures par la lithographie, au mépris du droit des auteurs, est une contrefaçon, quelles que soient la dimension, l'exécution plus ou moins parfaite et la destination des lithographies, appliquées par exemple sur des *paravents* ou des *devants de cheminée*.

Cette reproduction non autorisée par les propriétaires, leur porte préjudice, d'une part en les privant du bénéfice qu'ils pouvaient retirer du droit de reproduire des compositions qui sont leur propriété exclusive, d'autre part en dépréciant ces compositions, auxquelles la faveur du public s'attache d'autant moins qu'elles deviennent plus communes.

— Trib. civ. de la Seine, 11 février 1836, aff. Jeannin c. Fournier (Blanc, p. 283).

1242. Ainsi jugé pour la reproduction de gravures, lithographies et tableaux, soit par l'impression, soit par le métier à la Jacquard, sur des *foulards* et des *indiennes*.

— C. de Paris, 17 avril 1841, aff. Rouy c. Baillargeau ; — C. de Paris, 19 décembre 1841, aff. le *Charivari* c. Barbet ; — C. de Paris, 19 avril 1845, aff. Goupil et Vibert c. Verzin et Bomard (Blanc, p. 286).

1243. Même règle pour des reproductions de gravures par le *papier peint* ou par la peinture à l'huile.

— C. de Paris, 26 juin 1841, aff. Vibert c. Moireau ; — C. de Paris, 3 mai 1842, aff. Jeannin c. Farine ; — C. de Paris, 13 mai 1842, aff. Bulla c. Royer et autres ; — C. de Paris, 31 mai 1842, aff. Ponerat c. Moireau (Blanc, p. 286).

1244. Même règle pour des tableaux ou des photographies reproduites sur des *enveloppes de bonbons*.

— C. de Paris, 6 avril 1829, aff. Bulla c. Prost *(Gaz. des trib.*, 8 avril 1829) ; — Trib. civ. de la Seine, 26 juillet 1861, aff. Mayer et Pierson c. Siraudin (Pat., 1862, p. 64).

1245. Même règle pour des dessins et gravures reproduits sur des *porcelaines, camées, émaux,* etc.

— C. de Paris, 11 décembre 1857, aff. Goupil et Cie c. Petit et autres (Pat., 1858, p. 287) ; — Trib. corr. de la Seine, 7 décembre 1864, aff. Ledot c. Geoffroy, Guérin et autres (Pat., 1864, p. 432) ; — C. de Paris, 25 janvier 1866, aff. Ledot c. Brocard frères (Pat., 1866, p. 79) ; — C. de Paris, 7 février 1868, aff. Ledot c. Vieillard (Pat., 1868, p. 63).

1246. Même règle pour des dessins transportés sur des *meubles,* tel qu'un plateau, un guéridon.

— C. de Paris, 1er juin 1864, aff. Ledot c. Ranvier et Odoard (Pat., 1864, p. 236).

1247. Même règle pour des gravures reproduites sur des *jeux de patience*.

— Trib. corr. de la Seine, 28 février 1867, aff. Sinnett c. Coqueret (Pat., 1867, p. 61).

1248. Il importe peu, au point de vue de la violation du droit de propriété artistique, que la reproduction soit obtenue au moyen du relief sur un objet de céramique ou par tout autre procédé. La contrefaçon consiste dans le fait de s'approprier d'une manière quelconque la création de l'artiste.

— Trib. corr. de la Seine, 11 décembre 1877, aff. V^{re} Ledot c. Labrousse (Pat., 1878, p. 19).

1249. Le propriétaire d'une œuvre artistique a le droit de s'opposer à ce qu'elle soit reproduite et vulgarisée par quelque moyen que ce soit, sans son autorisation. Il y a ainsi contrefaçon dans le fait de reproduire en relief sur des galettes de pain d'épice, des dessins lithographiques, sans l'autorisation de l'éditeur.

— Trib. corr. de la Seine, 13 novembre 1867, aff. Dussacq c. Regnault (Pat., 1868, p. 31).

1250. La reproduction par un art ou un procédé différent constitue une contrefaçon ; il n'y a pas lieu de tenir compte à l'auteur de la reproduction des difficultés qu'il a rencontrées dans son travail et du talent dont il a fait preuve.

Ainsi jugé pour la *Chasse au lion* de Vernet, reproduite par la broderie à la main sur un tapis.

— C. de Paris, 20 avril 1843, aff. Goupil et Vibert c. Gaigneau et Joly (Blanc, p. 287).

1251. Ainsi jugé pour un dessin de Victor Adam, intitulé *Civilisation et Barbarie,* reproduit par la peinture.

— C. de Paris, 11 novembre 1845, aff. Lallemand c. Nidelay (Blanc, *eod. loc.*).

1252. Ainsi jugé pour un tableau intitulé *la Permission de dix heures*, reproduit en biscuit de porcelaine, en bronze et en peinture sur verre.

— C. de Paris, 16 février 1843, aff. Bulla c. Michel et Valin (Blanc, *eod. loc.*).

1253. *Idem* pour les *Scènes de la vie privée des animaux*, par Grandville, reproduites en statuettes.

— C. de Paris, 2 décembre 1841, aff. Hetzel c. Havard (Blanc, *eod. loc.*).

1254. *Contrà* : Trib. corr. de la Seine, 9 février 1848, aff. Devritzy-Chevron c. Wolf (sujet d'une gravure reproduit en ivoire pour une poignée de parapluie) ; — C. de Paris, 3 décembre 1831, aff. Bertram c. Vittoz (*Raphaël* et *la Fornarina* reproduits en bronze pour sujets de pendules) (Blanc, *eod. loc.*).

1255. Il y a contrefaçon à reproduire en bronze des sujets en porcelaine, sans autorisation du fabricant.

— Trib. corr. de la Seine, 10 juillet 1823, aff. Dihl (Gastambide, n° 385).

1256. Même règle pour des bronzes reproduits en porcelaine.

— Trib. corr. de la Seine, 23 mars 1822 (Gast., n° 384).

1257. Même règle pour la contrefaçon en plâtre par un figuriste des modèles d'un fabricant de bronzes.

— Trib. corr. de la Seine, 24 juillet 1823, aff. Savart (Gast., n° 386) ; — C. de Paris, 23 janvier 1829, aff. Lorin (Gast., *eod. loc.*).

1258. Même règle pour la reproduction en ivoire de statuettes en plâtre composées et modelées par un artiste pour le compte d'un éditeur d'objets d'art.

— C. d'Orléans, 1er avril 1857, aff. Fontana c. Norest et autres (Pat., 1857, p. 97).

1259. Il y a délit de contrefaçon dans la reproduction en porcelaine ou faïence d'une coupe ou nef en or et émail. Peu importe que le vase soit coupé longitudinalement pour servir d'applique au mur, du moment qu'il reproduit, dans l'ensemble et dans les détails, l'objet contrefait.

— C. de Paris, 29 juin 1878, aff. Lepec c. Kayser et autres (Dall., 1880. 2. 71).

1260. Le peu d'importance du préjudice, et même la circonstance que son auteur n'a pas eu l'intention de tirer un bénéfice pécuniaire de l'usurpation qu'il a commise, n'empêche pas qu'il y ait infraction aux lois concernant la propriété artistique, c'est-à-dire contrefaçon.

— C. de Paris, 4 novembre 1857, aff. Sanis c. Bolliac (Pat., 1857, p. 358). — Voir encore : Trib. corr. de la Seine, 7 juin 1842, aff. Fournier-Denis c. Pellerin (Blanc, p. 249); — Trib. corr. de la Seine, 6 février 1862, aff. Goupil c. Weill (Pat., 1862, p. 435).

1261. La loi n'exige pas que la contrefaçon, pour être punissable, ait eu lieu dans un but de spéculation et pour faire une concurrence commerciale à l'auteur. Son vœu est de garantir la propriété contre toutes les atteintes qui peuvent lui être portées. Toutefois, quand il y a bonne foi, il ne peut pas y avoir délit.

— C. de Paris, 14 juillet 1838, aff. Mac-Carthy c. Marin et Prina (Gaz. des trib., 17 juillet 1838).

1262. Commet le délit de contrefaçon celui qui, sous prétexte de faire connaître au public un nouveau procédé de métallisation du plâtre, exhibe dans une vitrine d'exposition un sujet artistique sur lequel il n'a aucun droit, et, sans tenir compte des avertissements de l'auteur, en affiche le prix de vente, accepte des commandes d'exemplaires, et tire en un mot un bénéfice de cette exhibition.

— C. de Paris, 12 février 1868, aff. Garnier c. Caussinus (Pat., 1868, p. 74).

1263. La critique et la parodie des œuvres d'art, comme des œuvres littéraires, sont permises à tous.

L'imitation plus ou moins complète d'un tableau dans un décor ou un accessoire de théâtre, faite sans aucune intention de concurrence commerciale au détriment des acquéreurs qui exposent publiquement ce tableau, ne constitue donc pas une contrefaçon.

— Trib. de la Seine, 12 juin 1879, aff. Duval c. Bertrand (Dall., 1880. 3. 31).

1264. Rien ne s'oppose à ce que le chef d'une école d'arts et métiers donne à imiter à ses élèves une œuvre d'art achetée ou empruntée par lui, qui ne serait pas tombée dans le domaine public, pourvu qu'il se propose seulement de fournir à ses élèves un sujet d'étude, et qu'il ne tire de ce travail aucun profit au préjudice de l'auteur ou du propriétaire du modèle.

— Trib. corr. d'Angers, 15 janvier 1836, aff. Franceschi c. Dauban (*Gaz. des Trib.*, 21 janvier 1836).

1265. Il y a contrefaçon de l'œuvre d'un artiste, quand l'imitation qui en est faite exclut toute espèce de travail original.

— C. de Lyon, 27 mai 1847, aff. Dopter c. Meunier-Pintard (Blanc, p. 285). — Voir également : Dall., *Prop. litt. et art.*, nos 386 et suiv.

1266. C'est ainsi que la reproduction d'une gravure de modes constitue une contrefaçon.

— Trib. civil de la Seine, 23 mars 1844, aff. Goubaud c. Merlin (Blanc, p. 288).

1267. Il n'y a pas contrefaçon dans le fait de reproduire par la lithographie une statue appartenant au domaine public et déjà reproduite par le même procédé, quand la seconde lithographie n'a pas été copiée sur la première.

— Trib. civ. de la Seine, 17 mai 1834, aff. Vve Delpech c. Genty (Blanc, p. 259).

1268. De même des cartes géographiques peuvent présenter de grandes similitudes, sans qu'il y ait contrefaçon.

— Trib. civ. de la Seine, 11 avril 1866, aff. Chamerot et Lawereyns c. Vuillemin et Hachette et Cie (Pat., 1866, p. 264). — Voir Dall., *Prop. litt. et art.*, n° 386.

1269. Se rend coupable de contrefaçon celui qui reproduit un monument public par la gravure, alors qu'il est constant qu'il ne l'a pas dessiné lui-même en se rendant sur place, mais a simplement copié, en la réduisant et en y faisant quelques changements, une lithographie publiée par l'auteur même du monument.

— C. de Colmar, 27 mars 1844, aff. Lagier c. Schwilgué (Dall., 1845. 2. 8).

1270. Il n'y a pas contrefaçon dans le fait d'un artiste, qui, dessinant une vue que chacun peut reproduire, a emprunté à l'œuvre d'un précédent dessinateur certains détails tout à fait secondaires dus à l'imagination de ce dernier.

— C. de Caen, 27 juillet 1870, aff. Asselineau c. Ledot frères et Duboc (Pat., 1871, p. 5). — Voir Blanc, p. 288.

1271. Mais se rend coupable du délit de contre-façon celui qui reproduit dans un journal, avec les erreurs volontaires ou involontaires commises par le dessinateur, un dessin conçu d'une façon originale, qui représente, par exemple, la coupe longitudinale d'un théâtre au moment de la représentation.

— C. de Paris, 22 avril 1875, aff. Paul Dalloz c. Cassigneul (Pat., 1877, p. 73).

1272. Lorsque l'auteur d'un dessin représentant des oiseaux, pour tissus imprimés, s'est inspiré d'un dessin lithographié vendu comme œuvre artisti-que, ce fait ne constitue pas une contrefaçon, du moment que les oiseaux n'ont pas la même attitude que dans le dessin lithographié, et que les deux œuvres se ressemblent parce qu'elles sont toutes deux la reproduction de la nature.

— C. de Paris, 13 juillet 1870, aff. Ledot c. Schlumber-ger (Pat., 1870, p. 367).

1273. La reproduction, sans autorisation de l'au-teur, dans un journal illustré, d'une statue destinée à un monument public, constitue une atteinte aux droits de l'auteur d'autant plus grave que la gravure a été faite d'après une photographie imparfaite, prise sur un modèle non achevé, que l'artiste ne considé-rait pas comme la dernière expression de sa pensée, et qu'il se réservait de retoucher et de modifier au besoin avant de livrer l'œuvre au public. Il y a no-tamment lieu en pareil cas à destruction ou remise entre les mains de la partie lésée des numéros saisis, ainsi que de la planche.

— C. de Paris, 1er juillet 1858, aff. Bonnassieux c. Jacottet et Bourdillat (Pat., 1858, p. 341).

1274. La reproduction d'une œuvre d'art dans des proportions réduites, sans autorisation de l'auteur ou de ses ayants cause, constitue une contrefaçon.

— Trib. civ. de la Seine, 6 avril 1829, aff. Bulla c. Sezille et Prost (Blanc, p. 186) ; — C. de Paris, 23 janvier 1828, aff. Maulde c. Couché (Blanc, *eod. loc.*) ; — Trib. corr. de la Seine, 6 février 1862, aff. Goupil c. Weill (Pat., 1862, p. 435) ; — C. de Paris, 24 avril 1875, aff. Bouasse-Lebel c. Robineau (Pat., 1877, p. 8).

1275. Il en est de même de l'agrandissement d'une œuvre d'art.

— Trib. corr. de la Seine, 7 juin 1842, aff. Fournier-Denis c. Pellerin (Blanc, p. 249). — Voir : Trib. civil de la Seine, 27 juillet 1883, aff. Lefeuvre c. Quinter et Cie (Pat., 1887, p. 238).

1276. De simples changements de détail n'ôtent pas à la copie d'une œuvre d'art le caractère d'une contrefaçon.

— C. de Paris, 24 août 1844, aff. Boucher c. Ribeira (Blanc, p. 287).

1277. Ainsi le dessinateur qui, afin de déguiser l'imitation qu'il fait d'un portrait, place intentionnellement le visage de profil, tandis que dans l'œuvre originale il se présente de trois quarts, peut être condamné par application de l'art. 427 du Code pénal.

— C. de Paris, 21 novembre 1867, aff. Dussacq c. Baulant (Pat., 1867, p. 359).

1278. Il y a contrefaçon d'un portrait dans le fait de le copier avec de légers changements dans les accessoires.

— C. de Paris, 27 septembre 1828 (Gastambide, n° 297).

1279. Il y a contrefaçon partielle punissable dans

la reproduction faite sans autorisation par la gravure d'un portrait à l'huile dont certains détails
seulement ne se retrouvent pas dans la copie.

— C. de Paris, 26 juillet 1828, aff. Boc St-Hilaire (*Gaz. des
trib.*, 29 juillet 1828).

1280. La reproduction, dans une lithographie,
des parties essentielles d'une gravure publiée par le
cessionnaire exclusif du droit de reproduire un tableau, constitue une contrefaçon comme la reproduction servile de l'œuvre dans toutes ses parties.

— C. de Paris, 2 février 1866, aff. Dardoize c. Legrand et
autres (Pat., 1866, p. 261).

1281. Il y a contrefaçon partielle punissable dans
le fait de reproduire, sur des éventails, au préjudice
du cessionnaire de ce genre de reproduction, un
tableau de genre, auquel on a fait subir, notamment
par retranchement, des modifications de détail,
qui ne constituent pas une création nouvelle, mais
qui révèlent seulement la préoccupation de dissimuler l'emprunt et la copie servile des parties principales de l'œuvre.

— Trib. corr. de la Seine, 12 décembre 1876, aff. Hugot c.
Prebay (*Gaz des trib.*, 17 décembre 1876).

1282. Des planches, annexées au texte d'un traité
et représentant des objets dont les proportions sont
depuis longtemps déterminées par la science et par
la pratique, ne présentent pas les caractères d'une
contrefaçon, du moment que l'œuvre incriminée,
loin d'être la reproduction servile de celle du plaignant, offre avec celle-ci, dans la dimension des objets comme dans leurs détails, des différences qui
excluent l'idée de plagiat.

— Trib. corr. de la Seine, 16 août 1864, aff. Consolin c. Merlin (Pat., 1865, p. 14).

1283. La copie partielle de dessins d'ornement constitue une contrefaçon.

— C. de Paris, 4 août 1828 (Gast., n° 296).

1284. Il y a contrefaçon à reproduire en lithochromie, sans l'autorisation de l'éditeur propriétaire, des lithographies de tableaux de maîtres.

— Trib. corr. de la Seine, 1er août 1829, aff. De Delpèche c. Meulein et Cie (*Gaz. des trib.*, 2 août 1829). — Voir : Trib. civil de la Seine, 7 mars 1884, aff. Lecadre c. Barboza et Dreyfus (*la Loi*, 8 mars 1884). — Voir également : C. de Paris, 31 mars 1887, aff. Boussod Valadon et Cie c. Charles Jean (Pat., 1888, p. 54).

1285. Le papetier qui met en vente des reproductions faites à la main de dessins dont un tiers est propriétaire, commet le délit de débit d'ouvrages contrefaits, prévu par les art. 426 et 427 du Code pénal.

— C. de Paris, 14 décembre 1872, aff. Ledot c. Orlandi (Pat., 1873, p. 107).

1286. Un plan de ville doit être considéré comme la contrefaçon d'un plan publié antérieurement, lorsque, malgré certaines dissemblances et corrections, et même quelques additions, les deux plans se ressemblent à un tel degré qu'il est évident que le second a été copié sur le premier, et que les présomptions résultant de la ressemblance se trouvent confirmées notamment par l'impossibilité où se trouve l'éditeur du second plan de produire les documents employés pour l'exécution.

— Trib. corr. de la Seine, 25 avril 1843, aff. Lallemand c. Danlos (Blanc, p. 255).

1287. Sans doute les vêtements représentés par un journal, qui s'adresse surtout aux tailleurs, doivent être semblables à ceux que représentent les prospectus destinés aux consommateurs, et ces prospectus peuvent ne pas créer au journal une concurrence préjudiciable ; cependant il y a contrefaçon dans la reproduction, faite sans autorisation, des figures publiées dans le journal, et il y a lieu par suite notamment à la confiscation des prospectus, du moment qu'on y trouve une copie absolument exacte et minutieuse, non seulement des vêtements, mais des personnages qui les portent, et qu'il n'y a de changements que dans les proportions.

— C. de Paris, 18 janvier 1868, aff. Ladevèze c. Fougeron et autres (Pat., 1869, p. 279). — Voir Blanc, p. 288.

1288. Il importe peu que le contrefacteur d'un tableau ait pris pour modèle le tableau original même, ou l'un des exemplaires de la gravure qui en a été tirée, puisque dans les deux cas la copie a été faite au préjudice de celui qui avait le droit exclusif de reproduction.

— C. de Paris, 26 juin 1841, aff. Jazet et autres c. Osmont et autres (Gaz. des trib., 27 juin 1841).

1289. Le cessionnaire du droit de reproduire une gravure par la lithographie excède ses droits et commet le délit de contrefaçon en reproduisant sa lithographie par la photographie.

— C. de Paris, 21 mars 1865, aff. Siffre et Cie c. Bulla (Pat., 1865, p. 250).

1290. La convention par laquelle le propriétaire d'un journal de modes s'engage à fournir à un industriel un certain nombre d'exemplaires des des-

sins publiés chaque mois dans son journal ne confère à ce dernier ni la propriété de ces dessins ni le
droit de les reproduire de toute manière, et c'est avec
raison qu'il est jugé que l'industriel a commis le délit
de contrefaçon en faisant photographier quelques-
uns de ces dessins sur des cartes destinées à servir
d'annonces pour sa maison de commerce et en les
faisant distribuer au public.

— C. de Paris, 11 mars 1869, aff. Ladevèze c. Godchau et
Antonin (Pat. 1869, p. 282).

1291. En principe, les œuvres de statuaire sont
protégées par les art. 425 et 427 du Code pénal ;
mais pour jouir de cette protection, il faut que les
ouvrages puissent être considérés comme des originaux. On ne peut pas considérer comme des originaux les œuvres qui sont des copies plus ou moins
fidèles d'autres statues répandues dans le commerce.

— C. de Caen, 3 mars 1835, aff. Cortopassi c. Cincey (*Gaz.
des trib.*, 11 mars 1835). — Voir Gastambide, page 384.

1292. Lors même qu'il s'agit d'un personnage
historique dont les traits sont fixés par la tradition
et doivent être respectés par l'artiste, ce dernier
peut créer une œuvre marquée d'un caractère spécial, qui devient, à ce titre, une propriété que la loi
protège ; par suite la reproduction de cette œuvre
peut constituer le délit de contrefaçon.

—C. de cass., 13 février 1857, aff. Fontana c. Min. public
(Dall., 1857. 1. 111).
Sic : C. d'Orléans, 1er avril 1857, même aff. (S., 1857. 2.
413) ; — C. de cass., 27 décembre 1884, aff. Verrebout c. de
Bondt (*Gaz. des trib.*, 6 janv. 1885).

1293. Un groupe de sculpture, imité d'un ouvrage

tombé dans le domaine public, ne saurait être considéré comme la contrefaçon d'un autre groupe imité du même modèle, du moment qu'ils présentent entre eux certaines différences d'agencement.

— C. de Paris, 12 juin 1863, aff. Marchi c. Gourdel (Pat., 1863, p. 232).

1294. Des réductions en bronze de groupes de sculpture ornant un monument public peuvent constituer au profit de l'auteur une propriété privée. Celui qui les reproduit en plâtre à l'aide du surmoulage peut donc être poursuivi comme contrefacteur.

— Trib. corr. de la Seine, 11 avril 1860, aff. Lavastre c. Quinquini et Mercier (Pat., 1860, p. 318). — Voir également: C. de Paris, 11 juin 1890, aff. Lescuyer c. Chineau (le Droit, 24 juillet 1890).

1295. Sans qu'il y ait surmoulage, il y a d'ailleurs contrefaçon quand des objets sculptés, comme des marteaux de porte représentant *un dauphin battant sur une coquille*, imitent assez parfaitement le modèle original pour pouvoir lui faire concurrence.

— C. de Bordeaux, 21 janvier 1836, aff. Morize c. X... (Blanc, p. 311 ; Gastambide, n° 377).
Voir encore : C. de Toulouse, 22 déc. 1835, aff. Frequant c. X... (chenêts en fonte à *tête de cheval*). (Blanc *eod. loc.*).

1296. Si, en matière d'art, on peut traiter un sujet traité par d'autres, c'est à la condition que l'ensemble ne sera pas le même, et surtout que l'aspect général ne sera pas tel qu'il puisse amener une confusion.

— Trib. civil de la Seine, 19 mai 1885, aff. Soleau c. Duquesnois (*la Loi*, 19 juin 1885).

1297. Le surmoulage d'un objet étranger aux beaux-arts ne constitue pas un délit.

— C. de Paris, 13 mars 1847, aff. Manceaux c. Fournier (Blanc, p. 306).

1298. Le surmoulage d'un masque moulé sur nature n'est pas une contrefaçon.

— C. de Paris, 9 janvier 1841, aff. Picchi c. Susse (Blanc, p. 306). — *Contrà* : Blanc, *eod. loc.*

1299. Celui qui, poursuivi pour avoir contremoulé une œuvre d'art, justifie de sa bonne foi en prouvant qu'il a cru que cette œuvre appartenait au domaine public, ne peut être condamné comme contrefacteur.

— C. de Paris, 21 février 1825, aff. Léna c. C... P... et M... (Dall. anc. 1825. 2. 141).

1300. La bonne foi du contrefacteur par surmoulage d'une œuvre d'art ne saurait résulter de ce qu'il aurait cru, en achetant une épreuve, acquérir en même temps le droit de la reproduire. Elle ne peut surtout être admise, lorsqu'il s'agit d'une œuvre de maître, connue de tout le monde artistique, et qu'il n'est pas possible en fait que le vendeur et l'acheteur à qui il a transmis ses droits aient ignoré le nom de l'auteur.

— C. de Paris, 6 avril 1850, aff. Clésinger c. Gauvain et autres (Dall., 1852. 2. 159 ; 1850. 3. 12 et 15).

1301. L'atteinte portée aux droits de l'auteur doit être considérée comme frauduleuse lorsqu'on s'empare dans un but commercial de l'œuvre d'autrui sans solliciter aucune autorisation et sans même prendre le moindre renseignement au sujet des droits privatifs attachés à cette œuvre,

— C. de Bruxelles, 9 mars 1887, aff. Menzel c. Liers (Pat., 1889, p. 113).

1302. On ne doit pas regarder comme de bonne foi celui qui allègue qu'il ne savait pas que les œuvres reproduites par lui fussent une propriété privée, alors que sa profession l'obligeait à savoir que la loi protège la propriété artistique, et qu'il a lui-même reconnu s'être déjà rendu, à plusieurs reprises, acquéreur du droit de reproduction de diverses œuvres.

— C. de Paris, 31 mars 1887, aff. Boussod Valadon et Cie c. Charles Jean (Pat., 1888, p. 54). — Voir : C. de Paris, 29 janvier 1886, aff. Tolmer et Cie c. *le Journal illustré* (Pat., 1887, p. 143).

1303. Constitue une contrefaçon le fait de publier un morceau de musique sur le frontispice duquel est placé un portrait lithographié qui est la reproduction, faite sans le consentement de l'auteur, d'un buste dont la pose, la coiffure et les ornements sont servilement imités.

— C. de Paris, 22 novembre 1856, aff. Lanzirotti c. Prilipp (Pat., 1856, p. 361).

1304. Des reproductions de statues, faites, sans le consentement de l'auteur ou de ses ayants cause, par la photographie ou le daguerréotype, dans un but de spéculation, constituent des contrefaçons.

— C. de Paris, 16 février 1854, aff. Salvator Marchi c. Dubosc, Samson et Deschamps (Blanc, p. 304).

1305. Le cessionnaire des droits d'un graveur a le droit de s'opposer à la reproduction de ses œuvres par toute espèce de moyen, et notamment à leur reproduction photographique, quelle que soit la valeur ou l'infériorité de ce procédé au point de vue de l'art.

— C. de Paris, 5 décembre 1864, aff. Bernard c. Briquet
(Dall., 1864. 2. 213).

1306. Se rend coupable du délit prévu par les art.
425 et suiv. du Code pénal celui qui reproduit au
fusain des photographies, en n'y faisant que d'insignifiantes modifications d'accessoires, pour photographier ensuite son dessin, et obtenir ainsi un
groupe de personnages, à l'aide de photographies
dont la propriété ne lui appartient pas.

— Trib. corr. de la Seine, 24 novembre 1863, aff. Pierre
Petit c. Jeanselme (Pat., 1863, p. 394). — Voir : C. de Paris,
12 juin 1863, aff. Mayer et Pierson c. Ledot et autres (Pat.,
1863, p. 225).

1307. Ne se rendent pas coupables du délit de
contrefaçon les propriétaires du droit de reproduire
en bronze les œuvres d'un artiste qui a cédé à un
autre le droit de reproduire les mêmes œuvres sous
toutes autres formes, lorsqu'ils font faire des photographies de ces œuvres, uniquement destinées
et ne servant en effet, selon les usages du commerce, qu'à faciliter le placement en province de
leurs bronzes.

— C. de Paris, 21 novembre 1860, aff. Lamiche c. Duplan
et Salle (Pat., 1861, p. 61).

1308. L'état matériel d'œuvres d'art d'où résulte
la certitude que des essais et tentatives de contrefaçon ont été faits ne suffit pas pour prouver l'existence du délit. La tentative d'un délit n'est en effet
punie par la loi que dans les cas qu'elle détermine,
ce qui n'existe pas en matière de contrefaçon.

— C. de Paris, 2 juin 1876, aff. Casciani et Nau c. Panichelli (Pat., 1876, p. 175).

1309. Mais il peut y avoir preuve suffisante du

délit dans la présence chez un mouleur tout à la fois de moules, ayant pour la plupart servi, et d'originaux d'autres œuvres portant les traces certaines d'un contremoulage.

— C. de Paris, 17 décembre 1847, aff. Susse et autres c. Pierri et autres (Pat., 1862, p. 55).

1310. La copie d'une contrefaçon constitue elle-même une contrefaçon. Il en est ainsi par exemple de la reproduction par la photographie d'une gravure qui n'est elle-même qu'une reproduction d'un dessin qui n'est pas dans le domaine public.

Si d'ailleurs cette gravure est une contrefaçon étrangère, son introduction constitue elle-même un délit, et ne peut par suite à aucun titre servir d'excuse à une reproduction.

— C. de Paris, 3 avril 1861, aff. Goupil et Cie c. Marot (Pat., 1862, p. 118).

1311. Il résulte des termes de l'art. 425 du Code pénal que ce n'est pas la publication, mais le seul fait de l'impression d'une gravure contrefaite dans l'intention de l'éditer qui constitue le délit de contrefaçon.

Il y a donc contrefaçon dans le fait d'imprimer en France des gravures contrefaites destinées à une édition qui doit paraître à l'étranger, la loi (art. 426 C. p.) ne limitant pas à la France la protection qu'elle accorde à la propriété littéraire et artistique, mais au contraire punissant l'introduction en France d'ouvrages qui, imprimés en France, ont ensuite été contrefaits à l'étranger.

— C. de Paris, 11 mars 1837, aff. Renduel c. Gellée (*Gaz. des Trib.*, 12 mars 1837). — Voir Blanc, p. 307.

1312. Quoique la fabrication et la livraison aux acheteurs doivent avoir lieu à l'étranger, il y a délit de débit en France d'ouvrages contrefaits à l'étranger dans le fait de posséder à Paris un éventail-type servant d'échantillon pour la vente d'éventails semblables fabriqués et vendus seulement à l'étranger et reproduisant un modèle que le poursuivant a acquis le droit exclusif de reproduire sur éventails. Ce fait tombe sous le coup de l'art. 426 du Code pénal.

— C. de Paris, 26 janvier 1887, aff. Hugot c. Hennel (*Gaz. des Trib.*, 15 février 1887).

1313. L'introduction en France et la mise en vente de photographies microscopiques reproduisant des œuvres artistiques non tombées dans le domaine public, constituent les délits punis par les art. 426 et suiv. du Code pénal.

— Trib. corr. de la Seine, 6 février 1862, aff. Goupil c. Weill (Pat., 1862, p. 435).

1314. Le débit d'ouvrages contrefaits est un délit distinct du délit de contrefaçon. Lorsque celui-ci est couvert par la prescription, et que l'autre a été commis depuis moins de trois ans, le débit illicite peut encore être réprimé.

— C. de Paris, 26 juillet 1828, aff. Boc St-Hilaire (*Gaz. des Trib.*, 29 juillet 1828).

1315. La bonne foi est exclusive du délit de contrefaçon, et aussi du délit de débit d'ouvrages contrefaits. Mais si le débitant exerce par exemple une profession qui ne permette pas de supposer qu'il a ignoré que les objets débités par lui étaient contrefaits, sa bonne foi sera difficilement admise, même s'il a acheté ces objets dans une vente publique.

— C. de Paris, 4 août 1833, aff. Jazet c. Bernaux ; 24 décembre 1834, aff. Jeannin et Gihaut c. Bayard (Blanc, p. 291).

1316. L'exposition en vente est un délit comme la vente même. Celui qui a mis en vente des objets contrefaits tombe donc sous le coup de l'art. 426 du C. p., même s'il n'en a vendu aucun.

— Trib. corr. de la Seine. 5 janv. 1850, et C. de Paris, 6 avril 1850, aff. Clésinger et Laneuville c. Gauvain et cons. (Dall., 1850. 3. 12 et 15 ; 1852. 2. 159).

1317. Il n'y a pas lieu d'admettre la bonne foi, lorsqu'un papetier par exemple, chez lequel ont été saisies des photographies contrefaites, allègue qu'il les a achetées d'un placier, mais qu'il est constaté que ces photographies ne portent aucun nom d'éditeur, et que rien n'établit que le prévenu ait cherché à prendre le moindre renseignement sur les objets achetés par lui dans ces conditions.

— Trib. corr. de la Seine, 8 août 1865, aff. Sinnett c. Ponce Blanc (Pat., 1865, p. 316).

1318. Le devoir d'un débitant est de rechercher l'origine des objets qu'il met en vente, et il ne peut pas être admis à exciper de sa bonne foi, quand, à raison de la notoriété des œuvres qu'il vend, il n'est pas permis de supposer qu'il ait pu les croire tombées dans le domaine public.

— C. de Paris, 12 juillet 1867, aff. Mène et Cain c. Beziat et autres (Pat., 1867, p. 407).

1319. On ne peut poursuivre comme complices de la contrefaçon ceux qui n'y ont coopéré que comme ouvriers du contrefacteur, à moins que l'on ne prouve qu'ils ont agi sciemment.

— C. de Dijon, 15 avril 1847, aff. Susse c. Martinelli (Dall., 1848. 2. 178).

1320. De même l'ouvrier du contrefacteur ne peut être condamné pour débit d'ouvrages contrefaits, s'il n'est pas démontré qu'il ait contribué d'une manière quelconque à la vente d'objets qu'il aurait su être contrefaits.

— C. de Dijon, 15 avril 1847, aff. Susse c. Martinelli (Dall., 1848. 2. 178).

1321. Est coupable de contrefaçon l'éditeur qui commande la gravure contrefaite, et non le graveur qui l'exécute. En effet, quoique punissant le fait de l'édition même indépendamment de la publication, le législateur, dans l'art. 425 du Code pénal, n'a pas entendu punir le fait de coopérer à l'édition, que l'art. 427 ne réprime que par la confiscation. Le graveur qui n'a fait qu'exécuter la commande ne saurait donc être considéré comme complice.

— Trib. corr. de la Seine, 29 février 1840, aff. Sixdeniers c. Julien et Aubert (*le Droit*, 1er mars 1840).

1322. Le fabricant de porcelaines qui confie un vase à un artiste pour le décorer s'approprie l'œuvre de l'artiste, et doit être, ainsi que ce dernier, condamné comme contrefacteur, dès lors qu'il est en fait inadmissible qu'il n'ait pas su que les dessins qui devaient décorer ses porcelaines n'étaient pas dans le domaine public.

— C. de Paris, 11 décembre 1857, aff. Goupil et Cie c. Petit et autres (Pat., 1858, p. 287).

1323. L'artiste qui a exécuté des dessins contrefaits, l'eût-il fait sur les ordres et pour le compte d'un tiers, ne saurait faire écarter pour cette raison

sa responsabilité personnelle vis-à-vis du propriétaire des dessins.

— Trib. civil de la Seine, 18 mars 1882, aff. Lecerf c. V^{re}
Bourlet et autres (Pat., 1883. p. 116).

1324. S'il n'est pas établi qu'ils ont sciemment
coopéré à la contrefaçon, il n'y a pas lieu de considérer comme coauteurs du délit les simples ouvriers, qui ont pu ignorer qu'ils contrefaisaient une
œuvre dont leur maître n'avait pas la disposition.

— Trib. corr. de la Seine, 5 janv. 1850, aff. Clésinger c.
Gauvain et autres (Dall., 1850. 3. 12 et 15), et C. de Paris, 6
avril 1850, même aff. (Dall., 1852. 2. 159).

1325. Si le délit de contrefaçon d'une œuvre artistique est soumis comme les autres délits à la double condition de l'existence d'un fait matériel et de
l'intention coupable de son auteur, la bonne foi de
l'inculpé ne se présume pas, et c'est à lui qu'il incombe d'en administrer la preuve.

D'ailleurs, même dans les matières de droit commun, il n'est pas nécessaire qu'un jugement ou arrêt de condamnation constate expressément la mauvaise foi de l'inculpé ; il suffit, pour que la décision
n'encoure pas le reproche d'insuffisance de motifs,
que la mauvaise foi résulte de l'ensemble des faits
relevés à sa charge.

— C. de cass., 11 avril 1889, aff. Jean c. Charlot frères (le
Droit. 1er mai 1889).

1326. Celui qui usurpe le nom de l'éditeur d'une
œuvre d'art commet, outre le délit de contrefaçon
si l'œuvre n'est pas tombée dans le domaine public,
le délit d'usurpation de nom prévu et puni par la
loi du 26 juillet 1824.

— C. de Paris, 10 mars 1855, aff. Susse c. Ghilardi (Blanc,
p. 289); — C. de Paris, 1er septembre 1848, aff. Collas et
Barbedienne c. Galantomini (Blanc, p. 298).

1327. L'erreur qui attribue une gravure publiée
dans un journal illustré à un artiste autre que l'auteur ouvre au profit de celui-ci une simple action en
rectification et en dommages-intérêts.

— Trib. civ. de la Seine, 21 juin 1871, aff. Durand-Brager
c. Millaud (Pat., 1871, p. 112).

1328. Celui qui reproduit, même légitimement,
l'œuvre d'un artiste, est tenu de mentionner le nom
de l'auteur sur la reproduction. Mais l'infraction à
cette règle ne constitue qu'un fait dommageable, et
non une contrefaçon.

— Trib. de la Seine, 31 décembre 1845, aff. Marlet c. St-
Amand (Blanc, p. 290).
— Voir également : Trib. civ. de la Seine, 31 décembre
1862, aff. Ferrat c. Lemaire (Pat., 1866, p. 43).

1329. S'il est d'usage que l'éditeur d'un ouvrage
de sculpture inscrive sur les exemplaires qu'il vend
le nom de l'auteur ou y mette son cachet, la loi de
1793 ni aucune autre loi ne subordonne à cette formalité la conservation du droit de propriété; seulement les juges peuvent avoir égard à la circonstance
de cette omission quand ils ont à apprécier la bonne
foi invoquée par le prévenu de contrefaçon, et à évaluer les dommages-intérêts dus aux propriétaires
lésés.

— C. d'Orléans, 1er avril 1857, aff. Fontana c. Norest et
autres (Pat., 1857, p. 97).

CHAPITRE VII

DE LA POURSUITE

INDEX

1330. L'acquéreur d'une œuvre d'art a le droit, comme propriétaire exclusif de cette œuvre, d'en poursuivre les contrefacteurs.

— C. de Paris, 6 avril 1850, aff. Laneuville c. Gauvain et autres (Dall., 1852. 2. 159).

1331. L'artiste qui a fait un buste sur commande est en droit de poursuivre les contrefacteurs de ce buste; ces derniers n'ont pas qualité pour lui demander de justifier qu'il n'a pas aliéné le droit de reproduire son œuvre, et discuter ainsi un droit qui ne peut, à aucun titre, leur appartenir.—Etrangers à la cession, ces tiers ne peuvent en effet exciper des droits de l'acquéreur, alors surtout que ce dernier garde le silence et fait par là-même présumer que, tout en s'assurant la propriété de l'œuvre primitive, il a entendu laisser à l'auteur le droit de reproduction.

— C. de Paris, 26 février 1868 et C. de cass., 12 juin 1868, aff. Carpeaux c. Mathias et Sauvelet (Pat., 1868, p. 195).

1332. L'éditeur dont le nom figure sur les reproductions d'un tableau et qui représente le certificat du dépôt fait en son nom, justifie suffisamment de sa qualité de cessionnaire et de l'intérêt qu'il a à exercer la poursuite, sans que les contrefacteurs soient en droit de rechercher les conditions auxquelles l'auteur lui a transmis ses droits.

— C. de Paris, 20 mars 1872, aff. Cavaillon c. Letestu (Pat., 1872, p. 270).

1333. Le photographe auteur d'un portrait peut poursuivre les contrefacteurs sans avoir besoin de justifier qu'il a obtenu de la personne représentée le droit de reproduire ce portrait et de le mettre en vente ; le contrefacteur ne saurait se prévaloir de la nécessité qu'il y a pour le photographe d'obtenir l'autorisation de celui qui a fait la commande, s'il veut reproduire le portrait, car l'exception proposée se retournerait contre lui.

— C. de Paris, 10 avril 1862, aff. Mayer et Pierson c. Thiébault et autres (Pat., 1862, p. 113). — Voir : C. de Paris, 12 juin 1863 et C. de Cass., 15 janvier 1864, aff. Mayer et Pierson c. Ledot et autres (Pat., 1863, p. 225 ; Dall., 1865. 5. 318).

1334. Lorsqu'un artiste a aliéné la totalité de ses droits de propriété sur son œuvre, sans aucune réserve, ce n'est pas à lui, mais au seul cessionnaire qu'appartient désormais le droit d'introduire une action en contrefaçon.

S'il prétend que, par le fait de la reproduction de son œuvre, il a été porté un préjudice à sa réputation d'auteur et d'artiste, il ne peut pourtant pas se porter partie civile dans l'instance en contrefaçon, le préjudice dont il se plaint ne dérivant pas du fait déféré à la juridiction correctionnelle, dont il ne peut plus poursuivre lui-même la répression.

— C. de Paris, 6 avril 1850, aff. Clésinger c. Gauvain et autres (Dall., 1852. 2. 159).

1335. L'art. 3 de la loi de 1793 ne fait point de la saisie une condition nécessaire de l'exercice de l'action. Celle-ci est recevable même si la saisie est nulle.

— C. de cass., 25 mars 1835, aff. Hacquart c. Pistole (Blanc, p. 93).

1336. La saisie n'est d'ailleurs pas nulle parce que le titre de cession ne serait pas enregistré.

— Même décision (V. Dall., 1835. 1. 438).—V. C. d'Angers, 26 janvier 1880, aff. Panichelli et Fontana c. Luchini et autres (Pat., 1880, p. 208).

1337. La loi n'exige pas, pour que la poursuite soit recevable de la part du cessionnaire, que la cession soit constatée par un acte notarié ou ayant date certaine.

— C. de Toulouse, 3 juillet 1835, aff. Hacquart c. Devers et autres (Sir., 1836. 2. 39). — Trib. corr. de la Seine, 15 janvier 1868, aff. Ledot c. Schucht frères (Pat., 1868, p. 61). — C. d'Angers, 26 janvier 1880, aff. Panichelli et Fontana c. Luchini et autres (Pat., 1880, p. 208). — Voir toutefois : C. de Paris, 2 juin 1876, aff. Casciani et Nau c. Panichelli (Pat., 1876, p. 175).

1338. Le prévenu conteste en vain les droits du cessionnaire en soutenant que l'acte de cession n'étant pas enregistré et n'ayant pas date certaine ne peut être opposé aux tiers.

— C. de Paris, 25 février 1888, aff. Lambert c. Thuillard et Lévy (*le Droit*, 10 mars 1888).

1339. Des constats et des pièces provenant d'une autre instance peuvent être maintenus comme éléments de preuve dans l'instance nouvelle, même introduite à la requête d'un autre plaignant, dans laquelle ils sont produits, surtout s'ils ont été énoncés dans la citation ou tout au moins portés en temps utile à la connaissance des prévenus.

— Trib. corr. de la Seine, 19 mars 1862, aff. Mayer et Pierson c. Ledot et autres (Pat., 1863, p. 96) ; — C. de Paris, 12 juin 1863, même aff. (Pat., 1863, p. 225).

1340. Le commissaire de police qui procède à la saisie peut se borner à décrire dans son procès-verbal et à placer sous la garde de l'inculpé les objets argués de contrefaçon.

L'obligation de les représenter incombe en pareil cas au prévenu, et, jusqu'à ce qu'il les représente, leur similitude avec les œuvres imitées doit être regardée comme constante.

— Trib. corr. de la Seine, 19 août 1868, aff. Ledot c. Ulrich (Pat., 1868, p. 401).

1341. Le décret du 15 juin 1795, en attribuant aux commissaires de police et, dans certains cas, aux juges de paix le droit de procéder à la confiscation des objets argués de contrefaçon en matière littéraire et artistique, leur a attribué le droit exclusif de procéder à toutes descriptions, perquisitions et saisies ; un huissier n'a donc aucune qualité pour y procéder à leur place, même au cas de poursuites civiles, et ses procès-verbaux doivent être déclarés nuls, et par suite ne peuvent être invoqués par les demandeurs.

— Trib. civil de la Seine, 8 juillet 1886, aff. Richardin c. Louvraud fils et Malidor (*la Loi*, 9 juillet 1886).

1342. Le procès-verbal dressé par un garde-champêtre pour constater des faits de contrefaçon, s'il est nul comme procès-verbal, peut cependant être retenu aux débats comme document.

D'ailleurs sa nullité ne peut être proposée pour la première fois devant la Cour de cassation.

— C. de cass., 4 décembre 1875, aff. Bouasse-Lebel c. Robineau et autres (Sir., 1877. 1. 287).

1343. De simples certificats, soumis aux débats de l'audience, peuvent fournir aux juges des éléments de conviction, et être appréciés par eux à titre de présomptions, au point de vue de la preuve.

— C. de cass., 4 déc. 1875, aff. Bouasse-Lebel c. Robineau (Pat., 1877, p. 8).

1344. Le juge peut, selon les circonstances, condamner comme contrefacteur le mouleur chez lequel on a trouvé des épreuves sorties des ateliers du plaignant, portant les traces d'un contremoulage, encore bien qu'il n'ait été saisi ni moules ni épreuves contrefaites des mêmes objets.

— C. de Paris, 17 décembre 1847, aff. Susse et Fontaine c. Guettard et Dourmel (Pat., 1862, p. 55). — V. Blanc, p. 307 ; — Voir aussi : C. de Paris, 20 juin 1883, aff. Rolland c. Daget (Pat., 1884, p. 179).

1345. Est valable, en l'absence d'une disposition

légale qui décide le contraire, la saisie, notamment
la saisie par description, pratiquée dans une section étrangère d'une exposition internationale.

— Trib. corr. de la Seine, 19 août 1868, aff. Ledot c. Ulrich (Pat., 1868, p. 401).

1346. Aucune loi n'oblige le plaignant à faire assigner l'inculpé dans la huitaine de la saisie, comme
l'exige la loi du 5 juillet 1844 en matière de contrefaçon industrielle. Cette loi n'est pas applicable aux
œuvres littéraires ou artistiques.

— C. d'Orléans, 1er avril 1857, aff. Fontana c. Norest et autres (Sir., 1857. 2. 413).

1347. Le tribunal de répression, saisi d'un délit
de contrefaçon, est juge de l'exception de propriété
opposée par le prévenu, et en conséquence il ne doit
ni surseoir à statuer ni renvoyer l'affaire devant
d'autres juges.

— Trib. corr. de la Seine, 2 juin 1874, aff. Pradier c. Susse
(Pat., 1874, p. 353).

1348. L'action en garantie est une action purement civile, qui ne peut être exercée devant le tribunal correctionnel. Celui-ci ne peut connaître que
de la demande du plaignant qui se prétend victime
du délit, et de la demande reconventionnelle du
prévenu à l'égard duquel la poursuite est déclarée
mal fondée.

— Trib. corr. de la Seine, 4 décembre 1867, aff. Ledot c.
Paraf-Javal et Dopf (Pat., 1868, p. 56). — Voir : Trib. civil
de la Seine, 18 mars 1882, aff. Lecerf c. Vve Bourlet et autres
(Pat.. 1883, p. 116).

1349. Le délit de contrefaçon d'une œuvre artisti-

que est soumis comme les autres délits à la double
condition de l'existence du fait matériel et de l'intention coupable.

— C. de cass., 11 avril 1889, aff. Jean c. Charlot frères
(*le Droit*, 1er mai 1889).

1350. La bonne foi est exclusive d'une condamnation correctionnelle.

— Trib. corr. de la Seine, 22 avril 1880, aff. Sicard c. Weber et Japy (Pat., 1884, p. 353). — *Idem* : C. de Paris, 26
février 1825, aff. Léna c. P... et M... (Dall., 1825. 2. 140); —
C. de Paris, 14 mars 1873, aff. Fauchier-Gudin c. Smith et
autres (Pat., 1873, p. 397); — C. de Paris, 15 février 1867,
aff. Ledot c. Pointel (Pat., 1867, p. 56).

1351. Le prévenu, pour faire écarter le délit, doit
prouver sa bonne foi, qui ne se présume pas.

— Trib. corr. de la Seine, 15 juillet 1875. aff. Kees c. Faucon (Pat., 1875, p. 247); — C. de Paris, 3 février 1877, aff.
Hugot c. Prébay (Pat., 1880, p. 199); — C. de Paris, 20 mars
1872, aff. Bulla c. Taride (Pat., 1872, p. 265); — Trib. corr.
de la Seine, 11 janvier 1863, aff. Ledot c. Bourgeois (Pat.,
1865, p. 99); — C. de Paris, 25 juin 1870, aff. Ledot c. Mouzin (Pat., 1870, p. 264).

1352. Les prévenus ne sauraient faire admettre
leur bonne foi, quand ils ont contrefait une œuvre
capitale connue de tout le monde artistique.

— C. de Paris, 6 avril 1850, aff. Clésinger c. Gauvain et
autres (Dall., 1852. 2. 159). — *Idem* : C. de Paris, 11 décembre 1857, aff. Goupil et Cie c. Petit et autres (Pat., 1858, p.
287). — Voir dans le même sens : C. de Paris, 7 février 1868,
aff. Ledot c. Vieillard (Pat., 1868, p. 63); — C. de Paris, 3
avril 1861, aff. Goupil c. Marot (Pat., 1862, p. 118); — C. de
Paris, 5 juin 1869, aff. Ledot c. Bourgeois (Pat., 1869, p.
284); — C. de Paris, 25 juin 1870, aff. Ledot c. Mouzin (Pat.,
1870, p. 264).

1353. Ne peuvent sérieusement se prétendre de

bonne foi les peintres céramistes qui ont copié des dessins sur lesquels figuraient les noms de l'auteur, de l'éditeur et de l'imprimeur, c'est-à-dire des indications leur permettant de s'assurer si ces dessins étaient dans le domaine public.

— Trib. corr. de la Seine, 15 janvier 1868, aff. Ledot c. Schucht frères (Pat., 1868, p. 61).

1354. Des associés, poursuivis correctionnellement, doivent être condamnés chacun séparément à une peine, lorsque chacun d'eux, soit par les commandes faites à des peintres décorateurs, soit par la vente des produits contrefaits, a pris une part personnelle et directe au délit de contrefaçon, et a recueilli sa part des bénéfices que la contrefaçon a procurés à sa maison.

— C. de Paris, 11 décembre 1857, aff. Goupil et Cie c. Petit et autres (Pat., 1858, p. 287).

1355. L'art. 425 du Code pénal, en punissant le fait de l'édition d'ouvrages contrefaits, n'atteint que le fait même d'éditer, et non celui de coopérer à l'édition; l'art. 427 ne réprime ce dernier que par la confiscation.

Le graveur qui n'a fait qu'exécuter une commande ne peut donc être considéré comme complice du délit.

— Trib. corr. de la Seine, 29 février 1840, aff. Sixdeniers c. Julien et Aubert (le Droit, 1er mars 1840).

1356. S'il peut ne pas y avoir délit de contrefaçon, vu la bonne foi de la personne poursuivie, quand celle-ci a copié une œuvre d'art uniquement pour montrer, dans une exposition, ses aptitudes artistiques, il n'en saurait être de même lorsqu'il est établi que les prévenus se livrent au commerce d'objets du même genre.

— Trib. corr. de la Seine, 15 janvier 1868, aff. Ledot c. Schucht frères (Pat., 1868, p. 61). — V. Blanc. p. 307.

1357. En matière civile, le propriétaire d'un journal qui a reproduit sans droit une œuvre non tombée dans le domaine public ne peut, malgré sa bonne foi, échapper à l'action dirigée contre lui par le propriétaire de l'œuvre. Mais sa bonne foi l'autorise à exercer un recours en garantie contre l'imprimeur, qui, à raison de sa profession, ne pouvait ignorer l'existence des droits du propriétaire.

L'imprimeur, ne pouvant exciper de sa bonne foi en raison de sa faute personnelle, ne saurait se couvrir lui-même par une action en garantie dirigée contre le journal qui lui avait cédé les clichés, et qui avait publié les dessins en mentionnant formellement qu'il le faisait avec l'autorisation du propriétaire.

— C. de Paris, 29 janvier 1886, aff. Goupil et Cie c. Godchau et Périnet. Tolmer et Cie c. le *Journal illustré* (Pat., 1887, p. 143).

1358. Un mouleur de profession possède nécessairement des connaissances spéciales qui lui donnent le moyen et lui imposent l'obligation de s'assurer si les statues qu'il reproduit sont ou non dans le domaine public. Sa bonne foi est donc difficilement admissible.

— C. d'Angers, 26 janvier 1880, aff. Panichelli et Fontana c. Luchini et autres (Pat., 1880, p. 208). — Voir : C. de Paris, 11 mars 1869, aff. Ladevèze c. Godchau et Antonin (Pat., 1869, p. 282).

Voir également : C. de Bruxelles, 9 mars 1887, aff. Menzel c. Liers (Pat., 1889, p. 113).

1359. Il n'y a pas de délit quand il n'y a pas eu d'intention frauduleuse. Il y a lieu d'admettre la bonne foi de mouleurs dont l'un, ayant trouvé des moules contrefaits parmi les objets composant un fonds qu'il avait acheté, a reconnu les droits du propriétaire des statues dès qu'ils lui furent signalés, et dont l'autre, ayant vu mouler ces mêmes statues pendant de longues années sans réclamation, jusqu'au jour de la plainte, n'avait pas dû penser qu'elles fussent contrefaites.

— C. de Paris, 26 fév. 1825, aff. Léna c. P... et M... (Dall., 1825. 2. 140).

1360. Les colporteurs et brocanteurs de gravures doivent être difficilement admis à prétendre qu'ils ignorent l'origine illicite des choses qu'ils exposent en vente ; car d'une part ils doivent s'en informer, et d'autre part il est rare qu'ils n'en soient pas instruits.

— C. de Paris, 24 décembre 1834 (Gastambide, p. 308).

1361. Un jugement a admis la mauvaise foi d'un colporteur, qui soutenait avoir acheté les gravures à l'hôtel des ventes, aux enchères dirigées par un commissaire-priseur.

— Trib. corr. de la Seine, 2 août 1833 (Gast., *eod. loc.*).

1362. Le débitant qui vend habituellement des choses semblables sera difficilement supposé de bonne foi, même si les objets contrefaits qu'il débite ont été achetés par lui dans une vente publique.

— C. de Paris, 24 décembre 1834. aff. Jeannin et Gihaut c. Bayard (Blanc, p. 291).

1363. Mais les débitants dont la bonne foi est

établie échappent à la pénalité, qui ne peut plus frapper que l'auteur de la contrefaçon ou le débitant convaincu d'avoir vendu des reproductions, sachant qu'elles étaient contrefaites.

— Trib. corr. de la Seine, 22 novembre 1831, aff. Jazet c. Troude (Blanc, p. 291).

1364. L'attitude et les réticences des prévenus lors de la saisie peuvent être une preuve suffisante de leur mauvaise foi.

— C. de Paris, 29 juin 1878, aff. Lepec c. Kayser et autres (Dall., 1880. 2. 71). — Voir : Trib. civ. de Segré, 26 août 1884, aff. David c. Gaultier (Pat., 1885, p. 101).

1365. Quand la mauvaise foi du défendeur n'est pas certaine, il ne peut pas être regardé comme contrefacteur au sens légal du mot, mais la faute qu'il a commise engage néanmoins sa responsabilité pécuniaire.

— C. de Paris, 20 novembre 1883, aff. Frézouls c. Banse et Lefman (Pat., 1885, p. 106).

1366. Quand la bonne foi est prouvée, l'action civile subsiste.

— Trib. corr. de la Seine, 29 décembre 1832, aff. Léopold Robert c. Ricourt et Mercuri (Gaz. des trib., 3 janvier 1833).

1367. Lorsqu'une demande en dommages-intérêts pour concurrence déloyale n'est que l'accessoire d'une poursuite en contrefaçon, le tribunal civil est compétent pour connaître de l'une et de l'autre, et il n'y a pas lieu de renvoyer la première devant le tribunal de commerce, alors surtout qu'une question de propriété se trouve en jeu.

— Trib. civ. de Limoges, 1er mai 1884, aff. Decauville c. Tritschler (Pat., 1886, p. 138).

1368. La confiscation ne peut porter sur un objet dont l'existence est incertaine, qui, d'après le plaignant, ressemblerait à l'objet saisi, mais qui, n'étant pas produit, n'a pas été soumis à l'examen des juges, et par suite n'a pas pu être reconnu contrefait.

— C. de Paris, 7 février 1868, aff. Ledot c. Vieillard (Pat.. 1868, p. 63).

1369. Depuis l'abolition de la confiscation générale, la confiscation spéciale n'est point une peine personnelle, mais en quelque sorte l'expropriation au préjudice du condamné d'objets qui sont en ses mains et dont il ne doit ni faire usage ni profiter ; d'où il suit que la confiscation ne peut frapper les choses qui ne sont plus ou ne sont pas encore possédées par celui contre qui elle est prononcée.

Ainsi le plaignant, à qui la loi n'a pas entendu faire un avantage, ne peut demander une indemnité spéciale pour remplacer ceux des objets contrefaits qui ne sont pas retrouvés entre les mains du contrefacteur.

Il n'en serait autrement que si les objets disparus avaient fait l'objet d'une saisie, parce qu'en pareil cas la non-représentation des objets constitue de la part du saisi l'inexécution d'une obligation de faire.

— Trib. corr. de la Seine, 7 août 1877, aff. Pradier c. Susse (*le Droit*, 12 août 1877).

— *Contrà*. — C. de Paris, 15 mars 1882, aff. Sicard c. Guichard et autres (Pat., 1884, p. 359).

1370. Le prévenu acquitté à raison de sa bonne foi doit néanmoins subir la confiscation.

— Trib. corr. de la Seine, 22 novembre 1831, aff. Jazet

c. Pomel et autres (*Gaz. des trib.*, 25 novembre 1831). — *Idem* : C. de Paris, 12 juillet 1867, aff. Mène et Cain c. Beziat et autres (Pat., 1867, p. 407); — C. de Paris, 21 novembre 1867, aff. Dussacq c. Baulant (Pat., 1867, p. 359); — C. de Paris, 31 janvier 1868, aff. Ledot c. Paraf-Javal et autres (Pat., 1868, p. 56); — C. de Paris, 7 février 1868, aff. Ledot c. Pujol (Pat., 1868, p. 63); — C. de Paris, 25 juin 1870, aff. Ledot c. Dauphin et Bernier (Pat., 1870, p. 264).

Contrà. — C. de Paris, 27 mars 1868, aff. Ledot c. Bac et autres (Pat., 1868, p. 325). — V. Pataille, 1868, p. 305.

1371. Tout en acquittant les prévenus, il y a lieu de prononcer la confiscation des objets contrefaits dont ils sont détenteurs, ces objets ne devant pas rester dans le commerce.

— C. de Paris, 29 juin 1878, aff. Lepec c. Kayser et autres (Dall., 1880. 2. 71).

Contrà. — C. de cass., 29 décembre 1882, aff. Sicard c. Guichard et Japy (Pat., 1884, p. 359).

1372. Le prévenu acquitté à raison de sa bonne foi doit subir la confiscation ; mais il ne peut pas être condamné aux dépens.

— C. de Paris, 7 février 1868, aff. Ledot c. Vieillard (Pat., 1868, p. 63). — V. dans le même sens : Trib. corr. de la Seine, 13 novembre 1867, aff. Dussacq c. Regnault (Pat., 1868, p. 31).

Contrà. — C. de Paris, 21 novembre 1867, aff. Dussacq c. Langlois (Pat., 1867, p. 359).

1373. L'offre que font les prévenus de faire effacer des objets saisis les peintures qui seraient reconnues contrefaites ne saurait effacer le délit, et, sans en tenir compte, il y a lieu de prononcer la confiscation des objets comme conséquence de ce délit.

— C. de Paris, 11 décembre 1857, aff. Goupil et Cie c. Petit et autres (Pat., 1858, p. 287) ; — C. de cass., 19 mars 1858, aff. Hache et Pepin-Lehalleur c. Goupil (Dall., 1858. 1. 190).

1374. Les objets sur lesquels est appliqué le dessin reconnu contrefait, doivent être confisqués comme lui, quand les juges estiment que la division n'est pas possible.

— C. de cass., 19 mars 1858, aff. Petit et autres c. Goupil (Pat., 1858, p. 294) ; — C. de Paris, 1er juin 1864, aff. Ledot c. Rouvier et Odoard (Pat., 1864, p. 236) ; — C. de Paris, 3 mars 1865, aff. Ledot c. Bourgeois (Pat., 1865, p. 99) ; — C. de Paris, 12 février 1868, aff. Garnier c. Caussinus (Pat., 1868, p. 74).

1375. Les objets contrefaits et les moules saisis, dont la confiscation est prononcée, doivent être remis en nature au plaignant.

— C. d'Angers, 19 janvier 1880, aff. Raffl et Cie c. Chéreau (Pat., 1880, p. 205) ; — C. d'Angers, 26 janvier 1880, aff. Panichelli et Fontana c. Luchini et autres (Pat., 1880, p. 208); — C. de Paris, 17 décembre 1847, aff. Susse et Barbedienne c. Galantomini et autres (Pat., 1862, p. 55) ; — C. de Paris, 24 décembre 1834, aff. Jazet et autres c. Bayard et autres (Gaz. des trib., 27 décembre 1834).

1376. Les tribunaux peuvent ordonner, non seulement la confiscation, mais encore la destruction des objets reconnus contrefaits, lorsque le plaignant l'a demandée.

— Trib. civ. de Segré, 26 août 1884, aff. David c. Gaultier (Pat., 1885, p. 101).

1377. Ils peuvent d'ailleurs, suivant le cas, ordonner seulement la suppression dans un ouvrage des pages qui contiennent des dessins entachés de contrefaçon.

— C. de Limoges, 22 juillet 1885, aff. Decauville c. Tritschler (Pat., 1886, p. 138).

1378. Il y a solidarité quand plusieurs individus participent à un même délit, mais non quand plusieurs délits, fussent-ils de même nature, ont été commis séparément par les prévenus, dans des circonstances diverses. — Ce principe, relatif aux frais et amendes, régit également les réparations civiles.

— C. de Paris, 24 décembre 1834, aff. Jazet et autres c. Bayard et autres (*Gaz. des trib.*, 27 décembre 1834). — Voir : Trib. civ. de la Seine, 18 mars 1882, aff. Lecerf c. V^{re} Bourlet et autres (Pat., 1883, p. 116).

1379. La solidarité doit être prononcée, entre individus condamnés pour un même délit, pour les amendes comme pour les dommages-intérêts et les frais ; et si les premiers juges ont omis de la prononcer, il appartient à la Cour de réparer cette omission.

— C. de Paris, 11 mars 1869, aff. Ladevèze c. Godchau et Antonin (Pat., 1869, p. 282).

1380. L'art. 4 de la loi du 19 juillet 1793 a été implicitement abrogé par l'art. 43 du décret du 5 février 1810 et l'art. 429 du Code pénal, suivant lesquels la fixation de l'indemnité due par le contrefacteur est abandonnée à la conscience des juges et doit être réglée par les lois ordinaires.

— C. de Paris, 11 mars 1837, aff. Renduel c. Gellée (*Gaz. des trib.*, 12 mars 1837).

1381. Quand la contrefaçon existe matériellement, la bonne foi ni l'absence de préjudice actuel n'empêchent la condamnation à des dommages-intérêts ; ces considérations peuvent seulement servir à en apprécier le quantum.

— Trib. civ. de Segré, 26 août 1884, aff. David c. Gaultier (Pat., 1885, p. 101).

1382. Pour l'appréciation des dommages-intérêts,

il y a lieu dans beaucoup de cas de tenir compte du peu d'importance du préjudice et même de l'avantage que souvent le plaignant tire de la publicité qui a été donnée à l'œuvre.

— C. de Paris, 15 février 1867, aff. Ledot c. Pointel et Balathier de Bragelonne (Pat., 1867, p. 56).

1383. Quand il n'y a aucun préjudice appréciable résultant de la contrefaçon, les tribunaux peuvent allouer les dépens pour tous dommages-intérêts.

— C. de Limoges, 22 juillet 1885, aff. Decauville c. Tritschler (Pat., 1886, p. 140).

1384. Ils peuvent ordonner l'insertion de leur décision dans les journaux, à titre de supplément de dommages-intérêts.

— Trib. civ. de Corbeil, 1er août 1883, et C. de Paris, 12 juin 1885, aff. Decauville c. Guitton (Pat., 1886, p. 131).

1385. La détermination du chiffre des dommages-intérêts dus au plaignant peut être faite par un jugement postérieur au jugement de condamnation, sur un état dressé par un expert commis par justice, à l'aide des livres de la partie condamnée.

— Trib. corr. de la Seine, 7 août 1877, aff. Pradier c. Susse (le Droit, 12 août 1877).

1386. La loi ne punit pas la simple tentative de contrefaçon.

Par suite, il n'y a pas délit lorsqu'un fondeur n'a fait que fabriquer un moule prêt à servir à la coulée du métal ou du plâtre; et ce fondeur ne peut être considéré comme contrefacteur quand il a procédé ensuite à la coulée sur les instances et d'après les instructions de l'auteur de l'œuvre, qui est venu lui-même le provoquer à la consommation de l'usurpation, pour faire ensuite saisir l'épreuve contrefaite.

Toutefois le prévenu ne saurait en pareil cas obtenir des dommages-intérêts contre le plaignant, surtout s'il ne justifie d'aucun préjudice appréciable.

— C. de Paris, 20 juin 1883, aff. Rolland c. Daget (Pat., 1884, p. 179).

1387. Si, à la suite d'une saisie, les scellés ne sont pas retrouvés, le prévenu, acquitté par suite de l'impossibilité où les juges se sont trouvés de constater la contrefaçon, ne saurait obtenir contre les plaignants une condamnation à des dommages-intérêts en raison du dommage que lui cause la non-restitution des épreuves saisies, du moment que leur perte n'est pas du fait desdits plaignants et ne peut par conséquent leur être imputée à faute.

Les plaignants ne sont pas non plus responsables du fait que, dans la saisie requise par eux en vertu de la loi de 1793, le commissaire de police a compris d'office un objet non argué par eux de contrefaçon, mais qu'ils déclaraient leur avoir été soustrait frauduleusement.

— Trib. civil de la Seine, 15 avril 1864, aff. Ledot aîné c. Mayer et Pierson (Pat., 1864, p. 128).

1388. Quand la contrefaçon est matériellement établie, c'est au prévenu qui excipe de la prescription à démontrer que la reproduction remonte à plus de trois années.

— C. d'Angers, 19 janvier 1880, aff. Raffl et Cie c. Chéreau (Pat. 1880, p. 205). — C. d'Angers, 26 janv. 1880, aff. Panichelli et Fontana c. Luchini et autres (Pat., 1880, p. 208).

1389. La prescription acquise au contrefacteur pour un fait de contrefaçon ne lui donne pas le droit de débiter ou de faire débiter les produits de sa contrefaçon.

Chaque fait de débit se prescrit de même séparément, et la prescription ainsi acquise ne donne pas au débitant le droit de recommencer ni d'exposer en vente les objets contrefaits.

— C. de Paris, 26 juillet 1828. aff. Boc St-Hilaire c. Brossard de Beaulieu (*Gaz. des trib.*, 29 juillet 1828) ; — *id.*, 26 décembre 1828 (Gastambide, p. 213).

1390. Le délit de contrefaçon et celui de débit ou d'introduction d'objets contrefaits sont des délits distincts, respectivement soumis à la prescription de trois ans. Le débitant peut donc être poursuivi et condamné, même si le fabricant, de qui il tient l'objet, se trouve à l'abri de toute poursuite, par l'effet de la prescription.

— Trib. corr. de la Seine, 10 mars 1858, aff. Goupil et Cie c. Sautier et Caudrillier (Pat., 1858, p. 296); — C. d'Angers, 19 et 26 janv. 1880, aff. Raffl, Panichelli et Fontana c. Chéreau, Luchini et autres (Pat., 1880, p. 204).—Voir : Trib. civ. de la Seine, 11 avril 1866, aff. Chamerot et Lawereyns c. Vuillemin et Hachette (Pat., 1866, p. 264). — Comp. : Trib. corr. de la Seine, 22 avril 1880, aff. Sicard c. Guichard et autres (Pat., 1884, p. 353).

CHAPITRE VIII

DE LA SCULPTURE INDUSTRIELLE.

INDEX

1391. Si la loi de 1793 ne protège pas les ustensiles sculptés, ciselés ou historiés, destinés aux usages domestiques, elle protège la sculpture et les ornements appliqués à ces ustensiles, si grossiers et si imparfaits qu'ils puissent être.

— C. de Paris, 24 mai 1837, aff. Petit c. Chazeaux (Blanc, p. 311). — Voir : Trib. corr. de la Seine, 22 avril 1880, aff. Sicard c. Guichard et autres. (Pat., 1884, p. 353).

1392. Sont protégés de même par la loi de 1793 les sujets de pendules, les balcons, les lits, les chenets et même les marteaux de portes, tous objets fabriqués en bronze ou en fonte de fer, et sculptés avec plus ou moins de perfection.

— C. de Paris, 22 juin 1818 ; — C. de Toulouse, 22 décembre 1835, aff. Fréquant ; — C. de Bordeaux, 21 janvier 1836, aff. Morize (Blanc, p. 311).

1393. Jugé de même pour des sujets de pendules en albâtre.

— C. de Paris, 13 août 1837, aff. Fernoux c. Evrard et Bignot (Blanc, *eod loc.*) (1).

1394. La sculpture en relief sur métal par le procédé de *l'estampage*, à l'aide duquel on obtient par exemple des ornements destinés à remplir le cadre en cuivre de forme ovale appelé panonceau, constitue un ouvrage d'art, dont la propriété est garantie par la loi de 1793, et que personne n'est en droit par suite de reproduire au préjudice de l'auteur, par moulage ou contremoulage.

— C. de Paris, 9 février 1832, aff. Ameling c. Henrionnet (Blanc, p. 310 et 260). — Voir dans le même sens : C. de Metz, 5 mai 1858, aff. Thonus-Lejay c. Grandry (Dall., 1858. 2. 174).

1395. La formalité du dépôt prescrite par l'art. 6 de la loi de 1793 ne s'applique point aux produits de l'art industriel exécutés sur les métaux, le marbre, le bois, l'ivoire, et sur toute autre matière solide et compacte.

— C. de Paris, 9 février 1832, aff. Ameling c. Henrionnet (Blanc, p. 260) ; — C. de Paris, 13 août 1837, aff. Fernoux c. Evrard ; Trib. de la Seine, 23 septembre 1852, aff. Fiolet c. Cretal (Blanc, p. 312).

1396. Celui qui reproduit en bronze, en marbre, en porcelaine, un objet d'art, a le droit exclusif de fabriquer le modèle par lui créé, lorsqu'en ayant déposé le dessin, il a acquis une propriété sanctionnée par la loi, et qu'alors on ne peut le copier ou le contrefaire sans porter atteinte à ses droits.

— C. de Paris, 24 mai 1837, aff. Jacob Petit c. Chazaux et autres (Blanc, p. 294).

(1) Voir la loi Belge du 22 mars 1886, art. 21.

1397. Les produits d'une fabrique de pipes sculptées ne peuvent être classés parmi les œuvres d'art, et le droit de reproduction des modèles créés par le fabricant ne pourrait être protégé que moyennant le dépôt de ces modèles, effectué conformément à la loi du 18 mars 1806.

— C. de Paris, 9 mai 1853, aff. Cretal c. Fiolet (Dall., 1854. 2. 49).

1398. Les juges du fait apprécient souverainement, en pareille matière, si un travail, dont ils reconnaissent l'originalité, constitue ou non une œuvre d'art.

— C. de cass., 31 janvier 1854, aff. Fiolet c. Cretal (Blanc, p. 315). — *Idem* : C. de cass., 8 juin 1868, aff. Thonus-Lejay c. Maudière et autres (Pat., 1860, p. 393).

1399. Un modèle de rinceau destiné aux appareils à gaz n'est une propriété exclusive qu'autant que le dessin en a été, conformément à la loi du 18 mars 1806, déposé par le fabricant au secrétariat du conseil des prud'hommes.

On ne saurait raisonnablement leur accorder la même protection que la loi accorde aux produits de la statuaire et plus généralement des beaux-arts.

— C. de Lyon, 25 juillet 1854, aff. Hubert c. Coulon-Bardoz (Blanc, p. 313). — Voir dans le même sens : Trib. civil de la Seine, 30 mai 1877, aff. Aigon c. Bacri (Pat., 1877, p. 287) ; — Trib. civ. de Charleville, 7 mars 1879, aff. Chachoin (Pouillet, n° 458) ; — C. de Paris, 22 février 1882, aff. Delafollie et autres c. Killian et Cie (Pat., 1882, p. 254).

1400. Les dispositions de la loi de 1793 ont pour objet de protéger contre la contrefaçon la propriété de toute création, qu'il s'agisse de l'art proprement dit ou de l'art appliqué à l'industrie.

Cette protection s'étend à la propriété des dessins ou modèles destinés à être reproduits en relief.

Peu importent la nature usuelle d'un produit, la simplicité du dessin et l'absence même d'ornementation. On ne saurait admettre que ces produits soient soumis au principe de la libre concurrence en matière commerciale.

Ce principe ne saurait recevoir d'application lorsqu'il s'agit de la contrefaçon d'un dessin ou d'un modèle déterminé, d'objets de forme nouvelle, ayant un cachet spécial et une individualité propre, comme un nouveau modèle de poëles dont les auteurs ont manifesté l'intention de se réserver la propriété exclusive, en en déposant le dessin au secrétariat du conseil des prud'hommes.

L'arrêt qui, constatant ces faits, a invoqué la règle de la libre concurrence pour déclarer qu'en pareil cas il n'y avait pas contrefaçon de la part de celui qui a servilement imité le produit, a fait de cette règle une fausse application, et, en autorisant l'auteur de la reproduction à s'emparer des résultats du travail d'autrui, violé la loi des 19-24 juillet 1793.

— C. de cass., 2 août 1854, aff. Vivaux c. Morel (Dall., 1854. 1. 395). — V. Blanc, p. 388. — Sic : C. de Rouen, 7 décembre 1855, même affaire (Sir., 1856. 2. 233).

1401. Si aux termes de la loi du 19 juillet 1793, les œuvres de l'art ou de l'esprit autres que les écrits et les gravures sont dispensées du dépôt, cette dispense ne saurait profiter à des produits purement industriels, qui n'ont à proprement parler qu'une valeur commerciale, sans caractère artistique.

Les créateurs de ces produits ne peuvent donc en

revendiquer la propriété exclusive que s'ils en ont déposé les modèles ou les dessins.

— C. de Paris, 3 août 1854, aff. Ricroch c. Fauré et Geslin (Blanc, p. 313). — *Contrà* : Blanc, *eod. loc.*; Pouillet, n° 80.

1402. La loi de 1793 protège toute création soit des arts proprement dits, soit des arts appliqués à l'industrie.

Cette protection s'étend à la propriété des dessins destinés à être reproduits en relief; peu importe la nature usuelle du produit.

Mais l'auteur n'a pu conserver la jouissance exclusive de sa propriété, qu'autant qu'il a fait, pour se conformer à la loi, tout ce que permettait la nature des choses.

Il était impossible d'exiger pour les œuvres de sculpture le dépôt prescrit pour les gravures et les écrits par l'art. 6 de la loi du 19 juillet 1793 ; mais rien n'empêche, quand une œuvre de sculpture est destinée à être reproduite dans l'industrie, que le dessin en soit déposé.

Le dessin de modèles de vases en porcelaine que les juges du fait ont reconnu n'avoir aucun caractère artistique devait par suite être déposé par l'auteur qui voulait pouvoir en revendiquer la propriété exclusive, et le public devait être averti de l'existence et de la conservation de son droit par un dépôt conforme à l'art. 15 de la loi du 18 mars 1806.

— C. de cass., Ch. civ., 28 juillet 1856, aff. Ricroch et Cⁱᵉ c. Fouré et cons. (Dall., 1856. 1. 276).

Voir également : C. de Paris, 12 mars 1870, aff. Latry et Cⁱᵉ c. Altsmann et autres (Pat., 1870, p. 260).

Contrà : Blanc, p. 313; Pouillet, n° 80, et les arrêts que nous rapportons ci-après :

1403. Les œuvres de sculpture employées dans l'industrie sous forme de poignées et pieds de cafetières, théières et réchauds, que les juges du fait ont déclaré rentrer dans la catégorie des productions de l'esprit appartenant aux beaux-arts, sont protégées par la loi de 1793 sans avoir été déposées, et ne peuvent pas être confondues, à ce point de vue, avec de simples dessins de fabrique, qui, aux termes de l'art. 15 du décret du 18 mars 1806, ne sont protégés que sous la condition du dépôt d'un échantillon aux archives du conseil des prud'hommes.

— C. de cass., Ch. crim., 21 juillet 1855, aff. Saunières et Piron c. Jouvensel (Dall., 1855. 1. 335).

Voir dans le même sens : — Trib. de commerce de la Seine, 13 octobre 1849, aff. Bion c. Wendel (Pat., 1860, p. 423) ; — C. de Paris, 12 décembre 1861, aff. Delacour c. Faivre et Muller (Pat., 1862, p. 61).

1404. Les modèles de sculpture en relief et en matière métallique ne peuvent être considérés comme assujettis au dépôt préalable ni en vertu de la loi du 19 juillet 1793, ni aux termes de la loi du 18 mars 1806, et l'on ne saurait faire à cet égard de distinction raisonnable entre l'art qui s'applique à l'industrie et l'art qui ne s'attache qu'aux objets de pur ornement ou de fantaisie.

— C. de Metz, 5 mai 1858, aff. Thonus-Lejay c. Grandry (Dall., 1858. 2. 174). — V. dans le même sens, ci-dessus : C. de Paris, 9 février 1832, aff. Ameling c. Henrionnet (Blanc, p. 310) ; — voir également : C. de Paris, 25 février 1888, aff. Lambert c. Thuillard et Lévy (le Droit, 18 mars 1888).

1405. Des statuettes en biscuit, reproduites en grand nombre par un fabricant de porcelaines à l'aide de procédés mécaniques, sont des produits de l'industrie auxquels on ne saurait attribuer, en vertu de la loi de 1793, un caractère purement artistique qui puisse établir, au profit de leur auteur, un droit de propriété exclusive, sans qu'ils aient été déposés.

— Trib. de commerce de la Seine, 13 octobre 1859, aff. Gilles c. Kosmann-Huber (Dall., 1860. 3. 39).

1406. Si les modèles industriels sont, ainsi que les autres œuvres de sculpture, protégés par la loi de 1793, néanmoins, à la différence des véritables objets d'art, l'auteur n'en peut conserver la jouissance exclusive qu'à la condition de manifester et de réserver son droit, soit par le dépôt d'exemplaires de ces modèles, conformément à l'art. 6 de la même loi, soit par le dépôt de dessins, en conformité de l'art. 15 de la loi du 18 mars 1806.

— C. de Paris, 13 juillet 1865, aff. Bauchot c. Bondoux (Dall., 1866. 5. 391). — V. Pataille, 1865, p. 337 ; — voir aussi : C. de Paris, 8 mars 1866, aff. Christofle et Cie c. Gruhier et autres (Pat., 1866, p. 236, et 1865, p. 272).

1407. Un modèle de broche en or déposé au conseil des prud'hommes constitue une propriété qui est dûment revendiquée par son auteur en vertu de la loi de 1793, complétée par la loi de 1806 et par l'ordonnance du 20 décembre 1844, qui a créé un conseil des prud'hommes des métaux.

— C. de Paris, 5 juillet 1864, aff. Lobjois c. Dobbé et Hémon (Gaz. des trib.. 15 juillet 1864). — Voir : C. de Lyon, 25 juillet 1854, aff. Hubert c. Coulon-Bardoz (Blanc, p. 313).

1408. On prétendrait en vain que le décret du 18 mars 1806 n'est applicable qu'aux dessins et non aux modèles en relief. Il y a mêmes raisons de déci-

der pour les uns et pour les autres ; et le dépôt par
exemple de modèles d'encriers et objets semblables
est d'autant plus obligatoire pour celui qui les a
créés et veut s'en réserver la propriété exclusive,
qu'en fait le dépôt des modèles est reçu au conseil
des prud'hommes, et qu'à défaut de modèles rien ne
s'oppose à ce que l'on en dépose les dessins.

— C. de Paris, 12 mars 1870, aff. Latry et Cie c. Altsmann
et autres (Pat., 1870, p. 260).

1409. Il est admis aujourd'hui unanimement par la
jurisprudence que les modèles de fabrique se ratta-
chant à la sculpture industrielle sont régis, à défaut
d'une loi spéciale, par la loi du 18 mars 1806, et
sont par suite soumis à l'obligation du dépôt exigé
par l'art. 15 de cette loi, ce dépôt pouvant être
effectué sous forme d'esquisse, remplaçant le spécimen de l'œuvre elle-même.

Le bénéfice de la loi de 1806 ne peut être invoqué
par le fabricant qui n'a pas accompli la formalité
préalable du dépôt ; il est par suite non recevable à
exercer contre ceux qui ont reproduit le modèle à
l'aide du surmoulage une action en contrefaçon.

— Trib. civ. de Charleville, 7 mars 1879, aff. Chachoin c.
Grandry (Pat., 1882, p. 251). — *Sic.* : Trib. civil de la Seine,
30 mai 1877, aff. Aigon c. Isaac et Salomon Bacri (Pat., 1877,
p. 287) ; — Trib. civ. de la Seine, 27 novembre 1877. C. de
Paris, 19 mai 1879, et C. de cass., 17 janvier 1882, aff. Pautrot et Vallon c. Bertrand (Dall., 1883. 1. 119). — Voir également : C. de Paris, 22 février 1882, aff. Delafollie et autres c.
Killian et Cie. (Pat., 1882, p. 254).

1410. Il n'y a pas de concurrence déloyale à
reproduire des modèles industriels dont l'auteur n'a
n'a pas fait le dépôt et qu'il a ainsi volontairement

ou même par négligence laissés à la libre disposition du commerce.

— Trib. civil de la Seine, 30 mai 1877, aff. Aigon c. Bacri
(Pat., 1877, p. 287).

1411. La loi de 1793 protége, quelle qu'en soit
la valeur esthétique, toute œuvre de statuaire, soit
qu'elle ait un caractère purement artistique, soit
que, comme dans l'industrie de l'imagerie religieuse,
elle soit destinée à être reproduite par voie de fabrication industrielle.

L'arrêt qui applique ce principe, en constatant
d'ailleurs en fait que le produit déféré à l'appréciation des juges rentre par sa nature dans les œuvres
d'art protégées par ladite loi, échappe au contrôle
de la Cour de cassation.

Cette constatation de fait résulte suffisamment des
motifs du jugement de première instance, du moment que l'arrêt se les est appropriés en les com-
mentant et en les développant dans les autres motifs
sur lesquels il a basé sa décision.

— C. de Paris, 13 février 1884 ; C. de cass., 27 décembre
1884, aff. Verrebout c. de Bondt (Dall., 1884. 2. 232 ; Pat.,
1885, p. 319).

CHAPITRE IX

DROITS DES ÉTRANGERS.

INDEX

1412. Si le droit de l'étranger, en matière de propriété littéraire ou artistique, a pu être douteux autrefois, il ne peut plus être contesté depuis le décret du 31 mars 1852, qui a assuré à l'étranger la protection de ses œuvres en France.

— C. de Douai, 22 avril 1887, aff. Verrebout c. Mezetti et autres (Pat., 1887, p. 286).

1413. L'artiste qui publie d'abord son œuvre en pays étranger perd par cela même le droit de poursuivre en France les contrefacteurs.

— C. de Paris, 24 décembre 1831, aff. Giraldon-Bovinet c. Bernaux (1) (Blanc, p. 261). — *Contrà* : Blanc, *eod. loc.*; Pouillet. n° 844.

Voir le chap. VIII du livre Iᵉʳ et le chap. VI du livre III.

1414. Les statuettes artistiques éditées comme

---

(1) Le jugement, dans cette affaire, avait, conformément au système consacré depuis, admis que le dépôt, en cette matière, n'est que le préliminaire obligatoire des poursuites, et qu'il importait peu, en conséquence, que la date du dépôt fût postérieure à la publication à l'étranger, du moment qu'il avait été effectué avant les poursuites. — V. Gastambide, p. 286.

sujets de pendules sont, en Belgique comme en France, protégées par la loi du 19 juillet 1793, qui a réservé aux auteurs la propriété de leurs œuvres de sculpture sans dépôt préalable.

La convention littéraire et artistique franco-belge du 22 août 1852 leur est applicable. Cette convention accorde, en Belgique, aux auteurs d'œuvres de sculpture publiées pour la première fois en France, les mêmes avantages que la loi belge attribue aux auteurs de pareilles œuvres publiées pour la première fois en Belgique.

Mais, comme, avant cette convention, aucune loi ni aucun traité n'interdisaient en Belgique la contrefaçon des œuvres de sculpture créées en France, la loi nouvelle, ne disposant que pour l'avenir, n'atteint pas les reproductions faites avant sa publication, ni par suite l'exploitation et la vente des objets fabriqués à une époque où la reproduction de l'œuvre originale était autorisée par les lois belges.

— C. d'appel de Bruxelles. et C. de cass. de Belgique, 11 novembre 1858 et 23 mai 1859, aff. Susse frères c. Lecerf et autres (Pat., 1859, p. 313). — Voir : Trib. correct. de la Seine, 17 décembre 1857, aff. Chabal c. Colombier et autres (Pat., 1857, p. 463) ; — C. de Paris, 8 décembre 1853, aff. Lecou c. Barba (Blanc, p. 38).

LIVRE V

DE L'USURPATION DES TITRES D'OUVRAGES ET DES NOMS D'AUTEURS

ou

DE LA CONCURRENCE DÉLOYALE
en matière littéraire et artistique.

CHAPITRE Ier

DE LA PROPRIÉTÉ.

SECTION I. — Des caractères du titre.

1415. Le titre d'un ouvrage est la propriété de celui qui l'a, le premier, adopté.

— C. de Paris, 28 juin 1847, aff. Borel d'Hauterive c. Aubert (Blanc, p. 373).

1416. La propriété littéraire s'applique non seulement au texte, mais encore au titre d'un ouvrage, tel qu'une chanson.

Une parodie ne peut donc être publiée sous le même titre que la chanson parodiée, de manière à faire croire à l'acheteur qu'il s'agit de cette dernière.

— Trib. de commerce de la Seine, 27 août 1886, aff. Le Bailly et autres c. Gabillaud (*Gaz. des trib.*, 10 sept. 1886). — Voir ci-dessus, n° 436, et ci-après, n° 1471.

1417. La déclaration que fait une personne à la direction de la librairie de l'intention qu'elle a de publier un *Annuaire de la noblesse*, suivie de la publication de l'ouvrage sous ce titre, suffit à lui réserver l'emploi de ce titre, que nul n'a le droit d'usurper.

— C. de Paris, 28 juin 1847, aff. Borel d'Hauterive c. Aubert (Blanc, p. 373).

1418. Mais si le dépôt du titre n'est pas effectivement suivi de la publication, dans un délai qui ne peut excéder de beaucoup le temps nécessaire pour l'impression, le titre déclaré retombe dans le domaine public, même si un prospectus a été déposé, ou un spécimen publié. Ainsi le droit de propriété du titre d'un journal ou d'une encyclopédie n'est consacré qu'autant que la publication effective et sérieuse commence à bref délai.

— Trib. de commerce de la Seine, 6 novembre 1849, aff. Dutacq c. Lainé ; C. de Paris, 8 octobre 1835, aff. Forfelier c. de Saint-Priest (Blanc, p. 374).

1419. Indépendamment de cette condition, il faut encore que le titre soit susceptible d'appropriation.

L'adoption que pourrait faire un auteur d'expressions généralement employées pour désigner une branche particulière de connaissances, ou un genre particulier d'ouvrages, ne pourrait avoir pour effet d'en déposséder le public.

— C. de Paris, 8 octobre 1835, aff. Forfelier c. de Saint-Priest (Dalloz, 1836. 2. 23). — Voir ci-après, sect. II.

1420. Lorsque l'auteur déclare qu'il entend publier un ouvrage sous le titre d'*Almanach* ou *Annuaire* de la pairie et de la noblesse de France, et n'emploie que le titre d'*Annuaire*, on ne saurait adresser le reproche de concurrence déloyale à l'auteur qui publie ensuite un *Almanach* de la noblesse, les deux titres étant suffisamment distincts.

— C. de Paris, 28 juin 1847, aff. Borel d'Hauterive c. Aubert (Blanc, p. 373).

1421. La publicité, notamment dans le *Journal de la librairie*, de la prochaine apparition d'un livre sous un titre déterminé a pu faire naître, au profit de l'éditeur, un droit à la propriété de ce titre, alors que la mise en vente de l'ouvrage a suivi cette publicité dans le délai nécessaire à sa préparation.

La priorité peut ainsi appartenir au livre publié en France postérieurement à un autre portant le même titre publié à l'étranger, dont une traduction est publiée en France par un autre éditeur.

— Trib. de commerce de la Seine, 16 octobre 1885, aff. de *la Nouvelle Revue* c. Vᵛᵉ Dentu (*Gaz. des trib.*, 28 octobre 1885).

1422. Entre deux personnes qui déposent le même titre de journal, le droit de priorité entraînant le droit exclusif de faire usage de ce titre appartient non à celle qui a fait la première paraître son journal, mais à celle qui avait la première manifesté son intention et pris possession du titre en dé-

posant le cautionnement et en faisant à la Préfecture la déclaration prescrite par la loi (1).

— C. de Paris, 8 août 1879, aff. Vigier c. Durand (*Gaz. des
trib.*, 10 août 1879) ; — C. de Cass., 13 juillet 1880, même
aff. (Dall., 1881. 1. 24). — V. Trib. de comm. de la Seine, 14
oct. 1881, aff. Guitton c. Lupiac (Dall., 1882. 3. 96).

1423. Il peut y avoir lieu, dans le but d'éviter une
confusion possible, d'interdire la publication sous
le titre : *le Petit Capitaliste,* d'un journal susceptible
de nuire à l'exploitation d'un autre journal portant
le titre : *le Capitaliste,* antérieurement existant.

— Trib. de commerce de la Seine, 7 avril 1881, aff. Banque
Parisienne c. Perret ès-qual. (Dall., 1882. 3. 96).

1424. Les tribunaux peuvent, pour sauvegarder
la propriété d'un titre de journal, en empêchant
toute confusion entre ce journal et un autre, ordonner que celui dont le titre doit être modifié
pourra le conserver en y ajoutant, sur la même ligne
et en caractères identiques, la mention du lieu de
publication qui se trouvait précédemment imprimée au-dessous et en petits caractères.

— Trib. de commerce de la Seine, 31 mars 1881, aff. *le Citoyen* de Marseille c. *le Citoyen* de Paris (Dall., 1882. 3. 95).

1425. Le mot *Figaro* est un mot qui, tiré d'une
œuvre littéraire, est devenu un nom commun pour
désigner un type d'homme particulier, et, entré
ainsi dans la langue, ne saurait par lui-même
constituer pour un journal une propriété privative.

Son emploi dans le titre d'un second journal, le

(1) Aux termes des art. 5 et 7 de la loi du 29 juillet 1881, le caution-
tionnement n'existe plus et la déclaration doit être faite au Parquet du
Procureur de la République.

Figaro algérien, où il est accompagné d'un qualificatif, ne saurait donc être illégitime qu'autant qu'une
confusion serait possible pour la clientèle, par suite
par exemple de disposition typographiques semblables qui ne permettraient pas au public de faire ai-
sément la distinction.

Mais tant que le mot *algérien* est imprimé avec les
mêmes caractères et sur la même ligne que le mot
Figaro, et qu'il y a d'ailleurs un sous-titre indiquant
que le journal appartient à une autre opinion politique que son aîné, comme la confusion n'est pas
possible, il n'y a pas lieu de prescrire la modification de ce titre.

— Trib. de commerce d'Alger, 30 juin 1881, aff. Magnard
et autres c. Lavagne (Dall., 1882. 3. 96).

1426. L'arrêté ministériel qui détermine le titre sous lequel sera publié un journal officiel ne
peut, quand ce journal prend comme tel la place
d'un autre qui est en droit de continuer à paraître
sous son ancien titre, porter atteinte aux droits des
tiers, spécialement à celui que possèdent les propriétaires de ce dernier journal de s'opposer à ce
que le nouveau prenne ou conserve un titre assez
semblable à celui dont ils ont la propriété pour
permettre une confusion qui peut leur porter préjudice.

— Trib. de comm. de la Seine, 28 décembre 1868, aff.
Panckoucke c. Wittersheim (Sir., 1869. 2. 121).

1427. Quand le titre d'un journal a été emprunté
au domaine public, la suppression de ce journal par
l'autorité permet au premier occupant d'en reprendre le titre, à la condition toutefois d'éviter toute
confusion, par exemple par l'emploi de caractères

typographiques différents de ceux avec lesquels était imprimé le titre de l'ancien journal.

— Trib. de comm. de la Seine, 17 juin 1868, aff. de Ville-messant Dumont et Cie c. Bauër (Pat., 1868, p. 218).

Voir également : Trib. civ. de la Seine, 20 août 1862, aff. l'*Union* c. la *France* (Pat., 1862, p. 405).

1428. L'expression de *Bibliothèque libérale*, employée non comme enseigne, mais comme désignation d'une collection d'ouvrages présentés comme ayant un caractère libéral, ne saurait constituer une propriété privative, alors surtout que celui qui la revendique ne justifie pas qu'il en a le premier fait usage.

— Trib. de comm. de la Seine, 25 août 1869, aff. Degorce c. Lacroix Verbœckoven et Cie (*Gaz. des trib.*, 26 août 1869).

SECTION II. — De l'étendue du droit de propriété. — Du titre « nécessaire » et du titre « arbitraire ».

INDEX

1429. Le titre d'un ouvrage qui sert à le spécifier et à lui donner, aux yeux du public, une existence propre et distincte, constitue pour son auteur un droit qui doit être respecté.

On ne saurait considérer comme une dénomination générique applicable à toutes les publications relatives à la captivité de Napoléon, le titre de l'ouvrage le *Mémorial de Ste-Hélène*.

— Trib. civil de la Seine, 24 février 1860, aff. Las Cases c. Alazard et Paradis (Pataille, 1860, p. 164).

1430. Le titre d'un livre constitue une propriété pour l'auteur qui s'en est servi le premier ou pour l'éditeur auquel il a cédé ce droit.

S'il peut en être autrement au cas où il s'agit d'un titre générique applicable à toute une classe d'ouvrages, ou d'un titre que son actualité place en quelque sorte dans le domaine public, c'est à la condition qu'on ne cherche pas à faire concurrence à l'ouvrage dont on emprunte le titre.

Ainsi le choix du titre « Paris brûlé » peut constituer une atteinte aux droits de l'éditeur de l'ouvrage intitulé « Paris brûlé par la Commune. »

— Trib. civil de la Seine, 20 décembre 1871, aff. Plon c. Lachaud (*Chronique de la Société des gens de lettres*, n° 69).

1431. Le titre : *Les vingt-huit jours d'un réserviste* n'est pas de telle nature qu'il s'impose à quiconque veut retracer l'existence et les impressions du soldat pendant cette période du service militaire et qu'il ne puisse faire l'objet d'un droit privatif.

— C. de Paris, 24 novembre 1886, aff. Vanier c. Amic et C. Lévy (Pat., 1887, p. 316).

1432. Le titre d'un journal, aussi bien que l'enseigne d'un commerçant, constitue en faveur de celui qui en a fait usage le premier une propriété personnelle à laquelle il ne peut être porté atteinte, alors surtout que le mot choisi n'est pas une expression générique indispensable pour dénommer le genre de publication auquel appartient le journal.

L'addition d'un qualificatif qui en réalité n'est qu'un simple accessoire, comme le mot « Parisienne » ajouté au mot « Silhouette », n'étant pas de nature à atténuer la confusion, celui qui le premier a employé ce dernier mot est en droit de demander la suppression du titre du nouveau journal.

— Trib. de comm. de la Seine, 9 sept. 1885, aff. Vavasseur c. Durand (*Chron. de la Société des gens de lettres*, n° 235).

Voir dans le même sens : C. de Paris, 1ᵉʳ mai 1888, aff. Marc c. Bogaërts, l'*Illustration* c. l'*Illustration Européenne* (Pat., 1889, p. 329); — Trib. corr. de la Seine, 5 mai 1888, aff. Marc et Cⁱᵉ c. l'*Illustration nationale* (Pat. 1889, p. 333); — Trib. corr. de Grenoble, 23 nov. 1888, aff. l'*Illustration* c. l'*Illustration Dauphinoise* (Pat., 1889, p. 335).

1433. L'emploi même d'une expression générique, mais non nécessaire, comme le mot « Moniteur », adaptée à un journal, constitue un droit privatif pour celui qui l'a utilisée le premier.

Cet emploi ne devient pas légitime, pour une publication semblable, même par une addition ou par un changement de qualificatif, par exemple par la substitution du mot « officiel » au mot « universel », si la confusion demeure possible.

— Trib. de comm. de la Seine, 28 décembre 1868, aff. Panckoucke c. Wittersheim (Sirey, 1869. 2. 121).

Voir : C. de Paris, 23 mars 1885, aff. le *Moniteur Universel* c. le *Moniteur Universel des Voyageurs* (Sir., 1885. 2. 183).

1434. La dénomination : *Le Petit Journal* étant devenue effectivement l'enseigne commerciale du journal ainsi désigné et par suite la propriété de la société qui l'exploite, cette dernière est fondée à demander en justice qu'il soit fait défense au gérant d'une feuille financière créée postérieurement sous le titre : *le Petit Journal financier* de continuer la publication de cette feuille sous ce titre, ou même sous celui de : *Petit Journal financier*, alors d'ailleurs qu'il y a une confusion possible.

— C. de Paris, 11 novembre 1887 et 1er mai 1888, aff. de Grammont c. Société anonyme du *Petit Journal* (Pat., 1889, p. 336).

1435. Jugé que le titre « la France » donné à un atlas ne constitue pas une désignation arbitraire permettant à l'éditeur de s'opposer à ce que le même titre soit donné à un autre atlas.

— Trib. de commerce de la Seine, 14 juin 1843, aff. Armand-Aubrée c. Mignon (Blanc, p. 376). — *Contrà* : Blanc, *eod. loc.*

1436. Jugé également que le titre : *Histoire financière de la France* est un titre général qui peut être adopté par tous ceux qui écrivent sur le même sujet.

— Trib. de la Seine, 23 juillet 1830, aff. Bresson c. Bailly (Blanc, p. 384). — *Contrà* : Blanc, *eod. loc.*

Voir : C. de Besançon, 10 mars 1886, aff. Roret c. Nivois (Pat., 1887, p. 98).

1437. Le nom d'un établissement public (dans l'espèce *le Jardin des plantes*), pris pour titre d'un ouvrage descriptif de cet établissement, ne saurait constituer une propriété privative, alors surtout qu'il n'y a pas une identité absolue entre le premier titre déposé et celui qui est incriminé, ce dernier par exemple ne comportant pas le même développement que le premier.

Cette solution s'impose plus particulièrement dans le cas où le titre incriminé avait été choisi antérieurement au dépôt de l'autre.

— C. de Paris, 21 décembre 1841, aff. Dubochet c. Curmer (Blanc, p. 377).

Voir : Trib. civ. de la Seine, 3 août 1866, aff. Ducuing c. Montès, *l'Exposition universelle de 1867 illustrée* et *l'Exposition populaire illustrée* (Pat., 1867, p. 352).

1438. Bien que le mot *indicateur* ne semble pas un titre nécessaire, jugé qu'il n'y a pas abus dans la publication, faisant concurrence à celle de *l'Indicateur des chemins de fer*, de Nap. Chaix, d'un nouveau manuel, ainsi intitulé : « Indicateur Hermann, Moniteur officiel des chemins de fer. »

C. de Paris, 25 août 1854, aff. Chaix c. Hermann (Blanc, p. 378). — *Contrà* : Blanc, p. 377.

1439. L'expression *Guide-itinéraire* appartient au domaine public et ne peut être l'objet d'une appropriation privée.

N'est donc passible d'aucuns dommages-intérêts l'éditeur qui les a employés de cette façon, après d'autres, du moment qu'il n'y avait pas de confusion possible entre les deux ouvrages qui simultanément ont porté le même titre, en raison tant de la différence de format que de la disposition dissemblable des matières et de la disparité des développements qu'ils comportaient.

— Trib. de la Seine, 7 janvier 1879, aff. Dentu c. Chaix (*Gaz. des trib.*, 8 janvier 1879).

1440. Le titre *l'Illustration*, appliqué à un journal, n'est pas une dénomination générale nécessaire pour désigner une certaine classe de publications périodiques.

Il est en conséquence la propriété de celui qui l'a employé le premier, et il y a atteinte à son droit dans le fait de donner à un autre journal le titre *l'Illustration pour tous*.

— Trib. de la Seine, 25 janvier 1882, aff. Marc et Cⁱᵉ c. la librairie catholique *(Gaz. des trib.*, 27 janvier 1882);— C. de Paris, 7 janv. 1884, même aff. *(le Droit*, 7 mars 1884). — V. Pataille, 1889, p. 329.

1441. Si une expression générique, comme le mot *Orchestre*, ne peut être réservée à celui qui exploite un journal, il peut être fait défense, à raison de la façon dont il est employé, au commerçant qui exploite un nouveau journal du même genre, d'employer le même mot dans le titre de ce dernier.

— Trib. de commerce de la Seine, 18 juillet 1885, aff. Saint-Amé c. Vérité *(le Droit*, 1ᵉʳ août 1885).

1442. Les mots « Biographie universelle » constituent une expression générique, et lorsqu'un premier ouvrage porte ce titre, rien ne s'oppose à ce qu'il soit donné à un autre ouvrage, pourvu que toute confusion soit impossible.

— C. de Paris, 8 février 1834, aff. Furne c. Michaud (Sir., 1834. 2. 258).

1443. Il en est spécialement ainsi lorsque le titre, modifié par l'addition d'un mot, devient : *Nouvelle biographie universelle,* et que des indications particulières suivent le titre de l'ouvrage publié le second.

— C. de Paris, 4 mars 1853. et C. de cass., 16 juillet 1853, aff. Thoisnier-Desplaces et Michaud c. Didot (Dall., 1853. 1. 309). — *Contrà :* C. d'Orléans, 10 juillet 1854, même aff. (Dall., 1855. 2. 157). — V. Blanc, p. 376.

1444. La société propriétaire de l'*Encyclopédie du XIXᵉ siècle* a demandé à bon droit qu'on supprimât le mot *Encyclopédie* du titre d'une publication postérieure de même nature, qui, créée sous le nom de « Grand dictionnaire universel du XIXᵉ siècle », avait pris ultérieurement celui de « Grand diction naire universel, encyclopédie du XIXe siècle ». Si effectivement le mot *encyclopédie* est une expression générique empruntée au domaine public, la qualification de *XIXe siècle*, ajoutée à ce mot, constituait un titre spécial, qui ne devait pas être usurpé.

— Trib. de commerce de la Seine, 18 août 1869, aff, *Société de l'Encyclopédie* c. Pierre Larousse (*Gaz. des trib.*, 23 sept. 1869).

1445. Ne peut constituer un droit de jouissance exclusive, comme étant trop général, le titre d'*Encyclopédie catholique*, surtout si aucun de ceux qui ont eu la pensée de l'employer n'en a fait un usage permettant de le considérer comme se l'étant sérieusement approprié.

— C. de Paris, 8 octobre 1835, aff. Forfelier c. de St-Priest (Dall., 1836. 2. 23). — V. Blanc, p. 376.

1446. Les titres d'*Almanach comique* et d'*Almanach prophétique* sont des désignations dont l'usage appartient au premier occupant, bien que le mot *Almanach*, pris séparément, soit une désignation générique. Mais l'épithète qui suit cette désignation la spécialise suffisamment.

— C. de Nancy, 26 juillet 1852, aff. Plon et Pagnerre c. Hinzelin (Blanc, p. 376).

1447. Un ouvrage peut porter le même titre qu'un autre ouvrage antérieur en date, quand leur objet est différent et que d'ailleurs l'aspect des deux livres, sans parler du nom et de la notoriété des auteurs, sont de nature à empêcher toute confusion.

— Trib. civil de la Seine, 18 décembre 1885, aff. Hennuyer c. Legouvé, *la Lecture en famille* (Pat., 1886, p. 223). — Voir encore : Dall., *Prop. litt.*, n° 105.

1448. Une expression qui désigne un certain type

d'hommes et qui appartient au domaine public, peut être successivement employée comme titre d'un roman et d'une pièce de théâtre par deux auteurs différents, sans que l'un soit fondé à revendiquer contre l'autre le privilége résultant de la priorité.

— Trib. de la Seine, 23 novembre 1855, aff. Castille c. Dennery, *les Oiseaux de proie* (Pat., 1856, p. 27).

SECTION III. — De la durée du droit de propriété.

INDEX

1449. En général, la durée de la propriété d'un titre est subordonnée à la durée de la propriété de l'ouvrage.

Il n'en est pas de même d'un journal.

En vertu d'un usage consacré, on peut s'emparer de son titre s'il a cessé de paraître comme feuille périodique, ou si son titre primitif a été abandonné.

— C. de Paris, 15 avril 1834, aff. Guérin c. Grimault, *la Gazette de Santé* et *la Gazette Médicale*; — Trib. civil de la Seine, juin 1842, aff. Beauger c. Saint-Elme, *le Figaro* (Blanc, p. 379).

1450. Toutefois les propriétaires d'un journal qui a cessé de paraître peuvent exiger, si l'on reprend le titre de ce journal, que l'on emploie des caractères typographiques différents, pour éviter toute confusion.

— Trib. de comm. de la Seine, 17 juin 1868, aff. de Villemessant, Dumont et Cie, propriétaires de l'*Événement* c. Edmond Bauër, fondateur de l'*Événement illustré* (*Chron. de la Société des gens de lettres*, no 30).

1451. En droit le titre d'un journal est une propriété à laquelle personne ne peut porter atteinte,
ni directement ni indirectement, et ce titre appartient à celui qui en a fait le dépôt le premier.

Malgré les interruptions et l'irrégularité qu'il a pu
y avoir dans la publication d'un journal, un tiers ne
saurait s'approprier son titre du moment qu'il n'est
pas établi que le propriétaire originaire du titre ait
renoncé au droit qui lui appartenait, et qu'il justifie au contraire, en reprenant la publication de son
journal, avoir eu l'intention formelle de conserver
son droit privatif.

— C. de Caen, 25 mars 1886, aff. de Boissieu et Courapied
c. Dautresme (Dall., 1887. 2. 139).

1452. D'après l'usage constant de l'administration
et de la société des gens de lettres, tout propriétaire
de journal qui est resté un an sans publier un numéro doit être considéré comme ayant renoncé au
titre de son journal.

— Trib. de comm. de la Seine, 1er septembre 1874, aff. Mé-
rit c. Lamonta, *la Gazette de Paris* (Pat., 1874, p. 373).

1453. Lorsque un journal a disparu, après une
existence plus ou moins longue, le premier occupant a le droit de s'approprier le titre qu'il portait,
et de s'opposer dès lors à ce que d'autres publient,
sous la même appellation, un autre journal, quels
qu'en soient le prix et le format.

Il importe peu au surplus, vu la facilité des relations postales, que l'un soit imprimé à Marseille et
l'autre à Paris.

— Trib. de comm. de la Seine, 31 mars 1881, aff. *le Citoyen* de Marseille c. *le Citoyen* de Paris (Dall., 1882. 3. 95).

1454. N'est pas fondé à revendiquer la propriété d'un titre de journal, comme n'en ayant pas pris possession, celui qui, après avoir émis quelques prospectus, ne les a pas fait suivre de la publica-du journal (dans l'espèce parce qu'un arrêté ministériel lui avait retiré l'autorisation de le publier).

— Trib. civil de la Seine, 20 avril 1864, aff. Gondon c. Castille (Pat., 1864, p. 298).

1455. Dans le cas où un journal, comme *l'Indépendant français*, après avoir traité de matières politiques, devient purement financier, il ne peut être permis de fonder, par exemple sous le titre *l'Indépendant*, un autre journal où il est traité de politique, alors qu'il peut en résulter une confusion préjudiciable, et surtout quand rien ne s'oppose à ce que les rédacteurs du premier journal y traitent de nouveau des sujets politiques.

—Trib. de commerce de la Seine, 18 juin 1881, aff. Durant c. le journal *l'Indépendant* (Dall., 1882. 3. 96).

SECTION IV. — De la propriété du nom.

INDEX

1456. L'Académie française doit être considérée comme un auteur dont le nom ne peut être usurpé par personne pour figurer dans le titre d'un dictionnaire qui n'est pas le sien, ou qui n'est que le sien remanié. Indépendamment de la contrefaçon qui résulte de la reproduction, sans la permission des éditeurs de son Dictionnaire, de passages plus ou moins importants de ce dernier, il y a dans cette usurpation le principe d'une action en dommages-intérêts, qui doit faire accueillir la demande de ces éditeurs, s'il est reconnu qu'elle leur a causé un préjudice.

— C. de cass., 28 floréal an XII, aff. Bossange c. Moutardier (Blanc, p. 166).

1457. Un pseudonyme peut être l'objet d'un droit de propriété, soit au profit de l'écrivain qui s'en sert et en fait comme la marque de sa personnalité, soit au profit du journal qui le choisit pour servir de signature à une certaine espèce d'articles ; et le pseudonyme acquérant alors la valeur qui lui manquait devient un objet susceptible d'échange.

— Trib. civ. de la Seine, 24 janvier 1889, aff. le *Gil Blas* c. Henri Fouquier (*le Droit*, 25 janvier 1889).

1458. Bien qu'il soit difficile de confondre l'œuvre d'un auteur ancien et celle d'un auteur moderne écrivant sous un pseudonyme, les descendants du premier sont fondés à demander que le second ne signe pas ses ouvrages de leur nom, à moins d'y joindre le sien, pour éviter la confusion.

— Trib. civil de la Seine, 30 mars 1882, aff. Miron c. Morin (*le Droit*, 31 mars 1882).

1459. L'emploi d'un pseudonyme pour signer des articles de journaux peut être interdit à un journal sur la demande de personnes portant un nom identique, même s'il peut être allégué en réponse à leur prétention que ce nom est devenu commun par

suite de l'usage qu'en ont fait plusieurs auteurs dramatiques pour désigner des personnages de leurs
pièces. Peu importe d'ailleurs que le pseudonyme
ne reproduise pas une particule qui précède le nom
dans les actes de l'état civil.

— Trib. civil de la Seine, 6 décembre 1878, aff. de Plante-
rose c. l'*Evénement* (*le Droit*, 11 décembre 1878).

1460. Le journaliste qui a écrit sous des pseudonymes déjà employés avant lui par d'autres écrivains est sans droit pour les revendiquer et continuer d'en faire usage après qu'il a cessé de participer à la rédaction du journal.

— Trib. civil de la Seine, 16 janvier 1883, aff. Catulle Mendès c. Piégu et Cie *(le Droit,* 17 janvier 1883).

1461. Le journaliste qui a donné une notoriété
spéciale à un pseudonyme sous lequel il a écrit dans
un journal, ne saurait, lorsqu'il a quitté ce journal,
revendiquer l'usage exclusif de ce pseudonyme, dès
lors qu'il est acquis que d'autres écrivains attachés
au même journal s'en étaient servis avant lui, et
qu'il ne justifie d'aucune convention lui réservant
cet usage exclusif. Le pseudonyme est en pareil cas
la propriété du journal, et il doit être fait défense à
l'écrivain d'en faire usage.

— Trib. civil de la Seine, 24 janvier 1889, aff. le *Gil Blas*
c. Henri Fouquier (*le Droit,* 25 janvier 1889).

1462. Un libraire se rend passible de dommages-
intérêts envers l'auteur d'un ouvrage dont il a
acheté un certain nombre d'exemplaires, lorsqu'il
publie cet ouvrage en en changeant le millésime et
en remplaçant le nom de l'auteur, sans son autorisation, par une simple indication, comme : *par l'auteur de l'Histoire de Paris.*

— C. de Paris, 17 décembre 1838, aff. Touchard-Lafosse
c. Philippe (*Gaz. des Trib.*, 18 déc. 1838).

1463. La cession de la propriété littéraire d'une
œuvre, même faite à un collaborateur, ne donne pas
à ce dernier le droit de supprimer le nom de l'auteur, ni de publier l'œuvre sous un autre nom que
celui sous lequel a paru l'édition primitive.

— Trib. civil de la Seine, 24 février 1888, aff. de Bertrand
c. Habert (*le Droit*, 1er mars 1888).

1464. Ne constitue aucune atteinte aux droits
d'un collaborateur, ou de ses héritiers, le fait d'inscrire le nom d'une pièce de théâtre sur le socle de
la statue élevée à un écrivain, sans faire mention
dans l'inscription du nom de ce collaborateur.

— Trib. civ. de la Seine, 2 juillet 1886, aff. Hér. Gaillardet
c. Alexandre Dumas (*la Loi*, 4 juillet 1886).

1465. Le fils d'un artiste mort a un intérêt moral
d'un ordre supérieur à défendre de toute atteinte et
de toute usurpation la mémoire et la réputation artistique de son père, indépendamment de l'intérêt
particulier dont il peut aussi justifier.

C'est donc à bon droit qu'il réclame la suppression de la signature d'un autre artiste apposée
frauduleusement sur des œuvres de son père.

Il est sans intérêt de rechercher si l'œuvre sur laquelle a été commise la fraude est un original ou
seulement une copie ; les règles qui protègent la
propriété artistique contre toute usurpation semblable doivent s'appliquer également dans les deux
cas.

— C. de Paris, 30 novembre 1888, aff. Paul Huet c. Garnier (*la Loi*, 12 décembre 1888).

SECTION V. — Du dépôt.

1466. Ce n'est pas le dépôt, mais l'emploi effectif d'un titre et la publication de l'ouvrage ou du journal qui crée le droit à la propriété du titre.

— Trib. de commerce de la Seine, 6 novembre 1849, aff. Dutacq c. Laîné ; — C. de Paris, 28 juin 1847, aff. Borel d'Hauterive c. Aubert (Blanc, p. 373 et 374).

1467. Le dépôt du titre d'un journal, exigé par la loi, est une mesure d'ordre public qui ne saurait être par elle-même attributive, au profit du déposant, de la propriété du titre.

La prise de possession d'un titre de journal résulte de la publication de ce journal.

— Trib. de comm. de la Seine, 14 oct. 1881, aff. Guitton c. Lupiac (Dall., 1882. 3. 96).

1468. Celui qui, associé en participation pour l'exploitation d'un journal, et ayant par suite qualité apparente pour faire ce dépôt, en a déposé le titre à la préfecture (avant la loi de 1881), ne saurait s'être ainsi créé un droit personnel à la propriété de ce journal, pour l'époque qui suivra la dissolution de la société, alors que l'apport en société avait été fait par une autre personne qui, propriétaire du journal, en avait depuis plusieurs mois cessé la publication quand la société l'avait reprise.

Aucune loi en effet ne permettait, dans de telles

circonstances de fait, de considérer l'interruption de la publication comme ayant impliqué l'abandon du titre du journal, et le nouveau dépôt ne pouvait par suite créer au déposant, au détriment de son associé, un droit à la propriété du journal mis en société.

— C. de cass., 8 juillet 1879, aff. Crotte c. Steyert (Dall., 1882. 5. 340).

1469. Le dépôt seul d'un nom ou titre de journal, revue ou écrits périodiques, ne confère pas un droit privatif à celui qui l'a opéré, s'il n'a été suivi d'une publication courante et effective.

Spécialement il n'est pas possible d'admettre que le dépôt d'un certain nombre de titres, fait au Parquet aux termes de la loi de 1881, permette au déposant de monopoliser les titres qui s'appliquent à une matière déterminée, de manière à empêcher la libre concurrence.

Le dépôt opéré en août 1884 du titre *le Moniteur de l'exposition de* 1889, simultanément avec un certain nombre d'autres, n'a donc pu, alors que ce dépôt n'a pas été suivi d'une publication périodique régulière, faire obstacle au dépôt et à la publication d'un autre *Moniteur de l'exposition de* 1889, différent du premier et paraissant régulièrement.

Il en sera surtout ainsi si le premier journal n'est que la reproduction littérale d'un autre organe publié sous un autre nom par son éditeur, et n'a par suite d'utilité que pour lui réserver le nom.

— Trib. civil de la Seine, 10 juin 1886, aff. Bocquet c. Garreau et autres (*le Droit*, 23 juin 1886).

Voir encore ci-dessus, Sect. I.

CHAPITRE II

DE L'USURPATION

SECTION I. — Caractères de l'usurpation.

1470. Le Code pénal, en punissant comme contrefaçon toute édition d'un écrit qui contrevient en tout ou en partie aux lois sur la propriété des auteurs, laisse au juge le soin d'arbitrer dans quelles limites doit se renfermer l'application de la loi à la reproduction partielle.

Le titre d'un écrit en forme une partie souvent importante au point de vue littéraire, en même temps qu'il est indispensable pour spécifier et individualiser l'ouvrage.

L'usurpation d'un titre constitue donc le délit de contrefaçon.

— C. d'Orléans, 10 juillet 1854, aff. Thoisnier-Desplaces c. Didot (Dall., 1855. 2. 157). — Voir dans le même sens : C. de Paris, 6 février 1832, aff. Belloc c. Fournier (*Gaz. des trib.*, 7 février 1832). — *Contrà* : Blanc, p. 381.

1471. Le titre d'un ouvrage ne rentre pas dans les

œuvres auxquelles la loi de 1793 accorde sa protection spéciale, et l'usurpation ne peut donner lieu
qu'à une action civile.

— C. de Paris, 25 février 1880, aff. Schlosser c. Grus et
autres (Pataille, 1880, p. 219). — *Sic* : Pouillet, n° 64.

1472. Lorsqu'un ouvrage est la réfutation d'un
autre, il ne peut avoir le même titre sans que cette
similitude puisse être une cause de préjudice, puisqu'il est censé traiter le même sujet, et que l'on peut
prendre l'un pour l'autre ; et il y a par suite, dans
l'emploi de ce titre, une usurpation condamnable.

— Trib. de la Seine, 27 novembre 1834, aff. Renduel c.
Janthon (Blanc, p. 387).

1473. Jugé toutefois qu'il n'y a ni intention coupable ni préjudice possible, dans le fait de répondre
à la publication d'un livre par celle d'une brochure
reproduisant le titre du livre et adressée à l'auteur, alors que la lecture de la brochure ne peut
empêcher l'acquisition de la première œuvre, la connaissance de cette œuvre étant indispensable pour
apprécier la réponse.

— Trib. de comm. de la Seine, 17 mai 1861, aff. Gaume et
Duprey c. Dentu (Pat., 1861, p. 255).

1474. Il y a usurpation de la propriété d'un titre,
dans le fait de mettre en vente des parodies de
chansons connues avec le même titre disposé de
façon à faire croire à l'acheteur qu'il achète la
chanson dont on ne lui livre que la parodie..

— Trib. de commerce de la Seine, 27 août 1886, aff. Le
Bailly et autres c. Gabillaud (*Gaz. des trib.*, 10 sept. 1886).

1475. Le titre *le Roi Carotte* fût-il dans le domaine
public, on doit considérer comme abusif l'emploi de

ce titre par un éditeur qui, peu de jours après la première représentation, publie une chanson de café-
concert portant le même titre, avec l'addition de
deux mots imprimés au-dessous en petits caractères,
et cherche à exploiter la vogue de la pièce et à
accréditer l'idée que la chanson en est extraite, en
faisant afficher celle-ci dans les programmes sous
cette désignation : *le Roi Carotte, grand succès.*

— Trib. civil de la Seine. 14 février 1873, aff. Choudens c.
Dubost et Bataille (Pat., 1873, p. 168).

1476. Il y a usurpation du titre de la chanson :
les Pompiers de Nanterre, dans le fait d'adopter pour
une autre chanson le titre : *les Beaux pompiers de
Nanterre.* Peu importe que les couplets soient différents, et l'usurpation existe surtout lorsque par la
dimension donnée aux caractères du titre on a cherché à provoquer la confusion.

— C. de Paris, 30 mai 1872, aff. Philibert et Roucou c.
Duchenne (Pat., 1873, p. 165).

1477. Lorsqu'il existait déjà un recueil intitulé :
Heures musicales, un éditeur n'a pas le droit de
modifier le titre d'une de ses propres publications :
les Veillées des Salons, pour la transformer en : *Heures
musicales des Salons.*

— Trib. de commerce de la Seine, 15 octobre 1857, aff.
Girod c. Schlosser et autres (Pat., 1858, p. 188).

1478. Il n'y a pas usurpation dans l'adoption pour
un journal d'un titre abandonné par la rédaction
d'un journal plus ancien, alors surtout que le nouveau journal diffère de l'ancien par son format, l'aspect de son titre et le mode de publication.

— C. de Paris, 15 avril 1834, *la Gazette médicale* c. *la Gazette
de santé* (Sir., 1834. 2. 257, note).

1479. Le titre d'un journal est une propriété. Le même titre ne peut être donné à un autre journal, même en indiquant que ce dernier est de création beaucoup plus récente, par la mention de la date à la suite du titre. Il y a lieu d'ordonner dans ce cas la suppression de ce titre.

— Trib. de comm. de la Seine. 2 mars 1832. aff. *le Constitutionnel* c. *le Constitutionnel de 1830* (Sir., 1832. 2. 176). — V. Blanc, p. 387.

1480. Le titre *la Presse libre* étant de nature à amener une confusion avec *la Presse*, notamment dans la vente au numéro, et le titre *la Presse* constituant une propriété, sans que l'on puisse y voir une expression générique pouvant s'appliquer à toute publication périodique, il y a lieu d'interdire au fondateur de *la Presse libre* de continuer la publication de son journal sous ce nom.

— Trib. civil de la Seine, 31 mars 1869. aff. Halbronn c. Malespine (Pataille, 1869, p. 142).

1481. Le fait de donner à un journal comme titre principal le sous-titre d'un autre journal peut donner lieu à une condamnation à des dommages-intérêts et à la suppression du titre.

— Trib. de comm. de la Seine, 14 février 1834, le *Journal général d'affiches*, dit *Petites affiches*, c. *les Petites affiches* (Sir., 1834. 2. 257, note).

1482. Il n'y a pas usurpation de titre lorsque l'identité n'est pas telle qu'elle puisse occasionner une méprise de nature à causer un préjudice à celui qui invoque un droit de propriété.

— Trib. de commerce de la Seine, 19 février 1835, *l'Almanach du Peuple, des Villes et des Campagnes* c. *le Calendrier de France, Almanach du Peuple* (*Gaz. des trib.*, 19 mars 1835).

1483. Un journal politique qui use de son droit de publier à part, dans ses colonnes, des avis, annonces et renseignements divers, analogues à ceux que publie le *Journal général d'affiches, Petites affiches et Journal judiciaire réunis,* ne peut désigner cette catégorie d'annonces sous le même titre de *Petites affiches* sous lequel ce journal est connu, même en ajoutant à ces mots le titre qu'il porte lui-même. C'est donc sans droit que la *Liberté* publie une page d'annonces sous la rubrique : *Petites affiches de la Liberté.*

— C. de Paris, 2 juin 1866, aff. Lambert c. de Girardin et Lagrange et Cerf (Pat., 1869, p. 223).

1484. Les propriétaires d'un journal qui a cessé de paraître en fusionnant avec d'autres ne peuvent, même s'ils se sont réservés le droit de reprendre plus tard isolément sa publication, empêcher d'autres personnes de donner le même titre à un autre journal, du moment que ce titre est une expression générique comme *la France,* et qu'elles différencient leur journal de l'ancien en ajoutant à ce titre des qualifications nouvelles qui ne permettent aucune confusion.

— Trib. civil de la Seine, 20 août 1862, aff. *l'Union* c. *la France* (Pat., 1862, p. 405). — Voir : Trib. de comm. de la Seine, 17 juin 1868, aff. de Villemessant c. Baüer (Pat., 1868, p. 218).

SECTION II. — De la reproduction totale ou partielle.

INDEX

1485. Nul n'a le droit d'employer un titre arbitraire précédemment donné à un journal dont la publication se continue, même en y ajoutant une désignation accessoire.

Il y avait donc lieu d'ordonner la suppression du titre *l'Illustration de la Jeunesse*, comme pouvant établir une confusion avec *l'Illustration*.

— C. de Paris, 22 mai 1845, aff. Dubochet c. Warée (Blanc, p. 382). — Voir dans le même sens : C. de Paris, 23 mai 1885, aff. Société des publications périodiques c. Laromiguière-Lafon, le *Moniteur universel* c. le *Moniteur universel des voyageurs* (*la Loi*, 5 juillet 1885).

1486. Il y avait lieu de même d'ordonner la suppression de la seconde partie du titre : *le Dragon rouge, Almanach prophétique*, susceptible d'être confondu avec : *Almanach prophétique*.

— C. de Nancy, 26 juillet 1852, aff. Plon c. Hinzelin (Blanc, p. 382).

1487. Pareillement il ne peut être permis de publier une brochure intitulée : *Bulletin du nouveau-né, l'Art d'élever les enfants*, en concurrence avec une autre, publiée antérieurement, et intitulée : *l'Art d'élever les enfants*, alors surtout que la similitude des titres est aggravée par des ressemblances de forme calculées de manière à rendre la confusion des plus faciles.

— C. de Paris, 22 décembre 1881, aff. Brochard c. Robert et autres (Pat., 1882, p. 295).

1488. *Dictionnaire de médecine usuelle* est un titre banal que chacun peut reproduire, surtout en y ajoutant des mots comme : *Dictionnaire de médecine usuelle* ET DOMESTIQUE.

— C. de Paris, 6 février 1835 (Blanc, p. 384). — *Contrà* : Blanc, *eod. loc.*

1489. Il y a usurpation pure et simple d'un titre dans le fait de le reproduire en tête d'un autre ouvrage, en intervertissant les mots qui le composent, surtout si l'on reproduit en même temps une lithographie qui accompagnait ce titre sur la couverture de l'ouvrage auquel il appartenait.

— C. de Paris, 29 mai 1846, aff. Brullé c. Paté (Blanc, p. 382).

1490. La reproduction d'un titre, même dissimulée par l'intercalation d'une désignation accessoire, constitue une usurpation, si l'on a par exemple imprimé en caractères plus apparents les mots qui constituent la ressemblance, de manière à rendre la confusion possible.

Un jugement a ainsi pu ordonner la suppression des deux derniers mots du titre : *le Magasin des Dames, Moniteur des Demoiselles*, alors que ces deux mots permettaient une confusion avec *le Magasin des Demoiselles*.

— Trib. de comm. de la Seine, 28 déc. 1848, aff. Desrey c. Martin (Blanc, p. 383).

1491. L'auteur qui, sans nécessité, publie son œuvre sous le même titre qu'une publication précédente, commet, comme l'éditeur qui s'associe à cette usurpation, un acte de concurrence illicite, et ils doivent être tous deux condamnés solidairement à la réparation du préjudice causé et à la suppression du titre.

— C. de Paris, 24 novembre 1886, aff. Vanier c. Amic et C. Lévy, *Les 28 jours d'un Réserviste* (*Gaz. des Trib.*, 27 novembre 1886).

1492. C'est commettre un acte illicite en raison de la confusion possible entre les deux ouvrages, que de publier une « Légende d'Alexandre-le-Grand au XIIe siècle, d'après les manuscrits de la Bibliothèque nationale », alors qu'il existait déjà un « Essai sur la légende d'Alexandre-le-Grand dans les romans du XIIe siècle ».

— C. de cass., 26 novembre 1853, aff. Talbot c. de Villedeux (Dall., *Prop. litt.*, no 107).

1493. Le titre *l'Illustration* est une dénomination spéciale qui ne peut être usurpée pour fonder un nouveau journal appelé *l'Illustration pour tous*.

— C. de Paris, 7 janvier 1884, aff. Marc et Cie c. la Société de Librairie catholique (Pat., 1884, p. 223).

1494. Il ne peut être permis davantage d'imprimer à Paris un journal portant ce même titre en y ajoutant le nom de différentes villes où on veut le publier, en l'appelant par exemple : *l'Illustration de Beauvais, de Roubaix, de Nantes,* de manière à faire concurrence à *l'Illustration*.

— Trib. de commerce de la Seine, 29 novembre 1881, aff. Marc et Cie c. *l'Illustration de Beauvais (le Droit,* 21 décembre 1881).

1495. Il y a lieu d'interdire l'importation et la publication en France, en concurrence avec l'ancien journal *l'Illustration*, d'un journal belge appelé *l'Illustration européenne*.

— C. de Paris. 1er mai 1888, aff. Marc c. Bogaërts *(la Loi,* 15 juin 1888).

1496. Il a été jugé que le titre « la Mode » est une désignation spéciale qui caractérise l'objet dont s'occupe le journal auquel il a été donné, et non une expression générale qui pourrait s'appliquer à plusieurs journaux traitant de sujets différents ; qu'en conséquence ce titre appartient à ce journal exclusivement, de sorte qu'en donnant à un journal du même genre le titre : *la Mode de Paris*, le propriétaire de ce dernier a commis une usurpation.

— C. de Paris, 15 février 1834, aff. Guyot c. Dufougerais (Dall., *Prop. litt.*, n° 110). — V. Blanc, p. 387.

1497. Si les mots *journal* et *gazette* sont des expressions génériques qui appartiennent à tous, il n'en est plus de même quand le titre est spécialisé par l'addition d'autres mots, qui en font un titre arbitraire, comme l'est celui du *Journal des Débats*, dont rien ne saurait justifier l'usurpation, même si l'on y ajoute une désignation accessoire spéciale. Il y a en effet en pareil cas méprise possible, et par conséquent préjudice.

— Trib. de comm. de la Seine, 8 novembre 1843, aff. Bertin c. Gautier, *le Journal des Débats* c. *le Journal des Débats industriels et littéraires* (Blanc, p. 387).

1498. Le directeur d'un journal en possession d'un titre tel que *le Figaro* est en droit de demander la suppression du titre *Figaro-Revue* donné à un recueil périodique, littéraire, anecdotique et satirique, susceptible de faire concurrence au journal qu'il administre.

— Trib. civil de la Seine, 6 mai 1859, aff. de Villemessant c. Naquet (*le Droit*, 7 mai 1859).

1499. Le titre *le Figaro*, qui constitue l'enseigne d'un journal, est la propriété de la société qui l'exploite. L'addition à ce mot d'un qualificatif, du moment que les rédacteurs ont eu en vue de profiter de la notoriété attachée au premier journal, ne saurait, du moment que celui qu'ils fondent est un journal du même genre, destiné au même public, légitimer l'emploi du titre *le Nouveau Figaro*, du moment que l'un peut être confondu avec l'autre au moment de la vente.

Le mot *Figaro* doit donc en ce cas disparaître de l'en-tête du nouveau journal.

— Trib. de commerce de Nice, 3 mars 1880, aff. *le Figaro* c. *le Nouveau Figaro*, de Nice (Pat., 1880, p. 174).

1500. Un jugement a pu prescrire au gérant du journal « le Petit journal du soir » de supprimer de son titre le mot « Petit », pour éviter la confusion avec *le Petit journal*, et le condamner d'ailleurs à des dommages-intérêts pour le préjudice causé.

— C. de Paris, 20 juillet 1880, aff. Goujon ès-qual. c. Delatre ès-q. (Pat., 1880, p. 365). — Voir également : C. de Paris, 11 nov. 1887 et 1er mai 1888, aff. *le Petit Journal* c. *le Petit Journal financier* (Pat., 1889, p. 336).

1501. Mais jugé qu'aucune confusion ni concurrence n'étant possible, les fondateurs du *Petit Normand*, journal publié à Rouen, sont mal fondés à demander la suppression de ces mots du titre du journal *le Petit Normand de l'Orne*, publié dans un département non limitrophe.

— C. de Caen, 25 mars 1886, aff. Boissieu et Courapied c. Dautresme (Pat., 1889, p. 345).

1502. Il a été jugé qu'en adoptant le titre : *le Voleur politique et littéraire,* l'éditeur d'un journal n'avait pas causé de préjudice au propriétaire du journal : *le Voleur, Gazette des journaux.*

— C. de Paris, 3 mars 1830, aff. Mornaud-Berthet c. Rozier (Dall., *Prop. litt.,* nº 110).

1503. Un journal a pu se fonder sous le titre : *le Magasin parisien, écho de la presse française,* alors qu'il existait déjà un *Echo de la presse.*

— Trib. de comm. de la Seine, 17 janvier 1843, aff. Ducket c. Vauvilliers (Blanc, p. 388). — *Contrà :* Blanc, *eod. loc.*

1504. Le titre d'un journal publié dans une ville peut devenir celui d'un journal publié dans une autre, à condition que ce dernier soit disposé ou modifié de manière à éviter toute confusion.

— Trib. civil de la Seine, 24 février 1864, aff. Tessier et autres c. Syndic Rety (Pat., 1864, p. 301).

1505. Jugé qu'aucune confusion n'étant possible entre le journal *l'Ordre,* paraissant à Arras, et *l'Ordre* de Paris, il y a lieu de débouter le propriétaire-gérant du premier journal de sa demande en suppression de titre et en dommages-intérêts.

— Trib. civil de la Seine, 28 mars 1873, aff. Dupont-Dussauty c. Duvernois (*le Droit,* 30 mai 1873).

1506. Le nom d'une ville où paraît un journal peut servir de titre à ce journal, même si ce nom fait déjà partie du titre d'un journal plus ancien, à condition toutefois que certaines dissemblances, comme l'impression de ce titre avec des caractères d'une autre dimension, donnent aux deux journaux une physionomie différente.

— Trib. de comm. du Hâvre, 14 novembre 1868, aff. *Journal du Hâvre* c. *le Hâvre* (Pat., 1869, p. 350). — V. anal. : C. de Riom, 27 août 1874, le *Moniteur du Puy-de-Dôme* c. le *Journal du Puy-de-Dôme* (Pat., 1874, p. 347).

1507. En sens contraire il a été jugé qu'un journal ne pouvait se fonder sous le titre : *la Vienne*, quand dans la même ville il existait déjà un *Journal de la Vienne*.

— C. de Poitiers, 18 décembre 1873, aff. Dupré c. Massicault et Lallemand (Pat., 1874, p. 134).

1508. Le sous-titre d'un journal peut devenir le titre d'un autre, sans qu'il y ait usurpation.

Ainsi *le Courrier d'Avranches* ne saurait être considéré comme faisant une concurrence illicite au journal plus ancien *le Granvillais, Courrier d'Avranches, de Coutances et de la côte*.

— C. de Caen, 15 janvier 1878, aff. Durant c. Cagnant (Sir., 1878. 2. 88).

1509. Jugé au contraire, mais dans des circonstances différentes, qu'il n'est pas permis de prendre pour titre principal d'un journal le sous-titre d'un autre journal.

— Trib. de comm. de la Seine, 14 février 1834, le *Journal général d'affiches, dit Petites-Affiches* c. *les Petites-Affiches* (Sir., 1834. 2. 257, note). — V. *Gaz. des trib.*, 19 février 1834. — *Sic :* C. de Paris, 2 juin 1869, aff. Lambert c. de Girardin et Lagrange et Cerf (*Chron. de la soc. des gens de lettres*, n° 50). — Voir également : Trib. de comm. de la Seine, 19 décembre 1835, aff. Pillet c. *l'Univers* (*Gaz. des trib.*, 20 déc. 1835) ; — Trib. de comm. de la Seine, 14 juin 1888, aff. Alboize c. Arsène Houssaye et autres (Pat., 1889, p. 341).

1510. Un titre additionnel peut être considéré comme susceptible de porter préjudice au propriétaire d'un journal portant un titre semblable, et il peut y avoir lieu par suite d'en ordonner la suppression.

— Trib. de comm. de la Seine, 19 décembre 1835, le *Journal des Villes et des Campagnes* c. *l'Univers religieux, journal politique, scientifique et littéraire, Gazette quotidienne des Villes et des Campagnes. (Gaz. des trib.,* 20 décembre 1835).

1511. Le même titre peut être donné, sans que l'auteur du plus ancien ouvrage puisse se plaindre d'une usurpation de son droit de propriété, à deux ouvrages ayant un but et un objet tout différents, comme une revue hebdomadaire illustrée, politique et littéraire, et un recueil comprenant les éléments de la législation usuelle, des modèles de contrats et des renseignements sur la tenue des livres, le change, etc.

— Trib. de comm. de la Seine, 9 avril 1856, aff. d'Authelande c. Paulin et Lechevalier, *l'Ami de la Maison (le Droit,* 10 avril 1856).

1512. L'identité partielle de deux titres d'ouvrages ne donne pas le droit à l'auteur du plus ancien ouvrage de demander le changement du titre du second, si sa publication ne lui a pas porté préjudice et si lui-même pendant de longues années n'a pas fait de protestation.

— Trib. de la Seine, 8 mars 1867, aff. Delacroix-Futin c. Capefigue (*Chron. de la soc. des gens de lettres,* n° 14).

1513. L'objet tout différent de deux ouvrages portant le même titre permettant d'éviter toute confusion, surtout si l'on en rapproche le nom des auteurs, il n'y a pas lieu de prescrire le changement du titre de l'un de ces ouvrages, alors surtout que l'auteur de l'autre ouvrage ne justifie pas du droit de priorité qu'il invoque et qu'il est constant que le même titre avait déjà servi antérieurement.

— Trib. civil de la Seine, 18 décembre 1885, aff. Hennuyer c. Legouvé, *la Lecture en famille* (*Gaz. des trib.*, 19 décembre 1885).

1514. Si entre deux ouvrages portant le même titre il n'y a aucune analogie, s'ils ne s'adressent pas à la même classe de lecteurs, s'il n'y a eu enfin aucune intention de nuire de la part de celui qui a employé ce titre le second, l'auteur du plus ancien ouvrage ne saurait obtenir des dommages-intérêts pour concurrence déloyale.

— Trib. de commerce de la Seine, 7 novembre 1881, aff. France c. *le Figaro* (*la Loi*, 17 novembre 1881).

1515. Celui qui a publié une traduction d'un auteur étranger, sous un titre nouveau, avec une classification et des observations scientifiques nouvelles, peut agir en contrefaçon contre la personne qui publie sous le même titre et dans la même forme une traduction du même ouvrage.

— C. de Paris, 6 février 1832 (Dall., *Prop. litt.*, n° 105).

1516. Lorsque des morceaux de musique vendus à un éditeur ont été, d'un commun accord, intercalés dans un ballet d'un autre auteur, l'éditeur du ballet ne saurait, surtout en raison du profit qu'il tire lui-même de cette intercalation qui contribue au succès de l'œuvre, interdire à son concurrent de la mentionner en tête des morceaux qu'il a le droit de publier ; ce dernier peut inscrire le titre du ballet même en gros caractères sur la couverture, du moment qu'en usant de ce droit il ne nuit pas à celui de son confrère, avec lequel en fait il ne peut être confondu.

— C. de Paris, 8 avril 1842, aff. Meissonnier c. Colombier (Blanc, p. 385).

SECTION III. — De l'imitation.

INDEX

1517. Lorsqu'une confusion est possible entre deux titres, il y a concurrence déloyale, si le titre le plus récemment adopté est une imitation volontaire de l'autre, et il y a lieu par suite d'ordonner la suppression de ce titre.

— Trib. civil de la Seine, 8 juillet 1881, aff. Lévy, *le Tribunal illustré*, c. Angevin et autres, *les Tribunaux illustrés* (*le Droit*, 9 juillet 1881).

1518. Deux publications, comme le *Journal des fiancés* et le *Moniteur des fiancés*, s'adressant aux mêmes personnes et exploitant la même idée, peuvent coexister sans que l'une doive être considérée comme faisant à l'autre une concurrence déloyale, si elles diffèrent suffisamment par le format, les caractères, le frontispice, pour qu'on ne puisse pas les confondre.

— Trib. de comm. de la Seine, 13 oct. 1859, aff. Dubedat c. Ory Lecamp (Pat., 1859, p. 401).

1519. Même si les circonstances ne permettent pas de voir un fait intentionnel de concurrence déloyale dans le choix d'un titre de journal qui rend la confusion inévitable, il y a lieu de reconnaître l'existence d'un préjudice causé au journal *le Voya-*

geur de commerce par la création d'un autre journal avec le titre : *Journal des voyageurs de commerce.*

— Trib. de commerce de la Seine, 4 août 1881, aff. Castex c. Menu (Pataille, 1881, p. 254).

1520. Le titre *l'Orchestre* donné à un journal par son éditeur est une propriété, et il peut être jugé qu'il est fait à ce journal une concurrence illicite par l'emploi du titre : *le Monsieur de l'Orchestre.*

— Trib. de commerce de la Seine, 18 juillet 1885, aff. Saint-Amé c. Vérité (*le Droit*, 1er août 1885).

1521. Il appartient aux tribunaux de faire cesser la concurrence qui résulte de la publication d'almanachs dont le titre, la couverture, l'impression et les vignettes forment un ensemble destiné à produire, en vue de la vente, une confusion avec d'autres almanachs qui sont la propriété exclusive de leurs éditeurs.

— Trib. civil de la Seine, 29 décembre 1853, aff. Pagnerre, Plon, Bougy c. dames Breau et Debleds (Blanc, p. 388).

1522. Se rend passible de dommages-intérêts, pour le préjudice qu'il cause, l'éditeur de musique qui emprunte à une biographie accompagnée de portraits son titre et ses vignettes pour les adapter à un quadrille qu'il publie.

— Trib. de comm. de la Seine, 15 avril 1858, aff. Commerson c. Ikelmer et Cie, *les Binettes contemporaines* (Pat., 1858, p. 223).

1523. Les anciens propriétaires d'un journal qui a cessé de paraître sont, bien que le nom de ce journal soit depuis longtemps tombé dans le domaine public, fondés à demander la modification des caractères typographiques d'un nouveau journal dont le titre ressemble à celui de l'ancien au point de permettre de croire qu'il en est la continuation.

— Trib. de comm. de la Seine, 17 juin 1868, aff. de Villemessant, Dumont et Cie, prop^res de l'*Evénement*, c. Edmond Bauër, fondateur de l'*Evénement illustré* (*Chron. de la S^té des gens de lettres*, n° 30). — Voir : Trib. civ. de la Seine, 20 août 1862, aff. *l'Union* c. *la France* (Pat., 1862, p. 405).

1524. Pour qu'il y ait lieu de condamner au paiement de dommages-intérêts, il faut que l'on trouve dans le titre choisi pour la seconde publication une similitude volontairement établie dans le but, en trompant le public, de profiter de la notoriété dont jouit déjà le journal dont le titre a été imité.

— C. de Poitiers, 18 décembre 1873, aff. Dupré c. Massicault et Lallemand (Pat., 1874, p. 134).

1525. Lorsqu'un titre comme celui de *Petit journal financier* permet une confusion avec celui d'un journal connu, comme *le Petit journal*, il peut y avoir lieu pour les tribunaux de prescrire la suppression d'un des mots qui composent ce titre, par exemple du mot *Petit*, de manière à rendre la confusion impossible.

S'il n'y a d'ailleurs pas eu mauvaise foi de la part du défendeur, ni préjudice appréciable éprouvé par le demandeur, il n'y a lieu de prononcer aucune condamnation en dehors des dépens, et le jugement peut se borner à dire qu'il sera fait droit, s'il n'a pas été satisfait à ses injonctions dans le délai qu'il détermine.

— C. de Paris, 11 novembre 1887, aff. *le Petit Journal* c. le *Petit journal financier* (*la Loi*, 18 nov. 1887).

SECTION IV. — De la concurrence déloyale.

INDEX

1526. Indépendamment de l'usurpation du titre et de l'imitation proprement dites, certains faits peuvent constituer, en notre matière, une concurrence déloyale que les tribunaux ont le devoir de réprimer.

Ainsi il a été décidé que le libraire qui a en sa possession un certain nombre d'exemplaires du deuxième volume d'un ouvrage, trompe le public au préjudice d'un concurrent si, pour vendre ce volume, il fait imprimer un nouveau titre tendant à faire croire que l'ouvrage n'a qu'un seul volume.

— Trib. civil de la Seine, 10 mai 1851, aff. Orsini c. Lebigre (Blanc, p. 389).

1527. Un courtier d'abonnement aux journaux, qui a une remise sur la vente, ne peut, pour servir ses abonnés, employer des bandes imprimées portant le nom du journal et leur faire ainsi croire, quand il le leur envoie réellement lui-même, qu'ils sont directement servis par l'administration de ce journal.

— Trib. de comm. de la Seine, 19 septembre 1849, aff. Perrée c. Lamiche (Blanc, p. 389).

1528. L'éditeur qui, après avoir traité avec un auteur pour la publication d'un ouvrage, rompt le contrat et divulgue le sujet ainsi que le titre de cet ouvrage à un autre écrivain qui met la même idée en œuvre, est passible de dommages-intérêts au profit de l'auteur lésé.

— C. de Paris, 19 août 1845, aff. Paul Lacroix c. Deschères (Blanc, p. 389). — *Contrà* : Trib. de comm. de la Seine, 17 mars 1843, aff. Roussel-Lorambert c. Gaultier-Laguionie (Blanc, *eod. loc.*).

1529. Constitue une violation de l'esprit d'un contrat de vente et une concurrence déloyale, entraînant au profit de la partie lésée un droit à des dommages-intérêts et à la suppression du nouveau titre, le fait par le directeur d'un journal appelé *le Théâtre*, de publier, après la vente de sa part de propriété et de ses droits dans la gérance, un journal nouveau sous le titre de *Nouveau journal des théâtres*, nécessairement destiné à faire concurrence à celui qui avait fait l'objet de la vente.

— C. de Paris, 8 août 1853, aff. Chavet c. Deschamps (*le Droit*, 18 août 1853).

1530. Lorsque aucune confusion n'est possible entre deux journaux, il n'y a aucun reproche de concurrence déloyale à adresser à l'écrivain qui, ayant collaboré à un journal, dans l'espèce au journal *l'Acclimatation*, a fondé un journal similaire, *l'Eleveur*, auquel il a donné comme sous-titre le mot *Acclimatation*.

— Trib. de comm. de la Seine, 20 mai 1887, aff. Deyrolle c. Megnin (Pat., 1890, p. 61).

1531. Il y a concurrence déloyale dans le fait, par un ancien membre d'une association formée pour l'exploitation d'un ouvrage, de décrier cet ou-

vrage au profit d'une nouvelle publication de
même genre, à l'aide de circulaires et de prospectus,
au cours d'une instance introduite par cet ancien
associé à raison de son éviction.

— Trib. de comm. de la Seine. 26 mars 1874, aff. Larose
et Cotillon c. Louis Tripier (*Gaz. des Trib.*, 23 avril 1874).

1532. Les anciens rédacteur en chef et gérant
d'un journal ne peuvent, en le quittant après sa cession à des tiers, se présenter au public comme en
étant les seuls et vrais continuateurs, et, pour faire
connaître une nouvelle feuille qu'ils fondent sous un
autre nom, profiter, à l'égard des abonnés de l'autre, de leur possession abusive des listes d'abonnement.

— C. de Paris, 4 août 1881, aff. $S^{té}$ *des publications conserva-
trices* c. Durand-Morimbeau et Duroy de Bruignac (*le Droit*,
1er septembre 1881).

1533. Le propriétaire d'un journal-programme
qui, après la cession qu'il a faite de ce journal avec
les traités afférents, et ayant d'ailleurs pris l'engagement formel de ne pas lui faire concurrence,
fonde un autre journal qui, accessoirement, publie
des articles semblables et donne les mêmes renseignements, manque à ses engagements et doit cesser
cette concurrence.

La société qui exploite ce nouveau journal et qui,
en connaissance de cause, profite de la collaboration
de cet écrivain, peut être reconnue, au moins pour
partie, responsable du dommage causé.

— Trib. de comm. de la Seine, 28 fév. 1867, aff. Lion c.
de Villemessant (*Chron. de la* $S^{té}$ *des gens de lettres*, n° 13).

1534. S'il n'y a pas de préjudice causé par la
publication, on ne saurait voir une concurrence dé-

loyale dans le fait d'un auteur qui, ayant vendu le droit de publier un ouvrage d'histoire, publie en même temps dans un journal une œuvre de fantaisie sur le même sujet, même avec un titre analogue.

— Trib. de la Seine, 16 juillet 1873, aff. Bunel c. Zaccone (*Gaz. des Trib.*, 17 juillet 1873).

1535. Lorsqu'une personne a acheté la propriété complète d'un ouvrage, le vendeur se réservant seulement d'exploiter un abrégé qui en est tiré, et que ce dernier publie l'abrégé sous le titre que portait l'édition cédée, il y a lieu de lui enjoindre de cesser cette publication.

Il est également dû à l'acheteur une réparation pour le préjudice que le vendeur lui a causé en publiant cette édition comme la huitième dudit abrégé, alors que la septième n'avait pas paru, et en cherchant à faire croire au public qu'elle était l'abrégé de la grande édition publiée depuis la cession.

— Trib. de comm. de la Seine, 19 décembre 1876, aff. Bertrand c. Palmé (*le Droit*, 19 janvier 1877).

1536. Un écrivain se rend coupable de concurrence déloyale, lorsqu'il emploie pour signer des articles écrits dans un journal un pseudonyme dont il ne justifie pas avoir eu l'idée première, et qui, dans le journal où il écrivait auparavant, était le signe distinctif d'un certain genre d'articles composés tant par lui que par d'autres écrivains.

— Trib. civil de la Seine, 16 janvier 1883, aff. Piégu et Cie c. Catulle Mendès (*le Droit*, 17 janvier 1883).

1537. L'exploitation d'un journal est un acte de commerce. Le choix d'un titre, d'une enseigne ou d'une désignation quelconque, sous lesquels s'exerce ce commerce, constitue en faveur de celui qui le premier s'en est emparé une propriété personnelle à laquelle il ne peut être porté atteinte. Si un mot générique ne peut être réservé à un commerçant, il convient de reconnaître que la façon dont il est employé et exploité par d'autres peut constituer le fait de concurrence déloyale.

— Trib. de commerce de la Seine, 18 juillet 1885, aff. Saint-Amé c. Vérité (*le Droit*, 1er août 1885).

1538. Lorsqu'une publication n'est pas protégée par la loi de 1793, peu importe que le titre et le plan en soient reproduits, il n'y a pas contrefaçon ; mais les ressemblances destinées à produire une confusion doivent faire considérer les éditeurs de la seconde publication comme passibles de dommages-intérêts pour concurrence déloyale.

— Trib. civ. de la Seine, 16 janvier 1883, aff. Catulle Mendès c. Lalouette (*le Droit*, 17 janvier 1883).

1539. Le *Moniteur de la pharmacie* et la *Ruche pharmaceutique* sont des titres de nature à amener une confusion avec *le Messager de la pharmacie*.

— Trib. de comm. de la Seine, 29 novembre 1876, aff. Masson c. Kim (*le Droit*, 17 décembre 1876).

1540. Il y a intention de nuire et par conséquent concurrence déloyale dans le fait de disposer un titre, comme *le Magasin des dames, moniteur des demoiselles*, de manière à ce que les derniers mots, imprimés en gros caractères, frappent davantage les yeux, et permettent une confusion avec un autre journal créé antérieurement sous le titre *le Magasin des demoiselles*.

— Trib. de comm. de la Seine, 28 décembre 1848, aff. Desrey c. Martin (Blanc, p. 383).

1541. L'auteur qui publie, et l'éditeur qui édite un ouvrage portant le même titre, traitant le même sujet et ayant à peu près la même apparence extérieure qu'un autre ouvrage paru antérieurement, commettent un acte de concurrence illicite et se rendent passibles solidairement d'une condamnation à des dommages-intérêts et à la cessation de cette concurrence.

— C. de Paris, 24 novembre 1886, aff. Vanier c. Amic et Lévy (*Gaz. des trib.*, 27 novembre 1886). — Voir aussi : C. de Paris, 22 décembre 1881, aff. Brochard c. Robert et autres (Pat., 1882, p. 295).

1542. Quand il n'y a pas intention de nuire ni préjudice éprouvé, aucune action n'existe au profit de l'auteur qui relève dans un ouvrage plus récent des ressemblances avec le sien.

— Trib. de comm. de la Seine, 7 novembre 1881, aff. France c. *le Figaro* (Pat., 1884, p. 160).

1543. Il y a contrefaçon, ou tout au moins con-concurrence déloyale, à reproduire sur la couverture de morceaux de musique une lithographie empruntée à une autre publication, avec un changement de titre calculé de manière à rendre la confusion plus facile encore entre un morceau intitulé : *la Favorite, mazourka nationale*, et d'autres intitulés : *Trois mazourkas favorites*.

— C. de Paris, 29 mai 1846, aff. Brullé c. Paté (Blanc, p. 382).

1544. Il y a concurrence déloyale, justifiant une condamnation à des dommages-intérêts et à la cessation de la publication, dans le fait d'imiter le titre d'une chansonnette en vogue et de faire crier dans les rues la nouvelle chansonnette en omettant les mots qui différencient les deux titres (*Derrière l'omnibus* et *En chantant derrière l'omnibus*).

— Trib. civil de la Seine, 1er mai 1884, aff. le Bailly c. Poyaud (*Gaz. des trib.*, 2 mai 1884). — Voir : Trib. de comm. de la Seine, 8 mars 1890, aff. Rochefort et Cie c. Gérault, Richard et Cie (*le Droit*, 22 mars 1890).

1545. Il y a préjudice de nature à entraîner une condamnation, non pour concurrence déloyale, mais pour atteinte portée à la bonne réputation d'un journal scientifique, dans le fait de reproduire en brochure-réclame un article extrait de ce journal et de le publier sous une couverture indiquant en gros caractères qu'il en est extrait et rappelant d'ailleurs celle du journal même par sa couleur et la disposition du titre.

— Trib. civil de la Seine, 4 mars 1880, aff. Doin c. Gardy (Pat., 1880, p. 223).

1546. Si un éditeur de musique peut, au cas où un air tombé dans le domaine public a été intercalé dans un opéra, faire composer des variations sur cet air, et les mettre en vente en rappelant que cette fantaisie est tirée de tel air intercalé dans tel opéra, il appartient toutefois aux tribunaux, pour éviter toute confusion préjudiciable à l'éditeur propriétaire de cet opéra, de prescrire par exemple que cette mention ne pourra subsister sur la couverture de la variation dont il s'agit que si on l'imprime désormais en caractères beaucoup plus petits.

— Trib. de comm. de la Seine, 12 avril 1836, aff. Schlesinger c. Catelin (*Gaz. des trib.*, 13 avril 1836).

SECTION V. — De l'usurpation du nom.

INDEX

1547. Il y a usurpation de nom lorsqu'un ouvrage est publié sous le nom d'un auteur qui n'y a point travaillé et sans son consentement.

— C. de Paris, 20 mars 1826, aff. Hér. Fouché, duc d'Otrante c. Lerouge (Blanc, p. 390). — Voir également : Trib. civ. de la Seine, 20 juin 1879, aff. Wilkie Collins c. Bernard-Derosne (*Gaz. des trib.*, 21 juin 1879).

1547 *bis*. L'éditeur n'a pas plus le droit de placer sous le nom d'un auteur des matières qui lui sont étrangères, qu'il n'a le droit d'attribuer son œuvre à un étranger ; dans l'un et l'autre cas il y a violation du principe de la propriété littéraire, qui consiste pour un auteur à jouir seul de son œuvre, comme à ne jamais encourir la responsabilité des œuvres d'autrui.

—Trib. civ. de la Seine, 14 décembre 1859, aff. Picot c. Pick (Pat., 1860, p. 66). — V. également : Trib. civ. de la Seine, 26 déc. 1876, aff. Hér. Lallier c. Lenègre et Mahé (Pat., 1877, p. 106).

1548. L'écrivain dont le nom a été imprimé dans un recueil à la suite de pièces dont il n'est pas l'auteur est fondé à demander que l'éditeur soit tenu de faire disparaître ce nom de tous les exemplaires restant à vendre dudit ouvrage.

— Trib. civil de la Seine, 15 décembre 1882, aff. Ratisbonne c. Gédalge (*le Droit*, 16 décembre 1882).

1549. Le nom patronymique est une propriété à laquelle il ne peut être porté atteinte ; il est donc interdit de l'employer comme pseudonyme sans l'autorisation de celui à qui il appartient.

— Trib. civil de la Seine, 23 janvier 1878, aff. Boucher d'Argis c. Détré (*Chron. de la S^{té} des gens de lettres*, n° 159).

1550. Le nom patronymique est une propriété ; chacun a le droit absolu de défendre celui qu'il porte contre toute usurpation, quel qu'en soit le but ou le prétexte.

Spécialement le nom d'un personnage historique ne peut être employé sans l'aveu de ses descendants par l'auteur d'un ouvrage dont les doctrines seraient conformes à celles que l'histoire prête à ce personnage.

Le représentant du nom est seul juge de l'usage qui peut en être fait, et ne saurait être tenu de couvrir d'une apparence de paternité une œuvre contraire à ses sentiments personnels.

— Trib. civ. de la Seine, 16 mars 1880, aff. Lanjuinais c. Motteroz et Martin (*Gaz. des trib.*, 17 mars 1880). — Voir également : Trib. de la Seine, 23 mars 1882, aff. Miron c. Morin (Pat., 1882, p. 175).

1551. Un éditeur de musique n'a pas le droit de se servir, même indirectement, du nom d'un compositeur. Ainsi, en ajoutant au titre d'une mélodie ces mots : *intercalé dans le Désert de Félicien David*, il donne lieu à une confusion que les tribunaux ont le droit de faire cesser en ordonnant la suppression de cette mention.

— Trib. de comm. de la Seine, 24 juin 1845, aff. Escudier c. Chabal (Blanc, p. 390).

1552. S'il est vrai que le graveur qui a donné

quittance sans réserve du prix d'une planche gravée que lui avait commandée un particulier a perdu sur cette planche tout droit de propriété, le travail artistique n'en est pas moins resté son œuvre personnelle. C'est par suite à tort qu'un concurrent chargé de faire de cette planche un nouveau tirage se croit en droit de remplacer les noms et adresse de ce graveur par les siens propres, et il y a lieu de le condamner au rétablissement du nom de l'auteur sur la gravure.

— Trib. de comm. de la Seine. 29 juin 1887, aff. Provost-Blondel c. Fortin (*la Loi*, 9 juillet 1887).

1553. En admettant dans ce cas que la planche exécutée par l'artiste en vue d'une publicité commerciale dût, aux termes de la loi du 29 juillet 1881, porter la signature de l'imprimeur chargé du tirage, ce dernier n'était pas autorisé à substituer son nom à celui de l'auteur de la gravure. Il lui appartenait seulement, s'il se considérait comme astreint à l'inscription de son nom en qualité d'imprimeur, d'ajouter celui-ci au nom de l'artiste.

— C. de Paris. 25 janv. 1889, même aff. (*le Droit*. 1er fév. 1889).

1554. Toute œuvre d'art constitue non-seulement une propriété artistique, mais encore, si elle est susceptible d'être reproduite et exploitée industriellement, une propriété industrielle.

Par suite l'usurpation du nom d'un sculpteur par un fabricant de bronzes et la mise en vente d'objets d'art revêtus de sa signature, bien que sculptés par d'autres, constituent les délits d'usurpation de nom et de mise en vente d'objets marqués d'un nom

supposé, prévus et punis par la loi du 28 juillet
1824 (1).

— Trib. corr. de la Seine, 15 février 1879, aff. Mathurin
Moreau c. Schmoll (*le Droit*, 20 février 1879). — *Sic* : C. de
cass., 29 nov. 1879, même aff. (Pat., 1880, p. 375).

1535. La disposition générale de l'art. 1er de la
loi du 28 juillet 1824 s'applique à ceux qui, sur des
statuettes, des groupes de sculpture ou des bas-reliefs en métal ou en plâtre, ont fait apparaître le
nom d'un fabricant des ateliers duquel ces produits
ne sont pas sortis.

— C. de Paris, 10 mars 1855, aff. Susse c. Ghilardi (Blanc,
p. 289) ; — C. de Paris, 1er sept. 1848, aff. Collas et Barbedienne c. Galantomini (Blanc, p. 298).

1556. Lorsqu'un tableau porte un monogramme,
dont un artiste signe souvent ses tableaux, qu'il est
reconnu que ce monogramme est faux et que le tableau n'est du reste qu'une imitation frauduleuse
du genre de peinture qui est propre à cet artiste, il
y a lieu, la contrefaçon étant constatée, de valider
la saisie qu'a fait pratiquer le demandeur et de prononcer la confiscation du tableau contrefait; il y a
lieu en outre de condamner celui qui, de mauvaise
foi, a mis le tableau en vente, à réparer le dommage
que la mise en vente a pu causer à la réputation de
l'artiste à qui il est ainsi faussement attribué.

— Trib. civ. de la Seine, 15 juin 1883, aff. Jean Béraud c.
Raux (Pat., 1890, p. 29).

(1) Voir cette loi ci-après, page 564.

CHAPITRE III

DE LA POURSUITE

SECTION I. — Du droit de poursuite.

1557. Pour pouvoir revendiquer un titre, il faut justifier de l'intérêt qu'on trouve à le faire, et il faut que la publication de l'ouvrage pour lequel on a choisi ce titre ait réellement eu lieu.

Le dépôt fait par avance d'un simple prospectus, ou l'annonce du projet de publier un ouvrage portant un certain titre, quand elle a été faite successivement par deux personnes, ne crée au profit d'aucune d'elles un droit exclusif à se servir de ce titre, du moment que cette annonce ou ce dépôt n'est suivi, dans un temps relativement court, d'aucune réalisation sérieuse et sincère de l'œuvre projetée.

L'une des deux ne saurait donc avoir en pareil cas le droit de poursuivre l'autre.

— C. de Paris, 8 octobre 1835, aff. Forfelier c. de Saint-Priest (Blanc, p. 374).

1558. Pour être reconnus fondés dans une demande en suppression ou modification de titre, il n'est pas nécessaire que les demandeurs établissent que la concurrence dont ils se plaignent leur soit faite de mauvaise foi. Il suffit qu'elle existe, et que la confusion soit possible.

— Trib. de commerce de Nice, 3 mars 1880, aff. *le Figaro* c. *le Nouveau Figaro* (Pat., 1880, p. 174) ; — Trib. civil de la Seine, 31 mars 1869, aff. *la Presse* c. *la Presse libre* (Pat., 1869, p. 142).

1559. L'identité partielle de deux titres ne saurait donner lieu à une action en dommages-intérêts et en suppression de titre quand aucun préjudice n'a été causé à l'auteur qui se prétend victime d'une usurpation, dans le cas par exemple où la seconde publication est toute différente de la sienne, et n'a commencé à paraître, sous forme de volumes, qu'au jour où la publication de son œuvre, sous forme de feuilletons, était achevée, et lorsque lui-même a laissé, pendant de longues années, les différents volumes paraître successivement sans aucune protestation.

— Trib. civ. de la Seine, 8 mars 1867, aff. Delacroix-Futin c. Capefigue (Pat., 1867, p. 76).

1560. Le droit de poursuivre la suppression d'un nom et de réclamer des dommages-intérêts ne peut pas être restreint au cas seulement où il s'agit de l'usurpation du nom d'un écrivain. Ainsi, celui à qui on attribuerait faussement un ouvrage pourrait, bien qu'il n'eût rien produit dans aucun genre, réclamer la suppression de son nom. Le même droit appartient à ses héritiers, qui sont par exemple fondés à s'opposer à la publication sous le nom de leur père de mémoires dont l'éditeur ne justifie pas avoir acquis la propriété de ce dernier et qu'ils déclarent ne pas émaner de lui.

— C. de Paris, 20 mars 1826, aff. Hér. Fouché c. Lerouge (Blanc, p. 390 et 392). — Voir dans le même sens : Trib. civ. de la Seine, 16 mars 1880, aff. Lanjuinais c. Motteroz et Martin (*Gaz. des trib.*, 17 mars 1880).

1561. Un peintre qui prétend qu'un tableau fait par lui a reçu indûment la signature d'un autre artiste, a le droit de s'adresser à tout cessionnaire détenteur de ce tableau pour le faire condamner à lui laisser apposer sa signature aux lieu et place de celle qu'il prétend avoir été, même sans la participation de ce cessionnaire, substituée frauduleusement à la sienne, et il y a lieu de faire droit à sa demande si les faits allégués sont vrais.

— C. de Paris, 14 janvier 1885, aff. Trouillebert c. Tedesco (Dall., 1886. 2. 21).

1562. Le fils d'un artiste a un intérêt moral supérieur à défendre de toute atteinte et de toute usurpation la mémoire et la réputation artistique de son père.

Il a donc qualité, sans même invoquer son intérêt personnel, pour faire rétablir la véritable origine d'une œuvre de son père, sur laquelle le nom d'un autre artiste a été frauduleusement apposé.

Peu importe d'ailleurs que l'œuvre n'eût pas été signée, si le fait allégué est dûment établi par les circonstances de fait et des constatations d'experts.

— Trib. civ. de la Seine, 26 mai 1886, aff. Paul Huet c. Garnier (*Gaz. des trib.*, 27 mai 1886).

1563. L'usurpation du nom d'un sculpteur par un fabricant de bronzes et la mise en vente d'objets d'art revêtus de sa signature, bien que sculptés par d'autres, constituent les délits d'usurpation de nom et de mise en vente d'objets marqués d'un nom supposé, prévus et punis par la loi du 28 juillet 1824.

— Trib. corr. de la Seine, 15 fév. 1879, aff. Mathurin Moreau c. Schmoll (*le Droit*, 20 février 1879) ; — C. de cass., 29 nov. 1879, même aff. (Pat., 1880, p. 375).

1564. L'éditeur d'œuvres d'art peut également poursuivre de son chef l'usurpation de son propre nom.

— C. de Paris, 10 mars 1855, aff. Susse c. Ghilardi (Blanc, p. 289) ; — C. de Paris, 1ᵉʳ sept. 1848, aff. Collas et Barbedienne c. Galantomini (Blanc, p. 298).

SECTION II. — De la procédure et du juge compétent.

INDEX

1565. Le titre d'un ouvrage ne rentre pas dans les œuvres pour lesquelles la loi de 1793 accorde sa protection spéciale, et l'usurpation ne peut donner lieu qu'à une action civile.

— C. de Paris, 25 février 1880, aff. Schlosser c. Grus, Le Signe et autres (Pat., 1880, p. 219). — *Sic* : Blanc, p. 392 ; Pouillet, nᵒ 64. — *Contrà* : Trib. corr. de la Seine, 26 novembre 1846, aff. Touchard-Lafosse c. Petion (Blanc, p. 393) ; — C. d'Orléans. 10 juillet 1854, aff. Thoisnier-Desplaces c. Didot (Dall., 1855. 2. 157).

1566. Mais au cas d'usurpation de nom, il peut y avoir lieu à poursuites correctionnelles exercées en vertu de la loi du 28 juillet 1824 (1).

_____

(1) Loi relative aux altérations ou suppositions de noms sur les produits fabriqués.

Art. 1ᵉʳ. Quiconque aura, soit apposé, soit fait apparaître par addi-

— C. de Paris, 1er sept. 1848, aff. Collas et Barbedienne c. Galantomini (Blanc, p. 298); — C. de Paris, 10 mars 1855, aff. Susse c. Ghilardi (Blanc, p. 289); — C. de cass., 29 nov. 1879, aff. Mathurin Moreau c. Schmoll (Pat., 1880, p. 375). — Voir: Trib. civ. de la Seine, 14 déc. 1859, aff. Picot c. Pick (Pat., 1860, p. 66).

1567. L'éditeur qui s'est associé à l'usurpation de titre commise par un auteur doit être condamné solidairement avec celui-ci à la réparation du préjudice causé par une faute qui leur est commune.

— C. de Paris, 24 novembre 1886, aff. Vanier c. Amic et Lévy (Dalloz, 1887. 2. 194).

1568. L'instance introduite contre un éditeur en revendication d'un titre d'ouvrage ne soulève aucune question commerciale, mais une question de propriété littéraire ; elle n'est donc pas de la compétence du Tribunal de commerce.

— Trib. de commerce de la Seine, 6 janvier 1872, aff. Moreau c. Plon (*le Droit*, 8 janvier 1872).

1569. Le titre d'un journal apporté dans une société commerciale, comme un des principaux éléments de l'actif social, constitue une propriété industrielle, et par là même les difficultés auxquelles

tion, retranchement, ou par une altération quelconque, sur des objets fabriqués, le nom d'un fabricant autre que celui qui en est l'auteur, ou la raison commerciale d'une fabrique autre que celle où lesdits objets auront été fabriqués, ou enfin le nom d'un lieu autre que celui de la fabrication, sera puni des peines portées en l'art. 423 du Code pénal, sans préjudice des dommages-intérêts, s'il y a lieu.

Tout marchand, commissionnaire ou débitant quelconque sera passible des effets de la poursuite, lorsqu'il aura sciemment exposé en vente ou mis en circulation les objets marqués de noms supposés ou altérés.

Art. 2. L'infraction ci-dessus mentionnée cessera, en conséquence, et nonobstant l'art. 17 de la loi du 12 avril 1803 (22 germinal an XI), d'être assimilée à la contrefaçon des marques particulières, prévue par les art. 142 et 143 du Code pénal.

cette propriété peut donner lieu rentrent dans la compétence des tribunaux de commerce.

— Trib. civil de la Seine, 20 août 1884, aff. *le Matin* c. *le Matin français* (*la Loi*, 16 septembre 1884).

1570. Est de la compétence du Tribunal de commerce le litige qui se rattache à l'exploitation d'un ouvrage par une association en participation dont le défendeur faisait partie, bien que ce dernier ne soit pas commerçant.

— Trib. de commerce de la Seine, 26 mars 1874, aff. Larose et Cotillon c. Tripier (*Gaz. des trib.*, 23 avril 1874).

LÉGISLATION

1º LÉGISLATION FRANÇAISE

DÉCRET

Des 13-19 janvier 1791

Relatif aux spectacles.

Art. 2. Les ouvrages des auteurs morts depuis cinq ans et plus sont une propriété publique, et peuvent, nonobstant tous anciens privilèges qui sont abolis, être représentés sur tous les théâtres indistinctement.

Art. 3. Les ouvrages des auteurs vivants ne pourront être représentés sur aucun théâtre public, dans toute l'étendue de la France, sans le consentement formel et par écrit des auteurs, sous peine de confiscation du produit total des représentations au profit des auteurs.

Art. 4. La disposition de l'art. 3 s'applique aux ouvrages déjà représentés, quels que soient les anciens règlements ; néanmoins les actes qui auraient été passés entre des comédiens et des auteurs vivants, ou des auteurs morts depuis moins de cinq ans, seront exécutés.

Art. 5. Les héritiers ou cessionnaires des auteurs seront propriétaires de leurs ouvrages durant l'espace de cinq années après la mort de l'auteur.

DÉCRET

Des 19 juillet-6 août 1791

Relatif aux spectacles.

Art. 1er. Conformément aux dispositions des articles 3 et 4 du décret du 13 janvier dernier, concernant les spectacles, les ouvrages des auteurs vivants, même ceux qui étaient représentés avant cette époque, soient qu'ils fussent ou non gravés ou imprimés, ne pourront être représentés sur aucun théâtre public, dans toute l'étendue du royaume, sans le consentement formel et par écrit des auteurs, ou sans celui de leurs héritiers ou cessionnaires, pour les ouvrages des auteurs morts depuis moins de cinq ans, sous peine de confiscation du produit total des représentations au profit de l'auteur ou de ses héritiers ou cessionnaires.

Art. 2. La convention entre les auteurs et les entrepreneurs de spectacles sera parfaitement libre, et les officiers municipaux, ni aucun autre fonctionnaire public, ne pourront taxer lesdits ouvrages, ni modérer ou augmenter le prix convenu : et la rétribution des auteurs, convenue entre eux ou leurs ayants cause et les entrepreneurs de spectacles, ne pourra être ni saisie ni arrêtée par les créanciers des entrepreneurs du spectacle.

DÉCRET

Des 19-24 juillet 1793 (an II de la République)

Relatif aux droits de propriété des auteurs d'écrits en tout genre, des compositeurs de musique, des peintres et des dessinateurs.

La Convention nationale, etc.

Art. 1er. Les auteurs d'écrits en tout genre, les compositeurs de musique, les peintres et dessinateurs qui feront graver des tableaux ou dessins, jouiront, durant leur vie entière, du droit exclusif de vendre, faire vendre, distribuer leurs ouvrages dans le territoire de la République, et d'en céder la propriété en tout ou en partie.

Art. 2. Leurs héritiers ou cessionnaires jouiront du même droit durant l'espace de dix ans après la mort des auteurs.

Art. 3. Les officiers de paix seront tenus de faire confisquer, à la réquisition et au profit des auteurs, compositeurs, peintres ou dessinateurs et autres, leurs héritiers ou cessionnaires, tous les exemplaires des éditions imprimées ou gravées sans la permission formelle et par écrit des auteurs.

Art. 4. Tout contrefacteur sera tenu de payer au véritable propriétaire une somme équivalente au prix de trois mille exemplaires de l'édition originale.

Art. 5. Tout débitant d'édition contrefaite, s'il n'est pas reconnu contrefacteur, sera tenu de payer au véritable propriétaire une somme équivalente au prix de cinq cents exemplaires de l'édition originale.

Art. 6. Tout citoyen qui mettra au jour un ouvrage, soit de littérature ou de gravure, dans quelque genre que ce soit, sera obligé d'en déposer deux exemplaires à la Bibliothèque nationale ou au cabinet des estampes de la République, dont il recevra un reçu signé par le bibliothécaire ; faute de quoi il ne pourra être admis en justice pour la poursuite des contrefacteurs.

Art. 7. Les héritiers de l'auteur d'un ouvrage de littérature ou de gravure, ou de toute autre production de l'esprit ou du génie qui appartiennent aux beaux-arts, en auront la propriété exclusive pendant dix années.

DÉCRET

Du 25 prairial an III (13 juin 1795)

Relatif aux magistrats chargés de constater les délits de contrefaçon.

La Convention nationale, après avoir entendu le rapport de ses comités de législation et d'instruction publique sur plusieurs demandes een explication de l'article 3 de la loi du 19 juillet 1793, dont l'objet st d'assurer aux auteurs et artistes la propriété de leurs ouvrages par des mesures répressives contre les contrefacteurs, décrète ce qui suit :

Art. 1er. Les fonctions attribuées aux officiers de paix par l'article 3 de la loi du 19 juillet 1793, seront à l'avenir exercées par les commissaires de police, et par les juges de paix dans les lieux où il n'y a pas de commissaire de police.

DÉCRET

Du 1er germinal an XIII (22 mars 1805)

Concernant les droits des propriétaires d'ouvrages posthumes.

Napoléon, empereur des Français,
Sur le rapport du ministre de l'intérieur ;
Vu les lois sur les propriétés littéraires ;
Considérant qu'elles déclarent propriétés publiques les ouvrages des auteurs morts depuis plus de dix ans ;
Que les dépositaires, acquéreurs, héritiers ou propriétaires des ouvrages posthumes d'auteurs morts depuis plus de dix ans, hésitent à publier ces ouvrages, dans la crainte de s'en voir contester la propriété exclusive, et dans l'incertitude de cette propriété ;
Que l'ouvrage inédit est comme l'ouvrage qui n'existe pas ; et que celui qui le publie a les droits de l'auteur décédé, et doit en jouir pendant sa vie ;
Que cependant, s'il réimprimait en même temps et dans une seule édition, avec les œuvres posthumes, les ouvrages déjà publiés du même auteur, il en résulterait en sa faveur une espèce de privilège pour la vente d'ouvrages devenus propriété publique ;
Le Conseil d'État entendu,

Décrète :

Art. 1er. Les propriétaires, par succession ou à autre titre, d'un ouvrage posthume, ont les mêmes droits que l'auteur, et les dispositions des lois sur la propriété exclusive des auteurs et sur sa durée leur sont applicables, toutefois à la charge d'imprimer séparément les œuvres posthumes, et sans les joindre à une nouvelle édition des ouvrages déjà publiés et devenus propriété publique.

Art. 2. Le grand-juge ministre de la justice et les ministres de l'intérieur et de la police générale sont chargés de l'exécution du présent décret.

DÉCRET

Du 7 germinal an XIII (28 mars 1805)

Concernant l'impression des livres d'église, des heures et des prières.

Napoléon, etc., etc., décrète ce qui suit :

Art. 1er. Les livres d'église, les heures et prières, ne pourront être imprimés ou réimprimés que d'après la permission donnée par les évêques diocésains ; laquelle permission sera textuellement rapportée et imprimée en tête de chaque exemplaire.

Art. 2. Les imprimeurs-libraires qui feraient imprimer ou réimprimer des livres d'église, des heures ou prières, sans avoir obtenu cette permission, seront poursuivis conformément à la loi du 19 juillet 1793.

DÉCRET

Du 8 juin 1806

Concernant les théâtres.

TITRE III

Des auteurs.

Art. 10. Les auteurs et les entrepreneurs seront libres de déterminer entre eux, par des conventions mutuelles, les rétributions dues aux premiers par somme fixe ou autrement.

Art. 11. Les autorités locales veilleront strictement à l'exécution de ces conventions.

Art. 12. Les propriétaires d'ouvrages dramatiques posthumes ont les mêmes droits que l'auteur ; et les dispositions sur la propriété des auteurs et sa durée leur sont applicables, ainsi qu'il est dit au décret du 1er germinal an XIII.

DÉCRET

Du 20 février 1809

Concernant les manuscrits des bibliothèques et autres établissements publics.

Art. 1er. Les manuscrits des archives de notre ministère des relations extérieures, et ceux des bibliothèques impériales, départementales et communales, ou des autres établissements de notre empire, soit que ces manuscrits existent dans les dépôts auxquels ils appartiennent, soient qu'ils en aient été soustraits, ou que leurs minutes n'y aient pas été déposées aux termes des anciens règlements, sont la propriété de l'Etat, et ne peuvent être imprimés et publiés sans autorisation.

Art. 2. Cette autorisation sera donnée par notre ministre des relations extérieures, pour la publication des ouvrages dans lesquels se trouveront des copies, extraits ou citations des manuscrits qui appartiennent aux archives de son ministère ; et par notre ministre de l'intérieur, pour celle des ouvrages dans lesquels se trouveront des copies, extraits ou citations des manuscrits qui appartiennent à l'un des autres établissements publics mentionnés dans l'article précédent.

DÉCRET

Du 5 février 1810

Contenant règlement sur l'imprimerie et la librairie.

TITRE VI

De la propriété et de sa garantie.

Art. 39. Le droit de propriété est garanti à l'auteur et à sa veuve pendant leur vie, si les conventions matrimoniales de celle-ci lui en donnent le droit, et à leurs enfants pendant vingt ans.

Art. 40. Les auteurs, soit nationaux, soit étrangers, de tout ouvrage imprimé ou gravé, peuvent céder leur droit à un imprimeur ou libraire, ou à toute autre personne, qui est alors substituée en leur lieu et place, pour eux et leurs ayants cause, comme il est dit à l'article précédent.

TITRE VII

Section I. — Des délits en matière de librairie, et du mode de les punir et de les constater.

Art. 41. Il y aura lieu à confiscation et amende au profit de l'Etat, dans les cas suivants, sans préjudice des dispositions du Code pénal :
1º . . . .

. . . .

7º Si c'est une contrefaçon, c'est-à-dire si c'est un ouvrage imprimé sans le consentement et au préjudice de l'auteur ou éditeur, ou de leurs ayants cause.

Art. 42. Dans ce dernier cas, il y aura lieu, en outre, à des dommages-intérêts envers l'auteur ou éditeur, ou leurs ayants cause ; et l'édition ou les exemplaires contrefaits seront confisqués à leur profit.

Art. 43. Les peines seront prononcées et les dommages-intérêts seront arbitrés par le tribunal correctionnel ou criminel, selon les cas et d'après les lois.

Art. 44. Le produit des confiscations et des amendes sera appliqué, ainsi que le produit du droit sur les livres venant de l'étranger, aux dépenses de la direction générale de l'imprimerie et librairie.

Section II. — Du mode de constater les délits et contraventions.

Art. 45. Les délits et contraventions seront constatés par les inspecteurs de l'imprimerie et de la librairie, les officiers de police, et, en outre, par les préposés aux douanes pour les livres venant de l'étranger.

Chacun dressera procès-verbal de la nature du délit et contravention, des circonstances et dépendances, et le remettra au préfet de son arrondissement, pour être adressé au directeur général.

Art. 46. Les objets saisis seront déposés provisoirement au secrétariat de la mairie ou au commissariat général de la sous-préfecture ou de la préfecture la plus voisine du lieu où le délit ou la contravention sont constatés, sauf l'envoi ultérieur à qui de droit.

Art. 47. Nos procureurs généraux ou impériaux seront tenus de poursuivre d'office, dans tous les cas prévus à la section précédente, sur la simple remise qui leur sera faite d'une copie des procès-verbaux dûment affirmés.

TITRE VIII

Dispositions diverses.

Art. 48. Chaque imprimeur sera tenu de déposer à la préfecture de son département, et, à Paris, à la préfecture de police, cinq exemplaires de chaque ouvrage, savoir : un pour la bibliothèque impériale, un pour le ministre de l'intérieur, un pour la bibliothèque de notre conseil d'État, un pour le directeur général de la librairie.

CODE PÉNAL

(Loi décrétée le 19 février 1810, promulguée le 1er mars suivant).

Art. 425. Toute édition d'écrits, de composition musicale, de dessin, de peinture ou de toute autre production, imprimée ou gravée en entier ou en partie, au mépris des lois et règlements relatifs à la propriété des auteurs, est une contrefaçon ; et toute contrefaçon est un délit.

Art. 426. Le débit d'ouvrages contrefaits, l'introduction sur le territoire français d'ouvrages qui, après avoir été imprimés en France, ont été contrefaits chez l'étranger, sont un délit de la même espèce.

Art. 427. La peine contre le contrefacteur ou contre l'introducteur sera une amende de 100 francs au moins et de 2,000 francs au plus ; et contre le débitant, une amende de 25 francs au moins et de 500 francs au plus.

La confiscation de l'édition contrefaite sera prononcée tant contre le contrefacteur que contre l'introducteur et le débitant.

Les planches, moules ou matrices des objets contrefaits, seront aussi confisqués.

Art. 428. Tout directeur, tout entrepreneur de spectacle, toute association d'artistes, qui aura fait représenter sur son théâtre des ouvrages dramatiques au mépris des lois et règlements relatifs à la propriété des auteurs, sera puni d'une amende de 50 francs au moins, de 500 francs au plus, et de la confiscation des recettes.

Art. 429. Dans les cas prévus par les quatre articles précédents, le produit des confiscations, ou les recettes confisquées, seront remis au propriétaire pour l'indemniser d'autant du préjudice qu'il aura souffert ; le surplus de son indemnité, ou l'entière indemnité, s'il n'y a eu ni vente d'objets confisqués, ni saisie de recettes, sera réglé par les voies ordinaires.

LOI

Des 21-23 octobre 1814

Sur la liberté de la presse.

Art. 14. Nul imprimeur ne pourra imprimer un écrit avant d'avoir déclaré qu'il se propose de l'imprimer, ni le mettre en vente ou le publier, de quelque manière que ce soit, avant d'avoir déposé le nombre prescrit d'exemplaires, savoir : à Paris, au secrétariat de la direction générale ; et dans les départements, au secrétariat de la préfecture.

ORDONNANCE DU ROI

Des 24-25 octobre 1814

Contenant les mesures relatives à l'impression, au dépôt et à la publication des ouvrages, etc.

Art. 3. Les dispositions dudit article (1) s'appliquent aux estampes et aux planches gravées, accompagnées d'un texte.

Art. 4. Le nombre d'exemplaires qui doivent être déposés, ainsi qu'il est dit au même article, reste fixé à cinq, lesquels seront répartis ainsi qu'il suit : un pour notre bibliothèque, un pour notre amé et féal chevalier le chancelier de France, un pour notre ministre secrétaire d'Etat au département de l'intérieur, un pour le directeur général de la librairie, et le cinquième pour le censeur qui aura été ou qui sera chargé d'examiner l'ouvrage.

. . . .

Art. 8. Le nombre d'épreuves des estampes et planches gravées, sans texte, qui doivent être déposées pour notre bibliothèque, reste fixé à deux, dont une avant la lettre ou en couleur, s'il en a été tiré ou imprimé de cette espèce. — Il sera déposé en outre trois épreuves, dont une pour notre amé et féal chevalier le chancelier de France, une pour notre ministre secrétaire d'Etat au département de l'intérieur, et la troisième pour le directeur général de la librairie.

Art. 9. Le dépôt ordonné en l'article précédent sera fait, à Paris, au secrétariat de la direction générale ; et dans les départements, au secrétariat de la préfecture. Le récépissé détaillé qui en sera délivré à l'auteur formera son titre de propriété, conformément aux dispositions de la loi du 19 juillet 1793.

. . . .

(1) Art. 14 de la loi du 21 octobre 1814.

ORDONNANCE DU ROI

Des 9-26 janvier 1828

Qui modifie celle du 24 octobre 1814, relative au dépôt des exemplaires des écrits imprimés et des épreuves des planches et estampes.

Art. 1er. Le nombre des exemplaires des écrits imprimés et des épreuves des planches et estampes dont le dépôt est exigé par la loi, et qui avait été fixé à 5 par les articles 4 et 8 de l'ordonnance royale du 24 octobre, est réduit, outre l'exemplaire et les deux épreuves destinés à notre bibliothèque, conformément à la même ordonnance, à un seul exemplaire et une seule épreuve pour la bibliothèque du ministère de l'intérieur.

LOI

Des 6-7 mai 1841

Relative aux douanes.

Art. 8. Les contrefaçons en librairie seront exclues du transit accordé aux marchandises prohibées par l'art. 3 de la loi du 9 février 1832.

Tous les livres, en langue française, dont la propriété est établie en pays étranger, ou qui sont une édition étrangère d'ouvrages français tombés dans le domaine public, continueront de jouir du transit et seront reçus à l'importation en acquittant les droits établis, et sous la condition de produire un certificat d'origine relatant le titre de l'ouvrage, le lieu et la date de l'impression, le nombre des volumes, lesquels devront être brochés ou reliés et ne pourront être présentés en feuilles.

Les livres venant de l'étranger, en quelque langue qu'ils soient, ne pourront être présentés à l'importation ou au transit que dans les bureaux de douanes qui seront désignés par une ordonnance du roi.

Dans le cas où des présomptions, soit de contrefaçon, soit de condamnations judiciaires, seront élevées sur les livres présentés, l'admission sera suspendue, les livres seront retenus à la douane, et il en sera référé au ministre de l'intérieur, qui devra prononcer dans un délai de quarante jours.

Les dispositions contenues en cet article sont applicables à tous les ouvrages dont la reproduction a lieu par les procédés de la typographie, de la lithographie ou de la gravure.

Nulle édition ou partie d'édition, imprimée en France, ne pourra être réimprimée qu'en vertu d'une autorisation expresse du ministre de l'intérieur, accordée sur la demande de l'éditeur, qui, pour l'obtenir, devra justifier du consentement donné à la réimportation par les ayants droit.

LOI

Des 3-17 août 1844

Relative au droit de propriété des veuves et des enfants des auteurs d'ouvrages dramatiques.

Article unique. — Les veuves et les enfants des auteurs d'ouvrages dramatiques auront, à l'avenir, le droit d'en autoriser la représentation, et d'en conférer la jouissance, pendant vingt ans, conformément aux dispositions des art. 39 et 40 du décret impérial du 5 février 1810.

DÉCRET

Du 28 mars 1852

Sur la contrefaçon d'ouvrages étrangers.

Rapport au prince président de la République :
« Monseigneur, le droit d'auteur, qui consiste dans le droit tempo-
« raire à la jouissance exclusive des produits scientifiques, littéraires
« et artistiques, est consacré par la législation française au profit des
« nationaux, et même des étrangers, relativement aux ouvrages pu-
« bliés en France. Mais l'étranger, qui peut acquérir et possède sous
« la protection de nos lois des meubles et des immeubles, ne peut em-
« pêcher l'exploitation de ses œuvres, au moyen de la contrefaçon,
« sur le sol d'ailleurs si hospitalier de la France. C'est là, Monsei-
« gneur, un état de choses auquel on peut reprocher non-seulement
« de n'être pas en harmonie avec les règles que notre droit positif tend
« sans cesse à généraliser, mais même d'être contraire à la justice uni-
« verselle. Vous aurez consacré l'application d'un principe salutaire,
« vous aurez assuré aux sciences, aux lettres et aux arts, un encou-
« ragement sérieux, si vous protégez leurs productions contre l'usur-
« pation, en quelque lieu qu'elles aient vu le jour, à quelque nation
« que l'auteur appartienne.
« Une seule condition me paraît légitime, c'est que l'étranger soit
« assujetti, pour la conservation ultérieure de son droit, aux mêmes
« obligations que les nationaux... »
Louis-Napoléon, président de la République française,
Sur le rapport du garde des sceaux, ministre secrétaire d'État au département de la justice ; — vu la loi du 19 juillet 1793, les décrets

du 1er germinal an XIII et du 5 février 1810, la loi du 25 prairial an III, et les articles 425, 426, 427 et 429 du Code pénal ; — décrète :

Art. 1. La contrefaçon, sur le territoire français, d'ouvrages publiés à l'étranger et mentionnés en l'article 425 du Code pénal, constitue un délit.

Art. 2. Il en est de même du débit, de l'exportation et de l'expédition des ouvrages contrefaisants. L'exportation et l'expédition de ces ouvrages sont un délit de la même espèce que l'introduction, sur le territoire français, d'ouvrages qui, après avoir été imprimés en France, ont été contrefaits chez l'étranger.

Art. 3. Les délits prévus par les articles précédents seront réprimés conformément aux articles 427 et 429 du Code pénal.

L'article 463 du même Code pourra être appliqué.

Art. 4. Néanmoins, la poursuite ne sera admise que sous l'accomplissement des conditions exigées relativement aux ouvrages publiés en France, notamment par l'article 6 de la loi du 19 juillet 1793.

Art. 5. Le garde des sceaux, ministre secrétaire d'État au département de la justice, est chargé de l'exécution du présent décret.

LOI

Des 8-19 avril 1854

Sur le droit de propriété garanti aux veuves et aux enfants des auteurs, des compositeurs et des artistes.

Article unique. — Les veuves des auteurs, des compositeurs et des artistes jouiront, pendant toute leur vie, des droits garantis par les lois des 13 janvier 1791 et 19 juillet 1793, le décret du 5 février 1810, la loi du 3 août 1844, et les autres lois ou décrets sur la matière.

La durée de la jouissance accordée aux enfants par ces mêmes lois et décrets est portée à trente ans, à partir, soit du décès de l'auteur, compositeur ou artiste, soit de l'extinction des droits de la veuve.

DÉCRET

Du 9 décembre 1857

Portant que les lois et autres actes qui régissent la propriété littéraire et artistique dans la métropole sont déclarés exécutoires dans les colonies françaises.

Art. 1. Sont déclarés exécutoires dans les colonies de la Martinique, de la Guadeloupe, de la Guyane française, de la Réunion, du Sénégal, de Gorée, des établissements français dans l'Inde et dans l'Océanie, les lois et autres actes ci-après désignés qui régissent la propriété littéraire et artistique dans la métropole, savoir :

1º Les articles 2, 3, 4 et 5 de la loi du 13 janvier 1791, relative à la propriété des œuvres dramatiques ;

2º Les art. 1 et 2 de la loi du 19 juillet 1791, sur les droits des auteurs de productions dramatiques ;

3º Le décret du 19 juillet 1793, relatif à la propriété littéraire et artistique ;

4º Les articles 2 et 3 du décret du 1er septembre 1793, relatif à la propriété des ouvrages dramatiques ;

5º Le décret du 25 prairial an III (13 juin 1795), relatif aux autorités chargées de constater les délits de contrefaçon ;

6º Le décret impérial du 1er germinal an XIII (22 mars 1805), relatif à la propriété des œuvres posthumes ;

7º Les articles 10, 11 et 12 du décret impérial du 8 juin 1806, relatif à la représentation des œuvres dramatiques posthumes ;

8º Le décret impérial du 20 février 1809, relatif à l'impression des manuscrits des bibliothèques et des établissements publics ;

9º Les articles 39, 41, premier alinéa, nº 7, 42, 43, 45, 47 du décret impérial du 5 février 1810, relatif à l'imprimerie et à la propriété littéraire ;

10º Les art. 72 et 73 du décret impérial du 15 octobre 1812, relatif à la représentation des œuvres dramatiques ;

11º La loi du 3 août 1844, relative à la propriété des œuvres dramatiques ;

12º Le décret du 28 mars 1852, relatif à la propriété littéraire et artistique des ouvrages publiés à l'étranger ;

13º La loi du 8 avril 1854, portant extension de la durée des droits de propriété littéraire et artistique.

DÉCRET

Du 1er mai 1858

Relatif à l'exécution du décret du 9 décembre 1857.

Art. 1er. Toutes les attributions réservées aux ministres et aux préfets par les lois précitées, que le décret du 9 décembre 1857 a déclarées applicables aux colonies, sont dévolues dans ces établissements aux gouverneurs et directeurs de l'intérieur.

LOI

Du 16 mai 1866

Relative aux instruments de musique mécanique.

Article unique. — La fabrication et la vente des instruments servant à reproduire mécaniquement des airs de musique qui sont du domaine privé ne constituent pas le fait de contrefaçon musicale prévu et puni par la loi du 19 juillet 1793 combinée avec les art. 425 et suiv. du Code pénal.

LOI

Du 14 juillet 1866

Sur les droits des héritiers et des ayants cause des auteurs.

Art. 1er. La durée des droits accordés par les lois antérieures aux héritiers, successeurs irréguliers, donataires ou légataires des auteurs, compositeurs ou artistes, est portée à cinquante ans, à partir du décès de l'auteur.

Pendant cette période de cinquante ans, le conjoint survivant, quel que soit le régime matrimonial, et indépendamment des droits qui peuvent résulter en faveur de ce conjoint du régime de la communauté, a la simple jouissance des droits dont l'auteur prédécédé n'a pas disposé par acte entre-vifs ou par testament.

Toutefois, si l'auteur laisse des héritiers à réserve, cette jouissance est réduite, au profit de ces héritiers, suivant les proportions et distinctions établies par les articles 913 et 915 du Code Napoléon.

Cette jouissance n'a pas lieu lorsqu'il existe, au moment du décès, une séparation de corps prononcée contre ce conjoint; elle cesse au cas où le conjoint contracte un nouveau mariage.

Les droits des héritiers à réserve et des autres héritiers ou successeurs, pendant cette période de cinquante ans, restent d'ailleurs réglés conformément aux prescriptions du Code Napoléon.

Lorsque la succession est dévolue à l'Etat, le droit exclusif s'éteint sans préjudice des droits des créanciers et de l'exécution des traités de cession qui ont pu être consentis par l'auteur ou par ses représentants.

Art. 2. Toutes les dispositions des lois antérieures contraires à celles de la loi nouvelle sont et demeurent abrogées.

LOI

Du 29 juillet 1881

Sur la liberté de la presse.

CHAPITRE Ier

DE L'IMPRIMERIE ET DE LA LIBRAIRIE.

Art. 1er. L'imprimerie et la librairie sont libres.

Art. 2. Tout imprimé rendu public, à l'exception des ouvrages dits de ville ou bilboquets, portera l'indication du nom et du domicile de l'imprimeur, à peine, contre celui-ci, d'une amende de 5 à 15 francs.

La peine de l'emprisonnement pourra être prononcée si, dans les douze mois précédents, l'imprimeur a été condamné pour contravention de même nature.

Art. 3. Au moment de la publication de tout imprimé, il en sera fait, par l'imprimeur, sous peine d'une amende de 16 à 300 francs, un dépôt de trois exemplaires destinés aux collections nationales.

Ce dépôt sera fait : au ministère de l'intérieur pour Paris ; à la préfecture, pour le chef-lieu de département ; à la sous-préfecture, pour les chefs-lieux d'arrondissement, et, pour les autres villes, à la mairie.

L'acte de dépôt mentionnera le titre de l'imprimé et le chiffre du tirage.

Sont exceptés de cette disposition les bulletins de vote, les circulaires commerciales ou industrielles et les ouvrages dits de ville ou bilboquets.

Art. 4. Les dispositions qui précèdent sont applicables à tous les genres d'imprimés ou de reproductions destinés à être publiés.

Toutefois, le dépôt prescrit par l'article précédent sera de trois exemplaires pour les estampes, la musique et en général les reproductions autres que les imprimés.

DÉCRET

Déclarant applicable aux colonies les dispositions législatives qui règlent en France la propriété littéraire et artistique.

Le Président de la République française,

Sur le rapport du ministre de la marine et des colonies, et du garde des sceaux, ministre de la justice,

Vu les articles 7, 8 et 18 du sénatus-consulte du 3 mai 1854 ;

Vu le décret du 9 décembre 1857, relatif à la propriété littéraire et artistique aux colonies ;

Décrète :

Art. 1er. Les dispositions législatives qui règlent en France la propriété littéraire et artistique sont rendus applicables aux colonies.

Art. 2. Le ministre de la marine et des colonies et le garde des sceaux, ministre de la justice, sont chargés, chacun en ce qui le concerne, de l'exécution du présent décret, qui sera inséré au *Journal officiel* de la République française et au *Bulletin officiel* de l'administration des colonies.

Fait à Paris, le 29 octobre 1887.

JULES GRÉVY.

Le ministre de la marine et des colonies,

E. BARBEY.

Le garde des sceaux, ministre de la justice,

C. MAZEAU.

2º DROIT INTERNATIONAL

Les auteurs Français sont garantis contre la contrefaçon en pays étranger par la Convention d'Union internationale du 9 septembre 1886, ainsi que par les traités particuliers conclus avec les nations ci-après (1) :

CONVENTION SIGNÉE A BERNE

le 9 septembre 1886

Concernant la création d'une *Union internationale*

Pour la protection des Œuvres littéraires et artistiques

DÉCRET

Du 12 septembre 1887.

(*Promulgué au* Journal officiel *du 16 septembre 1887.*)

Le Président de la République française,
Sur la proposition du ministre des affaires étrangères,
Décrète :
Art. 1er. Le Sénat et la Chambre des députés ayant approuvé la Convention signée à Berne, le 9 septembre 1886, concernant la création d'une union internationale pour la protection des œuvres littéraires et artistiques, et les ratifications de cet Acte ayant été échangées à Berne, le 5 septembre 1887, ladite Convention, dont la teneur suit, recevra sa pleine et entière exécution.

Convention.

Le Président de la République française, Sa Majesté l'Empereur d'Allemagne, Roi de Prusse, Sa Majesté le Roi des Belges, Sa Majesté Catholique le Roi d'Espagne, en son nom Sa Majesté la Reine, régente du royaume, Sa Majesté la Reine du Royaume-Uni de la Grande-Bretagne et d'Irlande, Impératrice des Indes, le Président de la République d'Haïti, Sa Majesté le Roi d'Italie, le Président de la République de Libéria, le Conseil fédéral de la Confédération Suisse, Son Altesse le Bey de Tunis.

(1) Nous donnons également l'indication des pays où, sans conventions, les droits des Français sont plus ou moins protégés, en vertu des lois nationales.

Egalement animés du désir de protéger d'une manière efficace et aussi uniforme que possible les droits des auteurs sur les œuvres littéraires et artistiques,

Ont résolu de conclure une Convention à cet effet et ont nommé pour leur plénipotentiaires, savoir : . . . .

Lesquels, après s'être communiqué leurs pleins pouvoirs respectifs, trouvés en bonne et due forme, sont convenus des articles suivants :

Art. 1er. Les Pays contractants sont constitués à l'état d'union pour la protection des droits des auteurs sur leurs œuvres littéraires et artistiques.

2. Les auteurs ressortissant à l'un des pays de l'Union ou leurs ayants cause jouissent, dans les autres pays, pour leurs œuvres, soit publiées dans un de ces pays, soit non publiées, des droits que les lois respectives accordent actuellement ou accorderont par la suite aux nationaux.

La jouissance de ces droits est subordonnée à l'accomplissement des conditions et formalités prescrites par la législation du pays d'origine de l'œuvre ; elle ne peut excéder, dans les autres pays, la durée de la protection accordée dans ledit pays d'origine.

Est considéré comme pays d'origine de l'œuvre celui de la première publication, ou, si cette publication a lieu simultanément dans plusieurs pays de l'union, celui d'entre eux dont la législation accorde la durée de protection la plus courte.

Pour les œuvres non publiées, le pays auquel appartient l'auteur est considéré comme pays d'origine de l'œuvre.

3. Les stipulations de la présente Convention s'appliquent également aux éditeurs d'œuvres littéraires ou artistiques publiées dans un des pays de l'union, et dont l'auteur appartient à un pays qui n'en fait pas partie.

4. L'expression « œuvres littéraires et artistiques » comprend les livres, brochures ou tous autres écrits ; les œuvres dramatiques ou dramatico-musicales, les compositions musicales avec ou sans paroles ; les œuvres de dessin, de peinture, de sculpture, de gravure ; les lithographies, les illustrations, les cartes géographiques ; les plans, croquis et ouvrages plastiques, relatifs à la géographie, à la topographie, à l'architecture ou aux sciences en général ; enfin toute production quelconque du domaine littéraire, scientifique ou artistique, qui pourrait être publiée par n'importe quel mode d'impression ou de reproduction.

5. Les auteurs ressortissant à l'un des pays de l'union ou leurs ayants cause jouissent, dans les autres pays, du droit exclusif de faire ou d'autoriser la traduction de leurs ouvrages jusqu'à l'expiration de dix années à partir de la publication de l'œuvre originale dans l'un des pays de l'union.

Pour les ouvrages publiés par livraisons, le délai de dix années ne compte qu'à dater de la publication de la dernière livraison de l'œuvre originale.

Pour les œuvres composées de plusieurs volumes publiés par intervalles, ainsi que pour les bulletins ou cahiers publiés par des sociétés littéraires ou savantes ou par des particuliers, chaque volume, bulletin ou cahier est, en ce qui concerne le délai de dix années, considéré comme ouvrage séparé.

Dans les cas prévus au présent article, est admis comme date de publication, pour le calcul des délais de protection, le 31 décembre de l'année dans laquelle l'ouvrage a été publié.

6. Les traductions licites sont protégées comme des ouvrages originaux. Elles jouissent, en conséquence, de la protection stipulée aux articles 2 et 3 en ce qui concerne leur reproduction non autorisée dans les pays de l'union.

Il est entendu que, s'il s'agit d'une œuvre pour laquelle le droit de traduction est dans le domaine public, le traducteur ne peut pas s'opposer à ce que la même œuvre soit traduite par d'autres écrivains.

7. Les articles de journaux ou de recueils périodiques publiés dans l'un des pays de l'union peuvent être reproduits, en original ou en traduction, dans les autres pays de l'union, à moins que les auteurs ou éditeurs ne l'aient expressément interdit. Pour les recueils, il peut suffire que l'interdiction soit faite d'une manière générale en tête de chaque numéro du recueil.

En aucun cas, cette interdiction ne peut s'appliquer aux articles de discussion politique ou à la reproduction des nouvelles du jour et des *faits divers*.

8. En ce qui concerne la faculté de faire licitement des emprunts à des œuvres littéraires ou artistiques pour les publications destinées à l'enseignement ou ayant un caractère scientifique, ou pour des chrestomathies, est réservé l'effet de la législation des pays de l'union et des arrangements particuliers existants ou à conclure entre eux.

9. Les stipulations de l'article 2 s'appliquent à la représentation publique des œuvres dramatiques ou dramatico-musicales, que ces œuvres soient publiées ou non.

Les auteurs d'œuvres dramatiques ou dramatico-musicales, ou leurs ayants cause, sont, pendant la durée de leur droit exclusif de traduction, réciproquement protégés contre la représentation publique non autorisée de la traduction de leurs ouvrages.

Les stipulations de l'article 2 s'appliquent également à l'exécution publique des œuvres musicales non publiées ou de celles qui ont été publiées, mais dont l'auteur a expressément déclaré sur le titre ou en tête de l'ouvrage qu'il en interdit l'exécution publique.

10. Sont spécialement comprises parmi les reproductions illicites auxquelles s'applique la présente Convention, les apppropriations indirectes non autorisées d'un ouvrage littéraire ou artistique, désignées sous des noms divers, tels que : *adaptations, arrangements de musique,* etc., lorsqu'elles ne sont que la reproduction d'un tel ouvrage, dans la même forme ou sous une autre forme, avec des changements, additions ou retranchements non essentiels, sans présenter d'ailleurs le caractère d'une nouvelle œuvre originale.

Il est entendu que, dans l'application du présent article, les tribunaux des divers pays de l'union tiendront compte, s'il y a lieu, des réserves de leurs lois respectives.

11. Pour que les auteurs des ouvrages protégés par la présente Convention soient, jusqu'à preuve contraire, considérés comme tels et

admis, en conséquence, devant les tribunaux des divers pays de l'u-
nion à exercer des poursuites contre les contrefaçons, il suffit que
leur nom soit indiqué sur l'ouvrage en la manière usitée.

Pour les œuvres anonymes ou pseudonymes, l'éditeur dont le nom
est indiqué sur l'ouvrage est fondé à sauvegarder les droits appartenant à l'auteur. Il est, sans autres preuves, réputé comme ayant cause
de l'auteur anonyme ou pseudonyme.

Il est entendu, toutefois, que les tribunaux peuvent exiger, le cas
échéant, la production d'un certificat, délivré par l'autorité compétente, constatant que les formalités prescrites, dans le sens de l'article 2, par la législation du pays d'origine ont été remplies.

12. Toute œuvre contrefaite peut être saisie à l'importation dans
ceux des pays de l'union où l'œuvre originale a droit à la protection
légale.

La saisie a lieu conformément à la législation intérieure de chaque
pays.

13. Il est entendu que les dispositions de la présente Convention ne
peuvent porter préjudice, en quoi que ce soit, au droit qui appartient
au Gouvernement de chacun des pays de l'union de permettre, de surveiller, d'interdire, par des mesures de législation ou de police intérieure, la circulation, la représentation, l'exposition de tout ouvrage
ou production à l'égard duquel l'autorité compétente aurait à exercer
ce droit.

14. La présente Convention, sous les réserves et conditions à déterminer d'un commun accord, s'applique à toutes les œuvres qui,
au moment de son entrée en vigueur, ne sont pas encore tombées dans
le domaine public de leur pays d'origine.

15. Il est entendu que les Gouvernements des pays de l'union se
réservent respectivement le droit de prendre séparément, entre eux,
des arrangements particuliers, en tant que ces arrangements confére-
raient aux auteurs ou à leurs ayants cause des droits plus étendus
que ceux accordés par l'union ou qu'ils renfermeraient d'autres stipulations non contraires à la présente Convention.

16. Un office international est institué sous le nom de *Bureau de
l'union internationale pour la protection des œuvres littéraires et
artistiques.*

Ce bureau, dont les frais sont supportés par les administrations de
tous les pays de l'union, est placé sous la haute autorité de l'administration supérieure de la Confédération suisse, et fonctionne sous sa
surveillance. Les attributions en sont déterminées d'un commun accord entre les pays de l'union.

17. La présente Convention peut être soumise à des revisions en
vue d'y introduire les améliorations de nature à perfectionner le système de l'union.

Les questions de cette nature, ainsi que celles qui intéressent à
d'autres points de vue le développement de l'union, seront traitées
dans des conférences qui auront lieu successivement dans les pays de
l'union entre les délégués desdits pays.

Il est entendu qu'aucun changement à la présente Convention ne
sera valable pour l'union que moyennant l'assentiment unanime des
pays qui la composent.

18. Les pays qui n'ont point pris part à la présente Convention, et qui assurent chez eux la protection légale des droits faisant l'objet de cette Convention, seront admis à y accéder sur leur demande.

Cette accession sera notifiée par écrit au Gouvernement de la Confédération suisse, et par celui-ci à tous les autres.

Elle emportera, de plein droit, adhésion à toutes les clauses et admission à tous les avantages stipulés dans la présente Convention.

19. Les pays accédant à la présente Convention ont aussi le droit d'y accéder en tout temps pour leurs colonies ou possessions étrangères.

Ils peuvent, à cet effet, soit faire une déclaration générale par laquelle toutes leurs colonies ou possessions sont comprises dans l'accession, soit nommer expressément celles qui y sont comprises, soit se borner à indiquer celles qui en sont exclues.

20. La présente Convention sera mise à exécution trois mois après l'échange des ratifications et demeurera en vigueur pendant un temps indéterminé, jusqu'à l'expiration d'une année à partir du jour où la dénonciation en aura été faite.

Cette dénonciation sera adressée au Gouvernement chargé de recevoir les accessions. Elle ne produira son effet qu'à l'égard du pays qui l'aura faite, la Convention restant exécutoire pour les autres pays de l'union.

21. La présente Convention sera ratifiée et les ratifications en seront échangées à Berne dans le délai d'un an au plus tard.

En foi de quoi les plénipotentiaires respectifs l'ont signée et y ont apposé le cachet de leurs armes.

Fait à Berne, le 9e jour du mois de septembre de l'an 1886.

Pour la France : (L.-S.) Signé : EMM. ARAGO.
Pour l'Allemagne : (L.-S.) Signé : OTTO VON BULOW.
Pour la Belgique : (L.-S.) Signé : MAURICE DELFOSSE.
Pour l'Espagne : (L.-S.) Signé : Comte DE LA ALMINA, JOSÉ VILLA-AMIL Y CASTRO.
Pour la Grande-Bretagne : (L.-S.) Signé : F.-O. ADAMS, J.-H.-G. BERGNE.
Pour Haïti : (L.-S.) Signé : LOUIS-JOSEPH JANVIER.
Pour l'Italie : (L.-S.) Signé : E. DI BECCARIA.
Pour Libéria : (L.-S.) Signé : KOENTZER.
Pour la Suisse : (L.-S.) Signé : DROZ, L. RUCHONNET, A. D'ORELLI.
Pour la Tunisie : (L.-S.) Signé : L. RENAULT.

ARTICLE ADDITIONNEL.

Les plénipotentiaires, réunis pour signer la Convention concernant la création d'une union internationale pour la protection des œuvres littéraires et artistiques, sont convenus de l'article additionnel suivant, qui sera ratifié en même temps que l'Acte auquel il se rapporte :

La Convention conclue à la date de ce jour n'affecte en rien le main-
tient des conventions actuellement existantes entre les pays contractants, en tant que ces conventions confèrent aux auteurs ou à leurs
ayants-cause des droits plus étendus que ceux accordés par l'union,
ou qu'elles renferment d'autres stipulations qui ne sont pas contraires
à cette Convention.

En foi de quoi, les plénipotentiaires respectifs ont signé le présent
article additionnel.

Fait à Berne, le 9e jour du mois de septembre de l'an 1886.

Pour la France : Signé : EMM. ARAGO.
Pour l'Allemagne : Signé : OTTO VON BULOW.
Pour la Belgique : Signé : MAURICE DELFOSSE.
Pour l'Espagne : Signé : ALMINA, VILLA-AMIL.
Pour la Grande-Bretagne : Signé : F.-O. ADAMS,
J.-H.-G. BERGNE.
Pour Haïti : Signé : LOUIS-JOSEPH JANVIER.
Pour l'Italie : Signé : E. DI BECCARIA.
Pour Libéria : Signé : KOENTZER.
Pour la Suisse : Signé : DROZ, L. RUCHONNET,
A. D'ORELLI.
Pour la Tunisie : Signé : L. RENAULT.

PROTOCOLE DE CLÔTURE.

Au moment de procéder à la signature de la Convention conclue à
la date de ce jour, les plénipotentiaires soussignés ont déclaré et stipulé ce qui suit :

1. Au sujet de l'article 4, il est convenu que ceux des pays de l'u-
nion où le caractère d'œuvres artistiques n'est pas refusé aux œuvres
photographiques s'engagent à les admettre, à partir de la mise en vigueur de la Convention conclue en date de ce jour, au bénéfice de ses
dispositions. Ils ne sont, d'ailleurs, tenus de protéger les auteurs desdites œuvres, sauf les arrangements internationaux existants ou à
conclure, que dans la mesure où leur législation permet de le faire.

Il est entendu que la photographie autorisée d'une œuvre d'art protégée jouit, dans tous les pays de l'union, de la protection légale, au
sens de ladite Convention, aussi longtemps que dure le droit principal
de reproduction de cette œuvre même, et dans les limites des conventions privées entre les ayants droit.

2. Au sujet de l'article 9, il est convenu que ceux des pays de l'u-
nion dont la législation comprend implicitement, parmi les œuvres
dramatico-musicales, les œuvres chorégraphiques, admettent expressément lesdites œuvres au bénéfice des dispositions de la Convention
conclue en date de ce jour.

Il est d'ailleurs entendu que les contestations qui s'élèveraient sur
l'application de cette clause demeurent réservées à l'appréciation des
tribunaux respectifs.

3. Il est entendu que la fabrication et la vente des instruments servant à reproduire mécaniquement des airs de musique empruntés au domaine privé ne sont pas considérés comme constituant le fait de contrefaçon musicale.

4. L'accord commun prévu à l'article 14 de la Convention est déterminé ainsi qu'il suit :

L'application de la Convention aux œuvres non tombées dans le domaine public au moment de sa mise en vigueur aura lieu suivant les stipulations y relatives contenues dans les conventions spéciales existantes ou à conclure à cet effet.

A défaut de semblables stipulations entre pays de l'union, les pays respectifs régleront, chacun pour ce qui le concerne, par la législation intérieure, les modalités relatives à l'application du principe contenu à l'article 14.

5. L'organisation du bureau international prévu à l'article 16 de la Convention sera fixée par un règlement que le Gouvernement de la Confédération suisse est chargé d'élaborer.

La langue officielle du bureau international sera la langue française.

Le bureau international centralisera les renseignements de toute nature relatifs à la protection des droits des auteurs sur leurs œuvres littéraires et artistiques. Il les coordonnera et les publiera. Il procédera aux études d'utilité commune intéressant l'union et rédigera, à l'aide des documents qui seront mis à sa disposition par les diverses administrations, une feuille périodique, en langue française, sur les questions concernant l'objet de l'union. Les Gouvernements des pays de l'union se réservent d'autoriser, d'un commun accord, le bureau à publier une édition dans une ou plusieurs autres langues, pour le cas où l'expérience en aurait démontré le besoin.

Le bureau international devra se tenir en tout temps à la disposition des membres de l'union pour leur fournir sur les questions relatives à la protection des œuvres littéraires et artistiques, les renseignements spéciaux dont ils pourraient avoir besoin.

L'administration du pays où doit siéger une conférence préparera, avec le concours du bureau international, les travaux de cette conférence.

Le directeur du bureau international assistera aux séances des conférences et prendra part aux discussions sans voix délibérative. Il fera sur sa gestion un rapport annuel qui sera communiqué à tous les membres de l'union.

Les dépenses du bureau de l'union internationale seront supportées en commun par les pays contractants. Jusqu'à nouvelle décision, elles ne pourront pas dépasser la somme de soixante mille francs par année. Cette somme pourra être augmentée au besoin par simple décision d'une des conférences prévues par l'article 17.

Pour déterminer la part contributive de chacun des pays dans cette somme totale des frais, les pays contractants et ceux qui adhéreraient ultérieurement à l'union seront divisés en six classes contribuant chacune dans la proportion d'un certain nombre d'unités, savoir :

Première classe, vingt-cinq unités ;

Deuxième classe, vingt unités ;

Troisième classe, quinze unités ;

Quatrième classe, dix unités ;

Cinquième classe, cinq unités ;

Sixième classe, trois unités.

Ces coefficients seront multipliés par le nombre des pays de chaque classe, et la somme des produits ainsi obtenus fournira le nombre d'unités par lequel la dépense totale pourra être divisée. Le quotient donnera le montant de l'unité des dépenses.

Chaque pays déclarera, au moment de son accession, dans laquelle des susdites classes il demande à être rangé.

L'administration suisse préparera le budget du bureau et en surveillera les dépenses, fera les avances nécessaires et établira le compte annuel qui sera communiqué à toutes les autres administrations.

6. La prochaine conférence aura lieu à Paris dans le délai de quatre à six ans à partir de l'entrée en vigueur de la Convention.

Le Gouvernement français en fixera la date dans ces limites, après avoir pris l'avis du bureau international.

7. Il est convenu que, pour l'échange des ratifications prévu à l'article 21, chaque partie contractante remettra un seul instrument, qui sera déposé, avec ceux des autres pays, aux archives du Gouvernement de la Confédération suisse. Chaque partie recevra en retour un exemplaire du procès-verbal d'échange des ratifications, signé par les plénipotentiaires qui y auront pris part.

Le présent protocole de clôture, qui sera ratifié en même temps que la Convention conclue à la date de ce jour, sera considéré comme faisant partie intégrante de cette Convention, et aura même force, valeur et durée.

En foi de quoi les plénipotentiaires respectifs l'ont revêtu de leur signature.

Fait à Berne, le 9e jour du mois de septembre 1886.

> Pour la France : Signé : Emm. Arago.
> Pour l'Allemagne : Signé : Otto von Bulow.
> Pour la Belgique : Signé : Maurice Delfosse.
> Pour l'Espagne : Signé : Almina, Villa-Amil.
> Pour la Grande-Bretagne : Signé : F.-O. Adams, J.-H.-G. Bergne.
> Pour Haïti : Signé : Louis-Joseph Janvier.
> Pour l'Italie : Signé : E. di Beccaria.
> Pour Libéria : Signé : Koentzer.
> Pour la Suisse : Signé : Droz, L. Ruchonnet, A. d'Orelli.
> Pour la Tunisie : Signé : L. Renault.

PROCÈS-VERBAL DE SIGNATURE.

Les plénipotentiaires soussignés, réunis ce jour à l'effet de procéder à la signature de la Convention concernant la création d'une union internationale pour la protection des œuvres littéraires et artistiques, ont échangé les déclarations suivantes :

1º En ce qui concerne l'accession des colonies ou possessions étrangères prévue à l'article 19 de la Convention :

Les plénipotentiaires de Sa Majesté Catholique le roi d'Espagne réservent pour leur Gouvernement la faculté de faire connaître sa détermination au moment de l'échange des ratifications.

Le plénipotentiaire de la République Française déclare que l'accession de son pays emporte celle de toutes les colonies de la France.

Les plénipotentiaires de Sa Majesté britannique déclarent que l'accession de la Grande-Bretagne à la Convention pour la protection des œuvres littéraires et artistiques comprend le Royaume-Uni de la Grande-Bretagne et d'Irlande et toutes les colonies et possessions étrangères de Sa Majesté britannique.

Ils réservent toutefois au Gouvernement de Sa Majesté britannique la faculté d'en annoncer en tout temps la dénonciation séparément pour une ou plusieurs des colonies ou possessions suivantes, en la manière prévue par l'article 20 de la Convention, savoir : les Indes, le Dominion du Canada, Terre-Neuve, le Cap, Natal, la Nouvelle-Galles du Sud, Victoria, Queensland, la Tasmanie, l'Australie méridionale, l'Australie occidentale et la Nouvelle-Zélande.

2º En ce qui concerne la classification des pays de l'union au point de vue de leur part contributive aux frais du bureau international (chiffre 5 du protocole de clôture),

Les plénipotentiaires déclarent que leurs pays respectifs doivent être rangés dans les classes suivantes, savoir :

Allemagne, dans la première classe ;
Belgique, dans la troisième classe ;
Espagne, dans la deuxième classe ;
France, dans la première classe ;
Grande-Bretagne, dans la première classe ;
Haïti, dans la cinquième classe ;
Italie, dans la première classe ;
Suisse, dans la troisième classe ;
Tunisie, dans la sixième classe.

Le plénipotentiaire de la République de Libéria déclare que les pouvoirs qu'il a de son Gouvernement l'autorisent à signer la Convention, mais qu'il n'a pas reçu d'instruction quant à la classe où ce pays entend se ranger au point de vue de sa part contributive aux frais du bureau international. En conséquence, il réserve sur cette question la détermination de son Gouvernement, qui la fera connaître lors de l'échange des ratifications,

En foi de quoi les plénipotentiaires respectifs ont signé le présent procès-verbal.

Fait à Berne, le 9ᵉ jour du mois de septembre de l'an 1886.

> Pour la France: Signé: EMMANUEL ARAGO.
> Pour l'Allemagne: Signé: OTTO VON BULOW.
> Pour la Belgique: Signé: MAURICE DELFOSSE.
> Pour l'Espagne: Signé: ALMINA, VILLA-AMIL.
> Pour Haïti: Signé: LOUIS-JOSEPH JANVIER.
> Pour la Grande-Bretagne: Signé: F.-O. ADAMS, J.-H.-G. BERGNE.
> Pour l'Italie: Signé: E. DI BECCARIA.
> Pour Libéria: Signé: KOENTZER.
> Pour la Suisse: Signé: DROZ, L. RUCHONNET, A. D'ORELLI.
> Pour la Tunisie: Signé: L. RENAULT (1).

États qui ont adhéré à la Convention depuis sa signature:

Luxembourg; 23 mars 1888.

Monaco; 30 mai 1889.

Allemagne.

Convention du 19 avril 1883 (Dalloz, 1883. 4. 93) (2).

Les auteurs d'œuvres littéraires ou artistiques publiées en France ont droit en Allemagne à la même protection que les auteurs nationaux, pendant toute la durée de leurs droits d'après la loi française, mais sans que cette durée puisse excéder celle fixée par la loi allemande pour les auteurs nationaux. Cette disposition s'applique au droit d'exécution et de représentation.

Le droit de traduction ne demeure exclusif qu'autant que la traduction a été publiée dans les trois ans qui suivent la publication de l'œuvre originale (3), et seulement pendant dix années depuis la publication de la traduction.

Les auteurs de chacun des deux pays bénéficient d'ailleurs de plein droit dans l'autre pays du traitement de la nation la plus favorisée.

---

(1) L'échange des ratifications a eu lieu à Berne, le 5 septembre 1887. La République de Libéria n'y était pas représentée.

(2) Voir: Décret pour l'exécution de cette Convention, du 8 novembre 1883 (Dall. 1884. 4. 77).

(3) La Convention d'union du 9 septembre 1886 étend le droit exclusif de traduction à dix années à partir de la publication de l'œuvre originale.

Le droit d'auteur est régi en Allemagne par les lois du 11 juin 1870 (écrits, dessins, œuvres musicales et dramatiques), du 9 janvier 1876 (œuvres des arts figuratifs), et du 10 janvier 1876 (œuvres photographiques). La durée du droit est de la vie de l'auteur et trente ans après sa mort, sauf pour les œuvres photographiques, que la loi ne protège que pendant cinq ans. — La loi ne s'applique pas aux œuvres de l'architecture.

Angleterre.

Dans ce pays, en vertu d'une entente entre le Gouvernement Français et celui de la Grande-Bretagne, les conventions antérieures du 3 novembre 1851 et du 11 août 1875 ont cessé d'avoir leur effet au moment de la mise à exécution, en France et en Angleterre, de la Convention internationale du 9 septembre 1886 (*Journal officiel* du 17 juillet 1887).

Une ordonnance royale du 28 novembre 1887, rendue en exécution d'une loi du 25 juin 1886 (loi relative aux droits d'auteurs dans les rapports internationaux et coloniaux), a d'ailleurs formellement abrogé, à dater du 6 décembre 1887, les diverses ordonnances relatives à l'approbation des conventions conclues antérieurement entre la Grande-Bretagne et les divers Etats signataires de la convention de Berne.

En Angleterre, aux termes de la loi du 1ᵉʳ juillet 1842, le droit de copie (droit d'auteur), et le droit de représenter ou d'exécuter toute œuvre dramatique ou musicale est protégé pendant toute la vie de l'auteur, et, au profit de ses héritiers, pendant quarante-deux ans à partir de la publication ou de la représentation, et pendant au moins sept années à partir de la mort de l'auteur. Le droit est constaté par un enregistrement.

Autriche.

Convention du 11 décembre 1866.

Les ouvrages publiés primitivement en France sont, au point de vue de la propriété littéraire ou artistique et du droit d'exécution ou de représentation, protégés en Autriche comme ceux publiés pour la première fois dans le pays même, pour un temps qui ne peut excéder la durée du droit des auteurs tant dans le pays d'origine que dans le pays d'importation.

L'enregistrement en Autriche doit avoir lieu dans les trois mois de la publication en France, et réciproquement.

Les traductions sont protégées, comme les ouvrages mêmes, au profit des auteurs, s'ils se sont réservé le droit de traduction en tête de leur œuvre.

Le droit de propriété littéraire et artistique est protégé en Autriche pendant la vie de l'auteur, et trente années après sa mort. Le droit de représentation dure dix ans seulement après la mort de l'auteur, ou après la première représentation, si l'ouvrage a plusieurs auteurs, ou s'il est anonyme, pseudonyme, ou posthume. (Loi du 19 octobre 1846).

Belgique.

Convention du 31 octobre 1881. Loi du 22 mars 1886.

Les Français jouissent en Belgique, pour leurs œuvres publiées en France, du traitement de la nation la plus favorisée (1).

La loi nouvelle protège d'ailleurs les étrangers, comme les nationaux, sans aucune condition de réciprocité.

La durée de leurs droits ne peut excéder celle fixée par la législation belge pour les auteurs nationaux.

Les *arrangements* de musique sont expressément soumis à la protection.

Les *chrestomathies* sont permises en Belgique lorsqu'elles sont destinées à l'enseignement (art. 2 de la convention).

Le droit de traduction appartient à l'auteur d'une façon exclusive, pendant toute la durée de son droit sur l'œuvre originale (art. 6 de la Convention ; loi du 22 mars 1886, art. 12).

Pour leurs œuvres publiées originairement en Belgique, comme pour celles publiées en France, les Français, en Belgique, ne sont protégés qu'autant que leurs droits ne sont pas expirés en France (même loi, art. 38).

Le droit d'auteur dure en Belgique toute la vie de l'auteur et cinquante ans après sa mort (art. 2 de la loi).

---

(1) Voir à cet égard l'art. 1er de la convention et la déclaration annexe du 4 janvier 1882 (Lyon-Caen et Delalain, t. II, p. 279 et 285). — Au dernier moment nous apprenons que la convention de 1881 vient d'être dénoncée par la Belgique.

Bolivie.

Une déclaration signée entre la France et la Bolivie le 8 septembre 1887, et promulguée en France par décret du 30 juin 1890, assure aux ressortissants de chacune des parties contractantes, sur le territoire de l'autre, le même traitement qu'aux nationaux, notamment en ce qui concerne la garantie des œuvres littéraires et artistiques.

Brésil.

Dans ce pays, l'art. 261 du code pénal du 16 décembre 1830 ne protégeait la propriété littéraire et artistique qu'en ce qui concernait les citoyens brésiliens. D'après des renseignements dont l'exactitude paraît douteuse, et que nous n'avons pu contrôler, le nouveau code pénal, décrété le 11 octobre 1890, assurerait aux étrangers le même traitement qu'aux nationaux, et protégerait même les œuvres publiées à l'étranger. (V. le journal *le Droit d'auteur* du 15 décembre 1890) (1).

Chili.

Aux termes de la loi chilienne sur la propriété littéraire du 24 juillet 1834, «les étrangers qui publieront leurs œuvres au Chili, jouiront des mêmes droits que les chiliens, et s'ils font paraître au Chili une nouvelle édition d'œuvres déjà publiées dans d'autres pays, ils jouiront de droits semblables pendant une durée de dix années. » (V. cette loi dans Lyon-Caen et Delalain, t. II, p. 60).

Danemark.

Ordonnances royales des 6 novembre 1858 (Pataille et Huguet, Appendice, page 55), 5 mai 1866 (Fliniaux, *Prop. litt.*, no 301). — Lois du 23 février 1866, du 21 février 1863, du 24 mai 1879 et du 12 avril 1889, modifiant les lois du 29 décembre 1857 sur la contrefaçon des œuvres littéraires, et du 31

(1) Une convention relative à la propriété littéraire et artistique vient d'être signée entre la France et le Brésil, mais n'est pas encore ratifiée.

mars 1864 sur la reproduction des œuvres d'art ; — loi du 24 mars 1865 sur la reproduction des photographies (Lyon-Caen et Delalain, *Lois franç. et étrang. sur la Propriété littéraire et artistique*, tome 1er, p. 187-204).

En vertu de ces différents textes, la propriété littéraire et artistique est protégée au Danemark au profit des auteurs d'ouvrages publiés à l'étranger, sous condition de réciprocité, lorsque des ordonnances royales ont rendu la loi, en tout ou en partie, applicable à ces ouvrages. La durée du droit s'étend aujourd'hui (loi du 12 avril 1889) à la vie de l'auteur et cinquante ans après sa mort.

Mais aucune ordonnance royale n'a rendu applicables aux auteurs Français les lois postérieures à l'ordonnance du 5 mai 1866.

Equateur (République de l').

Déclaration relative à la garantie de la Propriété littéraire et artistique, du 12 mai 1888 (Voir Lyon-Caen et Delalain, t. II, p. 291).

Espagne.

Convention du 16 juin 1880 ; Loi intérieure du 10 janvier 1879.

La France et l'Espagne se sont accordé réciproquement le bénéfice du traitement de la nation la plus favorisée.

Les auteurs protégés dans l'un des deux Etats, et leurs ayants droit pendant cinquante années après leur mort, jouissent, dans l'autre Etat, comme les nationaux, des droits correspondants, sans avoir à remplir aucune formalité.

Le droit exclusif de traduction appartient aux auteurs pendant le même laps de temps.

En Espagne, la *propriété intellectuelle*, qui comprend les œuvres scientifiques, littéraires ou artistiques, appartient aux auteurs pendant leur vie, et à leurs héritiers pendant quatre-vingts ans ; on a vu que la convention limite cette durée à cinquante ans après la mort pour les œuvres publiées en France.

Etats-Unis.

Dans ce pays, la propriété littéraire et artistique est protégée au profit des auteurs qui sont citoyens des Etats-Unis ou
qui y résident, notamment par les lois du 8 juillet 1870 et du
18 juin 1874. La durée de la protection est de 42 ans depuis
l'enregistrement du titre de l'ouvrage ; mais la jouissance exclusive cesse, si cet enregistrement n'est pas renouvelé avant
l'expiration des premiers vingt-huit ans.

Aucune loi ne protégeait, jusqu'à ces derniers temps, les ouvrages étrangers. Mais un commencement de protection leur
est assuré depuis peu par une loi du 4 mars 1891, dont nous
résumons les dispositions :

Les auteurs de livres, cartes, œuvres dramatiques ou musicales, gravures, photographies, tableaux, dessins, chromo-
lithographies, sculptures, modèles ou esquisses d'œuvres
d'art, et leurs ayants-cause, ont le droit exclusif de reproduire, vendre, représenter, dramatiser ou traduire lesdites
œuvres, en se conformant à la loi.

La protection de la loi est subordonnée à un dépôt, qui
doit être effectué au plus tard le jour même de la publication
aux Etats-Unis ou à l'étranger, d'une part du titre de l'œuvre,
d'autre part de deux exemplaires. S'il s'agit d'œuvres d'art, le
dépôt est fait sous forme de photographie. Lorsqu'il s'agit
d'un livre, la protection n'est accordée que si les deux exemplaires ont été imprimés sur une composition typographique
faite aux États-Unis ou à l'aide de clichés fabriqués au moyen
d'une composition répondant à cette condition ; les photographies, les chromos et les lithographies sont l'objet d'une
disposition semblable.

Tant que dure la protection, est prohibée l'importation de
tous exemplaires ou clichés obtenus à l'aide d'une composition
typographique faite hors du territoire des États-Unis, sauf
lorsqu'il ne s'agit que de l'introduction de deux exemplaires
au plus non destinés à être vendus. Toutefois un livre étranger dont on ne fait protéger que la traduction anglaise, peut
être introduit librement, imprimé dans la langue originale,
sauf à supporter les droits de douane. L'importation des journaux et magazines est également libre, lorsqu'ils ne contiennent aucune matière protégée suivant la loi dont l'auteur
n'aurait pas autorisé la reproduction.

L'enregistrement du titre donne lieu à la perception d'un
droit de 1 dollar que doit payer tout étranger non résident
qui réclame la protection.

Tout exemplaire d'une œuvre protégée doit porter la mention de l'enregistrement.

Toute reproduction non autorisée par le titulaire du droit, par écrit signé en présence de deux témoins au moins, et tout fait d'adaptation, de traduction, de vente ou mise en vente ou d'importation illicite est puni de la confiscation et de dommages-intérêts, dont le quantum est dans certains cas réglé par la loi et attribué partiellement à l'État.

Le bénéfice de la loi nouvelle n'est d'ailleurs accordé qu'aux citoyens des États qui accordent de leur côté la réciprocité aux citoyens américains.

L'entrée en vigueur de la loi est fixée au 1er juillet 1891.

Grande-Bretagne.

(Voir Angleterre).

Grèce.

(Voir sur l'état actuel de la législation de ce pays, notamment au point de vue des droits accordés aux auteurs ou aux éditeurs étrangers, la Notice de MM. Lyon-Caen et Delalain, *Lois françaises et étrangères sur la Propriété littéraire et artistique*, tome 1er, p. 373).

Guatémala.

(V. Lyon-Caen et Delalain, t. II, p. 117.)

Hongrie.

La loi Hongroise du 26 avril 1884 fixe la durée du droit d'auteur à la vie de l'auteur et cinquante ans après sa mort ; les œuvres photographiques sont protégées pendant cinq ans ; la loi ne s'applique pas aux œuvres d'architecture, ni aux œuvres des arts figuratifs appliqués à des objets industriels.

La loi n'est applicable aux œuvres d'auteurs étrangers que si elles ont paru chez les éditeurs nationaux ou si les auteurs sont établis en Hongrie depuis au moins deux ans.

Italie.

Convention du 9 juillet 1884.

Pendant un temps qui ne peut excéder la durée du droit de l'auteur dans son pays, ni celle fixée par la loi pour les auteurs nationaux, les œuvres littéraires et artistiques de toute nature, originaires de l'un des deux pays contractants, sont protégées de la même manière que les œuvres d'auteurs nationaux.

Par une disposition spéciale, les auteurs Français peuvent, moyennant une redevance, requérir en Italie la protection officielle de leurs œuvres dramatiques et musicales, et les autorités sont en ce cas tenues d'interdire d'office la représentation ou l'exécution de leurs œuvres à quiconque ne fournirait pas la preuve écrite et légalisée de leur autorisation.

Toute œuvre publiée dans l'un des deux pays est protégée dans l'autre, même si son auteur appartient à une nationalité tierce.

Les articles de journaux ou recueils périodiques publiés dans l'un des deux pays peuvent être reproduits en original ou en traduction, dans l'autre pays, sans autorisation de l'auteur. Il n'y a d'exception que pour les romans-feuilletons et les articles de science ou d'art, et les autres articles de quelque étendue (autres que les articles de discussion politique), dont une mention spéciale interdit la reproduction.

Sont interdites les appropriations indirectes non autorisées, telles que adaptations, imitations dites de bonne foi, transcriptions ou arrangements d'œuvres musicales, dramatico-musicales ou chorégraphiques, et généralement tout emprunt quelconque aux œuvres littéraires, dramatiques, scientifiques ou artistiques, fait sans le consentement de l'auteur.

Tout auteur dont le nom figure sur l'ouvrage, peut personnellement poursuivre les contrefaçons, sans autre justification de propriété de l'ouvrage.

À défaut de nom d'auteur, l'éditeur dont le nom est indiqué sur les ouvrages est réputé, sans autre preuve, ayant droit de l'auteur anonyme ou pseudonyme.

Les traductions ont droit à la même protection que les œuvres originales.

Le droit privatif de l'auteur sur la traduction autorisée par lui ne dure que pendant dix années depuis la publication de la traduction, et ne peut être exercé par lui que si la traduc tion a paru en totalité dans le délai de trois années après la publication de l'œuvre originale (1).

Le droit de représentation de la traduction d'une œuvre dramatique ne dure que pendant le même espace de temps (2).

Les deux Etats s'accordent au surplus réciproquement le traitement de la nation la plus favorisée.

— Voir le décret du 20-21 avril 1885, relatif à l'exécution de la Convention précédente (D. 1885. 4. 83).

En Italie, le droit de reproduction appartient à l'auteur pendant sa vie, et profite à ses héritiers de la même manière jusqu'à l'achèvement d'une période de quarante ans qui court de la publication de l'œuvre. A l'expiration de cette période en commence une autre, d'une durée de quarante années, pendant laquelle l'œuvre peut être reproduite par tous, moyennant une redevance, privilégiée, de cinq pour cent sur le prix fort de la reproduction. Le droit de représentation ou d'exécution dure quatre-vingts ans à compter de la première représentation ou publication de l'œuvre.

L'exercice des droits d'auteur est subordonné à un dépôt, qui en principe doit être fait dans les trois mois de la publication, et qui, pour les œuvres d'art, peut consister en une esquisse ou une copie photographique ; à défaut de dépôt dans les dix ans, le droit d'auteur même est perdu. (Lois du 25 juin 1865, 10 août 1875, 18 mai 1882, coordonnées par les décret et règlement du 19 septembre 1882).

Japon.

Le droit d'auteur appartient, dans ce pays, à l'auteur d'une œuvre littéraire, ou d'une traduction, d'un dessin ou d'une image, ou à ses héritiers ou cessionnaires, pendant la vie de l'auteur et cinq années après sa mort, et en tous cas pendant trente-cinq années à compter du mois de l'inscription de l'œuvre au ministère de l'intérieur. Le traducteur qui publie une traduction d'une œuvre sur laquelle les droits de l'auteur ont été réservés est considéré comme contrefacteur. Toute œuvre pour laquelle ont été remplies les formalités légales doit porter la mention : Droits de propriété réservés.

Même au cas où le droit d'auteur n'aurait pas été réservé,

(1-2) Ces dispositions, étant plus favorables aux auteurs quant à la durée que celles de la Convention du 9 septembre 1886, sont par suite restées en vigueur, aux termes de l'art. additionnel de cette dernière.

nul n'a le droit de publier l'œuvre en la dénaturant ou en omettant le nom de l'auteur.

Les ouvrages dramatiques et compositions musicales sont protégés de la même façon au point de vue du droit de reproduction. Pendant toute la durée de la jouissance exclusive, le droit de représentation et d'exécution peut être également réservé moyennant une déclaration et une mention spéciales.

Le droit de propriété exclusive appartient aux auteurs ou aux propriétaires de clichés photographiques pendant dix ans à compter de l'expiration du mois de l'inscription et du dépôt de deux épreuves de l'œuvre photographique au ministère de l'intérieur. Les photographies protégées ne peuvent être reproduites sans le consentement du propriétaire par aucun procédé mécanique ou chimique permettant de les multiplier. — Chaque épreuve doit porter l'indication du nom et de l'adresse du propriétaire, et de la date de l'inscription, faute de quoi les effets de l'inscription sont nuls. (Voir dans le recueil des *Lois françaises et étrangères sur la propriété littéraire et artistique*, de MM. Lyon-Caen et Delalain, la traduction des ordonnances relatives au droit de propriété des auteurs, etc., du 28 décembre 1887 ; — voir également, à titre de document, la loi de 1875, dans Pataille, *Annales*, 1878, p. 304).

Luxembourg.

Les relations internationales entre la France et le Grand-Duché de Luxembourg sont régies par une Convention en date du 16 décembre 1865 (Voir cette Convention dans Pataille, *Annales*, 1867, p. 33). — Le Luxembourg a d'ailleurs adhéré à la Convention d'union du 9 septembre 1886, à la date du 23 mars 1888.

(Voir la législation intérieure de ce pays dans le recueil des *Lois françaises et étrangères sur la propriété littéraire et artistique* de MM. Lyon-Caen et Delalain).

Mexique.

Les lois mexicaines, et notamment le Code civil (voir Pataille. *Annales*, 1876, p. 264), protègent la propriété littéraire et artistique, sans distinctions relatives à la nationalité de l'auteur et au lieu de publication, du moment que l'auteur réside au Mexique et que l'ouvrage y est déposé. La propriété est perpétuelle (1); cependant le droit de représentation ne dure que trente ans après la mort de l'auteur.

Le traducteur a sur son œuvre les mêmes droits qu'un auteur.

La loi assimile entièrement aux auteurs mexicains les auteurs qui résident dans les pays étrangers, lorsque les mexicains jouissent de la réciprocité dans les États où ont été publiées les œuvres de ces auteurs.

L'auteur résidant au Mexique a le droit exclusif de traduction de son œuvre dans toutes les langues pour lesquelles il s'est réservé ce droit. Les auteurs qui ne résident pas sur le territoire mexicain et qui publient un ouvrage hors de ce territoire, jouissent pendant dix ans seulement du même droit de traduction.

Les Français jouissent au Mexique, pour la propriété littéraire et artistique, du traitement de la nation la plus favorisée. (Voir traité du 9 mars 1839, Dalloz, *Rép.*, v° traité international, n°s 11 et 39, et traité du 27 novembre 1886, *Dall. pér.*, 1888, 4ᵉ partie, p. 35).

Monaco.

Par l'ordonnance souveraine sur la protection des œuvres littéraires et artistiques en date du 27 février 1889, les droits des étrangers sont reconnus dans la mesure de ceux « qui sont ou seront accordés aux sujets monégasques par les lois ou traités. soit de la nation à laquelle cet étranger appartiendra, soit du pays de la première publication, lorsque celle-ci aura lieu en dehors du pays de l'auteur ». Les droits des étrangers ne peuvent être plus étendus que ceux qui sont garantis aux sujets monégasques par les lois de l'État. — La principauté de Monaco a d'ailleurs adhéré à la Convention de Berne à la date du 30 mai 1889.

Norvège.

Article additionnel du traité de commerce signé le 30 décembre 1881 entre la France et les Royaumes-Unis de Suède et de Norvège (Dall., 1883. 4. 35).

(1) Il en est de même au Vénézuéla et au Guatémala (V. Lyon-Caen et Delalain, t. II, p. 117 et 165).

En Norvège la propriété littéraire est protégée par la loi du 8 juin 1876, pendant la vie de l'auteur et cinquante ans après sa mort ; mais le droit s'éteint lorsque, pendant cinq années, il a été impossible de se procurer des exemplaires de la dernière édition de l'écrit dans les librairies ordinaires.

Le droit de représentation est protégé pendant le même temps, au profit de l'auteur et du compositeur d'œuvres dramatiques ou dramatico-musicales.

La loi s'applique aux ouvrages d'auteurs ou compositeurs nationaux ainsi qu'aux ouvrages publiés par des sujets norvégiens comme éditeurs.

En cas de réciprocité, ses dispositions peuvent être étendues, par ordonnance royale, aux œuvres appartenant à des pays étrangers, en tant qu'elles sont protégées par les lois de leur pays d'origine.

— La propriété artistique est protégée par la loi du 12 mai 1877, pendant le même temps que la propriété littéraire. La loi s'applique aux œuvres d'artistes nationaux ainsi qu'aux œuvres légalement reproduites par des sujets norvégiens. — En cas de réciprocité, une ordonnance royale peut accorder la même protection aux œuvres appartenant à des pays étrangers.

Une loi portant la même date, dont le bénéfice peut être également étendu aux œuvres d'étrangers, protège pendant cinq ans les œuvres photographiques.

Aux termes du traité précité du 30 décembre 1881, en attendant la conclusion d'une convention spéciale, les Français jouissent en Norvège et les Norvégiens en France du traitement national en ce qui concerne la propriété littéraire et artistique.

Pays-Bas.

Conventions des 29 mars 1855 et 27 avril 1860 (1). (Voir Pataille et Huguet, Code international de la propriété industrielle, artistique et littéraire, p. 272, et Dalloz, 1860. 4. 49).

Les Français jouissent aux Pays-Bas des mêmes droits que les nationaux, dans les limites de la loi française, et en justifiant qu'ils se sont conformés aux lois et règlements du pays de production.

(1) Remises en vigueur par la Convention provisoire du 19 avril 1884, qui a en outre étendu aux œuvres musicales les garanties stipulées par ces conventions. (V. Lyon-Caen et Delalain, t. II, p. 331-336).

Les chrestomathies destinées à l'enseignement et contenant des notes explicatives ou traductives sont spécialement autorisées aux Pays-Bas.

La loi néerlandaise du 28 juin 1881 protège pendant cinquante années, à compter de la publication, et en tous cas pendant la durée de la vie de l'auteur, les ouvrages littéraires publiés aux Pays-Bas.

Le droit exclusif de traduction, quelle que soit la langue dans laquelle l'œuvre est publiée, appartient à l'auteur pendant cinq ans, pour les langues pour lesquelles il s'est réservé ce droit par une mention sur l'ouvrage, à la condition que la traduction soit publiée dans un délai de trois ans après la publication de l'édition originale.

Le droit d'exécution ou de représentation des œuvres dramatico-musicales ou des pièces de théâtre appartient à l'auteur pendant sa vie et à ses ayants cause pendant trente ans après sa mort, quand elles ne sont pas imprimées. — Pour les œuvres publiées, sur lesquelles les auteurs ont réservé leur droit, ce droit ne dure que dix ans après la date du dépôt, lequel doit avoir lieu dans le mois de la publication.

Portugal.

Convention du 11 juillet 1866.

Les auteurs d'ouvrages publiés pour la première fois en France ont en Portugal la même protection que les auteurs nationaux, à la condition que leur œuvre ait été régulièrement enregistrée dans les deux pays, à trois mois d'intervalle au plus ; cette protection ne leur est assurée que pendant l'existence de leurs droits dans leur pays et pendant le temps fixé par la loi portugaise pour les auteurs nationaux.

Les traducteurs ont les mêmes droits. Aux termes de la loi portugaise du 1er juillet 1867 (Code civil. 2e partie, titre V), le droit de traduction est compris dans les droits de l'auteur, et, quoique limité à dix ans pour les étrangers, il a la même durée pour les Français que pour les Portugais, par l'effet de la disposition de l'art. 578, ainsi conçu : « Jouit des mêmes droits que les auteurs portugais l'écrivain étranger dans le pays duquel un auteur portugais jouit des mêmes droits que les nationaux ».

La durée de la propriété littéraire et artistique après la mort de l'auteur est au Portugal, comme en France, de cinquante années.

Néanmoins le traducteur d'une œuvre tombée dans le domaine public ne jouit que pendant trente ans d'un droit exclusif sur sa traduction.

Une section spéciale du Code règle en détail les droits des auteurs dramatiques. Le droit de représentation et d'exécution a la même durée que le droit de reproduction.

République Argentine.

(V. Lyon-Caen et Delalain, t. II, p. 44).

Roumanie.

(V. Lyon-Caen et Delalain, t. I, p. 477).

Russie.

Aux termes de l'art. 4 de la Convention pour la garantie réciproque des œuvres d'esprit et d'art, du 6 avril 1861, le droit de propriété littéraire ou artistique des Français, dans l'Empire de Russie, et des sujets Russes en France, durait, pour les auteurs, toute leur vie, et se transmettait, pour vingt ans, à leurs héritiers directs ou testamentaires, et pour dix ans à leurs héritiers collatéraux, à compter du décès de l'auteur.

Mais, dénoncée par la Russie en 1886, cette Convention a cessé d'être en vigueur le 14 juillet 1887 (Lyon-Caen et Delalain, t. II, p. 347).

D'après la loi russe sur la propriété littéraire, de 1886, l'auteur ou le traducteur d'un livre a le droit exclusif de jouir et de disposer de son œuvre pendant sa vie ; après lui le droit exclusif de propriété appartient à ses héritiers, légataires ou cessionnaires pendant cinquante années à dater du jour de sa mort, ou de la publication de l'œuvre, si elle n'est publiée qu'après sa mort.

Les mêmes règles s'appliquent aux œuvres artistiques et aux compositions musicales, qui sont d'ailleurs l'objet de dispositions spéciales de la loi.

Le Grand-Duché de Finlande possède une loi spéciale, du 15 mars 1880. (Voir Lyon-Caen et Delalain, tome Ier, p. 505).

Salvador.

Convention du 9 juin 1880 (Dalloz, 1883. 4. 44).

Suède.

Article additionnel du traité de commerce conclu entre la France et les royaumes-unis de Suède et de Norvège le 30 décembre 1881 (Dall. 1883. 4. 35), et Arrangement du 15 février 1884 (Dall. 1885. 4. 14).

La propriété littéraire est protégée, en Suède, par la loi du 10 août 1877, pendant la vie de l'auteur et cinquante ans après sa mort.

La même loi consacre le droit exclusif de représentation pendant la vie de l'auteur et cinq années après sa mort.

Le droit exclusif de traduction appartient à l'auteur qui se l'est réservé, pendant cinq ans à partir de la première publication de l'ouvrage, à la condition de publier la traduction dans les deux ans qui suivent cette publication.

Le traducteur a sur son travail les mêmes droits que l'auteur lui-même, chacun restant d'ailleurs libre de faire une autre traduction de la même œuvre.

Des ordonnances royales peuvent, sous condition de réciprocité, rendre les dispositions de ladite loi applicables aux écrits des citoyens d'autres pays.

Les œuvres artistiques sont protégées en Suède pendant la vie de l'artiste et dix années après sa mort (Loi du 3 mai 1867). Les dispositions de la loi sur les œuvres artistiques sont également étendues par ordonnances royales, aux œuvres étrangères, sous la condition de réciprocité.

Aux termes du traité du 30 décembre 1881, les ressortissants de chacun des pays contractants jouissent provisoirement dans l'autre du traitement national en ce qui concerne la propriété littéraire et artistique.

Suisse.

Convention du 23 février 1882. (1)

La propriété littéraire et artistique est protégée en Suisse par la loi du 23 avril 1883.

Elle consiste dans le droit exclusif de reproduction ou d'exécution des œuvres de littérature ou d'art. — Cependant, si le paiement des droits d'auteur est assuré, l'auteur ne peut s'opposer à la représentation ou à l'exécution d'une œuvre dramatique, musicale ou dramatico-musicale (art. 7 de la loi).

Le droit de propriété dure pendant la vie de l'auteur et trente années après sa mort.

La propriété littéraire comprend le droit de traduction, à la condition que l'auteur en fasse usage dans les cinq ans de l'apparition de l'œuvre dans la langue originale.

Les traductions jouissent, au même titre que les œuvres originales, de la protection de la loi.

La durée du droit privatif pour les œuvres posthumes et celles publiées par une société ou autre personne morale est fixée à trente ans à partir de la publication ; ces œuvres sont soumises à un enregistrement ; les autres en sont dispensées.

Les œuvres photographiques sont protégées pendant cinq ans, sous condition d'enregistrement.

Les dispositions de la loi sont applicables à toutes les œuvres dont les auteurs sont domiciliés en Suisse, quel que soit le lieu de l'apparition ou de la publication de l'œuvre. Elles sont également applicables aux œuvres parues ou publiées en Suisse, dont les auteurs sont domiciliés à l'étranger.

Si l'œuvre est publiée à l'étranger par un auteur non domicilié en Suisse, cette œuvre est protégée à son profit comme les œuvres parues en Suisse, sous la condition de la réciprocité de traitement dans le pays où l'œuvre est parue.

(Voir au surplus cette loi et ses annexes dans Pataille, *Annales*, 1886, pages 289 et suiv.).

En ce qui concerne la France, les conditions de la réciprocité se trouvaient déjà déterminées, lors de la promulgation de la loi, par la Convention du 23 février 1882, qui contient d'ailleurs la clause de la nation la plus favorisée. Cette convention demeure aujourd'hui applicable dans celles de ses dispositions qui seraient plus favorables aux intéressés que la Convention

(1) Cette convention vient d'être dénoncée par la Suisse, pour cesser d'avoir effet à partir du 1er février 1892. Il est vraisemblable qu'un arrangement nouveau interviendra avant cette date.

d'union du 9 septembre 1886 (art. additionnel de cette dernière Convention).

Tunisie.

Loi du 15 juin 1889.

Cette loi garantit au profit des auteurs et de leurs āyants
droit pendant cinquante ans après leur décès le droit exclusif
de vente, de reproduction. de représentation ou d'exécution
et de distribution des œuvres publiées pour la première fois
en Tunisie, quelle que soit la nationalité de l'auteur ; elle
s'applique en outre aux œuvres publiées à l'étranger pour la
protection desquelles peut être invoquée une Convention diplomatique.

Le droit d'auteur comprend le droit de traduction et le droit
exclusif de faire des arrangements musicaux sur les motifs
de l'œuvre originale.

Les noms d'auteurs sont protégés par une disposition spéciale.

La Tunisie est l'un des pays signataires de la Convention
d'union internationale du 9 septembre 1886.

Turquie.

(Voir la législation de cet Etat dans le recueil des *Lois
françaises et étrangères sur la Propriété littéraire et artistique*, de
MM. Lyon-Caen et Delalain ; — aucune convention spéciale à
la propriété littéraire et artistique n'a été conclue entre la
France et la Turquie).

Vénézuéla.

V. dans Lyon-Caen et Delalain l'art. 48 de la loi du 12 mai
1887 sur la Propriété intellectuelle (Lyon-Caen et Delalain,
t. II, p. 179).

TABLE ALPHABÉTIQUE

A

1. V. Trib. de la Seine, 4 fév. 1891 (*le Droit,* 12 fév. 1891).

1. Les lois autrichienne, bolivienne, danoise, mexicaine, portugaise, russe, et la loi du Guatémala, comme la loi française, ne contiennent aucune obligation de réserve expresse du droit de reproduction, pour les articles de journaux. Mais plusieurs de ces lois permettent la reproduction de ce genre d'écrits, à la seule condition d'indiquer la source à laquelle a été puisé l'emprunt ; certaines, comme la loi autrichienne, la loi mexicaine, la loi russe, ne permettent d'ailleurs que des emprunts partiels ou d'une étendue limitée. — Plusieurs lois, notamment celles de la Suisse et de Monaco, autorisent formellement, comme la convention de Berne, ou implicitement, la reproduction des articles de *discussion politique*. Les conventions signées entre la France et différents pays l'autorisent aussi en termes exprès.

En Espagne, les *télégrammes* sont assimilés par la loi aux autres écrits ; il en est de même au Vénézuéla. La loi hongroise les protège formellement et ne permet de les reproduire que dans la mesure où les citations sont permises.

40

1. Le recours contre l'arrêt de la cour de justice de Genève du 14 juillet 1890 (aff. Gounod), porté devant le Tribunal fédéral, a été rejeté par arrêt lu 13 décembre 1890 (V. *le Droit* du 5 fév. 1891).

1. Des dispositions analogues existent dans les lois allemande, anglaise, autrichienne, hongroise, luxembourgeoise, mexicaine, monégasque, russe, suédoise, suisse, et dans les conventions passées entre la France et l'Autriche-Hongrie, le Luxembourg, le Portugal, la Suisse, particulièrement en ce qui touche le droit de représentation et d'exécution, et celui de traduction. — V. le mot Reproduction interdite.

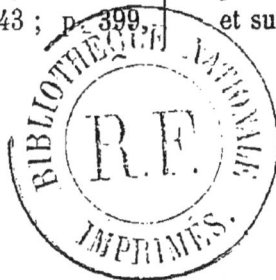

TABLE DES MATIÈRES

LIVRE PREMIER

De la propriété littéraire.

LIVRE II

Des ouvrages dramatiques.

LIVRE III

Des œuvres musicales.

LIVRE IV

De la propriété artistique.

TABLE 631

LIVRE V

*De l'usurpation des titres d'ouvrages et des noms d'auteurs,
ou de la concurrence déloyale en matière littéraire et artistique.*

LÉGISLATION

Laval. — Imprimerie et Stéréotypie E. JAMIN, rue de la Paix 41.

ERRATA

Page 61, n° 173, 2ᵉ ligne, lire : *les tiers qu'il poursuit ne sauraient*. . .

Page 66, 17ᵉ ligne, au lieu de : *loi du 14 juillet 1886*, lire : *loi du 14 juillet 1866.*

Page 103, n° 291, *in fine*, au lieu de : *livraison*, lire : *livraisons*.

Page 182, n° 534, lire : . . . — C. de cass., 17 nivôse an XIII, aff. Pleyel c. Sieber (Merlin, *Rép.*, vᵒ *Contrefaçon*, § 8). — *Contrà* : Blanc, p. 160 ; Pouillet, n° 556 ; Trib. de la Seine, 30 mai 1827 (Dalloz, *Prop. litt.*, n° 377). — Voir encore : Renouard, t. II, n° 28. — Voir ci-après livre III, chap. V.

Page 229, n° 861, au lieu de : *loi du 17 juillet 1791*, lire : *loi du 19 juillet 1791.*

Page 337, n° 941, lire : . . . — *Contrà:* Blanc, *eod. loc.;* Renouard, t. II, n° 28 ; Pouillet, n° 556 ; Dalloz, *Prop. litt.*, n° 377 ; Trib. de la Seine, 30 mai 1827 (Dalloz, *eod. loc.*).

Page 380, 6ᵉ ligne, au lieu de *1852*, lire : *1850.*

Page 584, art. 14, *in fine*, au lieu de : *le domaine public de leur pays d'origine*, lire : *le domaine public dans leur pays d'origine.*

Page 591, à la suite de l'article ANGLETERRE, lire : Des lois spéciales régissent le droit de reproduction des œuvres d'art, notamment la loi du 18 mai 1814, relative aux sculptures, et celle du 29 juillet 1862, relative aux peintures, dessins et photographies.

Page 595, ÉTATS-UNIS, au lieu de : *Loi du 4 mars 1891*, lire : *Loi du 3 mars 1891.*

Page 596, HONGRIE, ajouter : La convention franco-autrichienne du 11 décembre 1866 continue toutefois de protéger les droits des auteurs français en Hongrie (V. Lyon-Caen et Delalain, t. II, p. 269).

www.ingramcontent.com/pod-product-compliance
Lightning Source LLC
Chambersburg PA
CBHW060823220326
41599CB00017B/2261